北大法学文库

北京市社会科学理论著作出版基金资助

叶姗 著

财政赤字的法律控制

Legal Control of Fiscal Deficits

北京大学出版社
PEKING UNIVERSITY PRESS

图书在版编目(CIP)数据

财政赤字的法律控制/叶姗著.—北京:北京大学出版社,2013.9
（北大法学文库）
ISBN 978-7-301-22334-5

Ⅰ.①财… Ⅱ.①叶… Ⅲ.①财政赤字-财政法-研究-中国 Ⅳ.①D922.204

中国版本图书馆 CIP 数据核字(2013)第 063547 号

书　　　名：	财政赤字的法律控制
著作责任者：	叶　姗　著
责 任 编 辑：	冯益娜
标 准 书 号：	ISBN 978-7-301-22334-5/D·3305
出 版 发 行：	北京大学出版社
地　　　址：	北京市海淀区成府路 205 号　100871
网　　　址：	http://www.pup.cn
新 浪 微 博：	@北京大学出版社
电 子 信 箱：	law@pup.pku.edu.cn
电　　　话：	邮购部 62752015　发行部 62750672　编辑部 62752027
	出版部 62754962
印 刷 者：	三河市北燕印装有限公司
经 销 者：	新华书店
	965mm×1300mm　16 开本　22.75 印张　320 千字
	2013 年 9 月第 1 版　2013 年 9 月第 1 次印刷
定　　价：	45.00 元

未经许可，不得以任何方式复制或抄袭本书之部分或全部内容。
版权所有，侵权必究
举报电话：010-62752024　电子信箱：fd@pup.pku.edu.cn

代序　法律如何应对财政赤字

现代市场经济国家的政府治理依赖于其如何征集、怎样使用和怎么管理财政资金,因此,某种意义上说,政府的治理能力取决于其预算能力,包括收钱、花钱和管钱的能力,政府从"筹备收钱"到"将钱花完"都需要"把钱管好"。实践中,到底是政府能收多少钱决定了其能花多少钱,还是政府要花多少钱决定了其要收多少钱呢?理论上,"钱不够花"的赤字状态似乎比"钱足够用"的平衡状态或"钱花不完"的盈余状态更具有道德上的可苛责性和技术上的不合理性。从世界主要市场经济国家的财政实践来看,"入不敷出"的财政赤字已经取代了"收支相抵"的财政平衡成为预算运行的常规状态。如果财政赤字失控,就可能使公债余额规模飙升,进而引发财政风险甚至财政危机,由此,各国政府不得不积极应对。

本书从概括性地提出并针对性地解决当前破坏预算平衡、诱发财政赤字、累积公债规模的法律问题入手,重点研究赤字财政政策、赤字预算案和决算案(依据成因不同,财政赤字可以细分为源于经济发展周期性失序的周期性赤字、源于财税制度结构性失衡的结构性赤字和源于预算过程管理失当的管理性赤字三种类型),并在此之上提炼出法律控制财政赤字、削减公债规模、促进预算平衡的基本原理及其规范体系,该体系既包括通过"预算控制"来促使财政权合法、合理且正当行使的传统预算法进路,又包括通过"控制预算"来确保财政赤字和公债规模维持在法定限度内的现代财税法进路,通过这两种泾渭分明的制度进路的协同适用,促使预算法规范的不断改进、财税法制度的持续完善以及经济法与社会法理论的有效发展。

无论是周期性赤字、结构性赤字还是管理性赤字，不管是主动安排的预算赤字还是被动发生的决算赤字，都隐含着诸多需要经济法与社会法的理论研究自觉回应的法律问题。在预算编制、审批和执行过程中频繁出现的财政赤字，既是诸多现实的法律问题在财税法领域的集中体现，也是促进规范改进、制度完善和理论发展的现实动力。本书的研究倚重但不拘泥于美国、欧盟和我国的预决算案、预算法及预算平衡规范、财政约束规则等素材，而是主张确立财政稳健理念和预算平衡原则，进而通过法律全面控制各种类型财政赤字发生的频率、幅度和规模。现代性法律注重通过对行为的规范性和合理性的控制来实现权益分配的正当性，因此，法律控制财政赤字实际上是通过控制各种可能诱发财政赤字的行为来实现的。

本书的研究遵循"从检讨实然性的制度安排到创设应然性的规范设计"的分析思路，继而解答"法律需要平衡什么？什么时候平衡？为什么平衡？怎样平衡？由谁来平衡或由谁来决定是否平衡？平衡不了怎么办？"等一系列难题。无论是借由"均衡分配预算权、合理安排预算程序、规范构筑预算责任"来诠释的预算法进路，还是通过"周期性赤字的发展趋势和变动幅度控制、结构性赤字的既有规模和诱发因素减除、促进地方财力与事权相匹配的法律构造"来演绎的财税法进路，都直接关系到国家和国民之间的权益分配，都可能影响到各类财税法主体的行为选择。鉴于我国经济发展中存在着特有的结构性矛盾、生产力过剩和内在需求不足等问题，我国预算平衡规范体系的核心条款应当根据具体国情来构建。

本书的研究着力于"赤字、控制、预算、平衡"四个核心范畴，其不仅概括了讨论的重点，而且呈现了研究的目标，对其进行清晰界定有助于厘清研究思路，更有利于铺陈分析框架。法律控制财政赤字是为了促进预算平衡，换言之，想要实现预算平衡就必须控制好财政赤字，这是一个问题的两个方面。"赤字"揭示了财政收入不足以满足财政支出需要的情形，"控制"表达了法律对财政赤字规模最小化目标的追求，"预算"蕴涵了兼具静态的财政收支计划和动态的财政政策决策于一体的面向,"平衡"展现了预算平衡的内涵从财政收支平衡到总体经济平衡的演进。"平衡"是"预算"的题中应有之义,如果预算不需要平衡,就没有编制和执行预算的必要,预算的编制和执行可以规范政府的财政收支行为,进而实现财政利益的公平分配。某种程度上说,赤字财政政策和赤字预算案都是价值选择的结果。

鉴于预算不平衡可能对经济与社会发展产生破坏性的影响,现代国家大多注重通过法律来控制财政赤字。对法律控制财政赤字的域外经验的研究,可以印证法律促进预算平衡的基本原理的普适性。尽管美国多届国会的议员数度提出的"平衡预算宪法修正案"都未能在众议院或参议院通过,但是,预算平衡原则的重要性却从来没有被彻底否定。美国联邦预算平衡规范的理论假设的周全性、规则设计的创造性和制度实施的有效性,都堪称别具一格。而欧元区财政约束规则要求各成员国必须将赤字率和公债率分别控制在3%和60%以内,则是甚具特色的财政纪律。控制财政赤字、削减公债规模,进而将赤字率和公债率控制在法定限度内,可以说是促使各国预算法规范不断改进、财税法制度持续完善的重要动力。

本书的研究兼顾问题和主义、价值和技术、理论和制度、借鉴和创新、程序和实体,创新之处体现在逻辑、体例、理论与制度等诸多方面。我国预算平衡规范体系的核心条款可以提炼如下:预算案中的财政支出应当同财政收入与法定限度内的公债收入之和相符,同时,预算的编制、审批、执行以及调整,都必须遵循财政赤字规模最小化的基本原则。预算平衡规范在性质上属于"促进型法"的范畴,既印证又发展了这一法律类型的基本理论。"促进型法"的属性界定为法律控制财政赤字、削减公债规模、促进预算平衡的基本原理及其规范体系的研究提供了理论上的支持。"促进型法"的制度渊源是大量行之有效的经济社会政策,其逻辑构成中的特色——"褒奖性责任"与实施机制中的精髓——"选择性实现"相得益彰。前述条款应当单独规定于《预算法》总则中,法律责任章中应当随之设定"褒奖性责任"。

  本书的研究重心是"法律如何应对财政赤字",为此,着重提炼法律控制财政赤字、削减公债规模、促进预算平衡的基本原理及其规范体系,在财政赤字类型细分的基础上构建法律控制财政赤字的两种制度进路,进而改进财税法律制度、发展预算平衡理论。如何针对现实的财税法律问题展开卓有成效的回应性甚至引领性的理论研究,从来都是研究者的历史使命。研究者不仅要关心"如何规定"的客观实在问题,而且要重视"为什么这样规定"的主观抽象问题。本书谋求逻辑上的创意,讲究体例上的创设,提炼理论上的创见,进言制度上的创造,从而希望取得学术上的共鸣。笔者尽了最大的努力撰写本书,然而,囿于视野、资料和时间所限,当中难免存在疏漏、不当甚或谬误之处,诚望读者方家不吝匡正。

叶　姗

2013 年 7 月

目录 Contents

- 001 **导论**
- 001 　一、问题的提出
- 013 　二、研究综述
- 017 　三、思路和创新

- 022 **第一章　法律促进预算平衡的基本原理**
- 024 　一、与预算平衡原则相悖的预决算赤字
- 047 　二、法律控制财政赤字的原因及其思路
- 069 　三、预算平衡规范的革新理念及其属性

- 086 **第二章　法律控制财政赤字的域外经验**
- 089 　一、美国联邦预算平衡规范：渐进式立法
- 112 　二、联邦程序控制型规范的改进怎样博弈
- 127 　三、联邦赤字削减型规范的创新何以违宪
- 144 　四、欧元区财政约束规则：强制性标准

- 173 **第三章　财政赤字控制的传统预算法进路**
- 177 　一、财政法治视域中预算权的均衡分配
- 198 　二、权力分享基础上预算程序的合理安排
- 224 　三、预算公开条件下预算责任的规范构筑

第四章　预算平衡促进的现代财税法进路　253
一、周期性赤字的发展趋势和变动幅度控制　255
二、结构性赤字的既有规模和诱发因素减除　278
三、促进地方财力与事权相匹配的法律构造　296

结论　问题与主义同样重要　319

附录　326
一、美国联邦财政收支、盈余、赤字和公众债务　326
二、英国联邦公共部门的平衡、收入和债务　328
三、OECD 年度报告：政府财政平衡概况　330
四、中国国家财政收支总额、差额及增长速度　332
五、中国公共财政收支、盈余、赤字和公债余额　334

参考文献　335

后记　355

导 论

> 在一个秩序良好的社会中,法律的生命在于对法律及其应用的时刻警觉地抱持批判性审视,而非经验或逻辑。新的社会现实、新的科学发现和新的技术成果的结合促生了不同于以往的法律需求。①
>
> ——〔美〕罗伯特·S.萨默斯

> "中国"的通病,是往往因入不敷出,虚列收支,以求形式上的平衡。有时因编送期限急迫,乃敷衍故事,削足适履,以求形式上的平衡。须知预算并非欺骗人民或粉饰太平的工具,乃是国家施政方针的表示。②
>
> ——马寅初

一、问题的提出

现代市场经济国家的存续和运行依赖于其客观上能够筹集到的财政资金的规模以及主观上打算支出的财政资金的领域,因而,现代国家的政

---

① 〔美〕罗伯特·S.萨默斯著:《美国实用工具主义法学》,柯华庆译,中国法制出版社2010年版,第28、75页。
② 马寅初著:《财政学与中国财政——理论与现实》(上册),商务印书馆2001年版(初版于1948年),第50页。

府主要做好财政资金的取得、使用和管理这三件大事。无论是政府更迭、政权轮替的非常时期，还是每一个财政年度开始前和结束后的常规阶段，预算案的编制过程和预算的执行结果始终是最受公众关注的方面。预算作为预先估计未来一个或若干个财政年度的财政收入的可能，进而与其法定或意定的财政支出需要进行相互协调的法律文件，其如何合理编制、怎样规范执行就显得特别重要。1929—1933年经济大萧条时期确定的赤字财政政策，已经成为最重要的治国良方。2008年的全球金融危机和2011年的欧洲主权债务危机，却使得财政赤字和公债规模失控问题令世人侧目。

预算的编制和执行不仅是涵盖财政收支项目的经济问题，而且是展现财政收支决策的政治问题，更是划分财政收支权力的法律问题。"公共预算远不仅仅是简单地分配政府资源的工作，它们还是塑造公共生活、国家制度、公众与国家关系的文化建设。"[①]传统观点认为，预算的编制和执行必须遵循预算平衡原则，实现财政稳健目标。理论上说，预算确实应当是平衡的，这关乎经济是否稳定增长、社会是否和谐发展。然而，预算是不是在任何情况下都必须是平衡的呢？或者说，预算是不是在任何时候都可能保持平衡呢？实践中，无论是在发达经济体，还是在发展中经济体或转轨经济体[②]，预算常常是不平衡的，那么，这到底是预算本身存在的问题，还是有更深层的原因呢？尽管财政赤字成了常态、预算平衡似乎成了非常态的，笔者认为，对于现代国家的政府治理而言，促进预算平衡依然十分重要，甚至，没有什么比预算平衡更重要。

某种程度上说，经济法与社会法等现代性法律就是为了解决经济与社会发展过程中发生的诸多纷繁复杂的法律问题而产生的。"经济的法

---

① 〔美〕乔纳森·卡恩著：《预算民主：美国的国家建设和公民权（1890—1928）》，叶娟丽等译，格致出版社、上海人民出版社2008年版，第2页。

② 国家转轨依赖的重要因素是确保预算平衡和限制财政赤字货币化的财政控制，但其实很难做到。参见〔美〕查尔斯·沃尔夫著：《市场，还是政府——市场、政府失灵真相》，陆俊、谢旭译，重庆出版社2009年版，第163页。

律基础的作用是提供一个可预测的结构,在其中交换活动发生并繁荣","制定一个既有可预测性又有灵活性的法律结构,一个既建立秩序又允许变化的结构,这是一个社会问题"。① 然而,财政赤字频繁出现、预算平衡难以复见的现实问题,却没有受到法学理论研究的足够重视。"法学非纯粹理论认识的学问,乃系混合理论与实践之一门科学,法学之所以为法学,必须透过法律之应用,始能实现吾人之社会目的,以满足人类在社会上各种需求,其具有实践性格,灼然至明。"②财政赤字的形成原因异常复杂、应对策略也相当纷繁,每一个现实问题都可以寻求合适的法律对策,而不仅仅对应某个具体的法律领域,然而,法学理论研究绝不能对如此重大的现实问题集体失语。

在发达国家,预算赤字(budget deficit)和财政赤字(fiscal deficit)的概念基本一致,我国以往存在大量预算外收支项目(甚至体制外收支项目),预算收支范围比财政赤字覆盖的领域小得多,随着体制外收支项目消失、预算外收支项目逐渐纳入预算管理,预算赤字和财政赤字的概念将会趋于一致。预算赤字是预算编制时所呈现的财政支出多于财政收入的状态,是事先有计划的安排,而决算赤字(final deficit)则发生在预算执行完毕时,是由于预算执行中的某种原因而产生的财政赤字,它可能与预算赤字一致,更可能不一致。发达国家习惯使用预算赤字或财政赤字等概念,极少论及决算赤字的范畴。而我国的预算赤字问题不太突出,反而面临严重得多的决算赤字问题。因此,除了引用的资料的原文使用其他的范畴之外,本书行文时统一使用"财政赤字"这一包含预算赤字和决算赤字在内的概念,泛指预算编制时财政收入少于财政支出的安排和预算执行完毕时入不敷出的结果。赤字预算(deficit budget)和预算赤字的范畴也有差别:前者是指财政支出超过财政收入的计划,是相对于盈余预算(surplus budget)和平衡预算(balanced budget)的概念;预算平衡(bal-

---

① 〔美〕丹尼尔·W.布罗姆利著:《经济利益与经济制度——公共政策的理论基础》,陈郁等译,上海三联书店、上海人民出版社2006年新版,第59页。
② 杨仁寿著:《法学方法论》,中国政法大学出版社1999年版,第62页。

anced budget)的概念也不完全等同于财政收支平衡(balance of payment)的范畴,前者是指预期的财政收支相抵的计划,后者除了计划外,还包括财政收支大致相抵的预算执行结果。

财政赤字可以分为预算赤字和决算赤字:前者是指预算编制时安排的,后者是指预算执行完毕时出现的;财政赤字还可以分为主动制造的赤字和被动发生的赤字。除非预算编制时安排的财政赤字是迫于客观经济与社会发展情势而不得已的选择,或者预算执行完毕时出现的财政赤字存在难以预见、难以避免或难以克服的客观经济社会因素,其都可能给经济与社会的发展带来负面影响,财政赤字的出现本身就意味着预算编制不尽合理或预算执行不尽规范。如果说赤字预算是预算编制时有意识的安排,决算赤字则是预算执行过程中由非人为因素造成的无意识的结果。简言之,在非赤字财政政策下出现的预算赤字或决算赤字,往往意味着预算编制或预算执行可能出了问题。大多数国家的宪法都规定了处理财政事务的权力必须由立法机关行使,换言之,由政府负责起草的预算案必须得到立法机关的批准才能生效。经批准的预算中安排的预算赤字同时有来自于受托于纳税人的政府的主张和立法机关的同意,形式上的合法性似乎是无可指摘的,然而,它实质上却很可能损害纳税人的利益。

本书的研究是在依法治国、依法行政、依法理财以及《中华人民共和国预算法》(1994年3月22日通过,自1995年1月1日起施行,简称《预算法》)大规模修改的背景下进行的。在这样的背景下研究财政赤字的法律控制问题,有助于提高预算的法治化程度。1997年9月,中国共产党第十五次全国代表大会第一次把"依法治国,建设社会主义法治国家"确定为"党领导人民治理国家"的基本方略。2004年3月,第九届全国人大第二次会议将依法治国的基本方略写入我国《宪法》,为此,2004年3月,国务院制定了《全面推进依法行政实施纲要》(国发[2004]10号)。2005年4月,财政部制定的《财政部门全面推进依法行政依法理财实施意见》(财法[2005]5号)规定,全面推进依法行政、依法理财,经过10年左右的努力,基本实现建设法治财政的目标:包括预算管理制度基本完善,预算编制与预算执行制衡机制基本形成,预算绩效评价体系基本建立以及财政资金的规范性、安全性和有效性明显提高等目标。2010年10月,国务院发布《关于加强法治政府建设的意见》(国发[2010]33号),据此,2011年8月,财政部制定的《关于加快推进财政部门依法行政依法理财的意见》(财法[2011]14号)规定,深化预算管理制度改革,建立统一完整的政府预算体系,规范预算编制行为,强化预算约束机制,加快推进《预算法》及其《实施条例》修订和国有资本经营预算立法工作。

现实生活中的经济社会问题林林总总,考验着法学理论研究者的智慧:唯有选择适当的理论视角,尽力挖掘、抽象和提炼潜藏其中的理论观点,才能为诸多现实问题的解决提供卓有成效的法律对策。"麦康伯(Micawber)原则——重要的不是收入和支出,而是它们之间的关系——对预算更为重要。"① 简言之,"收入究竟是大于支出还是少于支出"才是理论研究和制度构建最需要关注的。尽管大多数国家的宪法都规定了有关财政政策或财政权的内容,但是,却未必会制定有关控制财政赤字或促进预算平衡的法律条款,财政政策的实施主要是通过预算的编制和执行来实现的,在各种财政政策措施之间进行种类的选择和比例的确定,亟需得到各国预算立法的确认和保障,但立法的难度甚大。本书研究财政赤字的法律控制问题,不仅是预算法规范改进和财税法制度完善的重要视角,而且,很可能推动经济法与社会法理论的发展。

经济增长对于某一经济体的重要性不言而喻,推动经济增长已经成为现代国家的政府最重要的职责所在。"正确的经济增长率大于纯粹由市场决定的速度,而政府政策的作用就是促进增长","经济增长使一个社会更加开放、宽容和民主,这样的社会也更能促进创业和创新,从而达到更大程度的经济繁荣"。② 如果经济增长不稳定,某一方面的税收就可

---

① 〔美〕阿伦·威尔达夫斯基著、〔美〕布莱登·斯瓦德洛编:《预算与治理》,苟燕楠译,上海财经大学出版社2010年版,第234页。
② 〔美〕本杰明·M.弗里德曼著:《经济增长的道德意义》,李天有译,中国人民大学出版社2008年版,第13页。

能减少,必定需要增加其他方面的税收;而某一方面的财政支出也可能增加,也必然需要减少其他方面的财政支出。一般认为,经济增长是否稳定不完全是由市场决定的,特别是 20 世纪 30 年代主张政府积极干预经济的"凯恩斯主义"大行其道后,打着"宏观调控"旗号的财政政策、货币政策和产业政策等宏观经济政策,成为影响经济增长的速度和质量的重要力量。宏观经济政策有扩张性的和紧缩性的,或称积极的和消极的之分,前者通过增加财政支出或减少财政收入来扩大需求,进而促进经济稳定增长、实现充分就业;后者的政策手段和目标与之相反。

政府是否应当干预经济运行以及应当如何促进经济稳定增长,不是本书讨论的重点,笔者只是在政府能否制定赤字财政政策的层面来关注经济增长问题。"经济学是一门不太精确的学科,在对经济事件进行解释,或就其认为政府应该追求的财政政策进行讨论时,经济学家们很难达成一致意见"①,那么,法学家可能有所贡献吗?如果预算不平衡,是不是意味着政府做错了决定或其行为有瑕疵呢?法律应当如何应对财政赤字呢?法学家能够解决财政赤字失控问题吗?"与更为严格的宪政改革的建议相比,平衡预算的修正案即使得到批准,也不会对利维坦的财政嗜好构成严重约束。……从某种意义上,平衡预算可以视为对现代政府的财政权进行更全面的宪法约束的第一步。"②事实上,预算平衡已经成为财税法理论研究中具有提纲挈领作用的核心主题,而控制财政赤字和削减公债规模则应作为财税法制度构建中具有高屋建瓴地位的基本目标,预算平衡规范旨在将赤字率和公债率③控制在法定限度内。

"当经济出现衰退时,典型的情况是税收会下降,如果存在良好的社会保障项目,则总开支会增加。结果是,赤字会上升,即便在那些通常可

---

① 〔美〕理查德·雷恩著:《政府与企业——比较视角下的美国政治经济体制》,何俊志译,复旦大学出版社 2007 年版,第 295 页。
② 〔澳〕杰佛瑞·布伦南、〔美〕詹姆斯·M. 布坎南著:《征税权——财政宪法的分析基础》,冯克利、魏志梅译,载《宪政经济学》,中国社会科学出版社 2004 年版,第 237 页。
③ 赤字率为财政赤字占 GDP 的比重,公债率为公债余额占 GDP 的比重。GDP, Gross Domestic Product(国内生产总值)的简称。

以预算平衡的国家也是如此,而在那些一般都是赤字财政的国家,赤字会大幅度上升。"①某种程度上说,财政赤字这种"收不抵支"的预算不平衡现象,已经取代了预算平衡,成为现代国家预算运行的常态。为平抑经济发展的周期性波动、消除经济运行风险而制定的积极财政政策以及以"减税"为重点的全球性税制改革和预算过程中失察的"权力寻租"等诸如此类的问题的加总作用,使得大多数国家的政府编制的预算案不断创下破纪录的财政赤字和公债规模,与财政收支大致相抵的状态渐行渐远。财政赤字是否一定会对经济与社会发展产生负面影响呢?对此,经济学界主要形成了有益论、有害论和中性论三种观点,即财政赤字对宏观经济运行的影响是有利的、有害的或是无关紧要的,这几种观点的主要差异在于学者们对政府可否干预经济的认识不尽相同。

无论是20世纪80年代以来的全球性"减税"革命,还是某一经济体的政府为了刺激经济增长而制定的赤字财政政策,抑或政府扩大行政管理费用支出的内在冲动,都使得"政府的价格"②越来越高,财政赤字失控、公债规模扩张,预算平衡状态更加难以复现了。尽管财政赤字和公债规模失控是客观存在的事实,但是,这不仅仅是一个账务或称技术问题,而且是涉及财政体制和财政政策的诸多相关问题,对于频繁出现的财政赤字、屡创新高的公债规模,法律上应当如何回应呢?这是实践对财税法理论研究和制度构建提出的要求。另外,财政赤字究竟是不可避免的客观现象还是应受苛责的主观行为,也亟待进行价值上的判断。预算是政府在每个财政年度开始前都要向议会呈送的财政收支计划,因此,"要发现联邦政府将要做些什么或已经做了什么,看一看联邦政府预算就足够了。"③如果政府提交的预算案在财政年度开始时还没有得到议会批准,

---

① 〔美〕约瑟夫·E.斯蒂格利茨著:《稳定与增长:宏观经济学、自由化与发展》,刘卫译,中信出版社2008年版,第237页。
② "政府的价格"中的政府是广义的,不限于行政机关,泛指所有从事国家管理和行使国家权力的政权机关或称国家机关,包括国家元首、立法机关、行政机关、司法机关和军事机关等。
③ 〔美〕阿图·埃克斯坦著:《公共财政学》,张愚山译,中国财政经济出版社1983年版,第31页。据学者考证,该书中文版是我国最早出现"公共财政(public finance)"概念的著作。

政府就可能没有财政资金可用,就不得不"熄灯关门"。

概言之,失控的财政赤字、过高的公债规模和不平衡的预算已经成为现代国家的政府治理共同面临的难题,而通过法律来控制财政赤字的观念牵涉到预算法、税法、财政转移支付法、公债法等财政法的重要分支领域。如果财政赤字没有受到法律的有效控制,就可能引发财政危机,"由于政府采取行动,积极避免危机,因此,经济危机就被转移到了政治系统当中。"[①]通常来说,弥补财政赤字的途径不外乎增税、增发货币、发行公债或使用以前年度的财政盈余资金,然而,这几种方式都可能有副作用:增税肯定会加重当前的纳税人的税收负担,增发货币可能导致通货膨胀,发行公债就会将当前的纳税人的税收负担转嫁给未来的纳税人承受,而使用以前年度的财政盈余资金则受制于以往是否客观上有资金节余。总的来说,发行公债的方法最常用,而弥补财政赤字通常也被视为公债的重要功能,然而,举债只是权宜之计。

从根本上说,20世纪初建立的现代预算制度的精髓是限制政府的财政收支行为、尽可能减少预算赤字或预算执行赤字,其中的核心问题是需要对谁负责以及为了什么而负责。预算的编制过程表面上看是政府进行财政收支决策的过程,实际上是政府行使财政权的体现,借此,政府调节收入分配、配置稀缺资源和保障社会稳定。"在选择发生之时,成本是选择者对一旦实施了该选择就必须放弃的预期享受的评价,也是选择者选取其他替代性选择时可以避免的损失。"[②]预算编制是一个选择的过程:选择财政资金的来源,选择财政资金的投向,诸如此类的财政行为中隐含的财政权益诉求都应当在财税法制度中有所体现。某种程度上说,编制和执行预算就是为了实现财政收支平衡,简言之,预算本身就蕴含着平衡的内在要求,不平衡的预算看上去似乎于理不合,实际上却总是事出有因

[①] 〔德〕尤尔根·哈贝马斯著:《合法化危机》,刘北成、曹卫东译,上海人民出版社2009年版,第99页。
[②] 〔美〕詹姆斯·M.布坎南著:《成本与选择》,刘志铭、李芳译,浙江大学出版社2009年版,第46页。

的。如果预算不平衡,就意味着财政收入少了或者财政支出多了,可能是主观理由所致,也可能是客观因素使然。

"任何预算研究的实质,都是把预算与它的财政体系背景,以及当时的政府所面临的广泛问题联系起来进行观察的问题",包括"关于财政政策、政治机器、正式的预算安排和程序以及其他相关特点的问题"。① 现代预算的本质就是将财政支出计划或实际财政支出尽量控制在其客观上可能获得的财政收入之内来避免编制赤字预算或防止出现决算赤字。某种程度上说,政府已经掌握了一定的测算财政收入来源的方法,可以较为科学合理地预测其可能取得的财政收入。在有限的财政资源约束下,政府必然要选择"做什么、先做什么、做多少、怎么做",此所谓财政支出的权力,既可能在预算编制时考虑,又可能在预算执行时调整。事实上,即使政府掌握了再高超的测算技巧,其所预计的财政收入也往往与实际情况有落差,如果政府出于私心而刻意有所隐瞒或故意曲解,就会使得预算执行结果更加偏离预算安排。过于强调预算执行结果与预算相符的意义不大,相比之下,与其将预算平衡确立为预算编制和预算执行必须达到的目标,还不如将其规定为预算过程中始终必须遵循的基本原则。

我国《宪法》没有规定任何有关财政政策或财政权的条款,《预算法》第 3 条、第 27 条和第 28 条也仅仅规定了"量入为出、收支平衡、不列赤字"的内容,更不用说限制预算总额或控制财政赤字的规定了。与美国联邦预算平衡规范的纷繁复杂和欧元区财政约束规则的精巧细致相比,我国《预算法》的简陋粗疏显而易见,相关规范的设计流于形式,根本无法起到规范财政权合理行使的作用。尽管我国早在 2004 年 3 月就启动了《预算法》的修改工作,但一直举步维艰,直到 2011 年 12 月和 2012 年 6 月才进行了《预算法修正草案》的一审和二审程序。尽管财政赤字不是促使《预算法》的修改工作启动的原因,与预算平衡直接相关的法律规范

---

① 侯一麟:《预算平衡规范的兴衰——探究美国联邦赤字背后的预算逻辑》,张光、刁大明译,载《公共行政评论》2008 年第 2 期,第 33 页。

仅仅占预算法和其他财税法规范体系中一个很小的比重,而不同于美国或欧盟。然而,与发达国家相似的是,我国政府同样注重实施赤字财政政策和编制赤字预算来调控宏观经济运行、刺激经济恢复或曰保持经济增长。赤字预算的编制集中体现了政府运用赤字财政政策来影响宏观经济运行的范围、规模和程度,进而实现对自身的财政收支行为的有效控制。

在我国财政运行实践中,自1949年到1978年间,预算案严格按照财政收支平衡并略有节余的原则编制,财政支出贯彻量入为出的基本原则,不会编制赤字预算,但是,由于各种主客观原因以及某些政治、经济因素,某些财政年度的预算执行结果也会出现决算赤字。改革开放后,我国实行政府主导型的经济增长模式,为了刺激经济增长,政府开始无意识甚至有意识地编制赤字预算,不自觉或自觉地将预算作为宏观调控的重要工具来使用,事实上,除了1978、1981、1985、2007等财政年度略有节余外,其余年份都出现了财政赤字。① 20世纪90年代末,为了应对亚洲金融危机肆虐,我国政府开始编制赤字预算,财政赤字的规模呈现逐年膨胀之势。其中,1998年是一个重要转折点,此前的财政赤字都是事后出现的决算赤字,不是政府主动选择的结果,也不是为了平抑经济发展的周期性波动,只是财政收入相对下降所致;此后,政府刻意编制赤字预算来调控经济运行,从追求财政收支平衡转向总体经济平衡,属于政府事先安排的预算赤字。尽管赤字预算也不见得对经济运行一定会产生积极影响,但是,如果不把赤字率和公债率控制在合理范围内,其作用就可能是消极而不是积极的。

我国早期的财政体制改革集中在财政收入领域,但是,重建财政收入体系的过程非常艰难,直到20世纪90年代初,政府的财政资金汲取能力仍然很差,中央财政更是穷得几乎揭不开锅,出现了财政收入相对下降的趋势。预算内收入占GDP的比重在1995年达到最低点——只有10.7%,不仅无法保证政府的基本运作,也无法提供充足的公共服务。由

---

① 详见本书附录五。

此,20世纪90年代初发生了一场有关两个比重(财政收入占GDP的比重以及中央财政收入占全国财政收入的比重)是否过低的讨论。1993年,中央财政收入占全国财政收入的比重仅为22%。1994年分税制改革重新调整了中央和地方的财政收入分配关系,此后,政府的财政收入能力稳步提升,中央财政收入占全国财政收入的比重也不断提高,中央政府的宏观调控能力也大为改善。到了2007年,财政收入占GDP的比重达到20.8%,中央财政收入占全国财政收入比重基本稳定在50%略高一点,分税制改革的预期目标基本实现。[①] 在财政收入问题大致解决后,接下来需要考虑的应当是财政支出问题:怎样把钱花好,特别是如何花得更有效率。

  我国自1999年起启动预算体制改革,从"税收国家"逐渐转向"预算国家",此前,既没有覆盖所有财政收支、完整统一的公共预算体系,又缺乏有效的预算监督:预算权分配较为分散,预算编制过于简单,预算执行比较混乱。我国《预算法》虽然没有放开编制赤字预算的限制,实践中却频繁制定积极财政政策来刺激经济增长,而且,自1999年起,财政赤字和公债规模还有不断膨胀之势。到了2009年,在增值税由生产型转为消费型、企业所得税"两税合并"和出口退税率数次调高以及其他结构性减税政策的背景下,为应对全球性金融危机和平抑经济发展的周期性波动而同时实施的大规模财政投资政策,再加上为拉动内需和改善民生而增加财政支出以及成品油税费改革后养路费改成按消费税征收等诸多因素,国务院在当年的预算案中编制了高达9500亿元(其中为地方安排2000亿元)的预算赤字,相当于2008年的预算赤字(1800亿元,全部是中央预算赤字)的5倍多,赤字率攀升到2.8%,略低于国际公认的安全线——3%,创下了历史新高,而且,首次试行地方公债由财政部代为发行的方

---

① 数据来源:国家统计局《中国统计年鉴(2011)》的电子版,http://www.stats.gov.cn/tjsj/ndsj/2011/indexch.htm,2012年9月1日最新访问。

式,公债率略低于安全线20%。①

  2010年,预算赤字进一步攀升到1.05万亿元的历史新高,2011年、2012年略微回落,而且,这几年都安排了地方预算赤字。到了2013年,预算赤字又重新提高到1.2万亿元的历史新高,主要理由是:考虑到结构性减税的滞后效应,今年财政收入增长不会太快,可调用的中央预算稳定调节基金数额也较少,但财政刚性支出增加,特别是要增加保障改善民生支出,保持对经济增长和结构调整的支持力度,都需要适当增加财政赤字,中央和地方财政相应增加发债数量。② 如果只是从赤字率和公债率这两个衡量财政风险的指标来看,我国财政总体上仍然可以说是安全的。在我国经济高速发展和税收超常增长的共同支持下,我国的财政赤字和公债规模都不是最严重的。相比之下,虽然欧元区规定了赤字率和公债率不超过3%和60%的财政风险警戒线或称财政安全标准线,但是,大多数欧元区成员国或其他发达经济体的赤字率和公债率都大大超过了上限。例如,美国2009—2013连续5个财年的财政赤字都超过1万亿美元,2009年达到创纪录的1.41万亿美元,赤字率达到峰值11.6%;法国2009年的赤字率达到峰值7.6%;德国2010年的赤字率达到峰值4.3%;希腊2009的赤字率达到峰值15.8%、2011年的公债率达到峰值157.7%③;迪拜的主权投资基金——迪拜世界也曾于2009年11月宣布其无法按期偿还债务。可见,法律是否控制、如何控制财政赤字,已经逐渐成为全球性的实践难题,这使得本书的研究具有普适性的理论价值。

---

① 财政部《关于2008年中央和地方预算执行情况与2009年中央和地方预算草案的报告》,2009年3月5日,http://www.gov.cn/2009lh/content_1259827.htm,2012年9月1日最新访问。
② 财政部《关于2012年中央和地方预算执行情况与2013年中央和地方预算草案的报告》,2013年3月5日,http://news.xinhuanet.com/politics/2013-03/19/c_115084251.htm,2013年4月1日最新访问。
③ 详见本书附录三。

二、研究综述

本书的研究集中于财政赤字的控制,涵盖公债规模的削减和预算平衡的促进,既有的研究成果散见于经济学、政治学、管理学、经济法学等学科领域,研究重点各有不同,思维方式迥然相异,理论贡献不一而足,而各自的界限之所在、立场之所倚,则是一个必须解决的、无法回避的难题,也是相关学科的材料可供挖掘的最大价值所在。如学者所言,"对预算行为到底是经济行为还是政治行为的争论是不会有结论的;但是,在有关财政支出的研究和行动方面,经济理论家的观点和思维模式是有用的。"①本书选择的是经济法与社会法理论的研究视角,借鉴法律控制财政赤字的域外经验,基于我国实施赤字财政政策、编制和执行赤字预算和出现决算赤字的实际情况,剖析各种类型的财政赤字及其制度成因,进而提炼法律控制财政赤字、削减公债规模、促进预算平衡的基本原理及其规范体系。囿于篇幅,以下仅就与预算平衡、预决算赤字、财政收支平衡以及预算过程等直接相关的文献展开综述。

政治学的研究认为,预算本身就是政治的产物,因此,研究预算应当从分析公共政策的决策过程以及预算的编制和执行问题出发。其中,最著名的递增主义理论影响了政治学的研究数十年。尽管后来的预算实践突破了这种理论,然而,很多国家也开始对政府的公共支出自动设限。管理学的研究主张,预算过程是功能性的,包含控制、管理和规划等因素。经济学对预算平衡的研究既有规范性的,也有实证性的,其中的核心问题

---

① 〔美〕小 V.O.凯伊:《预算理论的缺乏》,载〔美〕阿尔伯特·C.海迪等著:《公共预算经典(第 2 卷)——现代预算之路(第 3 版)》,苟燕楠、董静译,上海财经大学出版社 2006 年版,第 30 页。

是如何有效筹集和使用财政资金。① 市场与政府的关系是宏观经济学领域的重要命题,传统理论认为,只有预算平衡才是稳健的财政,才能刺激经济增长;20世纪30年代凯恩斯主义兴起,为处于经济大萧条时期的政府制定刺激经济恢复增长的赤字财政政策提供了理论上的依据。美国著名经济学家凯恩斯(John M. Keynes)在专著《就业、利息和货币通论》(General Theory of Employment, Interest & Money)中指出预算平衡无力于救助经济危机,凯恩斯主义逐渐成为宏观经济学的主流理论。② 罗斯福新政最初不得不实行积极财政政策,后来发展到经常性地主动编制赤字预算,而背离预算平衡的现象也随着经济危机的周期性再现而阶段性重现。由于财政政策的决策受到复杂的政治因素影响,即使没有出现经济危机的财政年度,预算赤字也从来没有绝迹于预算案。此后诸多反对或发展凯恩斯主义的宏观经济学理论,同样影响极其深远。

20世纪30年代的经济大萧条不仅催生了诸多具有现代意义的财政政策和财政理论,而且,出现了一系列旨在实现充分就业或物价稳定目标的法律。预算平衡理论和美国《就业法》(Employment Law of 1946)就是典型的例子。宏观经济学上的预算平衡理论主要有年度预算平衡论、功能预算平衡论、循环预算平衡论、高度就业预算平衡论和货币政策预算平衡论,这些理论从不同角度揭示了如何看待和怎样实现预算平衡的问题③,其中,第二种、第三种观点比较有说服力。然而,主张繁荣时的盈余与衰退时的赤字相抵的循环预算平衡论其实无法自圆其说,而功能预算平衡论认为维持总体经济平衡而需要长期坚持的财政盈余或财政赤字都是可以接受的。美国著名经济学家阿巴·P.勒纳(Abba P. Lerner)、布鲁斯·E.汉森(Bruce E. Hansen)、杰弗里·M.佩罗夫(Jeffrey M. Perloff)

---

① 参见马蔡琛:《政府预算管理理论研究及其新发展》,载《社会科学》2004年第5期,第34—37页。
② 参见〔美〕约翰·M.凯恩斯著:《就业、利息和货币通论》(重译本),高鸿业译,商务印书馆1999年版。
③ 详见陈朝建:《财政纪律制度与预算平衡理论》,http://mypaper.pchome.com.tw/macotochen/forward/1246956527,2013年4月1日最新访问。

的研究各有所长。20世纪80年代后,针对实践中屡见不鲜的财政赤字问题,经济学家逐渐从研究应否编制赤字预算的价值取向问题,转向研究如何控制财政赤字的技术设计问题,宏观经济学的研究也得以不断深入。①

经济学家认识到,预算能够保持平衡,往往意味着有人在预算之争中获利、也有人受损。而人为制造的预算平衡其实没有什么意义,为避免财政赤字或削减公债规模而刻意制造的预算平衡很可能是不受欢迎的。预算为什么不平衡?一旦预算不平衡,应当如何使之重新平衡呢?阿伦·威尔达夫斯基(Aaron Wildavsky)、艾伦·希克(Allen Schick)、爱伦·鲁宾(Irene S. Rubin)、约翰·米克赛尔(John L. Mikesell)和凯顿(Naomi Caiden)等学者的专著经由苟燕楠、叶娟丽等学者的翻译已经逐渐为国人所熟悉,苟燕楠也出版了专著《公共预算决策:现代观点》②。尤其值得一提的是侯一麟有关预算、财政政策和预算平衡规范的一系列论文,诸如《预算平衡规范的兴衰——探究美国联邦赤字背后的预算逻辑》、《逆周期财政政策与预算的多年度视角》等,他将赤字提炼为"结构性的、管理性的和周期性的"三种类型,剖析了预算平衡规范内部逻辑的年度要素(赤字)和周期要素(债务)以及主张采取编制多年度财政预算案的方法来保证经济发展波动背景下财政的稳定性③,这既是对现代国家编制赤字预算的真实描述,也有力推动了预算平衡规范的发展,更是对笔者的研究具有深刻的启发意义。

我国有不少学者主张将财政稳健或称财政收支平衡原则作为财税法的基本原则,主张既要减少财政支出,更要减税,从而促使每年的预算保

---

① 参见〔英〕布莱恩·斯诺登、霍华德·R.文著:《现代宏观经济学:起源、发展和现状》,佘江涛等译,凤凰出版传媒集团、江苏人民出版社2009年版。
② 该书由中国财政经济出版社2004年出版。
③ 参见侯一麟:《预算平衡规范的兴衰——探究美国联邦赤字背后的预算逻辑》,张光、刁大明译,载《公共行政评论》2008年第2期;侯一麟:《逆周期财政政策与预算的多年度视角》,武玉坤译,载马骏、侯一麟主编:《公共管理研究(第5卷)》,格致出版社、上海人民出版社2008年版。

持平衡。这一观点受到很多国家的预算法规定的"财政收支平衡"条款的影响,该原则看上去是预算编制和执行中的一项几乎没有什么争辩余地的基本原则。如有学者所言,"财政的收支平衡是各国预算法的基本原则,甚至在许多国家的宪法上都有规定。"[①]然而,对于"为什么预算一定要平衡"的问题,大多数学者一笔带过,即使有论及,也仅仅简单提到预算不平衡可能会引发财政危机,而缺少集中、系统、有说服力的论证。也有学者认为,财政收支平衡不能也不应当作为财税法的基本原则,而这一原则最初的意义只是约束政府的经常性财政支出,而这其实只能通过其他的法律机制来实现。[②] 笔者也曾经研究过美国《预算平衡和紧急赤字控制法》确立的"量入为出"原则,主张我国财政应以"量入为出"为财政平衡目标,以"以支定收"为出发点,体现"收"与"支"之间的对立统一。[③]我国台湾学者认为,"预算案在编制之时即须力求收支平衡,以免连在试算阶段国家之财政亦不健全。"[④]有学者讨论了预算赤字与预算改革的关系,论证了预算改革、财政平衡与政府再造的关联,研究了预算赤字控制问题[⑤];也有学者讨论了"平衡预算修宪案"能否消弭美国联邦预算赤字[⑥];还有不少学者研究过类似的问题,不一而足。

财政所要解决的是通过市场不能解决、或者通过市场解决得不那么令人满意的问题,而预算的编制和执行集中体现了财政运行的过程,政府的财政收支决策则决定了政府介入经济运行的范围、规模和程度。经济学家研究积极财政政策和预算平衡理念的成果很多,在此不作具体分析。

[①] 张守文著:《财税法疏议》,北京大学出版社2005年版,第6页。
[②] 参见王源扩:《财政法预算平衡原则再探讨——兼论我国〈预算法〉之修改》,载王先林主编:《安徽大学法律评论》2003年第3卷第1期,安徽大学出版社2003年版。
[③] 参见王强、叶姗:《政府理财观的抉择——量入为出与以支定收》,载《法学杂志》2006年第2期。
[④] 蔡茂寅著:《预算法之原理》,台湾元照出版有限公司2008年版,第10—11页。
[⑤] 参见徐仁辉:《预算赤字与预算改革》,台湾智胜文化事业有限公司2001年版;徐仁辉:《预算改革、财政平衡与政府再造》,载台湾《主计月报》1998年总第516期;徐仁辉:《预算赤字控制问题研究》,载台湾《财税研究》2002年第2期。
[⑥] 参见苏彩足:《"平衡预算修宪案"能消弭美国联邦预算赤字吗?》,载台湾《财税研究》1996年第1期。

此外,如民国时期我国著名财政学家马寅初(1944年)所言,"'我国'编制预算,向有'虚收实支'、'实收虚支'及'虚列收支'三种弊端,以虚伪之平衡,掩饰实际之不平衡,以自欺欺人。"① 由此可见,预算编制中发生的强求实现预算平衡目标的行为,往往出自政府故意的精心策划,其危害性甚至比预算不平衡要更严重。我国台湾地区"预算法"第23条规定的"政府经常收支应保持平衡"似乎与祖国大陆《预算法》第3条规定的"各级预算应当做到收支平衡"同出一辙,同时,前法第23条规定的"资本收入、公债与赊借收入及以前年度岁计剩余可以充经常支出之用"与后法第27条规定的"中央预算中必需的建设投资的部分资金"可以举债,都表明了财政收支应当平衡之余,特殊情况下也可能出现赤字。

三、思路和创新

本书的研究始于"市场和政府的关系",市场和政府的理性都是有限的,都可能失灵,两者之间的职能分工是现代性法律必须重点解决的问题。现代性法律承认市场主体在先天的资源禀赋上存在根本差异,而追求发展结果的大致公平。"在市场和非市场选择之间极难作出公正的比较。因为它们之间的选择没有普遍适用的公式,这种比较的结果常常更多地依赖于评价者的先入之见,而不是他们的分析。"② 市场和政府在稀缺资源配置上分别发挥基础性作用和补充性作用,能够承担划分和定位市场和政府的职责的,非经济法和社会法莫属,两者具有突出的规制性和现代性,共同承担促进社会财富公平分配的重要职责,分别侧重解决经济与社会发展过程中发生的经济问题和社会问题。"随着国家经济职能和

---

① 马寅初著:《财政学与中国财政——理论与现实》(上册),商务印书馆2001年版(初版于1948年),第50页。
② 〔美〕查尔斯·沃尔夫著:《市场,还是政府——市场、政府失灵真相》,陆俊、谢旭译,重庆出版社2009年版,第110—111页。

社会职能的强调,经济法和社会法的调整对于国民经济与社会稳定发展的重要作用非常值得重视。"①

本书从概括性地提出并针对性地解决当前破坏预算平衡、诱发财政赤字、累积公债规模的法律问题入手,重点研究赤字财政政策、赤字预算案和决算案。依据成因不同,财政赤字可以细分为源于经济发展周期性失序的周期性赤字、源于财税制度结构性失衡的结构性赤字和源于预算过程管理失当的管理性赤字三种类型,在此之上可以提炼法律控制财政赤字、削减公债规模、促进预算平衡的基本原理及其规范体系。本书采取定性与定量分析、理论与实证研究、政策与法律研究、技术分析与价值判断相结合的研究方法,遵循从理论分析到规范梳理及至经验总结的思维逻辑,从经济法与社会法理论的大处着眼,从预算法规范和财税法制度的小处着手,借鉴法律控制财政赤字的域外经验,参考相关学科领域已有的研究成果,集中而系统地研究散见于财税法的各个分支领域的所有可能影响预算平衡的法律规范。② 笔者认为,在开放经济的时空背景下研究财政赤字的法律控制问题,应当以财政赤字失控引发的法律问题为切入点,梳理实然性的财政收支法律制度、提炼应然性的预算平衡规范。

全书分为四章:第一章研究法律促进预算平衡的基本原理,分析了与预算平衡原则相悖的预决算赤字,梳理了法律控制财政赤字的原因及其思路,阐述了预算平衡规范的革新理念及其属性,奠定了理论研究基础;第二章研究法律控制财政赤字的域外经验,研究了美国联邦预算平衡规范的渐进式立法,讨论了联邦程序控制型规范的改进怎样博弈,探讨了联邦赤字削减型规范的创新何以违宪,阐述了欧元区财政约束规则这种强制性标准,提供了制度借鉴对象;第三章研究财政赤字控制的传统预算法

---

① 张守文:《"发展法学"与法学的发展——兼论经济法理论中的发展观》,载《法学杂志》2005年第3期,第2页。
② 财税法的基本原理主要是从预算法中提炼的,因此,预算法又称为狭义的财税法,构成财税法的核心。预算这一财政收支计划所涉及的内容能够涵盖所有的财政收支领域及其相应的法律规则。

进路,探讨了财税法治视域中预算权的均衡分配,研究了权力分享基础上预算程序的合理安排,分析了预算公开条件下预算责任的规范构筑,以消灭管理性赤字;第四章研究预算平衡促进的现代财税法进路,概括了周期性赤字的发展趋势和变动幅度的控制进路,提炼了结构性赤字的既有规模和诱发因素的减除方法,尝试从法律上构造促进地方财力与事权相匹配的制度框架,以控制周期性赤字、削减结构性赤字。

有关财政赤字控制和预算平衡促进的论题是跨越诸多学科领域的技术性难题,非常重要而又内容庞杂、问题繁复,本书择取的是经济法与社会法理论的研究立场,重点研究了财政赤字失控可能产生的诸多法律问题。不同学科的特定问题说明了特定的研究背景,决定了特定的研究方法,也预示着其可能取得的理论上的突破和制度上的创新。本书的性格特质是立足于全球视野和中国实际,对财政赤字的法律控制问题进行了开创性的研究,致力于建构财政赤字的法律控制的二元进路——传统的预算法进路和现代的财税法进路,鲜有成例可循。本书的研究以财政赤字失控现象为切入点,提炼控制财政赤字、削减公债规模、促进预算平衡的基本原理及其规范体系,创新之处体现在逻辑、体例、理论与制度等方方面面。

本书在逻辑上颇具创意:研究起点是与预算平衡原则相悖的预决算赤字,研究目标是构建总体经济平衡目标统辖下控制财政赤字、削减公债规模、促进预算平衡的基本原理及其规范体系,研究进路是预算法治理念下预算权、预算程序和预算责任的规则再造。本书的研究源于但不限于已有的财税法制度,而试图从控制财政赤字的需要导入对策性的预算平衡规范,这是发展经济法与社会法理论以及改进预算法规范、完善财税法制度的一个非常重要的论题,由此,也决定了研究成果创新的可能性。本书通过法律来控制财政赤字和促进预算平衡,只是研究理论发展、规范改进和制度完善的其中一个视角,既不打算以偏概全,更不可能否定其余。本书的研究建立在对现行制度的规范性分析和应有制度的创新性建构之上,既注重对周期性、结构性和管理性等不同类型的财政赤字的制度成因进行分析,又着重剖析美国联邦预算平衡规范和欧元区财政约束规则,结合中国国情,实现创造性的制度发展和改进性的理论重构。

本书在体例上讲求创设:研究不拘泥于经济法和社会法的部门法局限而进行体例安排,通过比较美国联邦预算平衡规范和欧元区财政约束规则等域外立法,提炼能够有所谏言于我国预算权、预算程序和预算责任的规则再造的有益经验,进而抽象建构预算平衡规范体系的多元结构。如果说美国是试图通过法律控制财政赤字和削减公债规模、进而较好地维持预算平衡的制度典范,欧洲主权债务危机更多地展现了由于财政赤字和公债规模失控而引发财政危机、公债危机和经济危机的情形。财政赤字失控、公债规模过高、预算平衡被破坏等法律问题,不是针对某一部门法发生的,单纯研究某一领域的法律规范难免有失偏颇。本书的研究从法律促进预算平衡的基本原理着手,剖析与预算平衡原则相悖的预决算赤字,着重提炼法律控制财政赤字的原因及其思路,揭示法律促进预算平衡的规范及其性质——"促进型法"。各种预算平衡规范的价值诉求不尽一致,制度手段各有所长,作用方向迥然有异。

本书在理论研究上有所突破:主张财政赤字细分为源于经济发展周期性失序的周期性赤字、源于财税制度结构性失衡的结构性赤字和源于预算过程管理性失当的管理性赤字三种类型,由此,构建差异性的法律控制机制:既有"预算控制"的传统预算法进路,主张预算权均衡分配、预算程序合理安排和预算责任规范构筑,确立"量入为出"与"以支定收"相结合的政府理财观,在税收法定主义和量能课税原则指导下,规范财政权的合法、合理且正当行使;又有"控制预算"的现代财税法进路,包括控制周期性赤字的发展趋势和变动幅度、减除结构性赤字的既有规模和诱发因素、构造促进地方财力与事权相匹配的法律框架,确保财政赤字和公债规模维持在合理范围内。实践中,周期性赤字、结构性赤字和管理性赤字不那么容易区分,但是,从理论上对不同类型的财政赤字进行差别对待甚有必要。只有在财政赤字类型细分的基础上对其进行差异性的法律控制,才能从根本上解决财政赤字失控问题,尽可能实现所谓的"预算平衡"

状态。

  本书在制度构建上有所创造：为了回应财税法治、权力分配、争议可诉等预算法治的基本诉求，预算权必须均衡分配、预算程序应当合理安排、预算责任要求规范构筑。预算权的合理配置及其规范运行，必须以预算争议可诉为线索重构预算责任，其体系以行为类别为中心构筑，进而解决在预算的编制、审批、执行以及调整过程中可能发生的各种法律争议。预算的编制和执行程序分别是政府主导进行的专门步骤和组织实施的技术环节，立法机关对其进行监督既可能通过专门的预算监督，又可以借助预算审批客观上起到预算监督的效果。尽管美国联邦预算平衡规范和欧元区财政约束规则都或多或少有所贡献于财政赤字的控制，但是，国有资本投资规模较大、投资和需求比重失衡、内外经济发展失衡、区域经济发展失衡、城乡二元经济结构等中国特色，决定了我国想要从法律上控制财政赤字、削减公债规模、促进预算平衡，必须立足全球视野和中国实际进行创造性的建构。本书所提炼的预算平衡规范体系的核心条款，既参考了美国的经验，又借鉴了欧盟的做法，还考虑了中国的现实。

第一章　法律促进预算平衡的基本原理

> 市场和政府之间的选择并不是一种单纯的选择,而是一个程度问题。从所产生的体制的经济和社会绩效这两个角度来看,所选择的程度至关重要。①
>
> ——〔美〕查尔斯·沃尔夫

> 财政的收支平衡是各国预算法的基本原则,如果能够实现这种平衡,就不会产生大量的赤字,也就不会产生财政危机的问题。解决赤字、财政危机等问题,涉及广泛的权力分配及其制度安排,具有非常普遍的法律意义。②
>
> ——张守文

在 20 世纪 30 年代的经济大萧条时期,"世界经济恐慌,造成了许多财政赤字的因素,直截了当地说,就是使各国国库的收入减少而同时许多支出费用却增大起来"③。主张制定赤字预算以刺激经济增长的凯恩斯主义,成为罗斯福新政的重要理论基础,确立了现代国家的政府通过干预经济运行来化解经济危机的制度模式。此后大半个世纪,财政赤字逐渐

---

① 〔美〕查尔斯·沃尔夫著:《市场,还是政府——市场、政府失灵真相》,陆俊、谢旭译,重庆出版社 2009 年版,第 175 页。
② 张守文著:《财税法疏议》,北京大学出版社 2005 年版,第 6、8 页。
③ 张原:《各国赤字财政之膨胀》,载《申报月刊(中)》1935 年第 7 号,第 52—53 页。

取代了预算平衡成为各国财政运行实践的常态,预算平衡或财政盈余仅如昙花一现。"今日世界上各先进国家的财政,差不多都没有基于这原则的健全财政。毋宁相反的,赤字财政为各国财政的原则,补填赤字的金融政策成为各国经济政策的中心。"①在过去一个多世纪,大规模战争、经济衰退和重大自然灾害等因素以及公民权利性支出的扩张,使得财政赤字经常性地出现在各国的预算中。自 1970 年至今,美国仅在 1998—2001 年,英国仅在 1970—1973 年、1988—1990 年、1998—2001 年出现短短几年的财政盈余,其他财政年度都是财政赤字。② 是什么因素促使太平盛世出现财政赤字呢?公民权利性支出的扩张可能受到一定的限制吗?

历史总是惊人地相似:2008 年发生的全球金融危机,使得大多数国家接下来几个财政年度的预算不约而同出现创纪录的预算总额和巨额的预算赤字,很多国家都周期性地进入了经济发展低潮期:高失业率、通货膨胀和经济衰退同时出现。为了避免经济崩溃、社会动荡,各国政府争相制定以减税或增加财政支出为核心的积极财政政策,不管是金融危机应对措施还是经济稳定增长计划,都使得预算总额不断创下新高、预算赤字持续趋于恶化,与财政收支相抵的预算平衡状态更是相去甚远。预算平衡原则曾经是各国预算法颠扑不破的基本原则,其重要性甚至一度超过了财政政策中的其他任何因素。各国建立现代预算制度的初衷是解决现代国家相继出现而且日益严重的财政赤字问题,然而,预算制度实践后来的发展没有如立法者的设想那样:随着现代预算制度的建立,财政赤字逐渐减少甚至消失。相反,由于政府干预经济运行的力度、频度和程度加深,财政赤字频繁再现、公债规模不受控制。

在我国,改革开放以来的年均 GDP 增长率接近 10%,分税制改革以后的年均税收增长率则超过 20%,但是,除了 1978 年、1981 年、1985 年、2007 年等少数几个财政年度外,其他年度的预决算案都无一例外出现了

---

① 周仁庆:《赤字财政下之各国公债政策》,载《东方杂志》1936 年第 5 号,第 23 页。
② 详见本书附录一和附录二。

财政赤字。① 无论是预算编制时安排的预算赤字,还是预算执行完毕后出现的决算赤字,都违背了财政稳健或称预算平衡原则,却往往同时有受托于纳税人的政府的提议和议会的批准,预算赤字的合法性似乎是没有问题的,决算赤字看上去会受到更大的质疑,但决算赤字事实上也总是能获得议会的认可。关于预算平衡的道德层面的争论没有止息,账面上的财政收支平衡确实不见得就一定比财政赤字更有道德。对于预决算赤字,值得研究的问题是:预算平衡究竟是预算编制时必须遵循的原则,还是预算执行时应当追求的目标呢?法律有必要、有可能控制财政赤字、削减公债规模、促进预算平衡吗?

一、与预算平衡原则相悖的预决算赤字

财政赤字可能出现在预算编制时,也可能发生在预算执行完毕时。我国经济高速增长的情况下出现的财政赤字,与我国财税法制度的结构设计密切相关,完全不同于发达国家因受到经济危机影响而陷入经济发展低潮期而发生的财政赤字,这就决定了必须根据财政赤字的成因不同而制定相应的对策,才能从法律上控制财政赤字、削减公债规模、促进预算平衡。由于我国财政法治化水平较低,预算编制不尽合理、预算审批无法细化、预算执行不够严格,又会产生第三种类型的财政赤字——管理性赤字。预算之所以需要平衡、财政赤字之所以需要控制,源于人们对预算不平衡、财政赤字不受控制可能产生的法律问题的担心及其可能破坏经济稳定增长趋势的恐惧。我国《预算法》第3条、第27条和第28条确立了"收支平衡、不列赤字、量入为出"的基本原则,第73条规定了"未经依法批准擅自变更预算"而破坏收支平衡或增加举借债务的法律责任,这样的制度设计未免过于简单。财政赤字可能意味着经济发展周期性失序、

---

① 详见本书附录四。

财税制度结构性失衡或预算过程管理性失当,每个方面都非常复杂。

(一)预算的内涵、性质及其法律效力

什么是财政赤字呢?"簿记上登记之惯例,凡不敷之数,均用红字标明。引申之,凡各国预算案之结算,其支出多于收入时,均不免发现赤字,故称赤字财政。欲填补赤字,使收支相抵而募集之公债,即谓赤字公债。"①在发达国家,预算赤字(budget deficit)与财政赤字(fiscal deficit)经常混同使用,原因在于它们的预算案覆盖了所有财政收支项目,然而,在我国,由于长期存在大量预算外收支项目(甚至体制外收支项目),很多财政收支项目在正规的财政管理体制外循环,这使得财政收支的概念要比预算收支的范畴宽泛得多,财政赤字也不完全等同于预算赤字。我国现正逐步将所有财政收支项目都纳入预算统一管理,两个概念之间的差距将会得到弥补。"财政改革需要一个预算过程,这一过程把政府支出控制在与国家收入相近的水平上,并且排除或限制'预算外'补贴和其他破坏财政规则以及预算平衡的交易。"②囿于主题和篇幅所限,本书的研究不打算细究财政赤字和预算赤字之间的差别,而尽量使用财政赤字的概念,除非所引用的文献资料或法律法规的原文使用的是预算赤字的概念。另外一个层面,预算赤字特指预算编制时安排的财政赤字,本书还可能对应使用"决算赤字"或"预算执行赤字"的概念,用于描述预算执行完毕时出现的财政赤字类型。

要讨论"预决算赤字"的问题当然要从"预算"说起,法学领域的诸多争议往往纠结于对某一核心概念认识上的分歧。如果不研究清楚"预算"的概念意欲何指,就无从揭示法律何以控制财政赤字、促进预算平衡。

---

① 有关"赤字财政"的解释,参见《今日青年》1941 年第 14 期,第 61 页。这一解释具有通说的意义,如美国《国会预算和扣押控制法案》(1974 年)第 3 条规定:"赤字是指在某一财政年度中开支超过收入的数额。"
② 〔美〕查尔斯·沃尔夫著:《市场,还是政府——市场、政府失灵真相》,陆俊、谢旭译,重庆出版社 2009 年版,第 165 页。

法学研究的起点是基本概念的界定,而后进行理论基础的构造和制度体系的设计。某一基本概念的内涵和外延可以反映其特有属性的思维形态,是逻辑思维的起点和不同学科之间对话的媒介。"预算"作为预算法中的核心概念,却并非法学特有的概念,而来自于相关的经济学科。"预算是在一个特定时期内为企业或政府的财政管理制定的计划,它由负责的管理者准备并提交给一个代表机构(或其他正当组建的部门),计划在实施前必须经过该机构同意和授权。"① "预算是什么"不仅决定了预算的法律性质,而且会影响预算法规范体系的宽泛程度。为了更好地引导经济与社会的发展,政府既需要有效筹集财政资金来提供公共服务,还需要合理安排财政资金来谦抑行使其财政权。某种程度上说,预算既是财政资金分配的工具,又是一国政府的宏观调控能力的体现。

辞书和学术界的研究都曾给"预算"下过定义。例如,《辞海》将"预算"界定为:经法定程序批准的政府、机关、团体和事业单位在一定时间内的收支预计,如国家预算、中央预算、地方预算和单位预算等。② 《布莱克法律词典》从两个层面来表述"预算"的概念:其一,预算是某一特定时期(通常是一年)内某一组织预计的收入和支出的陈述;其二,预算是为了某一特定目的或项目而筹集的一笔钱。③ 财政学一般认为,预算是指政府在未来一个或若干个财政年度内的全部财政收支结构的一览表或称基本财政收支计划。④ 预算除了要解决财政收支计划表格安排的形式问题外,还要解决财政收支计划指标确定的内容问题,这是用货币的形式量化表达的未来某一特定时期的财政收支的打算。这一计划通常由政府负责编制,立法机关批准前称为预算草案或预算案,其后称为法定预算(ap-

---

① 〔美〕弗瑞德里克·A.克里夫兰:《美国公共预算理念的演进》,载〔美〕阿尔伯特·C.海迪等著:《公共预算经典(第2卷)——现代预算之路(第3版)》,苟燕楠、董静译,上海财经大学出版社2006年版,第10页。
② 《辞海》,上海辞书出版社2000年版,第5238页。
③ Bryan A. Garner ed., *Black's Law Dictionary*, 8th. ed., West Publishing Co., A Thomson Business, 2004, p.207.
④ 关于基本财政收支计划的观点,几乎是通说,例如,陈共主编:《财政学》,中国人民大学出版社1998年版,第169页。但这种观点过于简单,并没有揭示预算的实质。

proved budget)或预算。例如,我国台湾地区"预算法"第 2 条规定:"预算案经立法程序而公布者,称法定预算。"①本书统一使用"预算案"和"预算"来指称立法机关批准前后的文件。

但凡论及"预算"的经济法或财税法教材或著作,都免不了给"预算"下定义,学者们的学术贡献良多,在此无法一一赘述,仅举三例如下:"预算是指国家原则上于一会计年度内以收入与支出为中心所定立之财政计划,经议会议决而成立,授权并课政府以执行义务之制度"②;"预算,或称国家预算,是指国家对会计年度内的收入和支出的预先计算。预算是政府的财政收支计划,……形式上体现为依一定标准将财政收支分类列出所形成的特定表格,……但在实质上,它反映的是国家进行预算的编制、议定和执行的一系列活动"③;"预算,从形式上看是政府财政的收支计划,是政府为了安排当年的财政活动而编制的财政收支计划。政府的任何一项活动都需要相应的财政支出,预算恰好以计划形式对每一笔政府支出作了直接的规定和安排,……"④从这三种表述方式来看,法学上对"预算"这一经济学概念的引入,显然受到了经济学研究成果的影响,但是,都转用了法学概念的定义方式。

预算是基于收付实现制而不是权责发生制来编制的,是由较为复杂的预算编制技术和较为精确的预测数据所支撑的,形式上表现为单式预算(unitary budget)和复式预算(dual budget)两种类型,后者是现代国家的通例。我国的预算编制也实行复式预算原则:预算分为政府公共预算、政府性基金预算、国有资本经营预算和社会保障预算。⑤ 各类预算之间应当保持完整、独立,同时保持相互间的衔接。"预算是一国政府在一定时期内为达成政治、经济和社会目的,以国家整体资源与国民负担能力为

---

① 本书所引用的我国台湾地区"预算法",载于林纪东等编纂:《新编六法(参照法令判解)全书》,台湾五南图书出版公司 2008 年版,第 871 页。
② 蔡茂寅著:《预算法之原理》,台湾元照出版有限公司 2008 年版,第 3 页。
③ 张守文著:《经济法学》,中国人民大学出版社 2008 年版,第 159 页。
④ 刘剑文著:《走向财税法治——信念与追求》,法律出版社 2009 年版,第 56 页。
⑤ 现阶段我国仅开始编制社会保险基金预算。

估计基础,所预定的财政收支计划,乃经由政治程序对国家资源进行整体分配。"①可见,预算本质上是一个极其重要的政治问题,而不仅仅是财政收支的汇总,它反映了政府在未来一个或若干个财政年度,准备做什么、正在做什么和做了些什么。预算过程实际上一个复杂而庞大的社会选择过程,既具有经济性、社会性,又具有政治性、法律性。预算不仅是"政府对由自己进行行政控制的收支项目负责的财政管理工具"②,而且是有关部门或单位对未来财政年度可能获得和可以使用的财政资金集中、系统而详尽的描述,"但是如果由于某些不可控的原因,使政府的收入少于预期,或支出超过了预期,或两者兼而有之,这种情况如何处理?"尽管"各个州的实际情况不同,责任也经常不很明确",可以肯定的是,"政府不会束手无策地看着他们的预算变得无法控制"③,但不同国家或地区的政府可能采取完全不同的措施来恢复预算平衡。

预算的编制和执行周而复始,或者说,从不止息,而预算编制和预算执行结果都要受到立法机关的审查。"预算系以一个会计年度为期的政府收支计划,从其开始编制到完成决算程序的时程,一般称之为预算周期、预算循环(the budget cycle)乃至于预算过程(the budget process)。"④表面上看,预算约束的是政府的财政权,但是,预算不仅仅是政府的事情,政府编制、执行和调整预算的权力都必须受到预算法、财政收支法和立法机关的预算审批权的约束。"毫不夸张地说,治理能力在很大程度上依赖于预算能力。如果没有预算的约束和规范,巨大的、积极的政府将是不可

---

① 韦瑞、邱静玉:《财政政策:追求预算平衡》,载《台湾财金(评)》第091—277号,2002年12月17日,第1页。
② [美]阿尔伯特·C.海迪等著:《公共预算经典(第2卷)——现代预算之路》(第3版),苟燕楠、董静译,上海财经大学出版社2006年版,第1页。
③ [美]诺米·凯登:《粉饰的平衡预算和现实的平衡预算》,载[美]罗伊·T.梅耶斯等著:《公共预算经典(第1卷)——面向绩效的新发展》,苟燕楠、董静译,上海财经大学出版社2005年版,第186页。
④ 蔡茂寅著:《预算法之原理》,台湾元照出版有限公司2008年版,第132页。

想象的。"①预算是对财政收支的测算,却不完全是一个技术或曰令人乏味的会计问题,在可能的财政收入的支持下,预算是对潜在的财政支出目标进行取舍的过程。"联邦预算是一个非常复杂的事业","然而,预算远不止是钱的问题","预算常常是一个困难的、充满冲突的过程。不论预算有多大,永远没有足够的钱满足所有的需要"。② 预算的概念可以从两个角度来诠释:其一,静态的预算是预先估计未来一个或若干个财政年度的全部财政收支的结构的法律文件;其二,动态的预算是在财政支出的需要和财政收入的可能之间进行测算、评估和权衡,以决定是否和如何进行某种稀缺资源的配置的过程。

现代国家的议会除了审议法律草案外,最重要的职能莫过于审议政府编制的预算案。预算案经批准成为预算后,"从表面看,它们常常是预算过程的结果和终点,但事实上预算编制并未因为预算案成为法律而完全结束"③。预算应当如何执行?可以作出调整吗?预算的编制、审批和执行构成了完整的预算过程,如果不强调预算的法治化,就根本无法实现对预算过程的实质性改良,也就无法达到预算平衡的财政稳健状态。在我国,无论是预算平衡原则的任意违反、预算调整的标准不尽合理,还是预算执行中财税法规范的随意修改、超收收入的使用不完全受控等,都极有可能使预算对政府的财政权的约束流于形式。政府主导型的预算制度是世界性潮流:政府在预算过程中事实上起着决定性作用,尽管立法机关仍然保留对预算案的审批权以及将普遍性的预算规则规定为预算法律的立法权。决算(budget result)是年度预算执行结果的集中体现,全国决算由中央财政决算和地方财政决算构成。

---

① Allen Schick, The Capacity to Budget, Washington: the Brookings Institution Press, 1990, p.1. 转引自马骏著:《治国与理财:公共预算与国家建设》,生活·读书·新知三联书店2011年版,第61页。
② 〔美〕艾伦·希克著:《联邦预算——政治、政策、过程(第3版)》,荀燕楠译,中国财政经济出版社2011年版,第2页。
③ 〔美〕爱伦·鲁宾著:《公共预算中的政治、收入与支出,借贷与平衡》,叶娟丽等译,中国人民大学出版社2001年版,第248页。

预算的法律效力取决于对其性质的认识,代表性观点有如下几种:预算法律说、组织性法律说、措施性法律说、预算行政说。它们的具体内容如下:

第一,预算法律说。这种观点认为,预算的性质属于法律,与传统的法律实际上没有本质区别。例如,"法国的预算,不单只在形式上认作和法律一样,就是在实质上,也是认作和法律一样,因此,承认由预算来新定国民之义务。"① 法国《预算组织法》(2001年)第1条第3款规定:"预算法案包含如下特征:1. 包括年度预算法案和预算修正法案;2. 包括有决算法案;3. 包括组织法第45条规定的法律程序。"② 俄罗斯《联邦预算法典》(2004年修正)第11条"预算的法律形式"第1款规定:"联邦预算和国家预算外基金预算以联邦法律形式制定、批准,联邦主体预算和地区国家预算外基金预算以联邦主体法律形式制定、批准,地方预算以地方自治代表机关法规形式、或按照地方自治章程规定的办法制定和批准。"

第二,组织性法律说。这种观点认为,预算的性质类似于仅以国家机关的内部行为为规制对象的组织性法律③,这是对预算法律说的发展。日本法称之为预算规范说,预算是"国家于一会计年度之财政行为准则,主要以岁入岁出之预定准则为内容,经国会议决所定立之国法的一种形式",或者说是"财政行为之准则,非普通所谓之仅属岁入岁出之估价单,而是规律政府行为之法规范"④。这一观点仍然是日本法学界得到最多

---

① 〔日〕美浓部达吉著:《议会制度论》,邹敬芳译,中国政法大学出版社2005年版,第306页。
② 本书所引用的俄罗斯《联邦预算法典》(1998年制定,2004年修正)、法国《预算组织法》(2001年)、日本《财政法》(1947年制定,2002年修正),均载于财政部预算司编:《部分国家预算法汇编》,外文出版社2005年版。
③ 例如,我国的组织性法律有《中华人民共和国全国人民代表大会组织法》(1982年)、《中华人民共和国国务院组织法》(1982年)、《中华人民共和国地方各级人民代表大会和地方各级人民政府组织法》(1979年制定,2004年修正)、《中华人民共和国人民法院组织法》(1979年制定,2006年修正)、《中华人民共和国人民检察院组织法》(1979年制定,1983年修正)、《中华人民共和国城市居民委员会组织法》(1990年)、《中华人民共和国村民委员会组织法》(1998年制定,1998年修正)等。
④ 日本学者清宫四郎、宫泽俊义、杉村章等教授的观点,转引自蔡茂寅著:《预算法之原理》,台湾元照出版有限公司2008年版,第49页。

重要学者认同的观点。

第三,措施性法律说。这种观点认为,虽然预算在性质上属于法律,但是,它仅仅针对并规范国家机关的行为或对某一财政年度的行为进行规范,与一般法律也有区别。"预算没有实质上的法律效力,而只是政府和联邦议会对支出妥当性与必要性所作出的同意意见的确认,只是形式上的法律。因此政府收入和支出的实质法律基础不是预算,而是其他的法律规定。只要有这些法规的存在,政府在没有预算的情况下仍然拥有对支出和收入的权限;超出的部分须取得必要的认可。"①例如,德国的"预算只在形式上是法律,而实质上则完全和法律不同,所以,有不由此以定人民的权利义务的见解"②。日本法称为预算法律说:"预算固有法律性,但其究以'法律'名义完成立法程序之法律有所不同,而系名为'预算'之法律,因此又称为'特殊法律说'。"③"预算是形式上的法律"或者说"预算是不同于一般法律的特殊法律"的观点,在德国和日本法学界的影响越来越大。

第四,预算行政说。这种观点否定了预算的法律性质,认为预算只是议会对政府的财政收支安排表示赞同的意思表示,是议会承认下一财政年度政府的财政收支安排的法律形式。

总的来说,第四种学说——"预算行政说"曾经是早期的通说,但渐渐被摒弃,前三种学说就是在批判这一观点的基础上建立起来的,这三种学说之间属于内部分歧。

笔者认同将预算解释为措施性法律说的观点,毕竟,预算的法律效力是毋庸置疑的,预算必须经由立法机关审议通过而具有法律的外观,但是,其确实又不同于一般法律:适用期限通常仅为一年,而不是永久适用

---

① 德国学者保罗·拉班德教授的观点,转引自周刚志:《财政预算违法责任初探》,载《审计研究》2009 年第 2 期,第 15 页。
② 〔日〕美浓部达吉著:《议会制度论》,邹敬芳译,中国政法大学出版社 2005 年版,第 306 页。
③ 日本学者手岛孝教授的观点,转引自蔡茂寅著:《预算法之原理》,台湾元照出版有限公司 2008 年版,第 51 页。

的。从法律效力的角度来说,法定预算的内容不能与确立预算规则的传统预算法相抵触,德意志《联邦基本法》(1949年)第110条第4项规定:"预算法只包括适用于联邦收支和制定预算法期限的条款。预算法可以规定,某些条款只有在下一个预算法颁布时,或在根据第115条授权的情况下,在较晚的时期,停止适用。"与祖国大陆学者很少讨论预算的性质不同的是,尽管我国台湾地区"预算法"没有界定预算的性质,只是在第1条第2款规定:"预算以提供政府于一定期间完成行业所需经费为目的",但"司法院"大法官解释"释字第391号"和"释字第520号"都试图阐释预算的性质:"预算案除以具体数字载明国家机关维持其正常运作及执行法定职掌所需之经费外,尚包括推行各种施政计划所需之财政资源。且依现代财政经济理论,预算负有导引经济发展、影响景气循环之功能。预算案经立法院通过及公布手续为生效预算,其形式上与法律相当,因其内容、规范对象及审议方式与一般法律案不同,故称为措施性法律。法院审议预算案有批准行政措施,即年度施政计划之性质。"①当然,预算无论如何都不可能被归入实质意义的预算法的范畴,原因在于,预算中几乎没有规定任何有关财政收支的规则,预算只能依据现行财政收支法来编制。

"一般意义上的法律是指对人们的行为所作的普遍抽象的规定(命令),或者对人们的思想和自然过程所作的普遍抽象的宣示。"②某种程度上说,对预算的性质的界定取决于如何认识法律,必须指出的是,即使预算确实具有区别于预算法和传统意义上的法律的特色,但是,这不足以否定预算在性质上属于法律的范畴。例如,在法国法上,"在预算和一般法律之间,是不承认性质上有区别的;预算也是基于用法律的形式经议会议决的事实,把预算和普通立法看做一样:议员既有普通立法的提案权,也有预算的提案权。"③笔者同意这种判断,但是,预算毕竟与预算法不同,如学者所言,预算"是具有法律约束力的,是一种广义上的预算法,但它只

---

① 《大法官会议解释汇编》(增订七版),台湾三民书局2008年版,第253、470—474页。
② 〔德〕汉斯·J.沃尔夫著:《行政法》(第1卷),高家伟译,商务印书馆2002年版,第240页。
③ 〔日〕美浓部达吉著:《议会制度论》,邹敬芳译,中国政法大学出版社2005年版,第293页。

是在具体的特定时期内具有法律效力,因而与狭义的预算法是不同的"①。此外,预算案以国家的经济社会资源和国民的税收负担能力为基础进行估算,是经由政治目标指导和法律程序管控的稀缺资源再分配的文件。严格来说,预算案不同于预算报告:后者是指连同预算案一起提交给议会的文件,包括与财政收支和借贷有关的计划,以及相关的经济和财政情况说明、经济政策目标、中期宏观经济预测和预算内受资助的政府活动。

　　部分发达国家的预算法律体系将年度和跨年度预算案等法律文件纳入其中。例如,俄罗斯《联邦预算法典》(2004年修正)第2条第1款规定:"俄罗斯联邦预算法律由本法典、根据本法典通过的年度联邦预算法、各联邦主体的年度预算法、地方自治政府的年度预算法规,以及联邦各级政府关于调节本法典第1条所指法律关系的其他法规组成。"该法第2条第2款还指出了预算法各种法律渊源的效力高低:"上述法规不能与本法典相矛盾。在本法典与上述法规之间存在矛盾时,采用本法典。"厘清预算的性质在我国实践中也特别重要,如有学者所言:"不把计划与预算当作法律是不对的,它是长期以来计划执行不力,预算随意突破的原因之一","应当树立计划、预算就是法律的观念"。② 从我国台湾地区的预算法的基本原理来看,"预算在最终的制定程序上与法律一般无异,因此使得形式上的'预算法律说'一向具有极为重要的地位","从法律之制定程序、名称、规范形式、构造以及本质性要素等各方面检讨之结果,可以肯认预算与法律在各方面均存在有相当程度之差异,此种差异,足以使预算与一般法律有所区别","预算法规范说乃至特殊法律说最可能被接受"。③

　　"财政法是预算、决算和国家财产管理等有关财政问题的基本法,是国家的内部规范,不会直接给国民的权利、义务产生影响。但是,通过运

---

① 张守文著:《财税法学》,中国人民大学出版社2007年版,第62页。
② 蔡定剑著:《中国人民代表大会制度》,法律出版社1998年版,第322页。
③ 蔡茂寅著:《预算法之原理》,台湾元照出版有限公司2008年版,第52、64页。

作财政实施的财政政策,将对经济整体运作带来巨大影响。"①对于现代国家的政府而言,预算法治的重要性不言而喻,它构成了政府运作机制的核心内容。"在公法领域,至少还应当考虑如何从预算的角度、从财政收支的角度来对公权力的行使进行限制,这才是真正的限权,也才是非常直接的约束。"②如果说预算收入主要取决于现行财税法律体系确定的财政收支结构和现有的税收征管水平,那么,预算支出更多的是预算编制时所选择的财政政策的数字化的体现。在这个意义上说,预算不仅仅是一个不创制法律权利和义务的财政收支计划,它既是对财政收支的合理程度的检验,又是对税收征管的效率水平的考察,更是对政府选择的财政政策的确认和细化。笔者认为,预算必须在预算法的法律渊源中占据一席之地,预算执行中修改的财税法律规范不能影响已经生效、正在执行的预算或已经编制完毕的预算案。退一步说,即使做不到这一点,也可以考虑因财税法律规范的修改而产生的影响纳入预算调整的原因。如果预算还未经批准,就应当及时在预算案中进行修改,唯其如此,预算的法律效力才能得以维持。

(二) 财政政策决策对预算平衡的影响

在所有宏观经济政策中,财政政策和货币政策至关重要,现代国家的政府习惯性地协调适用财政政策和货币政策来调控宏观经济运行。财政政策是指一个国家或地区的政府通过预算、税收或用于投资和消费的财政支出、公债等措施来达到某些宏观经济目标的经济政策。为了调控宏观经济运行,现代国家的政府制定和实施的有关财政收支的财政政策,包括增加财政支出的财政刺激政策、减少税收的结构性减税政策以及同时增加财政支出和减少税收的赤字财政政策,都会对预算平衡造成直接影

---

① 〔日〕丹宗昭信、伊从宽著:《经济法总论》,吉田庆子译,中国法制出版社2010年版,第546页。
② 张守文著:《财税法疏议》,北京大学出版社2005年版,第8页。

响。有学者认为,"财政政策的基本工具是收入、支出和潜在的盈余与赤字"①,可见,预算平衡与否是财政政策决策的直接结果,具体来说,赤字预算、盈余预算或平衡预算是财政政策决策导致的几种结果。预算平衡与否总是要置于一定的时间段内来观察和判断,那么,多长的时间段是最为合适的呢?理论上说,选择一个合适的时间段来考察预算平衡与否是可行的,而从实践经验来看,选择和确定一个或若干个财政年度来衡量预算是否平衡也是适当的。导致预算不平衡的原因有可以消除的和不可控制的之分:如果原因客观上是可以消除的,想要重新达到预算平衡的状态是完全可能的,如果原因客观上是不可控制的,无论是财政收入不如预期,还是财政支出超过预期,或者两者兼而有之,问题都会变得非常复杂。而且,绝对的预算平衡在某个特定的时间段往往是不存在的。

"近代国家,在每个会计年度开始之前都预先编制预算表","一国的收支若能相抵,这就叫做'预算平衡'。"②承前所述,预算平衡与否的判断需要置于一个或若干个财政年度来衡量。财政年度,即预算年度,简称财年,是指预算的编制和执行需要依据和应当遵循的法定时限,是政府制定预算案或预计财政收入和安排财政支出的期限。"各国预算案的期限,通例为一年。此种通例,沿自英国。英国自 1688 年革命后,议会为求贯彻其对于行政机关的节制权起见,遂采逐年议决预算之制。"③各个国家或地区的财政年度的起讫时间不尽一致,主要分为历年制和跨年制,大多数国家或地区实行历年制,即从每年 1 月 1 日至 12 月 31 日,如德国、法国、奥地利、匈牙利、波兰、南斯拉夫、韩国、朝鲜、中国及其台湾地区等。少数国家或地区实行跨年制,可能有三种情况:第一,自每年 4 月 1 日至次年 3 月 31 日,如英国、加拿大、日本、南非、新加坡、印度、牙买加、新西兰以及我国香港地区等;第二,自每年 7 月 1 日至次年 6 月 30 日,如瑞典、孟加

---

① 〔美〕罗伯特·D. 李、罗纳德·W. 约翰逊、菲利普·G. 乔伊斯著:《公共预算体系(第 8 版)》,苟燕楠译,中国财政经济出版社 2011 年版,第 502 页。
② 有关"预算平衡"的描述,参见《客观》1935 年第 4 期,第 3 页,这一描述迄今仍然有解释力。
③ 王世杰、钱端升著:《比较宪法》,商务印书馆 1999 年版(初版于 1936 年),第 255 页。

拉国、巴基斯坦、苏丹、澳大利亚、埃及等;第三,自每年10月1日至次年9月30日,例如,美国联邦、尼日尔、泰国等。① 采取跨年制的预算一般以财政年度终止日所属年份作为这一期间的财政年度。各个国家或地区的财政年度的规定各不相同,但是,不是所有国家都严格要求预算必须在财政年度开始前生效。"预算应在会计年度开始前合法成立,谓之事前原则"②,预算不能如期成立,就会出现预算空白。

最特殊的是美国,联邦和州的财政年度的起讫时间不完全相同,除了亚拉巴马、密歇根、得克萨斯和纽约等4个州的财政年度与联邦一样都是从10月1日开始外,其他46个州的财政年度是从7月1日开始的。③ 决定财政年度起讫时间的因素主要有:每年财政收入的旺季、立法机关召开会议的日期以及各国的法律传统和制度惯例等。实行历年制的理由不需要特别的陈述,因为其通常与人们生活习惯有关;实行跨年制的理由则主要是为了配合编制和审批预算的程序安排。概言之,财政年度应当始于预算批准之后的某一个日期。除了"年度预算、预算一年"的常规形式外,还有很多国家制定了中长期预算案,其所涉及的财政年度仍然以一个财政年度为基础,可能是几个甚至十个财政年度的集合。例如,日本《财政法》(2002年修正)第11条规定:"中央政府预算年度,从每年4月1日起到下一年3月31日止。"法国《预算组织法》(2001年)第1条第2款规定:"财政年度与日历年度一致。"俄罗斯《联邦预算法典》(2004年修正)第12条规定:"年度预算按一个财政年度编制,财政年度与日历年度一致,从1月1日到12月31日。"德国《联邦预算法》(1969年)第4条规定:"会计年度(预算年度)为历年年度。联邦财政部可以针对每个具体领域作出其他规定。"芬兰《国家预算法》(1992年)第1条规定:"国家预算每财政年度编制一次,财政年度为公历年。"我国《预算法》(1995年)

---

① 王晓民主编:《世界各国议会全书:附录(一)》,世界知识出版社2001年版,第733—737页。
② 蔡茂寅著:《预算法之原理》,台湾元照出版有限公司2008年版,第43页。
③ 1976年及以前,美国联邦的财政年度也是从7月1日开始的,自1977年起改为从10月1日开始。

第10条规定:"预算年度自公历1月1日起,至12月31日止。"

在笔者看来,预算有两大法律功能:反映政府的财政收支情况和控制政府的财政权。每一个财政年度的预算编制都可能受到政府选择的财政政策和议会制定的财税法律文本的深刻影响,而且,预算执行过程中也很难摆脱财政政策变动和财税法律文本修改的干扰。财政政策的制定时间不一定在某一个财政年度开始前,其实施期间也通常不与某一个财政年度保持一致,而财税法律文本也可能制定于预算编制完毕后甚至预算执行过程中,这就使得财政政策和财税法律文本的制定和实施都需要考虑其可能给预算平衡造成的影响。传统观点认为,如果不要求预算的编制服从并服务于预算平衡原则,就根本没有编制预算的必要;然而,预算往往很难平衡,即使是略有盈余或略有赤字的基本平衡也不太容易做得到。即使账面上可以记载为财政收支相抵的预算平衡状态,也掩盖不了导致预算失衡的诸多法律问题。"人为制造的预算平衡,会使平衡预算原有的简单、中立和确实可能性等特点变得复杂而含糊。"[1]从预算编制完毕后到预算执行完毕前,财政政策的任何变动或财税法律文本的任意修改都可能减损预算的法律效力。有鉴于此,确立预算法治理念和修改财税法律文本具有同等重要的意义。

现代国家出现之前处于"自产国家"的形态,即国家和政府的公共财政资金来自于其直接生产和投资的收益。而现代国家则经历了"税收国家"和"预算国家"两个阶段,前一阶段的重点是财政资金的汲取,后一阶段的重点是财政资金的使用。"税收国家"的概念是由著名经济学家熊彼特(Joseph Alois Schumpeter)教授提出的,用于描述现代国家有90%左右的财政收入来源于税收的现象。我国"税收国家"的起点可以划定于20世纪80年代初,特别是1983年、1984年的"两步利改税"改革,将国有企业财政缴款中的上缴利润改为缴纳所得税等11种税收,税后利润全部

---

[1] 〔美〕诺米·凯登:《粉饰的平衡预算和现实的平衡预算》,载〔美〕罗伊·T.梅耶斯等著:《公共预算经典(第1卷)——面向绩效的新发展》,苟燕楠、董静译,上海财经大学出版社2005年版,第182页。

留归国有企业①;1993年启动的分税制改革,规定国有企业只向政府纳税,而暂时不向其所有者缴纳利润②;直到2007年建立国有资本经营预算制度,才恢复了向所有者缴利,中央企业国有资本收益由财政部负责收取,国资委负责组织所监管企业上交国有资本收益③,但是,有经济学家认为,该改革"混淆了利润和租金","不是前进,而是倒退"。④

我国1999年启动预算体制改革⑤,自此,进入了拥有现代预算制度的"预算国家"时代,"社会主义市场经济条件下的财政职能,主要体现在保证社会公共需要,优化资源配置,调控宏观经济运行,促进公平分配,协调地区经济社会发展等方面","我国现行财政职能,……还有很多不相适应的地方,必须结合政府机构改革和职能转变对现行支出结构进行调整和优化,逐步建立公共财政的基本框架"。⑥所谓现代预算,是指"经法定程序批准的、政府机关在一定时期的财政收支计划","遵循现代预算原则建立起来的预算国家,必须具备两个显著标志:财政上的集中统一和预算监督。"⑦笔者认为,目前只能说是建立了预算体系,还远远称不上是现代预算。什么是现代预算呢?现代预算制度会使得国家汲取和使用财政资金的方式发生根本性的转变,预算过程的核心目标是理性和负责,简言之,财政政策的实现和财税法律的实施,都取决于预算编制的质量和预算

---

① 参见国务院《关于扩大国营工业企业经营管理自主权的若干规定》(国发[1979]第175号);《关于进一步扩大国营工业企业自主权的暂行规定》(国发[1984]67号)等。
② 国务院《关于实行分税制财政管理体制的决定》(国发[1993]85号)指出:"作为过渡措施,近期可根据具体情况,对1993年以前注册的多数国有全资老企业实行税后利润不上交的办法,同时,微利企业交纳的所得税也不退库。"
③ 国有资本收益,是指国家以所有者身份依法取得的国有资本投资收益,包括应交利润,国有股股利、股息,国有产权转让收入,企业清算收入和其他国有资本收益。参见财政部、国有资产管理委员会《中央企业国有资本收益收取管理暂行办法》(财企[2007]309号)。
④ 张曙光:《从利改税到收租交利——对国有企业改革及上缴利润的评论》,http://www.china-review.com/eat.asp?id=19958,2012年9月1日最新访问。
⑤ 1998年底,全国财政工作会议明确指出,我国财政体制改革的目标是建立公共财政的基本框架。
⑥ 财政部《关于1998年中央和地方预算执行情况及1999年中央和地方预算草案的报告》,1999年3月6日,http://news.xinhuanet.com/ziliao/2004-10/20/content_2115445.htm,2012年9月1日最新访问。
⑦ 王绍光:《从税收国家到预算国家》,载《读书》2007年第10期,第4页。

执行的效率。鉴于预算的内容不仅涵盖了财税法律文本所涉及的内容,而且涉及主要以税收规范性文件为载体的财政政策。这样的话,无论是财税法律文本的修改还是财政政策的转变,都可能影响预算的法律效力。

财政泛指一个国家或政府为了维持其存在和运作而取得、使用和管理必要的财政资源的过程。现代预算制度是在财政民主主义的背景下建立的,从1215年"英国大宪章"(the Great Charter)确立的"国王未经国会同意不得课税"的原则,到1816年"英国综合基金"(Integrated Fund)这一世界上第一个完整的预算案,英国议会通过控制财政收入和财政支出基本实现了对政府的财政权的控制。到了19世纪中叶,不仅政府每年使用财政资金必须事先得到议会批准,财政拨款也必须按照预算的安排执行,而且,还直接设立预算执行监督机构,审查各种财政支出是否依法得到有效的利用。自此,财政民主和财政法定共同构成整个财税法的理论基础。法国1817年明确规定立法机关有权分配财政资金,也建立起了现代预算制度;美国1921年制定的《预算和会计法》更是跨时代的。[①] 无论是18世纪末的英国、19世纪初的法国,还是20世纪初的美国,都印证了:现代预算制度产生的重要动因,主要源于人们担心财政收支失衡可能导致财政危机发生。预算不是将财政政策细化为财政收支计划的政府文件,而是经议会批准的法律文件,属于法律的渊源之一。预算不是政府任意编制的,它既要受到财税法律文本和财政政策的双重影响,又取决于经济与社会发展情势的客观事实。

预算的法律效力来源于两个层面:既有立法机关批准的直接来源,又有预算法及其他财税法规范的间接来源。两种法律效力的竞合,共同产生了规制政府的财政权的约束力。"预算统制,就是预测国家全部的行政活动,造成一个以数字表现的事前计划,作为指导,监督批评一切行政活动的有效工具","预算统制的能否得用,全视预算数字的正确与否为依

---

① 参见王绍光:《从税收国家到预算国家》,载《读书》2007年第10期,第3—13页。

归,而如何求得正确的预计数字,便是预算统制最大关心的事件"。① 与财税法律文本相比,财政政策发生变动是最频繁的,也是最不确定的,某种程度上说,却是最重要的。在这个意义上说,预算平衡与否,与财政政策的关系最为密切。"财政政策决定的过程因政治制度和国家的政治结构而异。这适用于支出方案的构成和水平、税制结构的决定以及在稳定政策方面总体税收和支出措施的运用。"②财政政策可以分为财政发展政策和财政结构政策,前者是指增加财政支出、减税或发行公债的财政政策,其制定和实施时,必须避免其破坏原先的财政收支平衡;后者是指调整财政收支结构的财政政策,其制定和实施时,既要修正现有不尽合理的财政收支结构,又要避免因为实施新的财政政策而加剧财政收支结构的失衡程度。概言之,无论制定和实施何种财政政策,都必须就因此带来的财政收支变化提供准确的预测数据,以评估财政政策变动的影响。

在我国,为应对2008年全球金融危机而制定的财政发展政策以及2008年年底中央经济工作会议提出的结构性减税的财政结构政策,都使得财政赤字的主要类型和财政收支的主体结构发生了很大的变化,预算总额、财政赤字和公债规模都相继创下历史新高。除此之外,"在强调政策引导资金分配的同时,应建立一个总额控制机制来约束社会政策的制定,在预算决策中充分考虑各种社会政策的全部成本或者中长期成本。"③自此,税法规范进入了频繁的制定、修改和更新期:2009年最受瞩目的是中央决定在全国推行扩大增值税抵扣范围的改革,2008年11月5日同时发布了《增值税暂行条例》、《营业税暂行条例》和《消费税暂行条例》的修正案;而2011年则成为分税制改革后税法规范制定、修改最多的年份之一,这些修改包括《车船税法》(2011年2月25日制定)、《个人所

---

① 马寅初著:《财政学与中国财政——理论与现实》(上册),商务印书馆2001年版(初版于1948年),第25页。
② 〔美〕理查德·A. 马斯格雷夫著:《比较财政分析》,董勤发译,上海三联书店、上海人民出版社1996年版,第328页。
③ 马骏著:《治国与理财:公共预算与国家建设》,生活·读书·新知三联书店2011年版,第101页。

得税法》(2011年6月30日第6次修正)、《资源税暂行条例》(2011年11月1日修正)和《船舶吨税暂行条例》(2011年11月23日重新发布)。从上述两年税法规范的制定和修改情况来看,大多数法律法规都是自翌年的1月1日起生效的,但是,这不一定是基于与我国财政年度的起讫时间保持一致的考虑,也不见得是出于避免破坏编制完毕后到执行完毕前的预算及其平衡的刻意安排,或许只不过是一种"偶然"的决定而已。

在我国当前的预算实践工作中,通常都是自每年6月开始启动下一个财政年度的预算编制工作,只要是在每年下半年制定或修改的税法规范,都可能影响预算编制时预测的下一个财政年度的财政收入水平,更不用说,某些税法规范修改后居然在当年就生效了,还可能影响当前正在执行的预算的法律效力。理论上说,只要第二年的预算案还没有经批准生效,就应当根据税法规范的修改情况及时调整财政收支安排。最典型的是我国《个人所得税法》第6次修正后自9月1日起施行,直接导致当年的个人所得税减收550亿元[1],其核心内容是:将工资薪金所得减除费用标准从2000元上调到3500元;工资薪金所得的税率级次调整为7级,最低税率调低到3%。尽管这次修改看上去减轻了纳税人的负担,优化了国民收入分配结构,但是,它导致的个人所得税减收效应发生在预算执行期间,其减收的财政收入会直接影响公共服务供给水平。尽管预算编制时已经预见了税法规范很有可能修改:"健全个人所得税制度,提高个人所得税工薪所得费用扣除标准,合理调整税率结构,降低中低收入者税负,强化对高收入的调节"[2],但是,具体内容一直到《个人所得税法修正案(草案)》6月30日通过后才得以明确。"政府每年征收的几乎所有收入都来自永久性的法律,而非当下的立法决定。国会有权什么也不做,也

---

[1] 《2011年公共财政收支情况》,http://gks.mof.gov.cn/zhengfuxinxi/tongjishuju/201201/t20120120_624316.html,2012年9月1日最新访问。
[2] 财政部《关于2010年中央和地方预算执行情况与2011年中央和地方预算草案的报告》,2011年3月5日,http://news.xinhuanet.com/politics/2011-03/17/c_121200670.htm,2012年9月1日最新访问。

可以允许现有法律继续或是调整税法,从而改变收入的范围或税负的发生。"①换言之,即使预算编制时有制定或修改税法规范的打算,仍然不能为预算编制完毕后到预算执行完毕前税法规范的制定或修改提供正当性的支持,更不用说,税法规范在预算执行完毕前就已经开始施行了。

(三)财政赤字失控可能引发的法律问题

"预算平衡的规范——无论作为价值判断或理想的典范,还是作为政治符号或预算原则——经常出现在有关美国联邦预算和财政政策的文献和公开争论中。"②诚如前述,人们之所以重视财政赤字的控制和公债规模的削减,主要源于对造成预算不平衡的原因的担心以及财政赤字和公债规模失控可能引发的法律问题的忧虑。简言之,人们主要担心和忧虑的是财政赤字对经济稳定增长和社会安定和谐可能带来的负面影响。与"预算平衡"的理想状态相比,对"预算为什么不平衡"的拷问以及如何使之重新趋于平衡的进路探寻更加值得关注。"政府可能制造财政赤字来减缓经济上的负增长趋势,或在经济衰退期间为解决失业救济和福利问题维持原有开支,政府也会因为预算参与者不愿意作出困难选择而遭受财政赤字。"③可见,对政府编制赤字预算案的行为进行限制以维持预算平衡是必要的。预算平衡根源于约束政府的财政权的需要,政府代表国家征税和发钞,享有强大的社会财富分配权,其外在约束来自于议会。而可能引发财政危机的财政赤字和公债规模失控问题,表面上看是财政收支结构失衡,实际上很可能是经济发展失序,这是财政赤字缺乏实质正当性的根本原因。

财政收支应当保持平衡,这一直是预算编制和执行的基本原则,然

---

① 〔美〕艾伦·希克著:《联邦预算——政治、政策、过程(第3版)》,苟燕楠译,中国财政经济出版社2011年版,第143页。
② 侯一麟:《预算平衡规范的兴衰——探究美国联邦赤字背后的预算逻辑》,张光、刁大明译,载《公共行政评论》2008年第2期,第1页。
③ 〔美〕爱伦·鲁宾著:《公共预算中的政治:收入与支出,借贷与平衡(第4版)》,叶娟丽等译,中国人民大学出版社2001年版,第205页。

而,这项原则似乎越来越难以实现:最根本的原因缘于意识形态、客观环境和民主政治的影响。"民主代议政治寓含着一种公共支出过度扩张的'政治偏差',而这种政治倾向往往对财政赤字的增长具有推波助澜的效果"①,同时,"造成预算赤字的一个重要原因就是,国会愿意通过那些支出项目,而不关心如何征税才能满足这些项目资金需要的问题。人们喜欢政府开支,但却不喜欢政府征税。"②当然,预算平衡的概念与财政收支平衡的范畴还不能简单地画上等号,简言之,预算平衡的内涵不仅包括财政收支平衡的状态,而且强调财政收支安排的合理性。财政赤字也不同于赤字财政政策,财政赤字是指某一财政年度"入不敷出"的财政收支失衡现象;而赤字财政政策是指政府通过增加财政支出或减税来间接调控经济运行的财政政策,形式上表现为预算编制时安排了预算赤字,因此,制定的是"赤字预算案"。如果赤字财政政策的施行得当、赤字预算案的安排合理,就能够有效地促进经济稳定增长与社会和谐安定。导致财政赤字发生的原因可能是单一的,也可能是多重的,可能来自于财政收支结构本身,也可能来自于某一具体财政收支行为,还可能源于经济与社会发展失序而导致客观上的财政收支失衡。

如果说赤字财政政策的施行可能带来某些法律问题,为了弥补财政赤字而采取的各种方法则可能带来另外一些法律问题。"弥补财政赤字的通常方法,不外增税、募债和发钞。三者之中,当然以发钞最轻而易举。可是,任何国家或任何政府,总是舍轻而就重,避易以趋难,唯一的原因,便是发钞不但救不了财政上的困难,而且适足以逼国民经济趋于自杀。"③除此,此前财政年度的财政盈余也是弥补当前的财政赤字的有效途径。然而,增加发行货币可能导致通货膨胀,当然不会成为弥补财政赤

---

① 苏彩足:《"平衡预算修宪案"能消弭美国联邦预算赤字吗?》,载台湾《财税研究》1996 年第 1 期,第 117 页。
② 〔美〕林德尔·G.霍尔库姆著:《公共经济学——政府在国家经济中的作用》,顾建光译,中国人民大学出版社 2012 年版,第 349 页。
③ 甘士杰:《论预算平衡与币制改革》,载《财政评论月刊》1947 年第 4 期,第 4 页。

字的常规做法。无论是减少财政支出还是增税,既会受控于现行财税法律制度和财政收支结构,又会受制于客观的经济与社会发展情势,不能成为弥补财政赤字的操作性较强的做法。而以往财政年度的财政盈余则取决于以往财政年度的财政收支运行结果,就美国、英国和我国的财政收支预决算数据来看,这种方法几乎是一个奢望。相比之下,发行公债成为各国政府更愿意或更可能采用的弥补财政赤字的方法,然而,这并不意味着公债发行就没有客观条件限制,由此引发的问题更加值得关注,亟待解决。

标志着一个国家或地区发生财政危机或债务危机的特征有很多,而且,往往意味着经济与社会发展发生了非常严重的问题。最典型的例子是2008年全球金融危机和2010年欧洲主权债务危机,由于很多国家的政府没有采取强有力的措施来解决财政赤字和公债规模失控问题,其主权信用评级和国有经营实体的评级被国际评级机构多番下调。令人担忧的财政状况影响了投资者的投资信心,进而影响金融市场稳定和宏观经济复苏,而美国的财政状况更是让全世界不安。如美国国务卿希拉里·克林顿2010年2月底在众议院拨款小组委员会听证会上所言:"我们必须解决美国的赤字,这已不再是简单的经济问题,而是一个涉及国家安全的问题。"[1]传统上,各国更多地从道德的角度要求政府约束自身的财政权,因此,有学者认为,过多依赖赤字财政政策"不仅仅是、甚至主要不是一个经济问题,它反映着道德的败坏,一种在公众性格和保守主义形成过程中的不足"[2]。然而,什么时候实施赤字财政政策、财政赤字要控制在多大范围内,都不仅仅是通过道德而是要通过法律约束的问题。

财政赤字之所以被认为是不道德的,主要建立在这一基本判断之上:公债的负担是要转嫁给以后财政年度的纳税人甚至下一代的,这一假设

---

[1] 参见张保平:《财经观察:美国难以化解巨额国家债务》,http://finance.people.com.cn/GB/11057384.html,2012年9月1日最新访问。
[2] 〔美〕哈维·S.罗森著:《财政学(第4版)》,平新乔等译,中国人民大学出版社2000年版,第424—425页。

是财政赤字需要通过法律控制最大的理由所在。人们对财政赤字的主要忧虑是其可能引发通货膨胀问题,实际上,"财政赤字只有在赤字融资手段运用的时空不当,财政赤字的规模超出实际需要时,才会最终引致通货膨胀",但是,"财政赤字规模并不可怕,需要关注的可能是财政状况的恶化趋势;而当前是否要竭尽全力改善财政状况,最终取决于决策者是更关心财政状况,还是更关心国民经济运行状况"。[①] 简言之,财政赤字和公债本身不是问题,只有失控才会引发严重问题,才必须进行最大可能的控制和最为有效的削减。换言之,只要经济持续增长、社会稳定发展,社会公众对于未来的经济发展和生活质量保持良好的信心,合理限度内的财政赤字和公债规模其实都是可以接受的,甚至某种程度上可以说是非常有必要的,也不至于产生太大的财政风险。当前由金融危机引发的财政危机、公债危机和主权信用危机,更是印证了控制的重要性。

每当财政赤字和公债规模趋于恶化,行政首长和国会议员都可能竞相提出各种法律对策来回应和解决财政赤字和公债规模恶化问题,以表达各自对财政赤字和公债规模失控问题(实际上是对经济与社会发展失序问题)负责任的态度。"一个适当的预算体系意味着负责任的政府。预算通过一个单一的文件并在其中详细地界定政府的责任和功能,从而将政府整合为一个整体。"[②]预算本质上具有法律的属性,是政府受托于纳税人而进行的财政收支安排,财政权因此而受到约束。然而,想要真正削减财政赤字和公债规模、避免发生财政风险甚至财政危机,并不像行政首长和国会议员所想象的那样,可以任意收放、自由决定,而总是受制于预算编制和执行当时的经济与社会发展情势的好坏和经济发展周期内的起伏。无论是赤字财政政策,还是平衡财政政策,通常都是出于偶然而不是精心设计的,或者说,都是很难仅凭主观意图而不受客观限制地进行设计的,也就是说,赤字财政政策的决策实际上很可能不是财政政策的制定

[①] 郭庆旺、赵志耘著:《财政理论与政策》,经济科学出版社2003年版,第374、377页。
[②] 〔美〕乔纳森·卡恩著:《预算民主:美国的国家建设和公民权(1890—1928)》,叶娟丽等译,格致出版社、上海人民出版社2008年版,第3页。

者的纯粹主观意图所致。至于怎样的财政赤字和公债规模才是合适的,必须立足各国的国情进行具体的分析,当然,这并不是说,就不存在一个国际公认的财政赤字和公债规模的安全线或警戒线,赤字率和公债率的上限指标通常有公认的标准。

金融危机、经济危机和财政危机有联动关系,评价一个国家或地区的财政运行状态的指标可能是公债依存度、偿债率、负担率以及赤字率等,当这些指标超过合理的限度,就可能使财政风险叠加成为财政危机:广义上包括"破产、政府债券或票据或支票的不兑付以及无法履行工资、供货商和养老金等支付义务",狭义上仅指政府债券或票据或支票的不兑付的现象。① 政府介入市场经济运行的频度、广度和深度如果不受限制,往往可能使经济危机向财政危机蔓延,传统的观点认为,"国家不能对产权结构进行实质性干预","从长远看,它也不能消除积累过程的周期性紊乱,即内生的停滞(萧条)倾向。它甚至也不能有效地控制住替代性危机,如经常性的财政赤字和通货膨胀"。② 在我国,政府对市场的干预问题更加复杂,当前的政府身兼三职:除了尚未完全实现转变的负责配置稀缺资源的传统性角色外,还负责培育市场成为稀缺资源配置基础性力量的暂时性角色以及政府因市场配置稀缺资源必然出现的失灵而饰演的补充性角色。在笔者看来,政府承担的职责越多,意味着需要的财政资金越多。

财政危机的发生总是伴随着经济危机而至,而对经济危机的解决,应当"注意危机发生后不同类型法律责任的确定和分担,并应通过经济法的各个部门法的综合调整,促进经济与社会的协调发展"③,进而从根本上防范和化解经济危机。"财政危机比金融危机更值得关注,因为金融危机

---

① 马骏:《对地方财政风险的监控:相关的国际经验》,载〔美〕Hana Polackova Brixi、马骏主编:《财政风险管理:新理念与国际经验》,梅鸿译,中国财政经济出版社2003年版,第258—259页。
② 〔德〕尤尔根·哈贝马斯著:《合法化危机》,刘北成、曹卫东译,上海人民出版社2009年版,第59页。
③ 张守文:《金融危机的经济法解析》,载《法学论坛》2009年第3期,第76页。

也会转化为财政危机,并最终由政府财政来'买单'。"①简言之,政府救助经济危机而支出的财政资金必须有所限制,否则,就很可能转化为财政危机。尽管有关宏观经济政策的作用究竟有多大的问题一直存在争议,但是,现代国家的政府仍然不断通过制定赤字财政政策来促进经济与社会稳定发展。然而,需要强调的是,即使政府编制赤字预算案,经济与社会发展情势也不见得就一定会变好。政府干预经济的领域、介入经济的程度都取决于其财政实力,当然,政府是否应当介入以及在多大程度上介入、介入多长时间是两个不同的问题,政府何时介入、何时退出市场都直接影响财政资金的投向以及效率,因此,尽管经济危机的解决必须由政府来承担最后救助责任已经成为通例,但是,政府具体施以财政救助时仍然会受到纳税人质疑:确实没有任何财政救助行为可以使得所有纳税人受益,因为,任何一次财政救助行为都有选择救助对象的问题。政府做的事情越多,就需要支出更多的财政资金,因此,即使财政收入很高,也会出现财政赤字。"预算失衡会出现这样一种情况:高水平的财政收入,但是更高水平的政府支出。"②

二、法律控制财政赤字的原因及其思路

既然财政赤字失控可能引发一系列严重的法律问题,那么,法律为什么要控制财政赤字?法律又应当如何控制财政赤字呢?法律想要实现对财政赤字的有效控制,可以借由预算法的规范框架和财税法的制度体系。由于造成财政赤字的原因有很多,只有甄别清楚不同类型的财政赤字,了解各自的成因所在,才能更好地对其进行法律控制。控制财政赤字和促进预算平衡的难易程度取决于财政赤字的制度成因,相比之下,法律有效

---

① 张守文:《财税法疏议》,北京大学出版社2005年版,第4页。
② 〔美〕阿伦·威尔达夫斯基著:《预算:比较理论》,苟燕楠译,上海财经大学出版社2009年版,第283页。

地控制好财政赤字比起形式上的预算平衡重要得多。财政赤字包括周期性赤字、结构性赤字和管理性赤字三种类型,分别针对它们进行制度设计,更有助于解决财政赤字和公债规模失控问题。大多数周期性赤字和结构性赤字属于预算赤字,而几乎所有的管理性赤字都属于决算赤字。法律控制财政赤字的思路包括传统的"预算控制"模式和新型的"控制预算"模式,前者通过编制和执行预算来控制政府的财政权,后者通过法律将赤字率和公债率限定在合理范围内来促进预算平衡。

(一)财政赤字为什么能够通过法律控制

从现代国家的历史经验来看,财政赤字的形成既有一定的必然性,也总有偶然性。在美国,自建国以来,有一半以上的财年出现了财政赤字,其中,超过一半的财政赤字可以归因于经济衰退或战争;自20世纪50年代以后,这种状况更趋恶化,大部分财年都出现了财政赤字,但是,仅有大约1/3的年份与经济衰退或战争有关。换言之,某些财年既无战争亦无经济衰退,但仍然编制了赤字预算。[①] 概言之,造成财政赤字的原因可能是经济衰退或战争的单独或共同影响,但部分财政年度出现了既无战争也无经济衰退情况的赤字。在我国,1978年以前的财政赤字出现的原因可能是经济衰退,1978年以后的财政赤字基本上与经济衰退或战争无关。传统预算平衡理论可以接受在经济衰退或战争的年份编制赤字预算,一般认为,经济复苏或战争结束后,财政自然会回归盈余或平衡状态。"不足为奇的是,财政责任的分工导致这些国家存在着经常性的财政赤字。花钱总比征税来得容易,没有什么有效的手段能够让财政政策的双方进行统筹安排。"[②]在这个意义上说,尽管在特殊年份编制预算赤字以筹措支持战争或刺激经济增长的财政资金有一定的正当性,但是,政府编制预算赤字却常常不是为了实现这两个目标,而是为了其他不便宣诸于

---

① 详见本书附录一。
② 〔美〕B.盖伊·彼得斯著:《税收政治学:一种比较的视角》,郭为桂、黄宁莺译,凤凰出版传媒集团、江苏人民出版社2008年版,第19页。

口的目的。

从历史经验来看,财政赤字可能是由于应对经济衰退而产生的,也可能是由于战争或巨大自然灾害的需要而导致的,还可能是由于减税、社会福利性支出或称公民权利性支出、促进充分就业或经济稳定增长等因素而安排的。总的来说,前两类财政赤字是偶然发生的小概率事件,政府是被动的、没有任何主动的政策意图,其中,第一类是周期性的,第二类则是非周期性的;而第三类财政赤字是结构性的,几乎每个财政年度都会出现,而且,它不再是周期性的、被动性或无意图的,是政府主动施行赤字财政政策的结果。[①] 20世纪70年代后,大规模的战争几乎绝迹,人类社会进入了相对稳定的发展时期,但是,各国不约而同都出现了财政赤字和公债规模持续膨胀的态势,备受理论界和社会公众的批评。很多研究指出,财政赤字的主要诱因已经由战争等偶发性因素转向政府主动为之的政策性因素。由于财政赤字的成因不尽相同,细分财政赤字类型、分别制定规则就显得十分必要了。自罗斯福新政后,各国政府经常性地制定和实施赤字财政政策,通过扩大公共投资规模来创造更多的就业机会,带动民间投资规模扩张和消费需求增加,进而促进经济稳定增长。简言之,财政赤字的存在本身未必是问题,有问题的是:持续出现、不断攀升的财政赤字可能使公债余额累积到过高规模。

自19世纪末20年代初现代预算制度的建立到20世纪70年代初,经济合作与发展组织(Organization for Economic Co-operation and Development,简称OECD)的大多数成员国都能够大致维持预算平衡,但是,此后基本上每个财政年度都会出现财政赤字。[②] OECD曾经系统总结过其成员国控制财政赤字的经验,发现各国控制财政赤字的措施较为全面,既包括将财政赤字和公债规模控制在合理限度内,又包括以总体经济平衡而不是财政收支平衡来衡量预算是否平衡,还包括控制财政赤字、削减公债

[①] 参见侯一麟:《预算平衡规范的兴衰——探究美国联邦赤字背后的预算逻辑》,张光、刁大明译,载《公共行政评论》2008年第2期,第9页。
[②] 详见OECD官方网站的统计数据,http://www.oecd.org/statistics/。

规模和促进预算平衡的整体法律方案。各国政府编制赤字预算既有主观的因素:"财政恶化主要是从民主化以后才开始,由于民主意识不断提升,对政府要求也不断增加,加上政治人物为选票及连任,将开出各种政策支票以讨好选民,导致财政赤字逐年增加"①,更多的是客观的原因:"在因飓风、战争和地震等原因引发的紧急事件不断增多的情况下,要想让追加拨款有所减少显得越来越困难","一个可能的目标就是提前预测为紧急事件支付的规模并制定预算,而不是放任紧急情况下加大追加拨款的规模,从而加大赤字的规模"。②财政赤字"有效地动员了社会资源,积累了庞大社会资本,推动了国有企业制度变革,促进了经济持续高速增长,因此,可谓低通胀的发展手段"③,因此,预算往往成为发达国家的政客操弄选举、拉拢选民最常使用的手段。

不管政府如何更迭,每一任行政首长都不会忽略财政赤字和公债规模的失控问题,很多国家和地区的政府都设计了很多实用主义技巧来掩饰或加工预算数字,以回避真正削减财政赤字所面临的困难。例如玫瑰色的骗局、短期行为、利用多个预算搅乱、泡沫和财政支出时机的选择、避重就轻和星号魔术等做法,只要财政收支状况稍为紧张,政府就会开始玩弄这些把戏。④ 大多数国家和地区的政府都意识到预算平衡很重要,但是,却又都知道想要做到并不那么容易:如果增加税收,势必影响纳税人的权利,进而减损纳税人对政府的支持程度;如果减少财政支出,势必影响政府提供的公共服务的水平和支持政府运行的财政资金的充足程度。尽管如此,人为制造的预算平衡显然不能真正解决财政赤字问题,而且,如果每个财政年度都要求政府必须保持预算平衡,而忽视经济发展的周期性

---

① 丁仁方:《从民主化探讨地方财政恶化之路径分析》,台湾成功大学2005年政治经济学硕士论文,第5页。
② 〔美〕爱伦·鲁宾著:《公共预算中的政治:收入与支出,借贷与平衡(第4版)》,叶娟丽等译,中国人民大学出版社2001年版,第262页。
③ 郭庆旺、赵志耘:《财政理论与政策》,经济科学出版社2003年版,第382页。
④ 参见〔美〕约翰·L. 米克塞尔著:《公共财政管理:分析与应用(第6版)》,白彦锋、马蔡琛译,中国人民大学出版社2005年版,第156—160页。

波动,势必削弱政府解决经济发展周期性失序问题的能力。在很长一段时间里,很多发达国家的财政政策的实施效果都不是非常理想。近年来,财政政策的积极性重新得到政府的重视,也确实发挥了相当的作用。"经济学家把平衡预算的信条视为财政政策理性决策的主要障碍","相对于其他的任何事情,让国会和纳税的公众支持减税是最容易的,行政当局在这方面所做的说服工作最少"。①

预算是否平衡与一个国家或地区的政府施行怎样的财政政策密切相关,这种财政政策可能是长效持久的,也可能是临时应急的。财政政策主要包括通过税收、财政补贴、公债、财政赤字、财政转移支付等手段实现对经济与社会发展的调节作用,以促使财政发挥配置资源、分配收入和稳定经济等基本职能。财政赤字和公债规模不仅反映了财政收支的情况和结构,而且体现了公共服务的财政资金供给水平。尽管赤字率和公债率通常不是财政政策决策时的主要衡量因素,但是,谁也无法否认财政政策的决策可能受到预算是否平衡的影响。有学者指出,"应该从预算收支本身的角度来考察政府预算,建立政府预算的平衡观:政府安排预算收支需要在实行长期、动态和整体平衡原则基础上协调动态与静态、整体和局部的平衡关系。"②预算的综合性、系统性和全面性,对于财政纪律、财政政策和经济与社会发展战略都有着重要影响。"如果失业率高,为了刺激需求,编列预算赤字是切实可行的方法,这种理财方法有时称为功能理财——利用税收和赤字而使总需求保持在恰当的水平上,而不必担心预算本身的平衡。"③然而,无论是预算平衡抑或财政盈余都不足以证明财政是安全的。

尽管各国议会定期审查政府负责编制的预算案,但是,它实际上最多

---

① 〔美〕赫伯特·斯坦著:《美国的财政革命——应对现实的策略(第2版)》,荀燕楠译,上海财经大学出版社2010年版,第447—448页。
② 王金秀:《政府预算收支平衡原则的辩证法》,载《财贸经济》2000年第1期,第39—40页。
③ 〔美〕哈维·S.罗森著:《财政学(第4版)》,平新乔等译,中国人民大学出版社2000年版,第424页。

对政府行使财政权的行为起到形式审查的效果,即便是发达国家亦概莫能外。退一步说,即使预算案经议会概括批准或被要求修正,政府仍然有很大的灵活性去变通执行预算的内容,预算调整的制度安排就是一个最有说服力的例证。事实上,在预算执行过程中,外在的经济与社会发展情势瞬息万变,很难设定绝对客观的标准来判断是否出现了预算必须调整的理由,而且,证明或判断预算调整的理由成立的权力往往配置给了政府,议会能够发挥作用的空间不大。简言之,只有预算具备法律效力,同时,预算执行过程又能受到法律的监督,预算才能约束到政府的财政权,因此,提高预算的法治化水平非常重要,其堪称法治国家、法治政府的重要组成部分。在现代预算制度中,政府事实上主导着预算过程,经议会批准的预算向全社会公开固然重要,预算案编制时能否让公众参与,怎样吸纳公众意见可能更为关键。只有在立法技术上对预算过程进行实质性改良,强调预算编制和执行的法治化,才能实现财政稳健目标。

预算是否符合现代预算制度约束政府的财政收支行为的预期目标,不仅受制于预算编制的科学化和合理化程度,而且,某种程度上决定于其预算法律制度是否切实可行、是否足够精细,而这些内容都需要通过预算法律文本来呈现,即立法早于预算存在。概言之,立法机关对预算的决定权包括对财政收支具体事项的审批权和将普遍性规则确立为法律的制定权。当前,我国的预算案从编制到执行的过程存在着编制不尽合理、审批流于形式、执行不够严格、调整过于随意、决算数据与预算执行结果有差距等诸多现实问题,这些问题的存在与我国现行《预算法》所规定的预算法律制度的粗糙以及财政收支结构的失衡不无关系。

另外,尽管我国《预算法》规定了预算编制应当遵循复式预算的基本原则,但是,整部预算法却基本上是围绕着政府公共预算来进行制度设计的,某种程度上说,这或许是阻碍我国预算实践中及早编制国有资本经营预算、社会保障预算和其他预算的制度成因。概言之,想要提高预算编制质量和预算执行效率,必须依赖一部好的《预算法》来完成预算过程。那么,一部好的《预算法》应该是怎样的呢?笔者认为,除了规定好预算的权力、程序和责任以外,还应当规定促进预算平衡的原则。

预算平衡的目标源于财政稳健原则——即强调财政运行安全稳健、财政收支总量相当,而且,不能将公债收入作为财政收入的主要来源。传统上,财政稳健原则要求保持财政年度内的收支平衡,不得编制赤字预算,同时,预算执行结果也不能出现财政赤字。更进一步说,财政稳健原则主要是对政府的经常性财政收支平衡的要求,公债收入只能用于公共建设项目,而且,公债的发行和偿还应当受制于财政风险的防范机制和财政审计的监督程序。一般来说,财政赤字和公债规模失控都可能影响某国的财政安全。某种程度上,财政安全理念在任何时候都重要,只是,在不同的时空背景和发展阶段,它有着不同的外在制度表现。既然年度预算平衡事实上很难做到,就必须辩证、灵活地看待这一问题,如有学者所言:"考虑财政本身的平衡问题没有意义,需要考虑的是财政赤字的编列对总体经济的影响。"[1]这样的认识对于预算平衡原则的研究甚有裨益:尽管财政赤字有一定的必然性,但是,其产生财政风险的可能性是相当大的,由此,虽然财政赤字屡见不鲜,财政稳健原则仍然是需要强调的,可以说,它更加值得重视,唯其如此,才能有效地控制政府的财政权,进而有力地防范和化解财政危机和主权债务危机。简言之,无论如何强调财政健全理念的重要性都不为过。

预算的角色越来越重要,不仅可以向议会展现政府活动的信息,使其了解政府经费的使用情况,而且,逐渐发展成为议会控制政府活动的内容以及政府经费的使用方式的途径。"守夜人的图景要求尽可能少的政府干预,因而也尽可能少的发展经济的规划。针锋相对的观点认为,每个政府的任务不仅仅是进行行政管理,而且也要推动经济和社会的发展。"[2]财政赤字和公债规模失控势必影响一个国家或地区的财政稳健程度和财政安全水平。由于经济与社会的发展阶段不同、情况各异,政府在每一个

---

[1] 熊伟:《财政法基本原则论纲》,载《中国法学》2004年第4期,第104页。
[2] 〔德〕沃尔夫冈·费肯杰著:《经济法(第2卷)》,张世明等译,中国民主法制出版社2010年版,第476页。

财政年度都要根据经济与社会发展的实际和预期选择适用财政政策。预算平衡只是一个简化了的标准,其实不是为了解决、更多地是为了逃避当前经济与社会发展面临的诸多政治上的难题、制度上的困境和发展中的障碍。也就是说,即使预算是平衡的,也可能还有很多潜在的问题没有解决。与其说预算平衡是一种标准,倒不如说是一种价值,或称一种有助于实现财政稳健、保障财政安全的理念。在经济萧条时期如果还强调预算必须是平衡的,势必扩大失业率、加剧经济恶化。另外,从历史经验来看,一旦财政赤字有减少迹象,政府就会迫不及待地减税或增支,反而扩大了赤字规模。

近年来,发达国家出现的"政府瘦身"、"部分公共服务民营化"和"再造政府"等新的财政理念,都旨在通过精简财政支出的措施来实现预算平衡目标。另外,控制财政赤字、削减公债规模的法律机制,提升财政资金使用效率的企业化预算制度以及建立中长期财政预算规划等,也有所助益于预算平衡目标的实现。至于"财政重整"的思路更是强调更新预算平衡的理念,再造促进预算平衡的规范。某些措施是要限制财政收入或财政支出的增长,某些建议是针对财政赤字的削减提出的,有些做法两者都有。"在预算平衡的开支限制的立法性方法上的争论也以这种限制是否必要及可行为基础而展开。"[①]需要注意的是,单纯依赖预算体制改革或改进预算法律制度,不足以从根本上解决财政赤字问题。促进预算平衡的现代财税法进路就是试图通过改良财税法律制度来解决经济发展的周期性失序和财税制度的结构性失衡问题,这是法律发展的结果。"在开放性和忠于法律之间存在着某种紧张关系,这种紧张关系构成了法律发展的一个主要问题","回应型法力求缓解上述紧张关系。我们称之为回应的而不是开放的或适应的,以表明一种负责任的、因而是有区别、有选

---

① 〔美〕爱伦·鲁宾著:《公共预算中的政治:收入与支出,借贷与平衡(第4版)》,叶娟丽等译,中国人民大学出版社2001年版,第222页。

择的适应的能力"。①

(二) 法律控制财政赤字的类型细分思想

不同类型的财政赤字的成因各异,想要从法律上控制财政赤字,就必须针对财政赤字的成因设计差异有序的法律控制机制。法律控制财政赤字的类型细分思想,是指将财政赤字细分为周期性、结构性和管理性三种类型,并在此基础上,设计有助于财政赤字控制和公债规模削减,进而有利于预算平衡实现的规则。法律控制财政赤字的思路着重于促使未来财政年度的财政收支安排合理得当,削减公债规模的思路则致力于解决以前财政年度的预算执行结果失衡问题。承前所述,一旦财政赤字和公债规模失控,国家就很可能会发生财政危机。尽管实践中很难准确识别这三种类型的财政赤字,但是,理论上说,这种划分是非常必要的,唯其如此,才能设计最为切实可行的对策。导致周期性、结构性和管理性这三种类型的财政赤字发生的原因可以概括为:经济发展的周期性失序、财税制度的结构性失衡和预算过程的管理性失当。② 这三种类型的财政赤字可能同时存在,也可能交叉出现,还可能互相转化,其相应的法律控制机制涉及财税法的诸多领域,而不仅仅限于预算法律规范本身。

理论上说,当经济萧条终结,恢复经济增长趋势时,周期性赤字自然会减少甚至消失,而预示着财税制度结构性失衡的结构性赤字,即使在经济发展向好时,仍有可能出现。当然,不可避免地,这两种类型的财政赤字不容易识别,更不容易控制。如果经济萧条的时间太长,周期性赤字就有可能转化为结构性赤字,而经济繁荣也可能使得人们忽略结构性赤字的存在。周期性赤字大多是由于减税或增加财政支出而导致的,而结构性赤字却大多需要通过提高税率或降低公共服务水平来控制。"降低税

---

① 〔美〕P.诺内特、P.塞尔兹尼克著:《转变中的法律与社会:迈向回应型法》,张志铭译,中国政法大学出版社2004年版,第84—85页。
② 本节的部分内容详见叶姗:《基于财政赤字类型细分的财税法控制》,载《河南省政法管理干部学院学报》2011年第4期,第125—133页。

率并刺激经济增长。如果关于长期财政赤字是政治均衡的必然后果的结论正确的话,那么在现行税制或单一税制下实行更高税率的后果只能是更多的财政支出,而不是预算赤字的减少,只有税收体系和财政体系出现本质变化时才能改变政治均衡。"[1]周期性赤字的发生与财政收支结构错位和预算管理过程失当无关,"这种财政赤字甚至发生在预算计划已经保持了年度性结构平衡(避免结构性赤字)以及良好的年度执行(消除管理性赤字)的基础上"[2]。对我国而言,控制管理性赤字某种程度上说是最重要的,而控制管理性赤字的关键则在于强化预算编制的合理性和预算执行的规范性。

解决财政赤字问题的传统方法是货币的财政性发行以及公债的发行和偿还,其中,货币的财政性发行是指中央政府直接发行货币用于财政支出和由财政向中央银行透支或借款、中央银行通过增加基础货币的投放来弥补财政赤字。[3] 然而,这些方法都治标不治本,甚至可能掩盖了财政赤字或贻误了解决财政赤字问题的时机。现实中的财政赤字很可能是诸多因素综合作用的结果,必须具体问题具体分析,才能找到最合适的法律控制方案。财政赤字类型细分基础上的法律控制,强调的是依据财政赤字的成因不同,不断调整财税收支结构、重新设计预算平衡规范。周期性赤字是客观存在的,内生于一个国家或地区的经济与社会发展过程,当然,由于经济衰退的确切时间和强度难以预料,因此,这种财政赤字是最

---

[1] 〔美〕罗伯特·E. 霍尔、阿尔文·拉布什卡著:《单一税》,史耀斌等译,中国财政经济出版社2003年版,第142—144页。
[2] 侯一麟:《逆周期财政政策与预算的多年度视角》,武玉坤译,载《公共管理研究(第5卷)》,上海人民出版社2007年版,第265页。
[3] 预算平衡的方法有很多,例如,2010年4月,卢森堡政府宣布:为了在2014年实现预算平衡,将公债控制在合理水平,拟采取以下措施,额外筹集2亿欧元的税收收入:(1)现行公司税税率维持不变;(2)个人所得税最高税率从38%提高到39%;(3)个人所得税累进级次不进行通货膨胀调整;(4)对年收入超过25万欧元的个人实行42%的特别税率;(5)企业支付奖金或离职金时,允许税收扣除的部分设置上限;(6)团结附加税提高4%;(7)开征危机税;(8)如果欧盟达成协议,将对金融交易征税。参见国家税务总局:《世界税收大事记(2010年4—6月)》,http://www.chinatax.gov.cn/n480462/n1845523/n5038447/9916936.html,2012年9月1日最新访问。

难控制的。周期性赤字是经济发展的周期性失序所导致的,既要发挥这种财政赤字的积极作用,又要防范和化解因此产生的财政风险,从而避免财政危机和经济危机。在实行多预算级次的国家,中央和地方各有独立的预算,中央对地方的财政赤字的控制通常需要通过特殊的制度安排,例如,财政补贴机制或法律规定财政赤字和公债规模占GDP的比重等。进一步说,预算编制的技术极为复杂,细分财政赤字的类型、进而对其施加控制的制度设计必须兼顾公平和效率。

周期性赤字源于经济发展的周期性失序:与经济繁荣时出现的预算平衡甚至财政盈余相比,经济衰退时保持一定的财政赤字规模是必要的,无论是减税还是增加财政支出的决定,都有助于释放市场的能量、带动民间资本的投资,进而客观上刺激经济恢复增长,从根本上削减财政赤字和公债规模。相反,如果经济低潮时采取增税或减少财政支出的政策,纳税人就可能因税收负担的增加而减少投资和消费的动力,政府的公共投资和消费减少则可能使经济更加萧条。"当逆向选择和道德风险的成本过于高昂的时候,当个别风险不是单独的因而不能分散的时候,尤其是当损失已经发生了的时候","政府可以利用其政治权力强制性地向人民征税,这样的话,就可以把个别风险转移给人民而且强迫那些没有遭受损失的人为遭受损失的人提供赔偿金"。[1] 某种程度上说,仅仅依据财政赤字和公债规模来评估财政风险的高低是不全面的,对纳税人而言,稳定的、可预期的财政政策往往比变动不居的财政政策更容易令人接受,除非财政政策的变动方向直接造福于纳税人。从长远来说,维持现有财政收支结构不变、允许合理限度内的财政赤字,比起改变财政收支结构来维持预算平衡要更好。

就周期性赤字而言,与其强行实现形式上的预算平衡,倒不如保持原

---

[1] Joseph E. Stigliz, Jaime Jaramillo-Vallejo & Yung Chal Park, "the Role of the State in Financial Markets", World Bank Research Observer, *Annual Conference on Development Economics Supplement*, 1993, p.32, http://www.uadphilecon.gr/UA/files/1924580762.pdf, 2012年9月1日最新访问。

来的财政收支结构甚至扩大财政赤字规模以促进经济与社会的稳定发展。简言之,经济与社会的稳定发展才是财政收支平衡的真正内核,账面上的财政收支相抵实际上是无关紧要的。周期性赤字既不是财政收支结构错位的结果,也并非源于财政管理体制的缺陷,这种类型的财政赤字甚至发生在财政收支计划保持着年度性结构平衡(没有结构性赤字)和良好的预算执行(没有管理性赤字)的基础上。解决周期性赤字的根本方法是将衡量预算是否平衡的时间标准由某一财政年度扩大到一个经济周期。退一步说,尽管促进预算平衡的某些措施技术上是可行的,但是,这些措施却未必能够令纳税人接受。另外一个方面,判断财政收入和财政支出的标准是不同的,两者的特征不同、相互独立:财政支出以提供必需的公共服务为目标,当经济衰退时,公民需要政府提供额外的帮助,财政支出规模必然膨胀;而财政收入相对于经济增长而言更富有弹性,不同的税法结构受到经济的影响也不同。年度预算案通过一个稳定的制度框架来控制政府动态的财政收支行为,反而成为预算不稳定的来源。因此,弥补周期性赤字必须着眼于长期的财政收支平衡,通过经济繁荣年份的盈余来弥补经济衰退年份的赤字。

尽管周期性赤字有一定的积极意义,但是,需要强调的是,在经济恢复增长时,逐渐削减周期性赤字必须成为财政政策的重点。"除社会成本经济、规制经济和经济监督之外,还有促进的经济引导这一功能经济法的最现代的分支。"[①]宏观经济政策一般有四大或称五大核心目标——经济增长、充分就业、物价稳定、国际收支平衡以及新增的生态环境的维持等,但是,这些目标通常不能够同时实现,在经济与社会发展的不同阶段,其中的某一个或某两个目标可能需要优先实现,其中,最受关注的莫过于经济增长和充分就业目标。各国或地区预算案的重心通常就是围绕这两个重要目标进行制度设计的。例如,加拿大2010年预算案就明确了以实现

---

① 〔德〕沃尔夫冈·费肯杰著:《经济法(第2卷)》,张世明等译,中国民主法制出版社2010年版,第476页。

这两个目标为重点,以落实应对金融危机的两年期经济行动计划,还为财政政策的退出和财政赤字的削减作了准备,具体内容如下:(1)继续投资经济行动计划;(2)推出保护工作岗位和帮助青年人就业、鼓励创新、促进投资和贸易、发展绿色经济、促进基础设施现代化和加强金融领域管理的新措施;(3)致力于经济复苏后削减财政赤字:实施退出策略、限制政府开支,并调查政府行政职能和管理费用。据此,加拿大不仅不增税,而且还投入财政资金降低个人所得税、提供更多的失业保障以及增加基础设施投资、为企业减税等。①

经济增长和充分就业这两个目标很重要,经济发展处于衰退时期,财政赤字问题往往更加严重,因此,充分就业赤字的概念应运而生,它的含义是指经济发展中优先考虑实现充分就业时出现的财政赤字。结构性赤字和充分就业赤字描述的是不一样的情形,前者是指预算在经济发展没有波动且充分就业状态下的情况。当经济衰退时,尽管财政状况会恶化,结构性赤字不会受到影响,政府也不会通过紧缩政策来削减财政赤字。"税收有时是这样一种管制方式,其被用以改变资源配置或财富分配,但它主要是用以支付公共服务。"②结构性赤字与政治因素密切相关,一般而言,公共服务供给的数量和质量必须控制在财政支出可支付的范围内,但实际上并不尽然。"由于结构性赤字主要是由政策所导致的,所以,政策制定应该成为结构性'失衡'问题的解决办法的一部分。一个结构平衡的预算,意味着政府预期的重现收入匹配于预期的重现支出、未知的主要政策措施、不可预期的事件或间断性事务。"③结构性赤字是现行财税法律制度体系所确立的财税收支失衡所导致的,弥补结构性赤字的最好

---

① 参见石莉、张大成:《加拿大 2010 年预算案力促经济增长》,http://news.xinhuanet.com/fortune/2010-03/05/content_13105053_1.htm,2012 年 9 月 1 日最新访问。
② 〔美〕理查德·波斯纳著:《法律的经济分析(第 7 版)》,蒋兆康译,法律出版社 2012 年版,第 706 页。
③ 莫尔·亥克巴特、詹姆斯·R.拉姆塞《结构失衡管理:对财政决策和财政政策的影响》,载〔美〕阿曼·卡恩、W.巴特利·希尔德雷思编:《公共部门财政管理理论》,孙开等译,格致出版社、上海人民出版社 2008 年版,第 192 页。

对策莫过于"增收节支"——改进财政收支结构、扩大税基、提高税率或征收率、降低公共服务水平等都是良策。然而,由于预算具有的政治本质,无论采取哪一种控制财政赤字的法律对策,其实都不容易实施。

如果说周期性赤字是一个国家或地区为平抑经济发展的周期性波动而制定的财政政策所导致的结果,结构性赤字既有可能是因为非均衡性财政政策的长期影响,也有可能是源于财税法律体系自身不合理的制度设计。从根本上说,财政支出的膨胀和财政赤字的扩张与政府的职能定位有着密切的关系。一般而言,"大政府"、"全能政府"的定位必然比"小政府"、"夜警政府"的定位需要更庞大的财政资金规模支持,这就是所谓"政府的价格"。有学者指出,必须促进"大政府向有效率的小政府的转换,从而实现对赤字财政结构的改革"①。OECD 概括了其成员国所采取的几种削减结构性赤字的措施:(1)制定削减赤字率和公债率的目标。(2)制定整体的财政支出安排和特定的财政支出削减计划。(3)设定财政支出的上限,有些国家规定绝对不能超过上限;有些国家规定,如果政府能够提供证据,就可以适当超越上限;有些国家规定,每个财政年度都要持续遵循低于上限的要求;有些国家规定,如果经济不景气或财政运行有障碍,就可以适当超越上限。(4)各国政府在预算主体提出正式的预算请求前,可以要求其计算预算基线。(5)实行跨年度预算的制度。(6)加强预算编制前的准备工作:首先,进行政治协商,以确定财政收支的总体规模和财政赤字的水平,确立降低赤字率和公债率的目标;其次,在此基础上编制预算,确保实现双降的目标。②

然而,OECD 成员国的财政赤字问题都比较严重,从 2006—2012 财年的情况来看,除了挪威这个欧洲的奇迹国家和瑞士外,都出现了程度不一的财政赤字,其中,最严重的是爱尔兰 2010 财年的 30.9%,这个欧元区

---

① 〔日〕丹宗昭信、伊从宽著:《经济法总论》,吉田庆子译,中国法制出版社 2010 年版,第 314 页。
② OECD, *Managing Structural Deficit Reduction*, Public Management Occasional Papers, No. 11, OECD Publishing, 1996, pp.2—35.

成员国的赤字率是欧元区规定的财政赤字上限的10倍多。超过10%的还有希腊2009财年、2010财年的15.6%和10.8%，冰岛2008财年、2009财年、2010财年的13.5%、10.0%和10.1%，爱尔兰2009财年、2011财年的13.9%和13.3%，葡萄牙2009财年的10.2%，西班牙2009财年的11.2%，英国2009财年、2010财年的10.9%和10.1%，美国2009—2011财年的11.9%、11.4%和10.2%，日本预计于2013财年可能达到10.1%，OECD所有成员国平均赤字率的峰值是2009财年的8.2%，而欧元区成员国平均赤字率的峰值则是2009财年的6.3%。相比之下，挪威和瑞士这两个非欧盟国家的财政状况却非常理想，特别是挪威，其失业率和通货膨胀率都很低，无内债也无外债，财政长期盈余，虽然是出口型国家，难免受到外界经济发展环境的影响，但是，其特有的经济结构对抗经济发展周期性波动的能力很强。从其财政状况来看，这7个财年的盈余率达到18.3、17.3%、18.8%、10.6%、11.2%、13.7%和15.2%。挪威的财政状况之理想程度，大大优于其他OECD成员国，也优于财政较为稳健的中国和俄罗斯等。而瑞士的财政状况则充分展现了这确实是一个财政收支大致相抵、略有盈余的理想国度。①

  各国财税法律体系所确立的财政收支结构是否合理，还应当具体分析各国的国情。例如，近几年来，美国联邦政府每年的财政收支大约相当于GDP的17%，其中，军事、卫生与社会保障、支付债务利息等已经将税收用尽，国家安全、联邦高等教育、社会发展、廉价住房建设、道路桥梁等基础设施建设、环境保护等支出只能靠发行政府债券来筹资。美国政府债券一部分卖给外国投资者，另一部分卖给美国的社会保障基金。② 这种不合理的财政收支结构不是出现在大规模战争或经济危机时期，但渐渐成为联邦财政收支结构的常态，这是一个举世罕见的奇特现象，但很少有人担心，美国联邦财政存在很大的财政风险。最根本的原因是，美国是

---

① 详见本书附录三。
② 参见张保平：《财经观察：美国难以化解巨额国家债务》，http://news.xinhuanet.com/fortune/2010-03/02/content_13081360.htm，2012年9月1日最新访问。

掌握唯一的强势结算货币——美元的发行权的国家,这种现象难以复制。另外,欧盟部分国家爆发严重的主权债务危机,欧元遭到了巨大冲击,美元得以暂时处在相对安全的避风港内。尽管如此,美国不断增长的经常项目下的财政赤字已经开始动摇美元的世界货币霸主地位。事实上,只要有第二种通用货币可以大规模地用于石油等大宗商品结算,美元的统治地位就会丧失,也就无法继续向其他国家发行巨额政府债券。另外,拥有庞大外汇储备的债权国一旦抛售债券,美国也将应接不暇。

管理性赤字源于预算过程的管理性失当,包括预算编制不尽合理或预算执行不够规范,可见,管理性赤字是一个需要从不同角度解决的综合性问题。"不同偏好的解决方法也是多种多样的。预算改革、官僚行为、机关预算和测量方面的大量文献已经使可行的解决方法清晰地显示出来。"①理论上说,弥补财政赤字最常用的方法是发行政府债券,然而,我国《预算法》强调中央政府公共预算和地方各级政府预算都不列赤字,因此,我国不存在发行政府债券来弥补财政赤字的问题,唯一的例外是,法律允许发行建设性公债来弥补经济建设资金的不足。如果公共预算领域不允许出现财政赤字,就不会有公债规模高居不下的问题,也就不会发生财政危机,否则,就说明预算过程没有做到财政收支平衡。简言之,2009年之前的财政赤字预示着预算编制时或预算执行中出了问题。理论上说,预算执行要比预算编制简单得多,因为其所涉及的财政收支安排都已经规定在预算中。预算编制后必须付诸执行,科学精细是执行的基本原则。然而,实践中却大相径庭:"预算执行可能看上去像是一件财务控制程序支配的令人乏味的例行公事,但实际上在部门预算官员和预算项目负责人眼中并不是这么一回事。"②简言之,预算中总会有那么一些收支

---

① 侯一麟:《逆周期财政政策与预算的多年度视角》,武玉坤译,载《公共管理研究(第5卷)》,格致出版社、上海人民出版社2008年版,第264页。
② 〔美〕杰里·麦克夫雷:《预算过程的特征》,载〔美〕罗伊·T. 梅耶斯等著:《公共预算经典(第1卷)——面向绩效的新发展》,苟燕楠、董静译,上海财经大学出版社2005年版,第19—20页。

项目的执行牵扯了大量精力。

预算执行中,必须严格执行预算,推进预算管理的科学化和精细化。预算收入的组织执行中的基本要求是必须及时、足额地取得预算收入;预算支出的组织执行中的基本要求是严格依照预算,依法及时、足额地拨付预算支出资金,各级政府、各部门和各单位,都应当贯彻厉行节约、勤俭建国的方针,提高财政资金的使用效益,加强对财政资金的管理和监督。我国目前的预算法治化水平不高、财税收支法律体系不完善、财政法律责任及其实现机制不健全,都使得管理性赤字大有可能出现。事实上,我国同时存在三种类型的财政赤字,其中,在很长一段时间内,管理性赤字最突出,问题也最严重。因此,不仅要改良财税收支法律体系,而且要提高预算的法治化程度,建立健全财政法律责任及其实现机制。与西方国家普遍通过制定专门的预算平衡规范来控制财政赤字不同的是,我国不仅要改进预算法律文本,而且要以促进预算平衡为线索来重构财税收支法律体系。尽管我国现行《预算法》规定了"收支平衡、不列赤字",但是,实践中,财政赤字几乎从来没有完全绝迹于任何财政年度的预决算。综上所述,本书有关财政赤字的法律控制的研究,涵盖每一种类型的财政赤字。

(三)法律控制财政赤字的泾渭制度进路

法律控制财政赤字的制度模式包括传统的"预算控制"(controlled by budget)模式和新型的"控制预算"(controlling budget)模式,这两种制度模式泾渭分明:前者是指通过编制和执行预算来控制政府的财政权,后者是指通过法律来控制财政收支的总体规模、赤字率和公债率。虽然一部好的预算法对于预算平衡目标的实现既不是充分条件也不是必要条件,但是,预算法能够均衡分配预算权、合理安排预算程序、规范构筑预算责任,进而间接促进预算平衡,这是传统的制度模式。预算平衡规范的核心在于"平衡"二字,然而,"平衡"的内涵却容易引人误解,实践证明,即使预算编制时可以刻意做到财政收支大致相抵,预算执行完毕时恰好出现绝对的财政收支平衡也是不大可能的事情。原因在于,财政年度的起讫时间仅仅是出于会计核算的目的而设定的,某一个具体时点下的财政收入和财政支出不可能总是相等的。同时,预算过程却是与政府运行密切相关且不间断的。简言之,绝对的财政收支平衡只能在会计账簿中存在而不大可能在现实中发生,换言之,"平衡"不仅包括财政支出正好等于财政收入的情形,也包括财政支出大于财政收入的盈余状态,而且,"平衡"不限于财政收支之间相抵。"一些人要削减福利开支,而另一些人则希望增加税收。仅有少数人关心预算平衡甚于其他政策。而大多数人虽然支持预算平衡,但其支持程度不会达到因此而放弃其他偏好的程度。"①可见,尽管预算平衡很重要,但是,实际上却很难真正实现。

笔者认为,我国《预算法》修改时,即使第3条、第27条和第28条中有关"地方政府不得发行地方政府债券"的限制性条款保留,"不列赤字"的原则大可删去,"收支平衡"的表述也可以适当修改。传统的预算平衡规范所要求的禁止在预算编制时出现预算赤字是不现实的,也是不可能的。另外,预算盈余也可能因为纳税人获得超过其所纳税额对应的公共服务水平而难以维系。由于传统的"预算控制"模式难以避免预算赤字的出现、难以禁止公债规模的扩大,新型的"控制预算"模式应运而生,不管是控制总体预算规模的制度设计,还是控制赤字率和公债率的规范构造,都为了将财政风险控制在合理范围内,防止其累积成财政危机。如果说传统的预算平衡规范注重保障财政收支相抵的微观局部价值的话,新型的预算平衡规范最大的特色就是其关注经济与社会发展的宏观全局视角,将判断预算平衡与否的时间周期由一个财政年度延长到若干个财政年度。我国《预算法》修改时,应当重新诠释财政收支平衡原则,特别是确立长期平衡、总体平衡的理念:前者是指通过编制中长期预算来保证经济周期内的财政收支平衡,后者是指各个预算级次加总的财政收支平衡,其共同的检验标准是总体经济平衡。

---

① 〔美〕阿伦·威尔达夫斯基、内奥米·凯顿著:《预算过程中的新政治学(第4版)》,邓淑莲、魏陆译,上海财经大学出版社2006年版,第22页。

各国预算法律制度各具特色,也有一定的相似之处,特别是,大多致力于维护整体的财政纪律、改进资源分配的效率和提高公共服务的水平等。这几个目标互相依赖、互为补充。财政纪律强调的是对总体预算规模、赤字率和公债率的控制,资源分配的重点在于预算编制时确立哪些财政支出项目优先,而公共服务旨在要求预算执行时以更低廉的物质成本提供更优质的公共服务。这几个目标共同构成了用于评估某一预算法律制度进步与否的标准。也正是在这个意义上,财税法可以界定为一个有关总体预算规模、赤字率和公债率以及开征新税等方面的法律制度体系。在各国控制财政赤字的法律制度体系中,总是财政支出规模在起着决定性作用。英美法系就很重视通过法律来控制政府的财政支出水平,其最重要的法律表现形式就是财政拨款法案。例如,香港特别行政区立法会最重要的职责之一就是批准税收和公共开支,并为此专门设立了财务委员会和政府账目委员会:前者成立于1872年,主要负责审查政府财政支出的合理性,以保证公款使用是有成效的,未经财务委员会通过的拨款,预算计划都不得进行;后者成立于1978年,主要负责质询政府各主管部门及其他负责的政府官员来检查政府财政支出上的损失和浪费情况,然后建议采取必要的措施来防止今后再出现同样的损失和浪费,这个建议对政府不起强制性作用,但是,对政府今后的工作起监督作用。[①]

在我国,赤字预算由财政部代表国务院编制,继而提交到全国人大审议批准后生效,形式上的合法性是无疑的。再深究一层,由最高行政机关及其财政职能部门负责编制、经最高权力机关批准的预算,无论其性质上属于法律、法律文件还是行政行为,其法律效力都是毋庸置疑的。然而,赤字预算与我国《预算法》规定的"收支平衡"、"不列赤字"的基本原则抵触是显而易见的。理论上说,违反《预算法》的规定和经批准的预算的行为都应当承担法律责任,但是,《预算法》没有规定与赤字预算相对应的

---

① 参见《香港立法会》,http://zh.wikipedia.org/zh/%E9%A6%99%E6%B8%AF%E7%AB%8B%E6%B3%95%E6%9C%83,2012年9月1日最新访问。

法律责任,也因为缺乏违宪的审查机制或违法的追究机制而不能提供有效的法律救济途径。作为一个人口众多的发展中大国,我国对经济与社会稳定发展仍然趋之若鹜,再加上当前较低的预算法治水平,在预算案中编制赤字或预算执行完毕时出现决算赤字,几乎是不可避免的。现实中,只要经济持续增长、人们生活水平不断提高,公众对未来的经济与社会发展前景保持信心的话,一定的财政赤字和公债规模是可以接受的,不会导致太大的财政风险或财政危机,也不可能诱发公债危机。

财政政策形式上关乎国家财政权的分配问题,而实质上涉及国民财产权的保护问题,这些都是财政宪法的核心问题。进言之,财政宪法就是要解决好权力的分配问题,即财政权如何在国家与国民之间、国家机关之间、中央与地方之间进行均衡合理的分配。毫无疑问,预算权是一种财政权,这种依法占有和分配社会财富的权力,始终作用于稀缺的财政资源。"预算不再是在一个财政年度完结告终的封闭过程,而是开放的,受多年度支出承诺的震荡的影响。预算不仅仅是一个只与技术过程和政治程序相关的问题,预算是对财政收入进行预先估计,对财政支出进行严格限制,在各种财政支出的项目之间进行选择。为此,在预算平衡的研究中,必须重视宏观经济和社会趋势的发展。"①绝对的财政收支平衡在某一个财政年度终止时不可能达到,在这个意义上说,财政收支平衡只是一种理想状态,其主要是目标性的,而不是原则性的。传统的制度模式必须不断改进:更加公平地分配预算权、更加合理地安排预算程序以及更加规范地构筑预算责任。传统的制度模式可以通过提高预算编制的质量和预算执行的水平来解决管理性赤字问题,而新型的制度模式则通过控制财政赤字和削减公债规模综合性地解决周期性赤字问题,结构性赤字的解决则应当从改进财税法律制度着手。

传统的制度模式的核心是《预算法》,《预算法》规定了预算过程中的

---

① 侯一麟:《预算平衡规范的兴衰——探究美国联邦赤字背后的预算逻辑》,张光、刁大明译,载《公共行政评论》2008年第2期,第29页。

基本权利义务结构和主要程序规则,而年度法定预算则属于广义的预算法律文件的范畴,也是预算执行的主要法律依据。预算法包括以下几个方面的法律渊源:《宪法》《预算法》、其他预算法律法规、年度预算案等。"宪法是从总体上规范所有与公共财政有关的最广泛的内容,如(1)所有公共资金都要求存入指定账户,且没有立法机关的授权不得随意动用;(2)中央与地方政府之间的财政关系;(3)预算编制过程中立法机关与行政机关的权力分配。如果宪法未能加以说明,那么这些重要内容就应由预算基本法来说明。"[①] 旨在控制财政赤字、削减公债规模的新型制度模式,不仅确立了预算平衡的基本原则,而且要从规则上再造预算法律规范的制度结构、制定专门的预算平衡规范。传统的预算平衡原则强调的是财政收支平衡,但是,没有说明达到这一平衡时,财政收入和财政支出各自应当达到怎样的水平,因此,即使形式上达到财政收支平衡,也可能隐藏着财政支出规模过大、浪费财政资金的问题。财政收支规模影响着政府的公共政策的实施范围及其效果,原因在于,现代政府施政的本质就是制定和实施公共政策以促进公共利益最大化,预算的安排可以为政府的公共政策的运作提供物质基础。

预算由预算收入和预算支出组成,但是,预算收入和预算支出的性质截然不同,前者是对未来财政年度可能取得的财政资金的预先估算,而后者则是对未来财政年度应当支出的财政资金的事先安排。预算收入的估算是依据客观的经济与社会发展预测和有关财政收入的法律规定作出的,是为了预算支出的安排提供财政资金来源的支持。"岁入预算之作用主要在指明岁入之来源,并预估其金额,岁入机关通常不得仅依预算而为收入,尤以强制性收入为然;反之,预算外之收入亦非当然构成违法。"[②] 换言之,如果客观的经济与社会发展情势发生较大的变化,而致使预算中安排的收入与现实收入发生较大的差距时,就必须进行预算调整。简言

---

① 〔法〕理查德·阿伦、丹尼尔·托马西著:《公共开支管理——供转型经济国家参考的资料》,章彤译校,中国财政经济出版社2009年版,第58—59页。
② 蔡茂寅著:《预算法之原理》,台湾元照出版有限公司2008年版,第76页。

之,即使预算收入目标无法实现,也不构成预算法律责任。我国传统上习惯于通过国家税务总局制定和下达"税收计划"的方式来管理财政收入,层层分解、逐级下达、不断加码的"税收计划"使得"分税制"异化为"包税制"①,基层税务机关为完成硬性的"税收任务"而疲于奔命,甚至不惜弄虚作假,无所不用其极,直接损害了纳税人的利益。

综上所述,法律控制财政赤字的泾渭制度模式,包括控制财政赤字的传统预算法进路和促进预算平衡的现代财税法进路。在传统的"预算控制"的制度模式下,无论是预算权的均衡分配、预算程序的合理安排,都是为了预算责任能够实现规范构筑,而其中的关键是预算的法律效力问题。预算的法律效力主要体现在预算支出的事先安排对政府的财政支出行为的控制,而预算责任的设置就是为了追究违反预算的财政支出行为的法律责任。"岁出预算之规范效力,主要表现在,拘束政府支出之金额、目的及时期上,其授权性十分明显,但其强制性则主要表现在禁止性方面,至于强制岁出机关必须据以完全执行的强制性则难以确认。"②对于因预算编制不尽合理或预算执行不够规范而产生的管理性赤字,应当通过提高预算编制的质量以及强化预算的法律效力来消除预算过程的管理性失当问题;而在新型的制度模式下,对于因经济发展的周期性失序而产生的周期性赤字,应当制定中长期财政计划来管控其发展趋势,设定赤字率上限来限制其变动幅度;对于因财税收支的结构性失衡而产生的结构性赤字,应当调整财政收支结构来削减其既有规模、统筹法定性支出来消除其诱发因素。可见,新型的制度模式已经超越了预算法的范围,而扩展到了财税法的几乎所有分支。

---

① 包税制曾经是一项历史悠久但备受批评的税制,此处特指下级政府必须保证完成上级下达的税收任务。
② 蔡茂寅著:《预算法之原理》,台湾元照出版有限公司 2008 年版,第 82 页。

三、预算平衡规范的革新理念及其属性

每一种法学理论都是对前人研究而得的理论或观点某种程度、某种方式的继承,而每一项法律制度背后都蕴藏着深刻的法学理论基础,预算平衡规范亦概莫能外。想要提升有关预算平衡规范的理论研究深度,也必须提炼其所蕴涵的控制财政赤字、削减公债规模、促进预算平衡的基本理念,进而在此基础上构造法学理论体系和法律规范系统。"价值是法律内容的根本决定因素","法律所追求的许多价值是结构上或程序上的,我们通常不会依据经验而修改它们,就如它们应当如此"。① 预算平衡规范体系的核心条款在性质上属于"促进型法"的范畴,只要财政赤字规模保持最小化,就能够判断财政是健全的、预算是平衡的。② "预算平衡状况是财政政策决定中的一个战略性因素,而选择恰当的平衡概念是重要的。应该如何给它下定义,这取决于预算政策的目标以及其所适用的经济的性质。"③预算平衡规范所指向的目标和涵盖的内容,已经从形式上的财政收支平衡发展到实质上的总体经济平衡。

(一) 突破财政收支平衡的总体经济平衡

预算平衡规范所蕴涵的核心概念是"平衡",那么,其意欲何指呢?"按照形式的、非哲学的科学方法,首先一件事就是寻求和要求定义,这至少是为了要保持科学的外观的缘故。"④从预算平衡规范的发展和进化的

---

① 〔美〕罗伯特·S.萨默斯著:《美国实用工具主义法学》,柯华庆译,中国法制出版社 2010 年版,第 47、91 页。
② 参见叶姗:《法律促进预算平衡之基本原理研究》,载《现代法学》2010 年第 5 期,第 63—65 页。
③ 〔美〕理查德·A.马斯格雷夫著:《比较财政分析》,董勤发译,上海三联书店、上海人民出版社 1996 年版,第 208 页。
④ 〔德〕黑格尔著:《法哲学原理》,范扬、张启泰译,商务印书馆 1995 年版,第 2 页。

轨迹来看：传统的规范所蕴涵的"平衡"理念是财政收支平衡，某种意义上说，财政收支平衡与赤字预算不一定是互斥的，或者，更准确地说，即使赤字预算广泛存在，也不能排除预算编制或预算执行时将财政收支平衡作为目标。财政收支平衡目标的确立，可以约束政府的财政收支行为，进而控制预算总体规模、赤字率和公债率，避免财政风险累积成财政危机。换言之，传统规范的重点是约束政府的财政权，而不是解决财政赤字和公债规模失控问题。"中国历来的财政政策，只就财政而言财政，很少就经济而言财政，……今后财政上的措施应该改变历来的传统概念，……使财政与经济打成一片，以求社会经济的平衡，而创出财政上的平衡，否则，如今日社会经济已不平衡，财政也无法求得平衡，纵然在数字上求得平衡，但决不能解决当前的通货膨胀问题。"①预算平衡规范中的"平衡"理念，应当超越"财政收支平衡"的范畴，而延伸到"总体经济平衡"。

预算平衡规范的"平衡"的理念需要与时俱进地更新：与其强求时刻达到形式上的财政收支相抵状态，倒不如强调政府行使财政权必须合理、谦抑、规范，以财政赤字和公债规模最小化作为强制性目标，以财政收支平衡作为终极目标，这样的话，也更具有现实性和可行性。例如，俄罗斯《联邦预算法典》（2004年修正）第33条规定的"预算的平衡性原则"的内容如下："预算规定的支出额应当与预算收入额及弥补其赤字来源的收入额相符。在编制、批准和执行预算时，授权机关应当从预算赤字规模最小化原则出发。"②俄罗斯《联邦预算法典》还专篇规定了"预算平衡"。又如，我国台湾地区"预算法"第23条"收支平衡原则"规定得更为灵活："政府经常收支，应保持平衡，非因预算年度有异常情形，资本收入、公债与赊借收入及以前年度岁计剩余不得充经常支出之用。但经常收支如有

---

① 高叔康：《论平衡预算》，载《经济评论》1947年第7期，第15页。
② 俄罗斯《联邦宪法》（1993年）第114条规定："俄罗斯联邦政府：（1）制定并向国家杜马提出联邦预算，保证其执行；向国家杜马提供关于联邦预算执行情况的报告；（2）保证在俄罗斯联邦实行统一的财政、信贷和货币政策。"第106条规定："国家杜马就下列问题通过的联邦法律必须在联邦委员会审议：（1）联邦预算问题；（2）联邦税收和集资问题；（3）财政、外汇、信贷和海关调整问题；货币发行问题。"

剩余,得移充资本支出之财源。"而我国《预算法》第 3 条规定:"各级预算应当做到收支平衡。"德国《联邦预算法》(1969 年)第 2 条提出了"总体经济平衡"的概念:"预算案有利于确定和满足财政需求,在批准期间,为完成联邦的任务,预计有必要提出上述财政需求。预算案是预算执行和经济执行的基础。在编制和执行预算案时,应考虑总体经济平衡的要求。"法国《预算组织法》(2001 年)第 1 条第 1 款规定:"在本组织法规定的条件和保留的条款下,在一个财政年度内,由年度预算法案决定国家收入和支出的性质、数量、分配以及由此产生的预算和财政平衡。年度预算法案包括法案所定义的经济平衡、法案确立的项目目标和项目结果的平衡。"日本《财政法》(2002 年修正)第 12 条规定:"各预算年度的经费,必须以该年度财政收入支付。"我国台湾地区"预算法"第 1 条第 3 款规定:"预算之编制及执行应以财务管理为基础,并遵守总体经济均衡之原则。"可见,总体经济平衡是一种突破财政收支平衡的革新理念。

"正因经济恐慌,政府反而要多花钱,要给人民工作,使他们能够有购买力,来促使经济的复兴。多花钱自然会使预算不平衡,……为实现经济的平衡起见,即造成预算的不平衡,亦在所不计。换句话说,政府无妨以预算的不平衡为手段,以达到经济平衡——即生产与消费的平衡——的目标。"①预算平衡规范可能影响政治、经济、社会、管理与行政的方方面面:政治上,强调议会与政府之间的权力分配平衡;经济上,强调当前的经济增长与长期的经济繁荣、投资与消费之间的发展平衡;社会上,强调强制性支出项目和任意性支出项目、社会福利和个人责任之间的分配平衡;管理上,强调充分的控制和适当的弹性之间的治理平衡;行政上,强调预算过程中的集权与分权、议会具有的选民授权的有效性和预算政策决策结果的公开性之间的动态平衡。"成本是决策者在作出选择时必须牺牲或放弃的东西。它体现在决策者自己对某种享受或效用的评价之中,而

---

① *Economic Balance & a Balanced Budget*, *Public Papers of Marriner Stoddard Eccles*, edited by Rudolph Leo Weissman, Harper & Brothers, 1940. 该书是美国联邦储备委员会主席的讲演集。转引自似彭:《经济平衡与预算平衡(书评)》,载《新经济》1942 年第 10 期,第 221 页。

作为决策者在替代性行动方案之间作出选择的结果,这种享受或效用是决策者预期到自己必须要放弃的。"① 预算最突出的特点就是将有限的财政资源中的一部分选择性地用于某些特定的领域,其中可能受到的约束是客观上可能取得的预算收入和必须强制支出的财政资金,因此,要实现预算平衡必须特别注意其中的变量。

　　一部完整的预算能够向每一个纳税人披露这样的信息:政府在未来一个或若干个财政年度内准备做什么事,以及做这些事需要花多少钱,因此,预算公开实际上就是政府信息公开。谁能够从财政支出中得到好处,谁又必须承担财政收入的供给责任。如果说预算编制是对稀缺财政资源的配置计划,那么,预算执行则是对稀缺财政资源的配置过程。"预算制定者从来没有足够的资金来满足所有支出机构的资金请求,但是他必须决定(当然根据法律程序)如何在各种用途中分配稀缺资源。最后完成的预算文件反映了如何通过对稀缺资源的分配以实现社会效用最大化的一种判断(虽然预算制定者可能并没有意识到这一点)。"② 预算平衡规范蕴涵的"平衡"理念之所以更新,很重要的原因是预算所体现的财政政策渐趋多元化——即政府可以选择的财政政策的范围是积极的、消极的还是稳健的,而不再是财政收支究竟是否大体相当。客观来说,确实没有什么理由要求财政收支必须平衡,财政收支是否平衡从来不是预算编制的唯一目标,在更多的时候,财政收支平衡甚至不是预算编制的目标。

　　预算平衡的重要性确实不容置疑,但是,不能为了"平衡"而"平衡"。退一步说,如果硬要在预算执行完毕时的账面上呈现财政收支相抵的状态或者在预算编制时的账面上体现预算收支相抵的安排,也不是完全没有刻意为之的方法。例如,使未来很可能取得的财政收入提前入账或者

---

① 〔美〕詹姆斯·M.布坎南著:《成本与选择》,刘志铭、李芳译,浙江大学出版社2009年版,第42页。
② 〔美〕小V.O.凯伊:《预算理论的缺乏》,载〔美〕阿尔伯特·C.海迪等著:《公共预算经典(第2卷)——现代预算之路(第3版)》,苟燕楠、董静译,上海财经大学出版社2006年版,第30页。

推迟需要支出的财政资金的出库时间等。预算编制的初衷是通过统一的预算收支安排来促使政府合理地行使财政权,从而表现出财政收支大体相抵的形式特征,这样的说法是成立的;然而,如果说预算收支安排就是为了要实现财政资金安排的唯一目标,这是很难自圆其说的。事实上,赤字预算由政府负责编制、经过议会批准,形式上的合法性同样是具备的。那么,当财政收支的常态不再是平衡,反而是财政赤字,理论上应当如何解释这种现象呢?理论上说,要实现财政收支平衡的目标似乎并不困难,要么以财政收入配合财政支出的设计来筹集,要么以财政支出配合财政收入的预测来安排,简称"以支定收"、"量出为入"或"以收定支"、"量入为出"。然而,无论是筹集财政收入,还是安排财政支出,都是在一定的法律制度的基础上进行的,"以谁为前提、用谁作配合"都不是任意的。

早在中华民国初期,著名财政学者马寅初教授就指出,预算编制时"要决定量入为出,抑量出为入",以确定预算总额:"1. 量出为入法,即以实际所需之费用,定为收支预算之总额。2. 量入为出法,即以可能筹得之财源,定为收支预算之总额。两种方法,采用何种,第一要看一国之政体为何。"[①]预算编制时,到底是根据财政收入的能力来安排财政支出的"量入为出"原则,还是遵循针对财政支出的需要来组织财政收入的"以支定收"原则呢?长期以来,我国一直习惯于将"量入为出"原则作为预算编制的基本原则,但是,实践证明,如果必需的财政支出无法控制到财政收入能力所及的范围,仍然可能出现决算赤字。在这个意义上说,对"量入为出"原则和"以支定收"原则的理解都不能绝对化,二者也不可偏废。"以支定收"原则也不是主张要迎合所有的财政支出的需要,关键是要合理确定政府的事权范围,安排财政支出时应当综合考虑宏观经济发展水平和纳税人的税负承担能力。有效组织财政收入、合理安排财政支出是互相约束的,单独强调其中之一则无法实现预算平衡。

---

① 马寅初著:《财政学与中国财政——理论与现实》(上册),商务印书馆2001年版(初版于1948年),第49页。

"规则导向的市场政策可以比许多以社会正义为名的再分配政策更能促进经济增长与公平的福利分配,而以社会正义为名的再分配政策却限制经济增长并且常常造成武断的再分配效应。"① 然而,如果过分强调财政收支基本相抵,无论是规则导向的市场政策,还是以社会正义为名的再分配政策,它们既定的政策目标都可能难以实现。"由于法律对权力的无限制的行使设定了障碍,并试图维持一定的社会平衡,所以在许多方面都必须将它视为社会生活中的限制力量。"② 传统的"平衡"理念局限在某一个财政年度内,而崭新的"平衡"范畴扩展到了一个经济周期。尽管经济周期往往难以事先预测或准确划定,但是,这种观念还是可以用于判断总体经济平衡所覆盖的时间界限。总体经济平衡的内容可以借鉴宏观调控的政策目标,分为几个子目标:经济增长、物价稳定、充分就业和国际收支平衡等。影响总体经济平衡的诸多法律问题的有效解决,依赖于经济法与社会法等现代性部门法的有力回应。对现代国家的政府而言,有时候,财政收支平衡目标可能不是最重要的,而经济增长是否稳定、经济结构是否合理等目标往往更加需要政府着力加以解决。德国联邦法院也认为,总体经济平衡是审查预算最适当的标准,其具体措施是制定预防和克服财政赤字的法律。③

"预算平衡,作为一项曾经在相当长的时间内占据统治地位的标准,已经远远超出了其经济学意义。'平衡'所涉及的不止是收入与支出相平衡,而且是社会各阶级利益的平衡。"④ 一部好的预算对于总体经济平衡目标的促进功能是显而易见的,"为了公众的利益"是现代国家的政府编制预算时常常强调的,但是,公众事实上又无法承受长期存在的财政赤

---

① 〔德〕E. U. 彼德斯曼著:《国际经济法的宪法功能与宪法问题》,何志鹏等译,高等教育出版社 2004 年版,第 100 页。
② 〔美〕E. 博登海默著:《法理学:法律哲学与法律方法》,邓正来译,中国政法大学出版社 1999 年版,第 348 页。
③ 参见〔德〕乌茨·施利斯基著:《经济公法(2003 年第 2 版)》,喻文光译,法律出版社 2006 年版,第 109 页。
④ 〔美〕阿伦·威尔达夫斯基著、〔美〕布莱登·斯瓦德洛编:《预算与治理》,苟燕楠译,上海财经大学出版社 2010 年版,第 240 页。

字及由此累积的公债规模,因为连续的财政赤字和不断攀升的公债规模可能带来财政风险、造成通货膨胀以及一系列的经济社会问题。然而,公众却从不愿意政府采取增税或减支的方法来解决财政赤字问题,因为增税减支既可能给公众带来沉重的税收负担,也会减少公众可以享受的公共服务。① 财税法作为某种意义上的"侵权法",税收负担本来就是纳税人所不乐见的,如果政府能够提供优质的公共服务,肯定会减少纳税人的抵触情绪。凯恩斯主义的兴起,既标志着"预算平衡至上时代"终结,又标志着"通过调整财政支出来刺激经济增长时代"开始,特别是,自《就业法》(Employment Act of 1946)施行后,美国进一步将财政政策重心转移到充分就业上,而对预算总体规模、财政赤字和公债规模的上限标准放宽了很多。

"一个充分的预算理论将同时考虑经济状况和预算参与者对经济状况的看法"②,从技术上说,预算既包括对未来财政年度的财政收支的预测,也包括对以往财政年度的财政收支状况的评价,然而,预算体制改革的政治性很强,其主宰着国家筹集、分配和使用财政资金的方式。预算平衡曾经被认为是各个国家的"财政宪法"的当然组成部分,"除预算平衡所遇到的政治麻烦之外,还有经济问题,也就是说预算平衡不是财政政策中一个值得追求的目标。……要达到预算平衡,或者由于财政政策的原因要把预算不平衡控制在某一水平上,需要对收入和支出的精确预估。"③预算平衡中的"平衡"理念发生了相似的变化:擅长抽象逻辑思维的德国人提出了"总体经济平衡"的概念,进而提炼其应有的内涵;更加

---

① 例如,2010 年 5 月,希腊国会为了满足 IMF 和欧盟联合救援计划的要求,通过了第 4 个财政紧缩计划,将增值税税率提高到 23%,将燃油、香烟和酒的税率提高 10%,3 年内冻结公务员工资等。参见国家税务总局:《世界税收大事记(2010 年 4—6 月)》,http://www.chinatax.gov.cn/n480462/n1845523/n5038447/9916936.html,2012 年 9 月 1 日最新访问。
② 〔美〕布莱登·斯瓦德洛:《阿伦·威尔达夫斯基、文化理论以及预算》,载〔美〕阿伦·威尔达夫斯基著、〔美〕布莱登·斯瓦德洛编:《预算与治理》,苟燕楠译,上海财经大学出版社 2010 年版,第 325 页。
③ 〔美〕B.盖伊·彼得斯著:《税收政治学:一种比较的视角》,郭为桂、黄宁莺译,凤凰出版传媒集团、江苏人民出版社 2008 年版,第 114、116 页。

注重解决问题的美国人着重于实现经济增长和充分就业两个目标,对现代国家的预算编制产生了深远的影响。总体经济平衡的内涵其实很难准确界定,其旨在维护经济运行过程中各种相互独立和对立的利益之间的平衡状态。政府和议会之间在预算过程中展开的利益博弈,理应受到"总体经济平衡"目标的约束和限制,进而避免失控的财政赤字和公债规模演变成财政危机或公债危机。

(二) 预算平衡规范的"促进型法"属性

我国复式预算体系的各个预算表格都要求保持收支平衡,财政资金只能有限流转。我国《预算法》第3条规定:"各级预算应当做到收支平衡。"第27条第1款规定:"中央政府公共预算不列赤字。"第28条第1款规定:"地方各级预算按照量入为出、收支平衡的原则编制,不列赤字。"① 我国《企业国有资产法》第60条第2款规定:"国有资本经营预算支出按照当年预算收入规模安排,不列赤字。"我国《社会保险法》第65条第1款规定:"社会保险基金通过预算实现收支平衡。"财政部《政府性基金管理暂行办法》(财综[2010]80号)第26条第2款规定:"政府性基金预算编制遵循'以收定支、专款专用、收支平衡、结余结转下年安排使用'的原则。政府性基金支出根据政府性基金收入情况安排,自求平衡,不编制赤字预算。……"《预算法修正草案(二次审议稿)》第9条的规定取得了一定的突破:"各级预算应当遵循统筹兼顾、勤俭节约、量力而行、讲求绩效和收支平衡的原则。"②

在总体经济平衡目标的统辖下的预算平衡规范体系,包括旨在均衡分配预算权、合理安排预算程序和规范构筑预算责任的传统的"预算控

---

① 另外,根据《中华人民共和国香港特别行政区基本法》第107条和《中华人民共和国澳门特别行政区基本法》第105条的规定,香港、澳门特别行政区的财政预算以量入为出为原则,力求收支平衡,避免赤字,并与本地生产总值的增长率相适应。
② 本书所引用的《中华人民共和国预算法修正案(草案)》(二次审议稿)(2012年7月6日公布),均载于 http://www.npc.gov.cn/npc/xinwen/lfgz/flca/2012-07/06/content_1729110.htm,2012年9月1日最新访问。

制"模式,以及控制周期性赤字的发展趋势和变动幅度、减除结构性赤字的既有规模和诱发因素和构造促进地方财力与事权相匹配的法律制度的新型的"控制预算"模式。其中的核心条款可以提炼如下:预算案中的财政支出应当与财政收入与法定限度内的公债收入之和相符,同时,预算的编制、审批、执行以及调整,都必须遵循财政赤字规模最小化的基本原则。它在性质上属于"促进型法"的范畴,既印证又发展了这一法律规范类型的基本理论。"促进型法"可以为法律控制财政赤字、削减公债规模、促进预算平衡的基本原理及其规范体系的研究提供理论上的支持。预算平衡规范实质上是一种权益分配规则,对于财政赤字和公债规模最小化的促进作用毋庸置疑,其被界定为"促进型法"能够为解释我国《预算法》规定的法律责任偏少提供理由。"促进型法"发端于经济法与社会法,属于法律发展的成果,具有区别于传统性法律的特征:无论其体例结构,还是其逻辑构成和实施机制,都自成特色。"促进型法"的核心规范都来自各项经济社会政策,无论是直接管制还是替代性的间接规制,都可能成为可以选择的法律规制措施。

"法律不是应该怎样的问题,而是实际怎样的问题。"[1]我国"促进型法"的立法实践已经取得了长足的进步,不仅表现在法律规范的形式上,而且表现在法律理念的实质上。根据规范形式、功能目标、规制对象和规制措施不同,这些"促进型法"可以提炼或归纳成不同的体系或结构。"经济促进是指从法律上或在事实上改善个别经济主体的地位的国家经济措施",它"通过给受益者经济激励,促使其从事有关公共利益的特定活动"。[2] 在财税法、金融法和产业政策法等领域,仅是国务院发布或转发的行政法规中包含"促进"的概念或类似术语的就超过 90 个,部门规章超过 600 个,涉及对多个地区、行业、企业的促进,从而更好地实现经济

---

[1] 约翰·奇普曼·格雷的观点,转引自〔美〕罗伯特·S.萨默斯著:《美国实用工具主义法学》,柯华庆译,中国法制出版社 2010 年版,第 179 页。
[2] 〔德〕乌茨·施利斯基著:《经济公法(2003 年第 2 版)》,喻文光译,法律出版社 2006 年版,第 121 页。

发展整体的公平。有一些司法解释贯彻了"促进经济发展"的理念,如最高人民法院《关于依法妥善审理民间借贷纠纷案件促进经济发展维护社会稳定的通知》(法[2011]336号)和《关于为加快经济发展方式转变提供司法保障和服务的若干意见》(法发[2010]18号)。以"促进法"命名的法律有6部①,还有未使用"促进法"的字样而实质上属于促进法的法律。② 促进的目标可能是整体的:"促进经济与社会发展"或"促进经济社会又好又快发展",也可能是更加具体的目标,如经济稳定增长、就业充分、物价稳定、国际收支平衡等。

"当国家干预并不限于通过对市场资料供需的'规制经济的'紧缩以实现市场均衡时,特别是干预旨在减少不均衡性并'发展'经济时,在干预背后的经济政策就获得了一种新的维度。"③"促进型法"本质上是一种回应经济与社会发展的客观需要的"回应型法",它的典型功能是调整而不是裁判,"调整是精心设计和及时修正那些为实现法律目的所需要的政策的过程","它包括检验那些用于执行命令的可选择的策略以及按照所取得的认识改造所执行的命令"。④ 在德国法上,"经济促进"的概念已经被立法和行政所普遍接受,实践中也已经建立起了较为复杂的有关"经济促进"的法律制度体系,代表性立法是《经济稳定与增长促进法》(1967年)。经济促进可以分为给付性经济促进和影响性经济促进,前者是以货币、有价票券的给付或不增加负担的形式进行的财政鼓励,它们会立即对企业家的财富情况产生积极的影响,对一定的行为承担义务;后者是指建

---

① 包括《中小企业促进法》(2002年)、《民办教育促进法》(2002年)、《清洁生产促进法》(2002年制定、2012年修正)、《农业机械化促进法》(2004年)、《就业促进法》(2007年)、《循环经济促进法》(2008年)等。
② 包括《促进科技成果转化法》(1996年)、《农业技术推广法》(1993年制定、2012年修正)、《科学技术进步法》(1993年制定,2007年修正)等。
③ 〔德〕沃尔夫冈·费肯杰著:《经济法(第1卷)》,张世明等译,中国民主法制出版社2010年版,第714页。
④ 〔美〕P.诺内特、P.塞尔兹尼克著:《转变中的法律与社会:迈向回应型法》,中国政法大学出版社2004年版,第122—123页。

立有利的框架条件,它们会对私人经济活动产生积极的影响。① 日本制定了几十部促进法,如《中小企业现代化促进法》(1963年)、《特定非营利活动促进法》(2008年修正)、《中小企业金融促进法》(2009年),等等。

经济法、社会法和"促进型法"都是法律有效发展的成果,都是典型的分配法,在其发展历程中,涉及三个方面的内容:分配关系的调整、经济社会政策的变化及其相应的法律的发展。"现代性法律把大量的经济社会政策及其手段法律化,从而具有突出的经济性和社会性,因而能够把积极的鼓励促进与消极的限制禁止相结合,从而具有突出的规制性,规制性涉及对不同对象的发展选择和手段上的宽严取舍。"②法律规范既包括通过限制或禁止某一不应允许的行为来达到立法宗旨的传统法律规范——"限禁型法",又包括通过鼓励或促进某一应予提倡的行为来达到制度目标的新型法律规范——"促进型法",前者间接起到了促进的作用,后者直接行使了促进的功能,在这个维度上说,法律规范的体系是由"限禁型法"和"促进型法"这两种规范共同构成的。"促进型法"的逻辑构成最大的特色是其褒奖性责任,以褒扬行为人选择行使法律所鼓励或促进的行为模式。"促进型法"不同于"限禁型法"中以损害填平和惩罚性责任为中心的司法实现机制,简言之,它的实施主要不是依靠司法,而更多地依赖于公权力机关具有谦抑性特征和市场主体具有逐利性特征的选择性实现。

如果说经济法与社会法作为现代性部门法,初具促进经济与社会稳定发展的特定功能,法律进一步发展形成的"促进型法"③,则突破了经济法与社会法的局限,而围绕促进稳定发展的法律问题进行规范整合,是高级阶段的现代性法律,其精神追求、背景依赖与制度建构都表现出了现代

---

① 〔德〕罗尔夫·斯特博著:《德国经济行政法》,苏颖霞、陈少康译,中国政法大学出版社1999年版,第239—242页。
② 张守文:《论经济法的现代性》,载《中国法学》2000年第5期,第97页。
③ 最早研究促进型立法的,当属李艳芳的《"促进型立法"研究》,载《法学评论》2005年第3期,明确提出"促进型法"概念的,则是张守文的《论促进型经济法》,载《重庆大学学报(社科版)》2008年第5期。

性的特征。"促进型法"属于发展法学的研究范畴①,具有特定的逻辑结构和规范体系,这种制度上的创新,是对既有权利义务结构的调整,进而也是对社会关系的深刻调整。"法律发展是一个整体性概念,它是指与社会经济、政治和文化发展相适应、相协调,包括制度变迁、精神转换、体系重构等在内的法律进步或变革。"②法律发展必须服从并服务于人类进步提出的正当性要求,一个法律制度,如果跟不上时代发展的需求或要求,而只有短暂的价值或意义的话,显然是不可取的,也会被逐渐淘汰。"促进型法"与经济法、社会法等现代性法律都涉及分配问题,都有助于改进社会财富分配的公平性问题,"几乎每个人都说,不管其他因素如何,更加公平的收入与财富分配会更好"③。分配法着重解决权力、权利与利益的分配问题,既涉及国民个体的利益分配,又涉及国家整体的财政分配。④

"促进型法"是在有宏观调控的现代市场经济条件下产生的,是促进经济与社会稳定发展的、以法定的鼓励性或促进性规范类型的集合,是一个抽象性、类型化的概念。"促进型法"的发展得到了法律实践的经验证实,却亟待以法学原理为基础展开理论推演。传统的"限禁型法"通过法定的限制或禁止的手段,间接地促进经济与社会的稳定发展,新型的"促进型法"既存在于专门的"促进型法"之中,也有规定在传统法律文本中的具有提倡性和促进性功能的法律条文。"促进型法"大量产生的制度背景,是由社会发展的要求、政府职能的转变和国家治理方式的转变等因素铺就的。为了实现"促进型法"特定的促进功能,必须在制度设计上,将"促进"的理念和精神体现在"促进型法"的调整目标、基本原则、主体

---

① 法理学非常重视研究"法律发展",并已形成一批有价值的成果。部门法学中最先提出应当重视和推进"发展法学"研究的是张守文教授,典型的有其所著《经济法学的基本假设》,载《现代法学》2001年第6期和《"发展法学"与法学的发展——兼论经济法理论中的发展观》,载《法学杂志》2005年第3期。
② 张文显著:《法哲学范畴研究(修订版)》,中国政法大学出版社2001年版,第261页。
③ 〔美〕本杰明·M.弗里德曼著:《经济增长的道德意义》,李天有译,中国人民大学出版社2008年版,第402页。
④ 张守文:《贯通中国经济法学发展的经脉——以分配为视角》,载《政法论坛》2009年第6期,第122页。

架构、权义安排和行为规则之中,从而使"促进型法"符合现代性法律的目标宗旨、基本原则和调整手段,成为自成体系的一类现代性法律规范。①"促进型法"是法律有效发展的结果,是分配社会财富、平抑经济波动的规范,是高级阶段的现代法,以问题的解决为中心,形式上不拘于传统的逻辑结构,其精神追求、背景依赖与制度建构都表现出现代性的特征。

经济法与社会法中能够直接促进经济与社会稳定发展、以法定的鼓励性与促进性政策为中心的,具有促进结构的法律规范类型,可以概括为"促进型法";而通过法定的限制性和禁止性手段、间接促进经济与社会稳定发展的法律规范类型,则可以称为"限禁型法"。"促进型法"或"限禁型法"属于一种法律类型或称法律模块。发展法学注重主体的差别性,关注各类综合性因素,强调实质公平,以便更好地解决各种新的法律问题。"促进型法"的形成,直接受到经济活动、经济波动和经济政策的影响。②"经济安排的一个基本特征是,市场在什么范围内被用来决定储存比例、投资方向和用于保护后代的福利并排除对这种福利的不可补救的危害的那部分国民财富的比例。"③"促进型法"既包括稳定的内核性规范,又包括易变的边缘性规范,其典型结构是因激励措施的安排而产生的,法律规范中多为非强制性的鼓励性规范,这种规范强调法律的诱导和鼓励的功能,支持和推动相关利益主体,自觉促进经济稳定增长,还会预留经济政策松紧变化的空间,从而在保持法律基本稳定的基础上,通过各类经济与社会发展指标等变量的调节,以及通过宏观调控权的合理分配和规范运行,来实现经济的持续增长和社会的和谐稳定。

"法律制度,在任何规定时间,都在产生新规则并改变旧规则的形式

---

① 张守文:《论促进型经济法》,载《重庆大学学报(哲社版)》2008年第5期,第97页。
② 参见叶姗:《促进稳定发展的法律类型之比较研究》,载《现代法学》2009年第2期,第25—27页。
③ 〔美〕约翰·罗尔斯著:《正义论》,何怀宏等译,中国社会科学出版社1988年版,第271页。

的内容。"①"促进型法"是法律制度不断发展的结果,而且,"促进型法"不仅仅是一种法律规则,它还形塑了一种新的法律秩序。"促进型法"是一种典型的调整性规范,通过规则设计引导、鼓励或促成人们的行为选择。调整性规则的功能是控制人们的行为,使之符合规则概括出来的行为模式,而不同于组织人们按照规则授予的权利(权力)去活动的构成性规则。②"促进型法"的逻辑结构最大的特点是其所规定的是肯定性后果,例如,"由人民政府给予表彰和奖励"、"列入专项资金的扶持范围"、"在财政预算中安排专项资金"、"设立专项资金扶持"、"在依法设立的基金中安排适当数额支持"、"列入发展规划并安排财政性资金予以支持"、"减征或免征增值税、所得税"或"给予税收优惠"、"可以作为企业经营成本列支"等。另外,相关的是有利于或称实现某一目标的经济社会政策等。"促进型法"中出现频率最高的立法术语包括"促进"、"鼓励"、"引导"、"支持"、"扶持"、"表彰"、"奖励"等,如学者所言,"积极的'励进'与经济法的褒奖相统一","经济法上的褒奖,可能发展成为一个新的范畴","而经济法褒奖,则是由于积极地履行经济法上的义务,而受到经济法的褒扬与奖励"。③

"促进型法"的理念也是其内在精神和普遍范型所在,其中的核心是"促进"或称"鼓励","促进的经济引导是功能经济法的最现代的分支","每个政府的任务不仅仅是进行行政管理,而且也要推动经济和社会的发展"。④ 法律引导、促进和保障经济稳定增长通过设定褒奖性责任的设计来达到目的,只有这种褒奖或表扬能够促使行为人作出符合法律的价值判断的事情,行为人就能够获得法律给予的待遇,法律目标也就可以达到了。换言之,"促进型法"是非强制性的,它更加接近"软法"的范畴,"软

---

① 〔英〕劳伦斯·M.弗里德曼著:《法律制度——从社会科学角度观察》,李琼英、林欣译,中国政法大学出版社 2004 年版,第 341 页。
② 张文显著:《二十世纪西方方法哲学思潮研究》,法律出版社 2006 年版,第 327—328 页。
③ 张守文著:《经济法学》,中国人民大学出版社 2008 年版,第 118 页。
④ 〔德〕沃尔夫冈·费肯杰著:《经济法(第 2 卷)》,张世明等译,中国民主法制出版社 2010 年版,第 476 页。

法"的基本原理可以为"促进型法"的制度构建和理论研究提供基础性的支持。所谓"软法"(soft law),是相对于"硬法"(hard law)而言的,是指那些不能运用国家强制力保证实施的法规范。① "促进型法"与"限禁型法"都指向一定的目标,但强度有所不同,后者是通过限制或禁止某一行为而达到恢复社会秩序的目的,属于存量型立法;前者是通过鼓励或促进某一行为而达到增加社会福利的目的,属于增量型立法。后者通过惩罚性责任的设置来达到救济被损害的权利的目的,前者通过褒奖性责任的设计来达到同时增加行为人的个别福利和全社会的总体福利的目的。"促进型法"通过法律设定行为人可能获得的奖励或褒扬,以促使行为人选择此种行为,进而达到立法目标。

褒奖性责任是经济法特有的责任类型,"经济法责任理论的研究,不仅影响经济法制度建设,影响经济法实效,而且也会影响经济法理论的自足性。"② 某种意义上说,褒奖性责任是一种理论上的创新,"经济法责任形式的创新有力地支持了经济法责任的独立性","经济法责任与其他法律责任在法的调整和实现中是相互补充、协调配合的"。③ "消极的'限禁'与经济法责任相一致,而积极的'励进'则与经济法褒奖相统一","经济法褒奖,是由于积极地履行经济法上的义务,而受到经济法的褒扬与奖励"。④ 褒奖性责任包括褒扬或奖励两种基本形式,前者侧重于精神上的激励,后者侧重于物质上的激励。"促进型法"可以说是经济法中与褒奖性责任关系最为密切的法律规范类型,原因在于,"促进型法"本身就是经济法中以鼓励或促进为基本职能和目标的法律制度模块。因此,某种意义上说,"促进型法"的选择性实现与褒奖性责任是相辅相成的。"促

---

① 参见罗豪才、宋功德著:《软法亦法——公共治理呼唤软法之治》,法律出版社2009年版,第292页。
② 张守文著:《经济法总论》,中国人民大学出版社2009年版,第187页。
③ 徐孟洲著:《耦合经济法论》,中国人民大学出版社2010年版,第174、180页。
④ 张守文著:《经济法学》,中国人民大学出版社2008年版,第118页。

进型法"的实施机制的精髓就是选择性实现,这是一种正当的选择性执法①。"促进型法"的核心规范在性质上类似于传统"限禁型法"中的任意性规范,任意性规范允许行为人变更、选择适用或排除该规范的适用。"促进型法"中的法律规范的任意性更为突出,只要行为人选择适用该规范,就可以获得褒奖性责任的待遇。

"选择性执法,是指什么时候严格执行哪部法律,采取什么执法手段,什么时候放松哪部法律的执行,什么时候严格执行哪个具体的案件,采取什么执法手段,什么时候对哪个案件执行特别对待的视具体情况而定的执法方式。"②为什么选择性执行在其他法律领域往往备受争议,但是,在"促进型法"的实施机制中却是正当的呢?"我的基本论点是选择性执行本身是无可非议的。不管在道德还是法律领域,义务所指向的人们并不被要求去执行它们","在一个资源有限的社会里,在保证准确执行个人责任上的花费越多,达到其他有价值的社会目标的花费就越少","在衡量有选择地执行法律责任的现象的重要性时,记住这一点是很重要的"。③"促进型法"根源于统制经济论的基本哲理,也符合为了公共利益而限制当事人的自治意思的现代法治精神。"改革的过程是长期的,不能等到改革完成了,才来立法,制定法律的过程本身就是推动改革、解决问题的过程。"④"促进型法"就是在这样的理念指导下制定的,"促进型法"的制度渊源是大量行之有效的经济社会政策,其逻辑构成中的特色——"褒奖性责任"与实施机制中的精髓——"选择性实现"相得益彰。预算

---

① 选择性执法的概念是由法律不完备理论所导出的,这一理论是由许成钢教授与皮斯托教授共同提出的。参见许成钢:《法律、执法与金融监管——介绍"法律的不完备性"理论》,载《经济社会体制比较》2001 年第 5 期;〔美〕卡塔琳娜·皮斯托、许成钢:《不完备法律——一种概念性分析框架及其在金融市场监管发展中的应用》,汪辉敏译,载吴敬琏主编:《比较》(总第 3、4 辑),中信出版社 2002 年版。
② 戴治勇、杨晓维:《间接执法成本、间接损害与选择性执法》,载《经济研究》2006 年第 9 期,第 94—101 页。
③ 〔澳〕皮特·凯恩著:《法律与道德中的责任》,罗李华译,商务印书馆 2008 年版,第 358 页。
④ 刘兴义:《对制定〈国民经济稳定增长法〉的几点思考》,载《法学杂志》1991 年第 3 期,第 18 页。

平衡规范性质上属于"促进型法"的范畴,因此,预算法修改时完全可以增加"褒奖性责任"的类型。与其说预算平衡规范是一项法律规则,不如说它是一种法律理念,它注重引导预算的编制和执行行为、促进预算法规范的改进和财税法制度的完善,进而避免或化解可能的财政危机。

第二章　法律控制财政赤字的域外经验

> 政府部门的职能是确保资源的有效利用，建立收入的公平分配，以及在价格合理稳定条件保持高就业的经济运作。何种政府形式有希望在解决配置、分配和稳定性等问题上取得最大的成功？①
>
> ——〔美〕华莱士·E.奥茨

> 税法上利益均衡所要实现的，乃是税法规定之"实质的合理性"。税法上之利益均衡所追求之目标，乃是兼顾国家利益、公共利益、关系人利益及纳税者个人利益，期能实现征纳双方以及其他有关各方关系人之利益公平兼顾，营造各方都赢的局面。②
>
> ——陈清秀

　　财政赤字和公债规模失控是现代国家的政治生活中最大的实践难题，连经济最为发达、法治最为完善的美国也不例外。控制财政赤字、削减公债规模，特别是将赤字率和公债率控制在法定限度内，始终是促进各国预算法规范不断改进、财税法制度持续完善的重要动力。美国是典型的判例法系国家，但是，其预算法领域的成文法化程度却相当高，而且，在

---

① 〔美〕华莱士·E.奥茨著：《财政联邦主义》，陆符嘉译，译林出版社2012年版，第9页。
② 陈清秀著：《现代税法原理与国际税法》，台湾元照出版有限公司2010年版，第5页。

美国纷繁复杂的预算法规范体系中,预算平衡规范从来都是其最重要的组成部分。自美国建国伊始到20世纪初,预算平衡一直被认为是其"财政宪法"隐含的核心理念,直到20世纪30年代发生的经济大萧条,由于主张赤字财政政策的凯恩斯主义兴起,经济与社会发展情势的急遽变化、联邦政府的职能范围持续扩张再加上选举政治和两党轮流执政的影响,预算平衡理念逐渐衰落,但是,有关"预算平衡是否仍要坚持"的争论却从未因为理念的动摇而停止。

尽管美国国会议员多次提出的"平衡预算宪法修正案"(the Balanced Budget Amendment)都未能在众议院或参议院闯关成功,但是,预算平衡理念的重要性却从来没有被彻底否定。笔者认为,无论国会中的多数党如何变化,历任总统(无论其是否与国会的多数党一致)[1]执政时都不愿意放弃赤字财政政策,这才是真正阻挠"平衡预算宪法修正案"的力量所在。至于预算平衡规范的演进,则一直遵循着"预算控制"与"控制预算"两条线索,从而形成了由程序控制型规范和赤字削减型规范构成的复合结构。前者反映了联邦预算权由国会独享发展到国会和总统分享、实际上却由总统主导的分享结构,展现了从授权到限权的制度发展历程;后者揭示了联邦预算权分享结构中隐含的权力失衡问题,然而,此类规则却常常因为其试图改变和突破联邦的分权制衡原则而被司法审查认定为违宪。概言之,美国联邦预算平衡规范的理论假设的周全性、规则设计的创造性和制度实施的有效性,堪称别具一格,值得我国预算平衡规范构建时加以借鉴。

现代国家的政府通常制定财政政策和货币政策来促进经济与社会稳定发展,欧元发行后,欧元区成员国将货币政策的制定权让渡给欧洲中央

---

[1] 自1969年至2012年的44年中,总统的党籍与众议院、参议院的多数党保持一致的,只有1977—1980年、1993—1994年、2001年、2003—2006年的11年,在1969—1976年、1987—1992年、1995—2000年、2007—2008年的22年,总统与国会两院的多数党的党籍都不一样,这被称为"分裂的政府"。长期分裂的政府和疲软的经济表现使得总统和国会处在长期的预算冲突中。参见《政府分裂的时代(1969—2008)》,载〔美〕艾伦·希克著:《联邦预算——政治、政策、过程(第3版)》,苟燕楠译,中国财政经济出版社2011年版,第17页。

银行,因此,财政政策成为欧元区成员国惯常施行的经济政策。在统一的货币政策下,欧元区成员国之间的财政政策的协调不仅会影响欧元币值的稳定,而且会影响成员国的充分就业率和经济增长率。从《罗马条约》规定的收敛标准,到《马约》规定的财政趋同标准,再到《稳定与增长公约》规定的财政约束规则,这些财政纪律都要求成员国必须将赤字率和公债率分别控制在3%和60%以内,以此约束成员国任意编制预算赤字、放任公债规模膨胀的行为,然而,欧洲主权债务危机还是不期而至了。虽然财政纪律为成员国设定了赤字率和公债率上限等财政风险警戒线,然而,却没有对希腊等欧元区成员国起作用,主要原因是相关惩罚措施的强制性不足。与美国联邦预算平衡规范这一渐进式立法的演进过程始终存在着权益博弈和违宪质疑不同的是,欧元区财政约束规则规定的赤字率和公债率属于强制性标准,却引发了一场意料之中的债务危机。

欧洲主权债务危机2009年肇始于希腊,后来蔓延到西班牙、葡萄牙、意大利和爱尔兰等国家。2010年起,几乎整个欧元区都受到债务危机困扰,再加上欧元币值下挫、欧洲股市暴跌,在全世界还没有完全从由美国次贷危机引起的全球金融危机中恢复的情况下,再度造成全球市场的极度恐慌。从性质上说,这是一次典型的财政危机,既受到此前的金融危机影响,又可能引发新一轮的金融危机。尽管希腊与爱尔兰等国家的债务危机的成因不同,但是,其共同特点都是赤字率和公债率远远超过规定上限,而欧元区财政约束规则没有发挥应有的作用。综合来说,应对欧洲债务危机的策略有缓急之分:危机发生时,救急对策是欧洲金融稳定机制设立的临时性救援基金,以阻断财政危机蔓延到其他成员国;而欧洲稳定机制设立的永久性救援基金,不仅可以援助危机发生国,帮助其渡过危机,避免其因为违约甚至破产而拖垮欧元区,而且可以弥补成员国因不能制定货币政策而缺乏有力的主权债务清偿支持的缺憾。某种意义上说,欧洲主权债务危机为欧元区财政约束规则改进提供了一次重要契机。

无论是从规模还是从结构来说,欧盟的预算都与欧元区成员国的预算存在很大的差别。欧盟的预算基本上不存在法律、秩序、教育和社会保障方面的支出,而只有农业和结构政策方面的支出以及行政费用。虽然欧盟本身不怎么存在财政赤字问题,但是,欧盟的"里斯本战略"和"欧洲2020战略"等长期经济发展规划,已经或很可能对欧元区成员国的预算平衡造成重要的外部影响。德国和法国是欧盟的领袖国家,对欧盟财政收入的贡献很大,特别是德国,已经成为欧盟最大的净出资国。然而,德国和法国对待预算平衡的态度截然不同,每每在欧盟的重要货币政策和对各国财政政策的协调规则出台时,表达迥然相异的观点,由此,决定了欧盟制定的种种规则具有很强的妥协性。某种意义上说,欧元区财政约束规则,正是在德、法两国的主导及其相互间的角力下逐渐形成并不断调整的。"接受外国法律制度的问题并不是一个国家性的问题,而是一个简单明了的符合目的和需要的问题"[①],概言之,法律控制财政赤字的域外经验对我国预算平衡规范的构造所具有的价值是不言而喻的。

一、美国联邦预算平衡规范:渐进式立法

自美国 1776 年建国伊始,到 20 世纪 30 年代经济大萧条时期凯恩斯主义兴起之前,预算平衡理念一直在预算实践中发挥作用,被认为是美国宪法的重要理念,联邦预算也确实在很长一段时间里都能够保持平衡。现代预算制度建立起来后,预算平衡却成了几乎不可能的任务。"财政宪法的主要缺陷在于对当前公共消费资金的赤字没有任何约束。凯恩斯革命对经济政策造成的影响就是彻底否定了出于财政节俭而形成的平衡预算标准。"[②]主张赤字财政政策的凯恩斯主义大行其道,使得预算平衡理念发生了动摇。财政赤字和公债规模失控逐渐成为各国政府最大的财政

---

① 语出德国著名法学家鲁道夫·冯·耶林,参见〔德〕K.茨威格特著:《比较法总论》,潘汉典等译,法律出版社 2003 年版,第 67—68 页。
② 〔美〕詹姆斯·M.布坎南著:《宪法秩序的经济学与伦理学》,朱泱等译,商务印书馆 2008 年版,第 125 页。

难题,预算平衡这个看上去理所当然的观念变成了遥不可及的目标。由于政府总有编制预算赤字的主客观理由,才不断有议员提议:宪法中很有必要规定预算平衡原则,以促使政府合理、规范、正当地行使财政权,进而实现总体经济平衡。由于对财政赤字和公债规模失控可能诱发的财政危机的担心,每届国会几乎都有议员提出"平衡预算宪法修正案",然而,无论国会的多数政党是否与总统的党籍一致,都无法通过。

(一) 从财政收支平衡到预算赤字频现

财政收支平衡条款是大多数国家的宪法和几乎所有的预算法中最为重要的原则。与账面上的财政收支是否实现了平衡的问题相比,"造成财政赤字屡禁不止的原因到底是什么"其实更加值得研究。美国的预算法体系这么复杂、预算法规范如此专业,为什么没有起到应有的作用呢?到底是规则的执行出了问题,还是制定的规范不尽合理呢?"以法律制度和规则为中心关注,力求语境化地理解任何一种相对长期存在的法律制度、规则的历史正当性和合理性。"[①]考察美国联邦预算平衡规范的演进轨迹,特别是其中法学理论的进化和立法技术的改进,可以看出其制度设计不断调整的方向。那么,实践中的规范究竟是如何演进的呢?笔者认为,可以用于衡量的维度莫过于政治协商、权力限制、利益平衡和纳税人权利保护等。鉴于预算是一个政治、经济、社会和法律问题,反映了政府对有限的财政资金进行有效配置的过程,因此,国会一直高度关注总统编制预算赤字的问题,没有完全放弃控制财政赤字的打算。

"虽然宪法不是单独的预决算法律,不必对预决算事务作十分详细的规定,但也不能过于简化,使单独的预决算法律失去准则与依据。"[②]这几十年来,不断有国会议员提出"平衡预算宪法修正案",却毫无例外地一一折戟沉沙,同时,美国国会先后制定了多部预算法律,既有主张"预算控

[①] 苏力:《语境论——一种法律制度研究的进路和方法》,载《中外法学》2000年第1期,第42页。
[②] 杨大春著:《中国近代财税法学史研究》,北京大学出版社2010年版,第89页。

制"的传统预算平衡规范,又有提倡"控制预算"的新型预算平衡规范。然而,如此复杂繁琐的预算法律体系却没有达到完全削减财政赤字的目标。由于财政赤字客观上反映了某种程度的财政失衡,其实质上反映了政府的财政收支行为没有受到法律的有效控制。这么多年来,可以确定的是,"控制财政赤字"的意见在美国历届国会的参议院或众议院中始终有市场,如参议员吉姆·萨瑟(Jim Suther)所说的那样:"我们仍必须控制财政赤字,我们仍需要加强预算法律的方法……然而……格拉姆—拉德曼法案(Gramm-Rudman-Hollings Act),即《预算平衡与紧急赤字控制法》(1985年),既没有成功地削减又没有成功地遏制……是采取某些更有效的措施的时候了。"①预算平衡之所以受到重视,与纳税人对于因财政赤字失控而可能产生的法律问题的担心及其可能破坏经济稳定增长趋势的忧虑有关,某种程度上,预算平衡规范的象征意义非常突出,大于实质意义。②

"预算平衡的规范——无论作为价值判断或理想的典范,还是作为政治符号或预算原则——经常出现在有关美国联邦预算和财政政策的文献和公开争论中,……可以被视为是一个寻求能够在对平衡概念没有清晰的定义的情况下,保持某种平衡而且在偏离之后又能回到平衡的制度的历史。"③《反追加法》(1870年)第1103条就规定了"预算上限":"国会重申了它的承诺,即每一财政年度的美国政府预算支出,应不高于政府该财政年度的收入。"④然而,由于当时还没有编制统一的财政收支法案,而是由国会参众两院分别审议很多零散而且毫无关联的财政拨款法案,当时被称为"预算"的文件"充其量是立法部门通过的拨款报告的汇总","甚

---

① 参见〔美〕爱伦·鲁宾著:《公共预算中的政治:收入与支出,借贷与平衡(第4版)》,叶娟丽等译,中国人民大学出版社2001年版,第204页。
② 从政治视角对"具有美国特色的"预算平衡规范的最佳分析是萨维奇作出的,他认为这个规范的象征意义大于实质意义。参见侯一麟:《预算平衡规范的兴衰——探究美国联邦赤字背后的预算逻辑》,张光、刁大明译,载《公共行政评论》2008年第2期,第6页。
③ 同上注文,第1,25页。
④ 财政部预算司编:《部分国家预算法汇编》,外文出版社2005年版,第50页。

至不被称为预算,而仅仅是一种估测书"。① 长此以往,财政支出和财政赤字的规模都越来越不受控制。为此,国会制定了《预算和会计法》(1921年),授权总统每年准备一部联邦预算案,开创了行政主导型的现代预算制度。但是,这种通过制定法律来控制财政赤字的做法在经济大萧条时期遇到了挫折,主张赤字财政政策的凯恩斯主义甚嚣尘上,使得财政赤字的规模不减反增,财政盈余也越来越罕见,其后,国会先后制定了多部预算法律。

"预算变化是惊人的。在各个主要时期,预算都具有自身独特的问题与预算解决方案","尽管预算已经发生了巨大的改变,并不断调整自身以应对当今的问题,但它仍然保留着过往经验凝结而成的解决方案"。②财政收支大致相抵是预算的核心内涵,否则,财政收支失衡就可能引发财政危机,这是现代预算制度产生的重要原因,然而,预算后来的发展却未如立法者所设想的那样:"入不敷出"的财政赤字现象逐渐消失。随着赤字财政政策的兴起以及政府干预经济的力度、广度和深度不断加强,财政收支平衡越发难以复现,财政赤字反而频繁再现。"直到20世纪30年代的大萧条时期,美国人还坚持认为联邦政府只应起有限的作用,相应地,税收也较低。"③罗斯福(Franklin D. Roosevelt,1933—1945年在任)新政采纳赤字财政政策,达到了经济迅速复苏的目标,而第二次世界大战期间继续实行的赤字财政政策也使得美国的经济发展继续保持高速增长,然而,由此导致的财政赤字和公债规模失控问题,却成为战后两任总统杜鲁门(Harry S. Truman,1945—1953年在任)和艾森豪威尔(Dwight D. Eisenhower,1953—1961年在任)施政的主要任务——削减财政赤字,但是,这使得20世纪50年代出现严重的经济衰退:史称"艾森豪威尔停滞"

---

① 〔美〕阿尔伯特·C.海蒂等著:《公共预算经典(第2卷)——现代预算之路》(第3版),苟燕楠、董静译,上海财经大学出版社2006年版,第3页。
② 〔美〕爱伦·S.鲁宾著:《阶级、税收和权力——美国的城市预算》,林琳、郭韵译,格致出版社、上海人民出版社2011年版,第229—233页。
③ 〔美〕罗伯特·E.霍尔、阿尔文·拉布什卡著:《单一税》,史耀斌等译,中国财政经济出版社2003年版,第27页。

(economic stagnation)。"艾森豪威尔政府对预算平衡的高度关注有时候也被解读为他们没有吸取之前20年教训的证据,政府认为那些年份中潜在的问题,以及当时大部分时间存在的普遍而突出的问题,是通货膨胀。基于这一判断,平衡预算的规定与现代财政政策相一致。"①可见,想要解决财政赤字和公债规模失控问题,现实中必须以损失一些经济增长速度为代价,那么,经济增长和平衡预算孰轻孰重呢?

为了寻求预算重新平衡而不得不牺牲经济增长,使得人们对预算必须平衡的传统理念发生了严重质疑,预算在任何情况下都必须保持平衡的观点看起来一点都跟不上时代潮流了。20世纪60年代接任总统的肯尼迪(John F. Kennedy,1961—1963年在位)重新启用了赤字财政政策,为刺激经济增长而不惜大规模减税。人们不得不接受这样的事实:财政赤字确实有一定的积极性,它对于经济增长的推动作用是毋庸置疑的,甚至可以说,财政赤字与预算一样都有提高财政资金使用效率的作用。到了20世纪70年代的新古典宏观经济理论和80年代的新凯恩斯主义,经济学家们发现了当时的"高失业率和高通货膨胀率并存的滞涨现象"否定了凯恩斯主义,因此,反对赤字财政政策的供给学派兴起,其主张先实现盈余后再减税。20世纪80年代继任总统的里根(Ronald W. Reagan,1981—1989年在位)奉行的"减税以刺激经济增长"的政策,却因为政府职能已过度扩张而收效甚微。另外,奥地利学派、芝加哥学派和公共选择学派等新自由主义经济学流派几乎彻底否定了凯恩斯主义,公共选择学派更是明确主张将预算平衡原则写入成文宪法,而不仅仅作为宪法性惯例,还主张确立国家在经济与社会发展的非常时期自动放弃预算平衡的原则。②"采用预算平衡原则是为了消除现行财政宪法中的偏向,而不是

---

① 〔美〕赫伯特·斯坦著:《美国的财政革命——应对现实的策略(第2版)》,荀燕楠译,上海财经大学出版社2010年版,第283—284页。
② 参见〔英〕布莱恩·斯诺登、霍华德·R.文著:《现代宏观经济学:起源、发展和现状》,佘江涛等译,凤凰出版传媒集团、江苏人民出版社2009年版,第12—30页。

完全阻止政府在国家非常时期借助负债筹款来应付这些突发事件的规划。"①

20世纪80年代实行的减税政策因为国防支出和社会福利的大幅增加而遇到了前所未有的困难,到了20世纪90年代,联邦政府发现适当增加高收入者的税负和合理限制财政支出的增速,在财政赤字和公债规模的控制问题上,甚至有着与经济快速增长不相上下的效果。人们开始意识到,在非常时期坚持减少财政赤字的主张可能给经济与社会发展带来的负面影响不亚于财政赤字本身,这就使得有关财政赤字的正当性的讨论变得更为复杂。此时,国会从增税政策中实际上也开始尝到甜头,这样的认识到克林顿(William J. Clinton,1992—2000年在任)总统执政时得到了广泛的实施:所谓综合经济发展计划不但强调需求,而且重视供给,同时,又把削减财政赤字置于各项经济社会政策之上,进一步提高了个人所得税和公司税的最高边际税率。在增税和减支的财政政策作用下,美国经济发展取得了强劲增长,因此,造就了几个极为罕见的财政盈余的年份。到小布什(George W. Bush,2001—2009年在任)2001年接任总统前,财政盈余已经累积到5.6万亿美元的规模,因此,国会启动了新一轮的减税计划,同时,增进税收负担的公平性,以维持经济繁荣。但是,由于战争,财政赤字很快又出现了。②

进入21世纪,由于伊拉克战争和反恐怖袭击等导致财政支出大增,财政赤字逐年回升,到了2008年初,公债规模已经到达一个较高水平。虽然联邦政府提出在2012年消灭财政赤字的目标,但是,随着2008年次贷危机的爆发,这一目标的实现变得异常困难。2011年后,财政赤字开始回落,在未来十年内,赤字率仍然可能维持在较高的水平。③ 某种程度

---

① 张健:《美国经济学的新垦地——评公共选择理论》,载《美国经济》1990年第1期,第105—107页。
② 详见本书附录一。
③ 美国已经建立了编制长达10年的滚动式长期预算来预测未来走势的制度,某种意义上说,它强调了财政收支结构的客观性及其与经济增长的关联度,稳定了纳税人的利益预期,克服了政府更迭的不确定性。

上说,只要能够保证经济增长维持在一定的水平,同时,个人的收入又稳步增加的话,即使出现财政赤字,也不是十分可怕的事情。美国联邦政府也逐渐接受了实施不同的财政政策会对经济与社会发展产生显著影响的观点,除了间歇性地采取减税政策外,有时也会考虑采用财政刺激计划。由于美国想要做全球警察,这使得其国防支出几乎相当于其他所有财政支出的总和,而且,这一部分的财政支出很难削减。笔者认为,预算平衡其实是一个较为弹性的概念,预算到底包括多大的范围并没有确切的说法,而且,预算也不见得每年要都保持平衡,某些财政年度的盈余可以用于弥补另外一些年度的赤字,只是,财政盈余的情况越来越罕见而已。

即使罗斯福新政以赤字财政政策为核心,罗斯福总统却认为,长期的预算不平衡是有害的,这跟他给后人留下的打破预算平衡传统的改革者形象大相径庭。另外,充分就业也是联邦政府的重要政策目标。"1931年,当失业人数非常多并且预期会有很大的预算赤字时,胡佛(Herbert C. Hoover,1929—1933年在任)总统建议大幅度增税;1962年,当失业又成为一个问题时,尽管是并不那么严重的一次,并且预期又会出现很大的赤字时,肯尼迪总统建议大幅度减税。"①胡佛总统更关注财政赤字问题而不是失业问题,因此,会有增税的建议,尽管他同样关注失业问题;而肯尼迪总统更关注失业问题,因此,会有减税的主张,但是,他也并非不希望预算平衡。奇特的是,胡佛总统主张增税和肯尼迪总统主张减税,都是为了实现预算平衡和充分就业的目标。实际上,充分就业和预算平衡这两个几乎完全相反的政策目标,经常宛若难以兼得的"鱼与熊掌"。"权利性项目的增加与另外一个重要的预算发展——持续的赤字支出有关。长期赤字是一种近期才出现的现象,它在很大程度上受到权利性项目要求的刺激,即不管财政状况如何,政府都必须为权利性项目提供支付。"②美国

---

① 〔美〕赫伯特·斯坦著:《美国的财政革命——应对现实的策略(第2版)》,苟燕楠译,上海财经大学出版社2010年版,第1页。
② 〔美〕艾伦·希克著:《联邦预算——政治、政策、过程(第3版)》,苟燕楠译,中国财政经济出版社2011年版,第7页。

数十年的财政政策的更迭也充分证明了财政政策目标选择的复杂性:预算好不容易在20世纪末恢复了平衡,但是,仅仅维持了几年时间,预算盈余就又消失了,预算赤字似乎理所应当取代了平衡成为新世纪的基本准则。从预算赤字到预算盈余再回到预算赤字,表明了预算本质上是一个不断自我修复的过程。

美国人最先将分权制衡(Check and Balance)理论用于其宪政制度的设计:联邦立法权、行政权和司法权分别由国会、总统和最高法院行使。财政权是分配给国会的权力,从内容上说,包括征税权和拨款权;从形式上说,包括对政府的财政收支计划和特殊时期的财政赤字安排进行审议、批准和监督的权力。尽管美国宪法没有规定预算权,但是,从这一权力的性质来看,它名义上由国会独享。然而,随着现代预算制度的建立,总统事实上分享着预算权——准确来说是预算案的建议权,总统成为预算编制中最重要的角色,预算实质上由行政主导。"如果不是这样,行政部门将对国家的公共钱库拥有不受制约的权力;可能会随意使用国家的财政资源。针对铺张浪费和奢侈挥霍以及腐败影响和侵吞公款,控制和指示拨款的权力构成了一种最有用和有益的制衡。"[①]财政收支失衡的实质是财政权没有受到法律的有效控制,而预算平衡的努力又举步维艰,如果不在宪法中规定预算平衡条款,总统编制赤字预算案的行为几乎不可阻止。1979年初,30个州的立法机关批准了要求召开修宪会议的决议,目的在于增加一项预算平衡修正案,30名参议员提出了第一个修正案。[②]"预算平衡修正案是将政策目标融合到宪法中的一次尝试",它"寻求的是对政府行为而不是对个人行为的约束"。[③] 但是,此后数十年的经验表明,要

[①] 〔美〕约塞夫·斯托里著:《美国宪法评注》,毛国权译,上海三联书店2006年版,第408—409页。

[②] 参见〔澳〕杰佛瑞·布伦南、〔美〕詹姆斯·M.布坎南著:《征税权——财政宪法的分析基础》,载《宪政经济学》,冯克利等译,中国社会科学出版社2004年版,第236页。

[③] 〔美〕威廉·R.凯奇:《对一个修正平衡预算案例的理论分析》,载〔美〕阿尔伯特·C.海迪著:《公共预算经典(第2卷)——现代预算之路(第3版)》,苟燕楠、董静译,上海财经大学出版社2006年版,第506页。

通过这样的法案是非常艰难的。

从根本上说,美国共和党和民主党的执政理念大相径庭,前者秉承"小政府"的理念,一旦执政就会想方设法从削减公民权利性支出的角度来控制预算赤字;后者推崇"大政府"的思想,一旦执政就会倾向于扩大财政支出来照顾中小阶层。然而,这种情况到了20世纪80年代发生了转变:共和党籍的里根和小布什任期内是预算赤字飙升最快的时代,而民主党籍的克林顿在任时却能够成功裁减财政支出,而且实现了预算盈余。克林顿执政时采取了以削减预算赤字为主要目标的财政政策,与时任联邦储备委员会主席的格林斯潘制定的货币政策紧密配合,使得美国实现了和平时期持续最久的经济增长,也为预算盈余奠定了基础。

(二)国会推动预算平衡原则入宪的艰辛

美国宪法没有规定总统有义务或有权利向国会提交联邦预算案,也没有提及总统及其领导下的政府在预算编制和预算执行中所起的作用。在美国建国后上百年中,联邦政府就是在没有预算的情况下运作的。美国宪法将征税权授予国会,也要求拨款必须通过国会的立法程序。[1] 除了请求拨款外,政府没有任何理由可以从国库中取出款项。所有的公共财政收支项目和账户情况的变化,都必须定期或不定期地向全社会公布。预算平衡理念曾经是颠扑不破的真理,被认为是美国财政宪法的当然组成部分。"其实,要求联邦政府预算平衡的建议,只是为了保证政府用税收而不是用发行公债或印钞票来维持自己的开支,平衡预算宪法修正案也可以从程序角度加以解释。它试图通过要求决策者——无论他们是谁——量入为出来改变政府的决策过程。"[2] 美国宪法隐含着预算平衡的要求,现代预算制度的建立本身就是一种财政收支平衡的方法,其实质是

---

[1] 《美利坚合众国宪法》(1788年)第1章"国会"的第7节、第8节,载张千帆著:《美国联邦宪法》,法律出版社2011年版。
[2] 〔澳〕杰佛瑞·布伦南、〔美〕詹姆斯·M.布坎南著:《征税权——财政宪法的分析基础》,载《宪政经济学》,冯克利等译,中国社会科学出版社2004年版,第236—237页。

"财政收入和支出同步控制"。主张赤字财政政策的凯恩斯主义动摇了预算平衡原则,但隐含而非明示的要求已经很难约束总统编制赤字预算案的行为了。"这样一个简单的、直接的宪法要求竟然隐含在每年发布的大量而具体的联邦预算背后,更不用说政府和国会之间就预算的产生而进行的激烈而漫长的辩论和协商了。"①

要实现预算平衡目标表面上看是很简单的事情,要么增加财政收入,要么减少财政支出。然而,增税和减支既可能增加纳税人的税收负担,又不能使公共服务消费者受益。那么,纳税人偏好于政府少花钱,还是偏好于政府多做事呢?少花钱固然可以少征税,多做事却能够提供更多的公共服务。"美国人只要觉得他们得到了他们所需要和渴望得到的东西,并且政府并不缺乏商业头脑和管理经验,他们就不会在意政府会花掉多少钱。"②现代预算制度的分权制衡理念也未必能够解决这一问题,熟悉联邦政府运作的总统总是有滥用预算建议权的倾向,而国会批准预算时也可能受到其所隶属的政党和所依附的选民的影响,其审批预算的权力也不足以促使政府的财政权的规范运行。客观来说,在经济与社会发展过程中确实可能存在不得不扩大财政支出规模的特殊情况,例如、战争、经济严重衰退、公民权利性支出或其他法定的紧急情况下,经国会参众两院超过60%的议员同意,国会就可以批准超过限额的财政支出拨款。此时,增加税收以支应财政支出的需要不太现实。

在美国,宪法修正案的通过门槛是非常高的:草案分别经国会参众两院超过2/3的议员同意,而且,同时得到3/4以上州议会的批准,方能生效。虽然"平衡预算宪法修正案"经过多番修改,在国会参众两院数度闯关却都折戟而回。1982年,曾经出现一刹那的曙光:修正案在参议院获得通过,但在提交众议院时被否决。而1986年的修正案在参议院都没有

---

① 〔美〕尼尔·布鲁斯著:《公共财政与美国经济(第2版)》,隋晓译,中国财政经济出版社2005年版,第17页。
② 〔美〕阿伦·威尔达夫斯基著、〔美〕布莱登·斯瓦德洛编:《预算与治理》,苟燕楠译,上海财经大学出版社2010年版,第241页。

通过,1992 年的修正案在众议院再度失败,1995—1997 年间,修正案三度在众议院或参议院以一两票之差失败。1995 年版的"平衡预算宪法修正案"规定:"任何财年的总支出不得超过当年的总收入,除非国会各院所有成员中的 3/5 以实名投票方式依法同意一个支出超过收入的具体额度。……"①2003 年后,修正案又几度被提出,同样没有获得通过。②尽管《充分就业和平衡增长促进法》(1985 年)宣称"预算平衡是国会最感迫切的优先政策",但是,预算平衡不见得总是最好的。"作为一个经验法则,预算平衡为评价一个国家'通常'时期的财政状况提供了一个有用的基准。"③某种程度上说,国会对财政赤字的控制和对预算平衡的追求更多的是来自其所依附的政党和选民的压力。2011 年 11 月,众议院再度以 261 票赞成、165 票反对否决了由共和党提出的"平衡预算宪法修正案",得票率仅为 61% 左右。④ 即使该修正案能够在国会获得通过,还需要得到至少 30 个州的批准,可见此事的难度之大。

根据 2011 年版的"平衡预算宪法修正案",联邦政府必须在每个财政年度都保持预算平衡,如果政府编制的联邦预算案中存在财政赤字的,必须获得参众两院 3/5 的多数通过。该修正案是由共和党议员提出的,他们认为这是约束财政纪律的有效途径,但遭到了总统和民主党议员的强烈反对,他们认为修正案迫使联邦政府大规模削减财政支出,将会影响正在复苏的脆弱的经济。⑤ 尽管制定"平衡预算宪法修正案"的初衷是约束政府的财政权,进而保护纳税人的合法权益,但是,由于其很可能损害国

---

① 〔美〕艾伦·希克著:《联邦预算——政治、政策、过程(第 3 版)》,苟燕楠译,中国财政经济出版社 2011 年版,第 29 页。
② 参见〔美〕爱伦·鲁宾著:《公共预算中的政治:收入与支出,借贷与平衡》,叶娟丽等译,中国人民大学出版社 2001 年版,第 219—222 页。
③ 〔美〕美维托·坦齐、德卢德格尔·舒克内希特著:《20 世纪的公共支出》,胡家勇译,商务印书馆 2005 年版,第 77 页。
④ 参见杜静、王丰丰:《美众议院否决平衡预算宪法修正案》,http://news.xinhuanet.com/world/2011-11/19/c_122304953.htm,2012 年 9 月 1 日最新访问。
⑤ 参见同上。

会议员或其所在政党①的切身利益,也不见得能够满足所有纳税人的利益预期。甚至,与应对财政危机、金融危机或经济危机的紧急情况相比,增税或减支等控制财政赤字的措施可能给纳税人带来的直接利益损害感受更深。如果因控制财政赤字而致使经济与社会的发展出现更难掌控的局面的话,无论是总统、国会议员还是纳税人都是无法承受的。然而,"总统和国会不能够区分在哪些情况下一个平衡的预算是合理的,而哪些情况下是不合理的"②,纳税人也不见得可以接受相关措施。

不断有国会议员提出"平衡预算宪法修正案"只是一种态度的宣示,而历任总统或历届政府官员中总有人指出控制财政赤字、促进预算平衡的重要性和迫切性,表明了总统和国会都有一定的解决财政赤字和公债规模失控问题的决心,当然,是否确实取得了财政赤字和公债规模削减的效果又是另外一回事。"纳税人太多,不可能直接处理公共预算,须委托行政官员和民意代表两批代理人来决定政府预算,可是这两批代理人的偏好和利益未必与纳税人一致。"③由于纳税人不可能支持长期增加其税收负担和透支未来财政收入的法律,无论是国会议员还是政府官员都不可能放任财政赤字失控。尽管经常有国会议员因感受到控制财政赤字和公债规模对自身及其所隶属的利益集团的好处,而持续提出内容不断更新和改进的"平衡预算宪法修正案",但是,修正案始终未能获得大多数国会议员同意,这意味着至少有不少议员认为没有必要在宪法中明文规定平衡预算条款来限制总统的预算权。"平衡预算原则对财政政策的约束力很大程度上被削弱了,但是,现实中持续的、大量的预算赤字并没有产生严重的后果,这才是促使预算平衡原则对财政政策严格约束消失的

---

① 如果该政党正在执政,隶属该政党的国会议员通常都不会支持在野党提出的"平衡预算宪法修正案"。
② 〔美〕威廉·R.凯奇:《对一个修正平衡预算案例的理论分析》,载〔美〕阿尔伯特·C.海迪著:《公共预算经典(第2卷)——现代预算之路(第3版)》,苟燕楠、董静译,上海财经大学出版社2006年版,第500页。
③ 李允杰:《国会与预算》,台湾商鼎文化出版社1999年版,第4页。

主要原因。"①

"宪法性法律中所含有的所有那些分配并限制政府权力的规则,都属于习惯上称为法律但实际上却是组织规则而非正当行为规则的那些规则。"②平衡预算条款就属于这种类型的规则,强调公权力的自我谦抑行使和外在制度约束,而不同于传统的适用于司法的规则。尽管国会的权力源于全民,国会议员也由民选产生,但是,一旦议员被选举出来,就不一定再代表选民的利益了。虽然"平衡预算宪法修正案"数度更新,然而,其核心内容基本没有大的改变:"(1)预算平衡原则约束所有预算主体,不管是总统提出的预算建议,还是经国会批准的法定预算,都不能出现财政支出超过财政收入的预算赤字;(2)预算执行结果也不得出现财政支出超过财政收入的决算赤字;(3)除非经过国会参众两院 2/3 以上的议员同意,否则,不得作出编制赤字预算的决议。"③国会参众两院总是无法同时通过"平衡预算宪法修正案",最根本的原因在于,"即使有最好的规则,也不管你怎么认真严格地去遵守,也不能解决预算平衡的基本问题。……可能每个人都想使预算平衡,但他们的方法各不相同"④。

学界对"平衡预算宪法修正案"大多持肯定态度,如著名学者布坎南所言:"在财政宪法方面,以平衡预算的制度代替持久性的赤字财政规则的改革不同于这里所讨论的其他宪法领域,不同利益主体之间很容易找到结合点。……对于体现现代国家财政状况的财政挥霍是没有内在限制措施的;……要求变革财政规则的呼声相对来说就更高。"⑤然而,"平衡

---

① 〔美〕赫伯特·斯坦著:《美国的财政革命——应对现实的策略(第 2 版)》,苟燕楠译,上海财经大学出版社 2010 年版,第 451 页。
② 〔英〕弗里德里希·冯·哈耶克著:《法律、立法与自由》(第一卷),邓正来等译,中国大百科全书出版社 2000 年版,第 211—213 页。
③ *Balanced Budget Amendment*, http://en.wikipedia.org/wiki/Balanced_Budget_Amendment, 2012 年 9 月 1 日最新访问。
④ 〔美〕阿伦·威尔达夫斯基、内奥米·凯顿著:《预算过程中的新政治学(第 4 版)》,邓淑莲、魏陆译,上海财经大学出版社 2006 年版,第 152 页。
⑤ 〔美〕詹姆斯·M.布坎南著:《宪法秩序的经济学与伦理学》,朱泱等译,商务印书馆 2008 年版,第 129—130 页。

"预算宪法修正案"不是唯一的控制财政赤字和公债规模的方案,笔者认为,只有不断调整财税法律体系、持续改进财政收支结构、规范预算编制和执行,才能控制好财政赤字和公债规模。1800年,财政部才需要依法向国会报告政府的财政收支情况,但是,国会并不对此进行审查;到了1865年,国会才成立专门的拨款委员会来审查政府的财政收支报告。20世纪以前,美国都没有建立起统一的预算体系,绝大部分财政收支都发生在州和地方两级,然而,地方财政收支较为混乱,财政资金的去向和来源都不太明晰。纽约市1908年推出了美国历史上第一份现代预算,是美国最早以部门职能系统分类为基础的预算,职能分类是迈向全面预算改革第一步的核心,虽然内容上较为粗糙,仅有122页,效果却立竿见影,到了1913年,篇幅已经增加到836页。[1] 总的来说,预算权在政府和议会之间的分配问题,不仅存在于联邦,也同样存在于地方。

尽管我国很难直接借鉴"平衡预算宪法修正案"的核心内容,但是,其所蕴涵的从法律上控制财政赤字和公债规模的理念还是很有参考价值的。从编制到执行的整个预算过程就是一个充满着利益博弈和计算的政治、经济和社会选择过程,当然,也是一个管理过程,蕴藏着无穷的政治智慧和高超的法律技巧。在美国这个法治化程度极高的国家中,总统和国会为控制财政赤字和公债规模所付出的努力固化在一部又一部的预算法律规范中。联邦预算平衡规范追求总体经济平衡目标的制度设计确实使得发生财政危机的可能性大大降低,财政赤字和公债规模问题并不是假设的虚拟议题,而是现实地发生在经济与社会发展的各个阶段。尽管历届国会和历任总统的积极程度不同,不同历史时期的财政赤字的成因也各异,但是,陆续形成的各种预算平衡规范,要么旨在提升预算编制水平、要么主张改良财税收支结构、要么意图加强预算执行效率,都可以不同程度地控制财政赤字和公债规模。当然,由于联邦预算中始终存在预算赤

---

[1] 参见〔美〕乔纳森·卡恩著:《预算民主:美国的国家建设和公民权(1890—1928)》,叶娟丽等译,格致出版社、上海人民出版社2008年版,第82页。

字,而且屡有恶化之势,人们难免会质疑:制定了这么多联邦预算平衡规范到底发挥了什么作用?笔者认为,与其说这些规范对于财政赤字和公债规模的控制没有起到太大的作用,倒不如说,如果不是有这么多的规范起作用,财政危机早就爆发了。

财政危机对于一个国家或地区的经济安全的破坏力之大是难以想象的,如果非要在如此多纷繁复杂的联邦预算平衡规范中理出一点头绪,莫过于此:总统和国会、参议院和众议院以及共和党和民主党就预算编制展开利益博弈,客观上受制于总体经济平衡的目标,唯其如此,才能防止财政赤字和公债规模失控、避免财政危机发生。美国联邦预算平衡规范包括通过程序控制财政支出的预算平衡规范和直接削减财政赤字的预算平衡规范。① 前者包括《预算和会计法》(1921年)、《国会预算改革法》(1974年)、《国会预算和扣押控制法》(1974年)、《联邦综合预算调节法》(1993年)、《政府绩效和结果法》(1993年)、《综合预算程序改革法》(1999年)、《预算责任和效率法》(2001年)等,其通过改进预算编制和审批程序来提高预算编制质量和预算执行水平,但是,程序再完美也避免不了财政赤字发生,因此,另一种预算平衡规范平行发展:包括《平衡预算与紧急赤字控制法》(1985年)、《预算执行法》(1990年)、《预算平衡法》(1997年)、《赤字削减法》(2005年)等,尽管有几部法案因改变了宪法所确定的分权模式而数次经由司法审查被宣告违宪,但是,这种创新型预算平衡规范还是起到了相当的作用。

(三) 各州维持预算平衡的努力及其成果

根据美国全美州议会会议(National Conference of State Legislatures)的统计,有46个州在2012年7月1日进入了2013财政年度,截至2012年7月9日,所有的州都已经制定了2013财政年度的预算(其中16个州

---

① 有学者将其概括为:创建美国联邦预算体制的有关法律和削减赤字的法律,分别属于程序导向型立法和结果导向型立法,参见〔美〕詹姆斯·L.陈:《论美国重大的联邦预算法》,白彦锋译,载《经济社会体制比较》2008年第1期,第61—64页。

执行始于 2011 年的双年度预算),而马萨诸塞州和南卡罗来纳州在新的财政年度开始前没有能够通过新的预算,但通过了延续预算(continuation budgets)来弥合执行的缝隙。至少有 6 个州的议会需要延长会议时间或举行特别会议来进一步磋商预算。① 虽然经济衰退在三年前就结束了,但州财政仍然没有享受到强劲的复苏。由于各州的财政收入正在稳步增加,这使得预算赤字逐渐消失,预算执行完毕时的财政收支状况渐趋理想。尽管当前预算运行状况良好,但是,国内外各种经济威胁(包括欧洲主权债务危机、很多州的失业率高企、医疗保险改革涉及的资金需求等)很可能会扼杀刚刚开始好转的经济增长形势。根据各州公布的 2013 财年的预算和 2012 财年的预算执行情况,2012 财年只有华盛顿州和加利福尼亚州出现财政赤字,资源和能源储备丰富的阿拉斯加州、怀俄明州和北达科他州出现大量财政盈余;2013 财年预计没有任何州会出现财政赤字,华盛顿特区和 10 个州的盈余大概是总预算支出的 10% 或更多,近 1/4 的州预计年底盈余为 0.1%—4.9%。② 根据国会预算局 2012 年 8 月提出的预算和经济展望报告,2012 财年的财政赤字将达到 1.1 万亿美元,比 3 月的预计数据低了约 1000 亿美元,也低于 2011 财年的 1.3 万亿美元。③

美国是典型的联邦制国家,实行高度的地方自治,美国宪法只是规定了联邦政府和州政府的组织,而未规定县、市、镇等地方政府的组织。这些地方政府都隶属于州,但是没有行政级别的差异,相互之间也没有行政隶属关系,各个地方政府在各自的管辖范围内享有高度的自治权。各州都享有制定宪法的权力,各州宪法或其他基本法律都规定了地方自治条款。美国人普遍信奉市场经济的决策权掌握在企业手中而不在政府手

---

① *Fiscal Year 2013 Budget Status*, http://www.ncsl.org/issues-research/budget/fiscal-year-2013-budget-status.aspx,2012 年 9 月 1 日最新访问。
② 亚太财经与发展中心摘编:《美国各州预算平衡好转,赤字压力减弱》,http://afdc.mof.gov.cn/pdlb/wgcazx/201208/t20120808_673836.html,2012 年 9 月 1 日最新访问。
③ *An Update to the Budget and Economic Outlook: Fiscal Years 2012 to 2022*, Aug. 22, 2012, http://www.cbo.gov/publication/43539,2012 年 9 月 1 日最新访问。

中、州享有的权力大于联邦享有的权力、纳税人享有知情权和参政议政权等一系列基本的法律理念。联邦层级存在的预算平衡问题同样存在于州一级,两者之间有着高度的相似性,美国有50个州,尽管"所有50个州的宪法或法律都规定其预算必须平衡"①,但是,各州对其预算是否平衡的要求各有不同,严格程度也各异,这使得各州控制财政赤字和公债规模的预算平衡规范各具特色。然而,"制定法律和实施法律是完全两回事,事实上并没有什么力量规定州必须执行预算平衡条款"②。实际上,各州控制财政赤字和公债规模的思维路径和制度设计都各有不同。

与"平衡预算宪法修正案"在国会艰难闯关的情况不同,很多州在预算平衡立法上取得了不小的成就:"有35个州的宪法强制要求平衡预算,另外13个州由法令规定平衡预算。可见,大多数州都被强制要求在其能力允许的范围内,必须实现预算平衡。"③美国各州政府的预算管理不受联邦政府的约束,只需要遵守本州的宪法和预算法的要求即可。这就不难理解为什么美国会出现一个在单一制国家不可能出现的"财政现象":除了亚拉巴马、密歇根、纽约和得克萨斯等4个州的财政年度与联邦的财政年度同为每年的10月1日到次年的9月30日外,其余46个州的财政年度均为7月1日到次年的6月30日。各州的预算管理与联邦也不尽相同,州的预算文本通常包括经常性预算(Operating Budget)和资本性预算(Capital Budget)两个部分的内容:前者是指保障该州的政府的各个组成部门或某一个政府项目正常运转的预算,后者是指取得或建设土地、建筑物和大型设备等重要的资本项目的预算。

资本性预算的资金通常来源于经常性预算的结余、特种收入或债券

---

① 侯一麟:《逆周期财政政策与预算的多年度视角》,武玉坤译,载《公共管理研究(第5卷)》,格致出版社、上海人民出版社2008年版,第262页。
② 詹姆斯·M.波特巴(James M. Poterba)的观点,参见〔美〕诺米·凯登:《粉饰的平衡预算和现实的平衡预算》,载〔美〕罗伊·T.梅耶斯等著:《公共预算经典(第1卷)——面向绩效的新发展》,苟燕楠、董静译,上海财经大学出版社2005年版,第191页。
③ 〔美〕诺米·凯登:《粉饰的平衡预算和现实的平衡预算》,载〔美〕罗伊·T.梅耶斯等著:《公共预算经典(第1卷)——面向绩效的新发展》,苟燕楠、董静译,上海财经大学出版社2005年版,第191页。

销售收入。而经常性预算的资金一般来源于税收,联邦、州和地方三级政府的税权相互独立,各有不同的财政收入(主要是税收)来源,在联邦一级,个人所得税、公司所得税和社会保险税收入占财政收入的 90% 左右;而在州一级,销售税通常占财政收入的 40% 左右;在地方一级,财产税一般占财政收入的 50% 左右。联邦、州和地方的税收收入的比例为 6∶2∶2,各级政府征收的税种多达 80 多种。① 由于三级政府的税收来源不同,经济发展对州和地方政府的预算所产生的影响与其对联邦预算所产生的影响不尽相同。超过一半的州的预算周期是一年,近二十个州的预算周期是两年,对后者来说,尽管预算周期增加了一倍,但是,其焦点问题仍然是年度预算平衡问题:在一年的预算周期下,州政府每年都要编制预算,州议会每年都要审查批复预算;而在两年的预算周期下,每两年编制一个预算,上报和批复的时间相互错开:州政府编制预算和州议会批复预算在相邻的两个财政年度内发生。在实行两年预算周期的州中,有 14 个州的议会每年都要召开会议,实际上,这些州的议会仍然每年审议预算。②

在各州的预算编制过程中,州政府的预算办公室始终起着关键作用,涉及的预算文件包括预算编制说明书、部门预算申请书、州长提交的预算案以及州议会批准的预算等。预算一经生效,政府的各项支出都必须服从预算的安排,某些特殊情况下,也允许依据一定的程序调整预算。各州有关预算调整的规定不尽相同,所有的州都允许在同一政府部门的同一支出项目内进行调整;绝大部分的州允许在同一政府部门的不同支出项目间进行调整,但需要经州政府预算办公室或州议会同意;有一半的州允许在不同政府部门间进行调整,但必须经州议会同意。由于美国实行高度地方自治,各州预算权的分配和合作都较为规范有序,因此,与联邦一

---

① 参见《美国税制和州政府预算管理情况》,http://www.mof.gov.cn/pub/yusuansi/zhengwuxinxi/guojijiejian/200809/t20080927_78880.html,2012 年 9 月 1 日最新访问。
② 〔美〕路易斯·费舍:《联邦政府的两年制预算》,载〔美〕阿尔伯特·C.海迪著:《公共预算经典(第 2 卷)——现代预算之路(第 3 版)》,苟燕楠、董静译,上海财经大学出版社 2006 年版,第 298—299 页。

级的财政赤字和公债规模高居不下相比,20世纪的最后8年,各州及其地方政府总预算一直保持着预算盈余,这些盈余正好可以用来冲抵联邦预算赤字。需要说明的是,尽管地方政府总预算是盈余的,但是,个别地方政府也存在严重的预算赤字。2008年,由于次贷危机的影响,地方政府的收入急剧减少,再加上联邦政府拨款也同时减少,州和地方政府债务都达到了历史最高水平——占全国GDP的22%,数千亿美元的州和地方政府债务将出现违约的情况,很多州和地方政府的预算赤字相当严峻,2012年将升至1400亿美元。此前,地方政府濒临破产的情况非常罕见,1970年以来,仅有4个地方出现债务违约。[1]

几乎所有的州和地方政府都坚持预算平衡的原则,即使这一要求规定在宪法中,其对于州和地方政府发行政府债券几乎没有什么约束,要知道,州和地方政府发行政府债券的行为也必须通过法律来控制。预算平衡通常是预算编制的基本要求之一,一般只是针对公共支出,而不包括社会保障支出和资本性支出等项目。联邦和州、地方政府通常会就各级政府的赤字率和公债率的上限展开协商和谈判,尽管如此,各州和地方政府仍然不断突破赤字率和公债率的上限,"尚没有迹象显示华盛顿打算制定又一项救助计划来解决这一问题。然而,如果联邦政府确实希望采取行动,有如下几项选择:通过另一项经济刺激计划、协助州政府在债券市场上发债、分担更大比例的医疗救助计划支出。如果经济复苏延迟几个月的时间,这些措施有可能突然成为救助努力的中心。"[2]由于各州的财政状况持续恶化,导致很多州的政府和议会之间未能就预算的内容达成一致。在2009年度,至少有8个州未能在新的财政年度到来前达成一致,其中,加利福尼亚州的情况最严重,最后通过的预算不得不大幅削减了公

---

[1] 参见乔继红:《美国百城"破产"真相:超50个地方政府可能将入不敷出》,载《环球》杂志2011年2月12日,http://news.xinhuanet.com/house/2011-02/12/c_121067758.htm,2012年9月1日最新访问。

[2] 参见兴亚:《州预算是美政府的又一考验》,载美国《华尔街日报》2009年6月15日,http://style.sina.com.cn/news/2009-06-15/113643014.shtml,2012年9月1日最新访问。

立机构的预算支出。即便如期通过的州,也需要修改州长提交的预算案,因为财政收入的下降幅度确实很大。①

与"慷慨"给予受次贷危机影响的金融业的财政援助相比,美国联邦政府在给予州和地方政府的财政支持时要犹豫得多。在美国财政部看来,对各州施以财政援助会助长他们的"财政不自律"行为,如果得不到联邦的财政支持,预算又长期不平衡的话,各州必然会慎重考虑如何减少财政支出或增加财政收入。尽管增收减支从来都不仅仅是一道数学题,它往往意味着在民众最需要社会福利的时候,社会福利大幅削减,同时,税收又不断增加。由于联邦的"吝啬"或曰"惩戒",大多数州不得不采取了增收节支的措施来削减财政赤字,然而,这样的政策方向显然与联邦政府减税、增加财政支出等刺激经济恢复增长的手段背道而驰。有鉴于此,美国奥巴马(Barack H. Obama II,2009 年上任至今)政府制定的 7870 亿美元的经济刺激方案中,大概有 2460 亿美元左右的经济刺激资金拨付给州政府,专门用于补偿其医疗救助计划支出、避免其削除教育经费支出以及帮助其解决基础设施建设问题。实际上,对于州和地方政府所面临的财政困境,联邦政府不是完全无动于衷,2009 年 6 月,财政部推出 250 亿美元的"复苏区域债券计划"(Recovery Zone Bonds),这是奥巴马政府最重要的融资措施,施行到 2010 年,作为经济最困难时期的过渡性政策。②州政府在这个阶段是最困难的,联邦的支持犹如及时雨一般。可见,联邦制国家的中央也需要帮助地方政府。

大多数州的预算法都禁止州政府编制预算赤字,尽管各自的表述不尽相同:有些州要求州长提交的预算建议是平衡的,有些州要求州议会通过的预算是平衡的,有些州要求州长签署后生效的预算是平衡的。不管预算平衡规范如何设计,都使得州政府预算办公室、州长和州议会在预算

---

① 参见《美加州政府或破产,打 33.6 亿美元巨额白条》,载《东方早报》2009 年 7 月 2 日,http://finance.jrj.com.cn/2009/07/0209005399548.shtml,2012 年 9 月 1 日最新访问。
② 参见兴亚:《州预算是美政府的又一考验》,载美国《华尔街日报》2009 年 6 月 15 日,http://style.sina.com.cn/news/2009-06-15/113643014.shtml,2012 年 9 月 1 日最新访问。

过程中必须时刻留意预算平衡问题。另外,各州预算法通常不禁止预算执行中出现的赤字,例如,短期内经济与社会发展情势发生的重大变化或不可预见的重大支出,即便如此,州长也会想方设法恢复预算平衡,因为预算执行结果也有实现财政收支平衡的客观要求。当各州面临现实存在的预算赤字时,它们必须决定是否以及如何提高收入或减少支出。各州也会试图隐匿或缩小其已存在的财政赤字或累积的公债规模。① 除此之外,各州政府预算办公室、州长和州议会在预算过程中的权力不尽相同。所有州的州长都有预算否决权,可以否决预算案的全部或部分,又或者是某一拨款法案的一部分,州议会还可以通过三分之二以上的多数来推翻州长的否决。在大多数州,州长可以给各部门下达预算支出限额,也可以未经州议会批准支出临时追加的拨款或压缩预算支出,以实现预算平衡。"事实上并不是这样,不论是州政府还是一般公众,当他们没有办法在能力允许范围内实现预算平衡时,他们都会选择借款。"②州政府同样可以通过发行政府债券的方式来取得资金。

　　造成预算不平衡的直接原因莫过于预算支出增长过快或预算收入增长过缓,因此,很多州对预算收支总额也设置了限制性规定。大多数州都必须提交或通过平衡的预算,但是,也有少数州的预算到年终时可以不实现平衡,这些财政赤字可以转入下一个财政年度,这就使得州政府可以更加灵活地处理财政赤字问题,可以不必立即解决。然而,财政赤字持续不断可能带来公债规模膨胀问题,因此,财政赤字累积和公债规模失控问题总是需要同时解决的。就算州和地方政府总预算是平衡的,也不意味着州政府没有财政压力,这源于"地方政府要求州政府承担某些特定支出计划的筹资责任并增加拨款额。此类压力主要源于较穷的地区对来自较富

---

① 参见〔美〕爱伦·鲁宾著:《公共预算中的政治:收入与支出,借贷与平衡(第4版)》,叶娟丽等译,中国人民大学出版社2001年版,第228—234页。
② Louis Fisher, *The Politics of Shared Power: Congress and the Executive*, Washington D. C. : Congressional Quarterly Books, 1992, p.1.

裕地区的收入的再分配要求"①。即使某些州规定了"预算必须实现平衡",但是,究竟如何实现平衡、什么样的财政收支状况可以视为是平衡的,法律的规定并不清晰。至于允许财政赤字转移到下一财政年度,以及允许州政府通过发行政府债券的方式来平衡预算,这实际上已经突破了预算平衡原则的要求。可见,各州议会通过法律规定预算平衡原则,其最大的意义是影响甚至引导政府编制平衡预算的行为,同时,迫于联邦政府和选民的压力,州政府根本不敢放任财政赤字和公债规模无序增长。如果非要使预算达到账面上的平衡,也不是完全没有办法,只是,这种仅在账面上实现的平衡没有太大的意义,只会掩盖真实的问题。

虽然财政赤字和公债规模问题有恶化之势,但各州议会和政府促进预算平衡的努力还是取得了很好的效果,如有学者所判断的那样:"财政决策者(州议会)将会越来越关注公法,并建议公共管理者(州政府)应像处理财政决策中其他问题那样,以分析的态度和审慎的深思熟虑来处理法律问题。"②各州预算权的分配规则也不完全相同,即使各州州长普遍享有择项否决权,其行使范围、执行程序也不尽相同。除了州议会、州长和州政府外,各州法院在促进预算平衡方面也起着重要的作用,这是判例法系国家法律规则形成的特色所在。最为典型的案例是,纽约地方法院在"奥奈达城诉伯利"(1980年)一案中指出:"即使是为了平衡预算,地方长官也不能扣押已同意拨付款项。"③事实上,确实没有什么强制性的力量要求州政府必须实现预算平衡,只有少数州的政府官员会因为没有实现预算平衡而受到处罚。由于削减预算支出来实现预算平衡的决策中,某些利益群体的权益会受损,州法院已经开始干预这类事情并制定相

---

① 〔美〕珍妮特·G.斯朵斯基、埃米尔·M.桑里:《美国》,载特里萨·特尔—米纳什编:《政府间财政关系理论与实践》,政府间财政关系课题组译校,中国财政经济出版社2006年版,第409页。
② 〔美〕菲利普·J.库珀:《法院与财政决策》,载〔美〕罗伊·T.梅耶斯等著:《公共预算经典(第1卷)——面向绩效的新发展》,苟燕楠、董静译,上海财经大学出版社2005年版,第422页。
③ County of Oneida v. Berle, 404 N.E. 2d 133, N.Y.1980, in Fisher, 1992, p.6.

应的对策。实际上,各州法院都很愿意介入预算过程,但是,其所扮演的主要角色却往往不是实施预算平衡规范,更主要的是保护那些反对预算平衡决策的力量。某种意义上说,法院已经成为各级预算决策问题讨论中的重要参与者,法院的裁决必然受到高度关注。① 通常来说,就算选民喜欢预算平衡,也会厌恶州政府为此采取的措施,因此,造成州政府决策的困难。尽管法院在预算决策中事实上起着一定的作用,但是,它为促进预算平衡所作的努力是否起到了预期的作用还难以一言以蔽之。

诚如前述,地方政府通常不应当出现大量的预算赤字、也不应当出现大量的预算盈余,当然,"这种做法到底起因于法律、传统、对资本市场的担忧,还是担心自己最终可能没有还债能力,不得而知"。② 由于经济与社会发展情势不见得总是能够预见和应对,美国绝大部分的州都设定了预算稳定基金(budget stabilization funds)或称雨天基金(rainy day funds)来解决难以避免的周期性赤字问题。如果因重大自然灾害、社会事件或其他紧急情况而使得财政收入不如预期或者使得财政支出超过预期,地方政府的财政收支系统中就会出现收入不敷支出的赤字现象,但是,一般情况下,这样的问题即使不在本财政年度内通过预算调整来解决,也会在下一个财政年度内通过预算编制来处理。换言之,这些临时性问题的发生不会实质性地影响预算平衡。相比之下,我国的地方预算不平衡问题要严重得多,而且,大多数地方政府的自有财力不足已经成为常规性的问题,账面上长期呈现财政收入不能满足财政支出的现象。美国是联邦制国家,实行高度的地方自治,州和地方政府不仅拥有预算权,而且拥有税收立法权,可以自行决定增加税收来平衡预算;我国是单一制国家,实行"政治集权、经济分权"的体制,地方政府的预算权是不完整的,而且不拥

---

① 参见〔美〕菲利普·J. 库珀:《法院与财政决策》,载〔美〕罗伊·T. 梅耶斯等著:《公共预算经典(第1卷)——面向绩效的新发展》,苟燕楠、董静译,上海财经大学出版社2005年版,第438—439页。
② 〔美〕约翰·L. 米克塞尔著:《公共财政管理:分析与应用》,白彦锋、马蔡琛译,中国人民大学出版社2005年版,第133页。

有税收立法权,平衡预算的途径主要通过中央政府的税收返还和财政转移支付来实现,地方政府自行发行公债的权力也受到限制。

二、联邦程序控制型规范的改进怎样博弈

自建国后,美国联邦预算管理经历了国会主导(1789—1921 年)、总统主导(1921—1974 年)、国会和总统共同控制(1974 年至今)三个阶段。这三个历史时期各有代表性的立法,而关键性的转变则是由最具代表性的两部法律来完成的:《预算和会计法》(1921 年)和《国会预算和截留控制法》(1974 年)。另外,《预算平衡与紧急赤字控制法》(1985 年)使得联邦预算法中的预算平衡规范由传统的程序控制型发展到现代的赤字削减型,也是美国联邦预算法历史上极具划时代意义的法律。如学者所言,"试图通过立法来解决国家的预算问题并不令人奇怪","20 世纪 80 年代前的预算法试图通过预算来控制,而 20 世纪 80 年代之后的预算法则试图来控制预算。"①现代预算制度的建立得益于这样的认识:议员通常没有控制财政支出规模的积极性,而更愿意将财政资金花费在与其支持者相关的事情上,只有总统才会考虑如何促使财政收支平衡,以实现总体经济平衡。可以说,现代预算制度最大的特色是赋予了总统在预算中的地位。

《预算和会计法》(1921 年)赋予了总统预算建议权,然而,由于宪法没有赋予总统参与预算过程的权利,因此,在宪法的赋权规则没有修改之前,预算权名义上仍然由国会独享,总统事实上分享预算权。此后,总统在预算编制中的地位越来越突出,但是,国会却从来没有打算要退出对预算权的争夺。"20 世纪最初 10 年,正是在公众希望缩减财政赤字的强大

---

① 〔美〕詹姆斯·L.陈:《论美国重大的联邦预算法》,白彦锋译,载《经济社会体制比较》2008 年第 1 期,第 64 页。

压力下,(总统)预算局才应运而生。"①由于预算编制的工作实在太繁琐,国会在厌倦了这些琐碎而又冗长的工作后,决定向总统让渡预算建议权,但是,当总统的预算权越来越膨胀,已经超越了其被授予的预算建议权,而事实上行使着扣留国会已经同意拨付的财政资金的权力时,国会并不甘于完全放弃对预算的控制权,而尝试通过制定更多新的预算法规范来巩固其预算权、约束总统的预算建议权。最值得一提的是,为了巩固其日益被总统侵蚀的预算权,国会成立了自身的预算局来协助其更好地行使预算权,而不再只是依赖总统预算局。联邦程序控制型规范的改进可以说是总统和国会之间就预算权及其权能的分配展开的博弈过程。

(一)现代政府主导型预算制度如何确立

在美国,现代的政府主导型预算制度是由《预算和会计法》(Budget and Accounting Act of 1921)确立的,该法最大的特点是预算权的横向分配,总统和国会都参与预算过程,分享预算权:总统享有编制和提出预算案的权力,国会享有批准和同意预算案的权力。如前所述,美国宪法实际上是将整个预算权全部赋予了国会,只有国会议员才能够在国会提出预算案,《预算和会计法》也只是授予了总统预算建议权:既然只是一种预算建议权,国会可以全盘采纳总统提出的预算建议,也可以部分修改总统的预算建议,还可以全盘推翻总统的预算建议。简言之,预算编制最重要的权力仍然掌握在国会的手上。总的来说,美国联邦程序控制型的预算平衡规范的演进,遵循着"赋予总统预算建议权、巩固国会的预算权和适当限制总统的预算权"的制度演进逻辑。尽管总统事实上主导着预算的编制过程,但是,掌握着立法权的国会却在预算权的分配问题上拥有更大的主动权,无论是"授权还是收权"都较为得心应手。自20世纪20年代以来,美国启动了从"地方到中央"、"先预算监督后集中统一"的预算体

---

① 〔美〕雪莉·琳内·汤姆金著:《透视美国管理与预算局——总统预算局内的政治与过程》,荀燕楠译,上海财经大学出版社2009年版,第26页。

制改革,建立起了现代预算制度,此后,绝大多数州都制定了自己的预算法律。"不论流行的特定改革术语是什么,在一个民主社会中,预算是限制政府权力的一个方法。在现代公共预算演化为问责工具的过程中,两个重要的问题被重新提出——对谁负责和为什么要负责。"①简言之,预算的本质就是限制政府的财政权,促使政府官员为其财政收支行为负责。

考虑到总统对经济与社会整体利益的高度关注,国会制定的《预算和会计法》确立了行政主导型的预算模式,授予了总统预算建议权。据此,总统必须履行编制预算的职责,每年向国会提交一部统一的预算案,包括现金收支、联邦政府借款和信托基金等内容。自该法颁布后,各个政府部门不再需要向国会单独提交拨款请求,而由总统汇总编纂后向国会提交统一的预算建议,原来的秘密政府开始转向透明政府。"国会有两种不同的流程用于筹资设立联邦项目和联邦机构。一个流程的结果是颁布授权法案,为联邦项目和机构的建立提供法律基础。另一个的结果是拨款,使机构承担责任和支出。"②《预算和会计法》规定了预算中"概要与详情"方面对信息的要求:包括申请的拨款与建议的收入,新财政年度以及当前财政年度的财政收支预测和拨款决定,现在、过去和未来预期的财政状况以及相关的信息。总统需要解释其将如何处理预算盈余和预算赤字,也可以申请补充拨款,而各行政机构必须遵守总统通过其预算局发布的信息要求。③ 国会享有审议和批准预算案的权力,有权自由增加或减少财政支出项目及经费额度,甚至可以置总统的预算建议于不顾而另行起草预算案。总统向国会提出预算建议的权力与提请国会审议法案的提案权相似,某种意义上说,预算权不仅是一种监督权,同时,也是一种立法权,甚至可以确立为一种崭新的综合性权力。

---

① 〔美〕罗伯特·D.李、罗纳德·W.约翰逊、菲利普·G.乔伊斯著:《公共预算体系(第8版)》,苟燕楠译,中国财政经济出版社2011年版,第6页。
② 〔美〕艾伦·希克著:《联邦预算——政治、政策、过程(第3版)》,苟燕楠译,中国财政经济出版社2011年版,第170页。
③ See *Budget and Accounting Act of 1921*, http://uscode.house.gov/download/pls/31C11.txt,2012年9月1日最新访问。

依据《预算和会计法》形成的现代预算模式,强调总统和国会在提出预算建议和审议批准预算案的过程中的分权、控制、协调和责任相联动的机制。《预算和会计法》使得总统和国会都认识到预算在控制政府的财政权运行上的作用,其赋予了总统预算局广泛的权力,以促使其协助总统完成预算编制。预算局作为总统的专业工作机构,形式上下辖于财政部,但局长直接对总统负责,享有收集、协调、修改或增减各个政府部门的概算的权限。1939年,预算局改成总统直属机构、脱离财政部,1970年,纳入新成立的管理与预算局(Office of Management and Budget),协助总统编制预算案,因此,被称为总统预算局。预算经国会参众两院批准生效后,由总统预算局负责指导和监督预算的执行。到了20世纪70年代末,总统预算局作为总统参谋的角色逐渐淡化;80年代后,其职责越来越大,规模却不断缩小;90年代后,总统预算局不得不进行了重组。一般认为,总统预算局"对总统决策制定过程的主要贡献就是根据其能力提供比其他渠道更加客观的信息和建议,当然这依赖于其长期的机构延续性","信息和分析来源于其丰富的预算知识、机构历史,以及近几年预算执行机构与其负责人和国会委员会之间的关系特征"。① 总统预算局需要协助总统准备统一的预算报告,其中的内容包括现金支出、收入、联邦政府的借款以及联邦信托基金——记载基金归集和用于诸如社会保障、医疗保障和失业保险等项目支出的独立账户,这类基金筹集的收入必须用于规定目的。②

由于《预算和会计法》赋予了总统预算建议权,为了防止总统通过预算编制对国会或法院系统施加不当影响,国会确立了国会经费和司法经费独立原则,以确保二者的决策独立、不受总统影响,这样的制度安排可以说很好地贯彻了美国《宪法》最重要的三权分立制衡原则。另外,国会参众两院对预算的审批权也相互独立,简言之,只有经过众议院和参议院

---

① 参见〔美〕雪莉·琳内·汤姆金著:《透视美国管理与预算局——总统预算局内的政治与过程》,苟燕楠译,上海财经大学出版社2009年版,第26—50、4—5页。
② 详见本书附录一。

一致批准的预算才能生效;假如参众两院发生意见分歧,必须通过两院的协议委员会来解决。① 协议委员会由参众两院的议长委派代表组成,分别投票表明各自的态度。参众两院委派的代表研议了两院的分歧后,如果能够重新达成一致,分别负责向其所属的参议院或众议院提出报告;两院在收到各自委派的代表的报告后,应当对报告进行审议并表决。需要强调的是,两院的议员只能表示完全接受或完全拒绝报告的内容,而不能要求对报告进行部分修改。如果通过这一程序,双方的分歧能够解决,预算案就能够顺利通过。② 这种制度设计既可以防止参议院或众议院的权力过大,又使得总统因通常难以同时控制两院而难以任意掌控预算编制。

预算最初是维护民主责任的重要措施,后来发展成为政府的财政收支行为合法性的简单而直接的证明。在这个阶段,美国仍然秉承"小政府、大社会"的传统,美国政府通常不介入经济运行。少量、偶然的预算赤字的出现,直接催生了《预算和会计法》,该法已经足以控制财政支出的总体规模、进而避免预算赤字的发生。在这个意义上说,《预算和会计法》可以被视为美国联邦预算平衡规范的起源,它最成功之处在于最大限度地消除了当时最典型的管理性赤字——因预算过程的管理性失序而产生的赤字类型。然而,20世纪30年代的经济大萧条以及其后的第二次世界大战、越南战争和东西方冷战等大规模军事政治事件,客观上促使总统的预算权日益膨胀,同时,出现了另一种类型的预算赤字——周期性赤字。自20世纪60年代开始,由于财政收支结构严重失衡,又出现了新的结构性赤字的类型。自此,两种类型的预算赤字同时存在,这使得国会不得不重新审视原先的预算平衡规范。如学者所言,"平衡预算是一面旗帜,它比追随旗帜的人更受到欢迎",更准确地说,"这是一面被追随着的

---

① 从各国经验来看,预算案由国会审批,如果国会有两院,预算审批权由两院共享还是由其中一院独享,取决于两院的立法权是否平等或哪一院的法律地位更加优越。美国国会参众两院的法律地位并重。
② 参见〔美〕阿伦·威尔达夫斯基、内奥米·凯顿著:《预算过程中的新政治学(第4版)》,邓淑莲、魏陆译,上海财经大学出版社2006年版,第191—192页。

旗帜,但从某种程度上来说,它是不固定的,而且会随着经验而改变"。①

"塔夫脱总统1912年向国会提出了确立在总统指导下的预算程序的建议",原因在于,"在1912年到1919年间,除1916年,每年都出现财政赤字。而其中最大的一次赤字发生在1919年(很大程度上是因为要为第一次世界大战提供资金),该年的支出是收入的3倍(相对于51亿美元的收入,支出为185亿美元)"②,这个阶段的财政赤字主要是管理性赤字,建立了新的预算体系的《预算和会计法》可以说是成功地遏制住了这种赤字。然而,周期性赤字和结构性赤字的出现,却使得该法对预算赤字的控制无法取得持续的成功。尽管该法没有实质性地控制住预算赤字,但是,仍然被认为是成功的:其最为人称道之处是赋予了总统预算建议权。而国会仍然拥有宪法授予的预算权,预算一经国会批准,执行时不得随意改动。总统提出预算案提案的权力类似于提出法案的权力,准确来说,总统提出的预算建议不具有法律提案的地位,仅仅是一种预算咨请审议权,供国会参考而已。国会在审议总统提出的预算建议时,可以提出增减财政收支项目及具体的经费额度的要求,甚至可以完全不管总统的预算建议而另行起草预算案。理论上说,国会不一定会完全接纳总统提出的预算建议,但是,实践中,总统的预算案提案一般都会被国会所采纳。总的来说,从预算编制到国会审批预算案、通过拨款法案,总统事实上主导着预算的全过程。由于外在的政治、经济与社会情势不同,财政收入的可能性和财政支出的必要性也各异,总统每年提出的预算建议对国会的影响力不尽相同。

(二)巩固国会预算权的程序控制型规范

事实上,总统的预算权不断膨胀,早就超过了《预算和会计法》所规

---

① 〔美〕赫伯特·斯坦著:《美国的财政革命——应对现实的策略(第2版)》,苟燕楠译,上海财经大学出版社2010年版,第505页。
② 〔美〕罗伯特·D.李、罗纳德·W.约翰逊、菲利普·G.乔伊斯著:《公共预算体系(第8版)》,苟燕楠译,中国财政经济出版社2011年版,第209页,第8页。

定的预算建议权的范畴,由此,总统提出的预算建议也直接成为预算案,相比之下,国会的预算权日渐衰落。而总统"制造"预算赤字的行为不可止歇,国会又无力遏制预算赤字和公债规模无序扩张的趋势。为此,国会于 1974 年制定了《国会预算改革法》(Congressional Budget Reform Act)和《国会预算和扣押控制法》(Congressional Budget and Impoundment Control Act)两部重要的法案。制定《国会预算改革法》的目的是为了巩固国会的预算权,而不是为了减少联邦预算赤字,客观上确实起到了限制总统的预算权扩张的作用。而制定《国会预算和扣押控制法》的作用则更全面一些,规定了预算盈余和预算赤字的简单标准:在某一财政年度中开支超过收入的数额或收入超过开支的数额;还强调了国会对预算程序的有效控制,规定了联邦政府每年的合理财政收支水平由国会决定,建立了扣押控制体系,确立了联邦预算支出的优先次序,规定了各预算机关必须提供相关信息协助国会履行职责。①该法调整预算程序,增强了国会对预算的整体控制力。预算付诸执行后,客观经济社会形势可能发生各种变化,实践中也出现了总统扣押国会已经同意拨付的财政资金的做法。扣押,是指总统取消或在同一财政年度内临时推迟使用国会已经同意拨付的财政资金,这种做法实际上限制了国会的财政收支权。

《国会预算改革法》限制了总统的预算建议权,强化了国会监督联邦政府的财政收支计划的权力,要求总统的预算局将预算总额分配给预算所涉及的其他委员会,这些委员会必须根据所分配的份额协调其自身的财政支出数目。该法授权国会可以通过决议或协调程序来解决预算赤字问题,"预算决议是在联邦预算过程中起决定作用的因素,是为了保证国会所要求的其他行动——预算平衡、控制支出或实现其他有价值的目标——的执行而制定的"②。当国会审议拨款法案时,启动协调程序的目

---

① See *Congressional Budget and Impoundment Control Act of 1974*, http://en.wikisource.org/wiki/Congressional_Budget_and_Impoundment_Control_Act_of_1974, 2012 年 9 月 1 日最新访问。
② 〔美〕阿伦·威尔达夫斯基、内奥米·凯顿著:《预算过程中的新政治学(第 4 版)》,邓淑莲、魏陆译,上海财经大学出版社 2006 年版,第 89 页。

的就是要保证其内容符合预算决议的规定。该法规定:允许预算委员会实行其他被认为是适当程序的弹性条款,预算委员会也试图通过制定跨年度的预算案来控制周期性赤字。该法限制了总统的预算建议权:总统可以拒绝某些财政支出项目,前提是国会参众两院必须在45天内对总统废除某一财政支出项目的行为表示同意;总统可以将财政支出拖延至该财政年度结束时,除非国会参众两院投票推翻此项延迟财政支出的规定。① 除此,国会不允许总统出于政策上的原因而延迟支出,或借此削减财政赤字。

《国会预算和扣押控制法》决定成立国会参众两院各自的预算委员会及国会预算局(Congressional Budget Office),规定了新的预算程序、预算过程的时间安排、年度拨款程序以及控制总统的扣押权等规则。参众两院的预算委员会负责编制预算决议并引导它在参议院或众议院中通过。新成立的国会预算局与总统预算局是对立的,前者可以为国会提供客观、专业、中立的预算,两者之间形成竞争或相互协助的关系,有助于为财政政策的决策提供更准确的信息。国会设立自己的预算局,使得其不再过分依赖总统预算局,对于延迟支付方案,只要国会没有采取任何特别行动予以否决,总统决定延期或暂时延缓支付的建议就可以生效。所有影响预算的事务——包括税收、支出、拨款、盈余和赤字——都必须经过参众两院的预算委员会同意。该法的核心是严格限制总统扣押国会已经同意拨付资金的行为,总统只能在有限的情况下扣押国会已经同意拨付的资金。另外,即使国会对总统的预算建议不满,也很少自行制定新的预算案,总统反而会利用预算编制的机会,拖延或否决国会通过的拨款法案中那些自己不同意的财政支出项目,以此强迫国会批准体现总统意愿的拨款申请。②

---

① See *Congressional Budget Reform Act of 1974*, http://www.access.gpo.gov/congress/house/hd106-320/pdf/hrm89.pdf,2012年9月1日最新访问。
② 参见〔美〕阿伦·威尔达夫斯基著:《预算:比较理论》,苟燕楠译,上海财经大学出版社2009年版,第28—33页。

《国会预算与扣押控制法》规定,总统只有在有限的几种情况下,才能扣押国会已经同意拨付的资金,例如,为了实现财政盈余、控制预算赤字和削减公债规模的需要等。该法针对此前的预算立法没有控制预算收支总额的限制性规定,专门规定了"关于每一财政年度的预算过程时间表的安排",要求总统在2月的第一个周一前向国会递交预算建议,国会应于4月15日前完成预算审议,6月15日通过调整法案,众议院6月30日前完成常规拨款法案和其他立法工作。虽然直接促使国会制定该法的原因是:尼克松总统拒绝将财政资金花在国会已经同意拨款但是其本人不支持的项目上的争论,但是,该法事实上还从根本上改进了预算程序,其对于预算决议的程序、有关预算争议的性质和国会的财政政策都有着深远的影响,进而为财政赤字和公债规模失控问题的解决提供了制度上的保障。里根总统上台后,决心要削减财政支出、增加国防费用,进而削减预算赤字。总统预算局局长主张大幅削减联邦预算赤字,通过适用调整程序绕过拨款和批准过程中的审议,促使国会通过了财政支出预算削减方案①。然而,预算平衡目标没有如期实现,预算赤字仍然在持续增长。此后,国会创造了很多法律效力持续全年的"连续决议",最终取代了拨款法案。然而,这种立法机制引起很多人的反对:"一个综合的连续决议的确会混淆责任。很难说清要投票给谁或反对什么。"②

1974年堪称美国预算法律制度的一个重要的分水岭,特别是《国会预算和扣押控制法》,可以说是一部支架性的法律,"国会以两种方法解决资金扣押权情况来限制总统权力:撤销执行和延期执行"③。它的核心内容是"第三篇国会预算程序",对年度预算过程规定了明确的时间表,

---

① 参见〔美〕马克·S.卡姆莱特、戴维·C.莫沃瑞:《〈国会预算法案〉的第一个十年:立法效仿和预算编制中的改编》,载〔美〕阿尔伯特·C.海迪著:《公共预算经典(第2卷)——现代预算之路(第3版)》,苟燕楠、董静译,上海财经大学出版社2006年版,第216—219页。
② 〔美〕阿伦·威尔达夫斯基、内奥米·凯顿著:《预算过程中的新政治学(第4版)》,邓淑莲、魏陆译,上海财经大学出版社2006年版,第126页。
③ 〔美〕阿伦·威尔达夫斯基著:《预算:比较理论》,苟燕楠译,上海财经大学出版社2009年版,第31页。

建立了控制扣押的制度体系,具体规定如下:(1)最迟在每年2月的第一个周一,总统负责向国会提交下一财政年度的预算建议,由国会进行审议。(2)国会参众两院各委员会就预算案中各自职责范围内的内容举行听证会,向各自的预算委员会提交预算评估报告,两院分别表决产生初步预算的共同决议案(concurrent resolution on the budget)。(3)国会参众两院拨款委员会和各委员会在初步预算共同决议案的框架内,分别拟定拨款法案。全院大会对各项拨款法案进行辩论、修正和表决,如果参众两院的意见不一致的,还要组成联合委员会进行协商和最终表决。参众两院通过的预算案和拨款法案由总统在10月1日前签字。(4)临时拨款:一旦国会与总统就预算案发生矛盾,至9月30日为止国会还未能及时制定预算案和拨款法案,或者拨款法案被总统否决,国会应当迅速通过延续决议:参照前一个财政年度的财政支出情况,进行临时拨款,直到新的拨款法案通过为止。可以简单概括如下[①]:

表2.1 美国联邦预算过程时间表

时间(之前或当日)	需完成的事项
1月的第一个周一—2月第一个周一	总统提交预算建议
6周之后	国会有关委员会向两院预算委员会报告预算估计
4月15日	完成国会的预算决议工作
5月15日	众议院开始考虑年度拨款法案
6月15日	完成有关预算调整工作
6月30日	众议院完成拨款法案工作
7月15日	总统提交中期预算审查报告

总统向国会提交新财政年度的预算案,供国会参众两院考量,两院将在此基础上确定自身的预算案,经过修订而且达成一致后,国会将制定预算决议案,呈交给总统签署,总统享有否决权。如果财政年度开始前仍未就预算案达成一致,国会将通过一项延续方案,允许每个公共部门在一个

---

① 参见《联邦预算过程时间表(2007财政年度)》,载〔美〕罗伯特·D.李、罗纳德·W.约翰逊、菲利普·G.乔伊斯著:《公共预算体系(第8版)》,苟燕楠译,中国财政经济出版社2011年版,第209页。

月或较短时期内沿用上一财年的预算。如果国会未就延续方案达成一致,政府就会陷入停顿状态,非必需性公共服务就会部分中断。以 2013 财年为例,奥巴马总统 2012 年 2 月 13 日向国会提交《2013 财年预算案》(President's 2013 Budget),特别强调了"长期财政的可持续性,即收支平衡","将赤字削减确立为长期财政目标",主要策略是"税收方面增减相结合"、"支出方面缓急相结合"。① 国会预算局 3 月 13 日发布《总统 2013 财年预算案的分析》(An Analysis of the President's 2013 Budget),4 月 20 日发布《总统 2013 财年预算案的经济影响》(The Economic Impact of the President's 2013 Budget);而国会众议院 3 月 30 日通过众议院预算委员会主席、共和党人保罗·赖恩(Paul Ryan)提出的《2013 财年预算案》,参众两院 8 月 1 日宣布,已经与总统就 2013 财年上半年(2012 年 10 月至 2013 年 3 月)的联邦预算案达成一致,支出将维持现有水平,而且,不影响自 2013 年 1 月起实施的 1100 亿美元的预算削减计划。② 可见,美国联邦预算案的制定和审批过程全程公开,利益博弈复杂而多重。

(三)限制总统预算权的程序控制型规范

尽管美国宪法没有将预算权赋予总统,但是,其预算权实际上不断增强。国会通过不断的立法在预算编制中持续扮演重要的角色,却仍然改变不了总统在预算过程中所起的主导性作用。国会的预算权不断被总统的权力侵蚀毕竟是个事实,某种程度上说,引入绩效预算的理念可以促使总统行使预算权趋于合理、提高预算编制的质量。绩效预算的概念产生于 1949 年,但是,迄今还没有形成明确的定义。简单来说,绩效预算关注的是公共服务的水平而不是财政支出的数量,要求政府对其所提供的公共服务负责,因此,政府编制赤字预算的行为也会有所克制。国会 1950

---

① 吴伟:《经济增长与财政减赤的平衡——简析美国联邦政府 2013 财年预算提案》,载《中国财政》2012 年第 7 期,第 73—74 页。
② 中新网:《美国参众两院就 2013 财年上半年支出法案达一致》,http://www.chinanews.com/gj/2012/08-01/4074709.shtml,2012 年 9 月 1 日最新访问。

年制定的《预算和会计程序法》(Budget and Accounting Procedures Act)没有直接使用绩效预算的概念,而是采用了类似的表述:"预算以总统可能确定的方式来阐述:(1)政府的功能和行为;(2)对财政数据进行任何符合需要的分类;(3)协调有关财政支出的决定和拨款提议。"①该法要求各个政府部门的会计体系必须吸收绩效预算的一些要素,以及促使会计工作和政府采购行为更加符合商业化的一些原则性的要求。

国会1993年制定了《政府绩效和结果法》(Government Performance and Results Act),旨在提高联邦预算资金的使用效果、改进公共服务,向国会提供有关法定目标的实现情况,预算资金的使用收益等更有针对性的消息。② 在一个长期的年度绩效计划和报告框架中,联邦政府要制定一个确定目标、评估绩效和报告进展情况的过程。该法确立了绩效和结果预算体系,分阶段执行整体经济计划,各部门需要制定跨年度战略计划,详细写出其任务、目的和目标,还有与长期战略目标有关的年度绩效目标的完成情况等。目标可以通过绩效指标来具体化,这些指标的建立可以用于比较年度绩效计划和实际绩效之间的差距。预算体系包括跨年度战略计划、年度绩效计划和实际绩效之间的差距。该法要求评估税收减免在达到预算目标中的效率与有效性,还规定了绩效管理方案,以及绩效考评的概念、范围和制度等。③ 绩效预算的核心理念是通过定量管理和数据分析的方式,来衡量各项财政资金的使用效率,以实现跨年度战略计划和年度绩效计划。该法仍然通过改进预算程序来控制财政赤字。

《政府绩效和结果法》规定了所有联邦政府的组成机构都必须向总统预算局提交战略计划和年度绩效计划,以设立明确的绩效目标。该法赋予了政府部门适当的管理权限,使其对项目的运行及其绩效承担更加

---

① See *Budget and Accounting Procedures Act of 1950*, http://uscode.house.gov/download/pls/31C35.txt,2012年9月1日最新访问。
② See *Government Performance and Results Act of 1993*, http://www.whitehouse.gov/omb/mgmt-gpra_gplaw2m/,2012年9月1日最新访问。
③ 参见〔美〕阿尔伯特·C.海迪著:《公共预算经典(第2卷)——现代预算之路(第3版)》,苟燕楠、董静译,上海财经大学出版社2006年版,第580—581页。

明确的责任。将预算程序的重点从投入转移到产出是绩效预算的制度基础,这种方法区别于以往根据政府的产出或活动来编制预算的传统方法,而是强调以结果为导向来衡量政府的行为,因此,政府将会对公共利益更加负责。① 绩效预算可以为预算的编制和执行提供新的制度基础,这也使得政府对其所提供的公共服务有了独立的判断机会。"从现实来看,解决已经出现的预算赤字不再依赖于联邦预算政策决议,而更取决于国际贸易和私营部门的财务状况","但除非改变国际金融体系,人们不能、不会,甚至不应采取任何可持续的手段来解决赤字问题","不管将来形势如何发展,美国政府未来的预算平衡能否实现将取决于全球金融体系的演进,而非美国国会大厅的决议"。② 概言之,想要控制财政赤字,已经不完全取决于美国总统或国会的意志,而传统的预算平衡规范中改进预算程序的思路,已经无法控制日益失控的财政赤字和公债规模,需要进行制度上的创新。

国会制定《首席财务官和联邦财政改革法》(Chief Financial Officers Act and Federal Financial Reform Act of 1990,可以简称为《首席财务官法》),授予总统预算局更大的管理联邦财务的权力。该法在总统预算局中新设一名负责管理的副局长职位,同时,设立联邦财务管理办公室负责联邦政府一级的财务管理职责,并规定在23个联邦主要机构中设置首席财务官职位,成立首席财务官理事会,加强财务管理人员配置,整合财务管理工作,加强财务管理制度和财务管理计划,制定会计和审计标准,提高财务信息质量。③ 另外,国会通过了《联邦综合预算调节法》(Federal Omnibus Budget Reconciliation Act of 1993),又称为《赤字削减法》(Deficit Reduction Act of 1993),它的第八部分与税收有关,因此又称为《税收调节

---

① 参见〔美〕约翰·L. 米克塞尔著:《公共财政管理:分析与应用》(第6版),白彦锋、马蔡琛译,中国人民大学出版社2005年版,第217—218页。
② 〔美〕詹姆斯·加尔布雷斯著:《掠夺型政府》,苏琦译,中信出版社2009年版,第63页。
③ See *Chief Financial Officers Act of 1990*, http://govinfo. library. unt. edu/npr/library/misc/cfo. html,2012年9月1日最新访问。

法》(Revenue Reconciliation Act of 1993),借此,政府能够提高额外的收入,以帮助平衡预算以及自20世纪90年代末开始减少私人持有公共债务。① 此外,国会还通过了《综合预算程序改进法》(Comprehensive Budget Process Reform Act of 1999),这也是对《国会预算改革法》(Congressional Budget Reform Act of 1974)的修正案,它规定了预算的联合决议、紧急财政支出的预备资金以及加强预算决定的执行,提高联邦支出的可问责性等;还规定了联邦保险项目预算实行权责发生制,预算过程中朝向更高支出的偏见的缓解,当存在预算盈余时在首付实现制要求下的修改,以及其他目的等。②

《未安排资金委托事权法》(Unfunded Mandates Reform Act of 1995)对《国会预算改革法》进行了修改,旨在限制联邦政府未经国会的充分研究和审议,向地方政府委托不提供资金的事权。为此,该法规定国会预算局对各委员会提交的立法项目进行事权分析;对不合规定的事权设定了多数投票议程的限制;要求联邦机构就联邦条例中设定的未安排资金事权造成的预算影响,与地方政府协商解决。同时,规定了七种免于事权审查的特殊项目:(1)执行宪法规定权利的项目;(2)禁止种族歧视的项目;(3)符合与联邦政府提供的转移支付或其他资金和财产有关的会计或审计程序要求的项目;(4)应州、地方和部族政府要求提供的紧急救助项目;(5)国家安全必须或与国际协定一致的项目;(6)总统指定的紧急项目;(7)社会保险法规定的老年、遗属和残疾人保险项目。③

《预算责任和效率法》(Budget Responsibility and Efficiency Act of 2001)对《国会预算和扣押控制法》(1974年)进行了修改,特别是修改了预算的时间表,改变了特定的预算立法所覆盖的年份,使得不同的预算规

---

① See *Federal Omnibus Budget Reconciliation Act of 1993*, http://www.gpo.gov/fdsys/pkg/BILLS-103hr2264enr/pdf/BILLS-103hr2264enr.pdf,2012年9月1日最新访问。
② See *Comprehensive Budget Process Reform Act of 1999*, http://www.gpo.gov/fdsys/pkg/CHRG-106hhrg56869/pdf/CHRG-106hhrg56869.pdf,2012年9月1日最新访问。
③ 《美国预算法律制度考察报告(一)》,http://www.mof.gov.cn/pub/tfs/zhengwuxinxi/faguixinxifanying/201103/t20110318_506311.html,2012年9月1日最新访问。

则和程序中的变化符合法律规定,但是,不会直接影响财政支出或收入,因此,现收现付程序将不再适用。该法建立了一个为期两年的预算和拨款周期,一个双年度被定义为:自每一个奇数年 10 月 1 日开始的连续两个财政年度的一段时间,将成为标准的财政期间。总统预算案和国会预算决议将是符合两年一次的框架,拨款行为将被要求提供新的预算授权为即将到来的两年预算中的每个财政年度,而且,授权的法律必须覆盖两个或更多的财政年度。① 除此,美国也习惯于编制长达 10 年的滚动式的长期预算来预测财政赤字和公债规模的走势,例如,国会预算局《2012—2022 财年预算和经济展望》。②

《政府绩效和结果法》和《首席财务官法》规定的预算程序规则很有价值,它们也确实对政府的预算权有所限制。"美国国会在批准预算上有一套精细的体制。授权过程是独立于拨款而存在的。同时,众议院筹款委员会和参议院财政委员会不仅有权处理税收法案问题,还有权处理一些支出方面的问题"③,但是,"与设计、支持和最终通过这些法律的人的期望相比,这些法案的目标在实施过程中很少实现"④。美国国会花了很多的心思去制定各种预算程序,遗憾的是,仍然没有能够控制住财政赤字和公债规模的增长趋势。笔者认为,尽管程序控制型规范的"减赤效果"不是十分理想,但是,国会的精心设计至少改进了预算程序。"就不定向的、细微的增量变化所产生的巨大社会影响而言,除市场程序和法律程序外,几乎没有什么可以供人们选择","法律程序的使用具有降低地位不

---

① See *Budget Responsibility and Efficiency Act of 2001*, http://www.cbo.gov/publication/13378,2012 年 9 月 1 日最新访问。
② *An Update to the Budget and Economic Outlook: Fiscal Years 2012 to 2022*, Aug. 22, 2012, http://www.cbo.gov/publication/43539,2012 年 9 月 1 日最新访问。
③ 〔美〕罗伯特·D. 李、罗纳德·W. 约翰逊、菲利普·G. 乔伊斯著:《公共预算体系(第 8 版)》,苟燕楠译,中国财政经济出版社 2011 年版,第 226 页。
④ 〔美〕拉里·R. 琼斯、杰里·L. 麦卡弗里:《理论与实践的结合:美国联邦政府财务管理改革》,载〔美〕阿曼·卡恩、W. 巴特利·希尔德雷思编:《公共部门财政管理理论》,孙开等译,格致出版社、上海人民出版社 2008 年版,第 260 页。

平等的可能性,并在实质程度上致力于实现这些可能性"。① 除了间接减赤的程序控制型规范外,国会还制定了直接减赤的新型预算法规范。

三、联邦赤字削减型规范的创新何以违宪

在现代的政府主导型预算模式下,预算编制的质量和预算执行的效率得以提高,而预算审批的有效性也得以改进。尽管总统对财政赤字和公债规模都非常敏感,但是,由于其对预算没有最终的决定权,即使其提出增税或减支的法案,也需要得到国会参众两院一致同意才能生效。虽然总统能够根据经济与社会发展情势的变化及时作出政策上的回应,但是,预算法治的基本要求却使得总统想要制定任何预算政策都需要得到参众两院的批准。换言之,即使总统提出的预算案最终能够通过,过程通常都很艰辛,这集中反映了两党政治下的种种不和谐现象和内部紧张关系。就算都想追求预算平衡的目标,每个集团、每个政党或每个国家平衡预算的做法都可能不同。简言之,存在意见分歧和观点差异是正常的,而共识往往是要历经数次激烈辩论、不断调整后才能勉强达成。控制财政赤字、削减公债规模的目标本身可能没有太大的争议,但是,如何促进预算平衡却很难达成共识。促进预算平衡的方法看上去很简单:要么增收,要么减支,或者两者兼而有之。实际上,预算平衡目标却往往很难做到,这主要是由预算的本质决定的。尽管美国国会一直致力于改进预算程序,但是,财政赤字和公债规模失控问题却没有得到很好的解决,某种程度上说,这意味着预算程序本身也存在问题,国会还制定了直接削减财政赤字的预算平衡规范,然而,这种创新却遭受合宪性的质疑。

---

① 〔美〕詹姆斯·威拉德·赫斯特著:《美国史上的市场与法律——各利益间的不同交易方式》,郑达轩等译,法律出版社 2006 年版,第 156 页。

(一) 直接消除财政赤字的规范成效不彰

当总统和国会无法就预算案和拨款法案达成一致时,除非出现紧急情况,否则,联邦政府就可能要停止运作,直到达成临时协议或预算案和拨款法案通过为止。自 1981 年后,曾经发生过 5 次政府关门的现象。克林顿总统执政期间,联邦政府就曾经于 1995 年 11 月 14 日—11 月 18 日和 1995 年 12 月 16 日—1996 年 1 月 6 日两次短暂关闭,后者持续了 21 天,是历史上最长的一次。据估计,政府每关闭一天,就导致纳税人损失 1 亿美元。[①] 2011 年 4 月 8 日,奥巴马总统也经历了一次因未能与国会就财政支出削减幅度达成一致而差点让政府再次熄灯关门的危机。"不管作出选择有多么困难,或者前景有多么的不确定,向国会提交预算一直都是总统每年必须完成的几项任务之一",然而,"当总统与国会的政策优先项存在分歧时,即使是一个精明而有说服力的总统也很难使他的收支偏好获得国会的通过","对每一位总统来说,预算都会在他想要得到的和他能得到的之间作出平衡"。[②] 尽管总统和国会在预算编制上的拉锯会浪费财政资源,致使纳税人遭受一定的损失,但是,它所体现的在总统和国会之间分配预算权和相互制衡的理念是很有价值的,经批准的预算必定是双方协调的结果。

早在 1870 年,国会就制定了《反追加法》(Anti-Supplementary Act),这是早期直接削减财政赤字的法律。而 1906 年制定的《反赤字法》(Anti-deficiency Act),则要求财政资金的使用必须依法划拨,政府官员必须遵守有关拨款的法律条款,但是,实施效果却不那么明显。该法不仅禁止官员在拨款法案通过前作出财政支出承诺,超过法定拨款额度的财政支

[①] See Tom Murse, *What is the Anti-deficiency Act?* ——*The Federal Law That Mandates Government Shutdowns*, Mar. 2011, http://usgovinfo.about.com/od/federalbudgetprocess/a/Antideficiency-Act.htm,2012 年 9 月 1 日最新访问。

[②] 〔美〕艾伦·希克著:《联邦预算——政治、政策、过程(第 3 版)》,苟燕楠译,中国财政经济出版社 2011 年版,第 75、96、99 页。

出或违背拨款法案初衷的财政支出都是违法的①,这些禁令迄今仍然是有效的。罗纳德·威尔逊·里根总统就曾经将预算赤字无序增长的责任归咎于国会不愿意削减国内预算,但是,也有人将矛头指向减税的决定和国防、军事费用持续增加等问题。可以说,大幅度的减税和国防项目大幅度增长同时发生使得预算赤字激增到了前所未有的水平。② 国会1978年制定的《充分就业和平衡增长法》(Full Employment and Balanced Growth Act,又称 Humphrey-Hawkins Act,即《韩福瑞—霍金斯法》)只是宣示"平衡预算时国会最感迫切的优先政策",但是,没有具体的削减预算赤字的做法。国会1979年制定了《拜耳—葛拉斯里修正案》(Byrd-Grassley Amendment),要求自1981年起,联邦预算必须保持财政收支平衡,不得编制赤字预算,但是,该法没有什么实质性效果。"该修正案是只有几句话的法令,它表明了国会不能花费多于收到的税收的钱。"③换言之,它仅有宣示国会减赤态度的作用。

"从20世纪70年代开始,预算赤字问题便与全球金融体系挂钩,只要这一体系存续,就没有可能在一个可持续的基础上平衡预算,试图这样做实际上是有害的",尽管预算平衡的价值理念经久不衰,但是,"不客气地说,平衡预算是无法完成的使命,是一个傻瓜的活计"。④ 预算赤字问题长期没有得到很好的解决,总统和国会其实都负有不可推卸的责任,它们都没能很好地履行各自所分担的促进预算平衡的法定职责。虽然总统和国会都声称他们也希望预算是平衡的,然而,对于预算应当如何平衡,包括可以从哪些方面增加财政收入或削减哪些方面的财政支出,双方大多数情况下都很难达成一致,如果执政党在国会中不占优势地位的话,意

---

① See *Anti-Deficiency Act of 1906*, http://en.wikipedia.org/wiki/Anti-Deficiency_Act, 2012年9月1日最新访问。
② 参见〔美〕赫伯特·斯坦著:《美国的财政革命——应对现实的策略(第2版)》,荀燕楠译,上海财经大学出版社2010年版,第513页。
③ Chuck Grassley, *Proposing and Amendment to the Constitution Relative to Requiring a Balanced Budget*, Dec. 13, 2011, http://votesmart.org/public-statement/659725/proposing-an-amendment-to-the-constitution-relative-to-requiring-a-balanced-budget, 2012年9月1日最新访问。
④ 〔美〕詹姆斯·加尔布雷斯著:《掠夺型政府》,苏琦译,中信出版社2009年版,第51、63页。

见分歧和冲突就会表现得更加严重。实践中,预算平衡确实不容易做到,而且,一旦预算平衡了,就意味着有些纳税人必须为此多缴纳税收,而另外一些纳税人却可能因为某些方面的财政支出削减而利益受损。某种意义上说,预算平衡似乎变成了一种美好的愿望,而且,它很可能不是某一个纳税人的想法,而只是符合大多数纳税人或某个利益集团的意愿而已,有时候,预算平衡只不过是国会议员因其所属政党背后的利益集团而不得不提出的努力目标。

即使相关学科领域对预算赤字和公债规模失控可能引起财政危机、经济危机的论证比比皆是,预算赤字可能遭致的道德责难也显而易见,但是,收支平衡也许只是奢望罢了。与其说国会没有在预算赤字的控制问题上多下功夫,还不如说,国会在预算赤字的控制问题上确实有些黔驴技穷了,与日俱增的预算赤字和公债规模也逐渐成为总统和国会之间经常上演经济社会政策决策拉锯战的领域。"在美国的预算过程中,差不多每件事都能得到最终解决。尽管存在发生公开和持久冲突的可能性,但联邦预算每年都会最后敲定下来,有时是在一些例行公事的讨论之后,有时则是在剧烈的对抗之后","预算实践自身就在竭力包容和化解冲突"。[①] 1985年,预算赤字眼看要达到历史最高水平,这种气氛使得国会不得不专门就预算赤字削减问题进行了连场讨论,由此,也直接促使《平衡预算与紧急赤字控制法》(Balanced Budget and Emergency Deficit Control Act,又称《格兰姆—拉德曼—霍林斯法》,Gramm-Rudman-Hollings Act,简称GRH法)出台,该法通过直接削减预算赤字直至预算恢复平衡,可谓"罗伯特议事规则"[②]作用下的典范,这一法案是由参议员格兰姆、拉德曼、霍林斯联袂提出的。

---

① 〔美〕艾伦·希克著:《国会和钱:预算、支出、税收》,苟燕楠译,中国财政经济出版社2012年版,第12页。
② 罗伯特议事规则是指在竞争环境中为公正平衡和正当维护各参与方的利益而设计的精妙程序,强调要谨慎地平衡组织和会议中个人和群体的权利,因此,要通过适当的措施来保护上述权利。参见〔美〕亨利·罗伯特著:《罗伯特议事规则(第10版)》,袁天鹏、孙涤译,格致出版社、上海人民出版社2008年版,第3页。

GRH法规定,如果总统和国会之间出现严重的意见分歧,例如,国会全面撤销授予总统的财政权,双方的合作就不得不中止,此时,总统必须按照预算赤字的削减目标来运作,直至预算赤字削减目标实现为止。GRH法规定了预算赤字递减的年度目标以及保证这些目标实现的自动递减程序:自1986年至1991年,原来高达1720亿美元的预算赤字规模每年削减360亿美元,直至达到预算平衡。在任何一个财政年度,如果预算赤字超过总体目标,涉及多数预算收支项目的具有全面削减性质的扣留程序就会自动执行。GRH法被后人评价为不知道为什么会被通过的奇怪的法案,它事实上没有改变预算权的分配结构,其所规定的预算赤字的削减目标以及严格的时间限制,对总统和国会来说都有很大的压力,这也注定了该法实际上很难成功。① GRH法的制定源于人们对不受控制的预算赤字和公债规模膨胀的悲观情绪,连国会议员也开始担心无力控制预算赤字和公债规模失控的局面。客观上说,该法确实促成了预算和税务方面的官员在宏观经济分析和财政收支预测方面的合作,有一定的进步之处。

国会制定GRH法是为了促使国会和总统分担促进预算平衡的法定职责,然而,有关预算赤字的削减目标和自动削减程序的规定,无疑增加了双方的压力。GRH法本质上是一种强制性机制:当预算赤字削减目标不能达成时,必须强制缩减预算。在GRH法下,总统决定扣留国会已经同意拨付资金的自主权大大减少。如果联邦政府想要追加预算支出,必须由总统向国会提出预算调整请求、经国会审批。以前,凡是需要追加预算支出的,都要经由这一程序,后来才改成:总统可以自行决定关于"不超过预算赤字上限的预算支出"的追加决定,超过预算赤字上限的部分才需

---

① 参见〔美〕雪莉·琳内·汤姆金著:《透视美国管理与预算局——总统预算局内的政治与过程》,苟燕楠译,上海财经大学出版社2009年版,第145—148页。

要国会批准。① 在有关控制预算赤字、削减公债规模的具体做法上,总统和国会的立场总是不太一致的,这就使得双方之间发生争端在所难免,联邦法院也不得不时常出面处理预算争议。决定总统和国会之间的预算权分配的预算法律经常发生变化,那么,这些法律是不是合乎宪法呢? 因此,判断国会制定的预算法律是否合宪,也渐渐成为最高法院②司法审查的重要任务,司法审查可以判断这些预算权分配规则的合宪性。

GRH 法规定,总统提交的预算案提案不得超过规定的年度赤字削减目标,国会批准的预算也必须与规定的目标一致。GRH 法要求总统预算局和国会预算局要预测下一财政年度每一个季度的经济增长,如果连续两个季度出现负增长,预算赤字削减程序就应当暂停实施。除此,GRH 法还规定了优先权、例外情形以及调整等内容。GRH 法有关预算赤字的递减目标以及递减程序的规定,只要求全面削减特定的预算收支项目,而不是全部,由此,约束总统的预算权。当预算赤字自动削减程序启动时,要求有一半属于国防支出,另一半来自其他财政支出,而社会保险和贫穷补助等社会福利支出则可以免予削减,利息支出无法削减,警察、退休军人照顾和贷款等也只是有限度地削减。GRH 法实施起来最大的难度在于,总统和国会在不能削减的预算支出项目上达成一致比在可以削减的预算支出项目上达成一致要容易得多,其主要依靠削减国防支出和一般性政府开支来实现目标显然太困难了。③

GRH 法规定了预算赤字的递减目标和自动递减程序,看上去似乎很有执行力,但是,实际上掩盖了很多深层次的财政问题,特别是刻意忽视

---

① 参见〔美〕兰斯·T. 勒鲁普等:《赤字政治和法制政府:〈格兰姆—拉德曼—霍林斯法案〉的影响》,载〔美〕阿尔伯特·C. 海迪著:《公共预算经典(第 2 卷)——现代预算之路(第 3 版)》,苟燕楠、董静译,上海财经大学出版社 2006 年版,第 235—243 页。
② 《美利坚合众国宪法》规定,司法权属于最高法院及国会随时制定与设立的下级联邦法院。最高法院负有对宪法进行解释和审查法律是否违宪的职能。司法审查权,又称违宪审查权,是指最高法院在审理案件时,可以以国会或州议会的法律与宪法相抵触为理由,判定其无效而不予适用。
③ 参见〔美〕阿伦·威尔达夫斯基、内奥米·凯顿著:《预算过程中的新政治学(第 4 版)》,邓淑莲、魏陆译,上海财经大学出版社 2006 年版,第 161 页。

了造成财政失衡的根本原因。"对预算最重要的约束是要求保持平衡","预算可能看起来是平衡的却不是真正地保持平衡"。①造成预算赤字的很多原因既难预料、又难处理,因此,GRH法实际上解决不了预算赤字背后的问题。GRH法只是限制了总统和国会的预算权,但是,并不限制财政支出增长,甚至允许国会为了预算平衡的需要而适当提高预算收入。众议员潘内达(Leon Panetta)直言不讳:GRH法"最能反映美国人特点的地方是:不想缴税,不想削减支出,不想有赤字。"②GRH法所设计的自动递减程序被很多人评价为拙劣的制度设计,其之所以被批准,某种程度上说,完全是国会议员因为厌恶了预算编制过程中的讨价还价而作出的制度回应。种种迹象表明,该法充其量只有象征性的意义,而基本没有太大的实际价值。GRH法甚至被认为是国会近年来通过的预算法律中最具争议而且最令人无法理解的法案,其实际取得的效果甚至不如传统的制度。③

1986年7月,最高法院在"布尔舍诉西奈尔"一案的判决书中指出,GRH法的核心规则——"将预算赤字自动递减的权力交由会计总署审计长来负责"的规定违反宪法,具体来说,该规则违反了宪法上确立的最基本的分权制衡原则,由此,也削弱了GRH法规定的赤字递减目标及规则的合法性基础。④ 会计总署扣留国会已经同意拨付资金的权力具有行政权的性质,尽管会计总署审计长必须同时向国会和总统负责,但是,这一规定其实违反了权力分立原则。而最高法院绝不可能容许国会和总统通过立法来规避其控制预算赤字的法定职责。不管立法机构缩减赤字的目

---

① 〔美〕爱伦·鲁宾著:《公共预算中的政治:收入与支出,借贷与平衡(第4版)》,叶娟丽等译,中国人民大学出版社2001年版,第204页。
② 转引自〔美〕阿伦·威尔达夫斯基、内奥米·凯顿著:《预算过程中的新政治学(第4版)》,邓淑莲、魏陆译,上海财经大学出版社2006年版,第160页。
③ 参见〔美〕兰斯·T.勒鲁普著:《赤字政治和法制政府:〈格兰姆—拉德曼—霍林斯法案〉的影响》,载〔美〕阿尔伯特·C.海迪著:《公共预算经典(第2卷)——现代预算之路(第3版)》,苟燕楠、董静译,上海财经大学出版社2006年版,第235页。
④ Bowsher v. Synar, 478 U.S.714 (1986), U.S. Supreme Court, http://supreme.justia.com/us/478/714/index.html,2012年9月1日最新访问。

的多么重要,它被执行的过程必须通过关于立法机关与行政机关权力分离的宪法检验。公共预算中的分权原则是为了防止权力滥用,是预算决策的基本原则。① 对于 GRH 法是否可行,国会议员也有不同的意见。很多议员认为,如果预算程序不能被改变,那就只能够保持现状,而大多数预算赤字的产生及增长都是由经济与社会发展状况这样的外部因素引起的,而不是政府故意为之的。如果非要说 GRH 法有什么价值的话,笔者认为,那就是它揭示了没有任何公式可以代替预算政策的决策及其中的权力博弈过程的基本常识。除此,GRH 法最受肯定之处莫过于其建议国会将更多的预算权让渡给总统。尽管 GRH 法被宣告违宪,但国会试图制定新的预算规范来促进预算平衡的创新精神还是值得肯定的。

(二) 间接削减财政赤字的规范功用显著

尽管 GRH 法这种直接削减财政赤字的规范效果不彰,但是,该法确实为预算赤字和公债规模失控问题的解决提供了一套可以付诸实施的方案,国会也不愿意放弃这一备受质疑的法案,其中最大的原因不是它规定的规则有多好,而在于放弃该法的象征意义不好,似乎预示着国会放弃了削减预算赤字的努力。为了应对 GRH 法被宣告为违宪的判决,国会1987 年通过了修改后的《紧急赤字控制重新确认法》(又称 GRH Ⅱ 法)。虽然 GRH 法及其后的修正案都规定得详细而严格,但是,都没有得到认真的执行。恰恰相反,由于它们规定的预算赤字上限过于保守,国会经常被迫通过立法来提高预算赤字的上限、改变预算赤字的递减目标及其实现的时间,总统也会采用一些会计方法来减少预算赤字,例如,出售政府资产、提早列财政收入或推迟列财政支出、将某些财政支出项目移出预算

---

① 参见〔美〕托马斯·P.劳斯:《三权分立原则与预算决策》,载〔美〕阿曼·卡恩、W.巴特利·希尔德雷思编:《公共部门预算理论》,韦曙林译,格致出版社、上海人民出版社 2010 年版,第 79—80 页。

等。① 然而,由于 GRH 法的实施效果确实很一般,几经修正也没有起色,支持预算平衡的利益集团促使国会通过了《预算执行法》(Budget Enforcement Act of 1990,简称 BEA 法),修正了财政赤字的削减思路。同时,1990 年制定了《综合预算协调法》(Omnibus Budget Reconciliation Act),将编制赤字预算和删减财政支出的决定权都交给了总统预算局,但要求其向国会预算局报告。

BEA 法吸取了 GRH 法的教训,它寻求的只是削减而不是最终消除预算赤字的目标,显得更加务实一些。"建构于政治妥协基础上的预算法——BEA 法要比直接规定数额的 GRH 法有更大的成功机会。"②毋庸讳言,BEA 法的制定大大减轻了总统和国会达到预算平衡目标的压力,该法本来应当自 1993 年起实施,后来推迟了几次才生效。BEA 法削减预算赤字的基本思路是忽略经济对预算的影响,而且,它不直接作用于预算赤字,而是制定财政支出的上限,在政府系统中从上到下进行控制,强调增税的同时减少财政支出,除此之外,还建立了限制财政支出水平的执行和监督的程序,间接控制总统编制预算赤字的行为。除了在现行法律制度下削减预算赤字外,国会制定新的法律也会注意不要产生新的预算赤字。该法区分了自由裁量支出(discretionary spending)和权利性支出(entitlement spending)这两种类型的财政支出,不要求它们都达到平衡:就前者而言,规定了国防(defense)支出、国际事务(international affairs)支出和国内(domestic)开支等的年度上限,这些上限可以由国会根据需要不断修改,超出上限的支出将一律按照固定比例自动删减,而任何紧急拨付性质的拨款不需要符合不超过上限的规定;就后者而言,规定了一种强有力的协商机制:如果要增加新的权利性支出项目,必须同时明白列举其新增

---

① 参见〔美〕雪莉·琳内·汤姆金著:《透视美国管理与预算局——总统预算局内的政治与过程》,苟燕楠译,上海财经大学出版社 2009 年版,第 145—157 页。
② 〔美〕约翰·L. 米克塞尔著:《公共财政管理:分析与应用》(第 6 版),白彦锋、马蔡琛译,中国人民大学出版社 2005 年版,第 50 页。

的收入来源或裁减其他项目的财政支出。①

BEA法对自由裁量支出进行上限控制,而对权利性支出实行量入为出(pay-as-you-go)制度,前者由国会的拨款委员会负责执行,后者由国会的其他授权性委员会负责执行。该法事实上限制了国会的拨款权,而其削减预算赤字的做法也更加灵活一些,但是,它规定的程序非常复杂,进一步细化了预算行为。预算赤字和公债规模失控往往意味着经济运行发生了严重的问题或政府自身的预算管理出现了失当的状况。BEA法要求总统和国会必须对紧急的财政支出达成一致,在紧急的财政支出的决定过程中,总统预算局有权向国会提出拨款提案。但该法没有定义何谓"紧急情况",总统预算局将紧急的财政支出界定为:突发的、紧急的、不可预见的且非永久性的必需费用。简言之,紧急与否可以利用常识来判断。除此,BEA法还规定了"回溯条款",即允许国会在每一个财政年度终止时,检查预算执行机构是否遵守了预算赤字的上限,如果各个部分的预算赤字上限被突破,都会自动开启预算赤字的削减程序。BEA法不再允许将经济衰退、保护储蓄和贷款以及社会保障信托基金的结束等用于冲抵预算赤字,也禁止预算赤字在无条件限制的类别之间流动,区分了年度拨款项目和根据成文法设定的支出项目。同时,明确要求自由裁量支出领域增加的经费需要用同一项目的经费削减来支应。②

尽管预算平衡不是克林顿竞选总统时的主要议题,他关注的是国内议题,特别是当时陷入低谷的美国经济,但是,鉴于预算赤字失控问题确实非常重要,总统提出的任何可能导致预算赤字增加的建议实际上都是不可行的,必然受到国会和预算平衡规范的双重限制。"当关注点转向赤字控制时,克林顿不顾关系密切的政治顾问们的建议,调整了他的日程,

---

① 参见〔美〕詹姆斯·L.陈:《论美国重大的联邦预算法》,白彦锋译,载《经济社会体制比较》2008年第1期,第63—64页。
② 参见〔美〕雪莉·琳内·汤姆金著:《透视美国管理与预算局——总统预算局内的政治与过程》,苟燕楠译,上海财经大学出版社2009年版,第149—154页。

提出了一个包括增税、削减部分支出以及刺激投资在内的一揽子计划"。① BEA 法可以说是比较成功的,以至于国会接受了克林顿总统提出的通过增税和减支来减少预算赤字的一揽子方案,制定了《联邦综合预算调节法》(Federal Omnibus Budget Reconciliation Act of 1993),将 BEA 法实施的有效期延长到 1998 年。该法的实施加上一些增税减支政策的配合,财政收入出现强劲的增长势头,再加上多年难得一遇的经济繁荣,终于在 1998 年及此后几年出现了此前不可想象的预算盈余现象,超出了所有人的想象。即便是克林顿总统本身,也只是期望预算赤字能够在 2000 年前稳定在 GDP 的 2% 左右即可。② 概言之,预算赤字问题在持续时间较长的经济增长支持下得到了很好的解决,而且实现了预算盈余,同时,物价稳定、就业充分。

1994 年底,共和党在国会参众两院的议员选举中取得了多数席位,此时执政的是民主党籍总统克林顿,共和党籍议员提出了以预算平衡、增加国防经费和限制政府作用为核心内容的提案。共和党人在选举前提出的竞选纲领——《与美利坚的契约》(Contract with America)中,强调了平衡预算宪法修正案和总统择项否决权有助于实现预算平衡目标,其内容包括改变福利、削减税收、增加国防、打击犯罪、加强父母的责任、执行一定的法律改革和国会议员的任期限制等。③ 克林顿采纳了不少提议,也接受了一些对自己的支出建议的否决意见。可以说,不期而至的预算盈余的曙光确实为减税奠定了基础,直接促使《减轻纳税人负担法》(Taxpayer Relief Act of 1997)出台。而国会 1997 年制定的《预算平衡法》(Balance Budget Act)则是将 2002 年确立为联邦预算平衡年,重点领域是

---

① 〔美〕艾伦·希克著:《联邦预算——政治、政策、过程(第 3 版)》,苟燕楠译,中国财政经济出版社 2011 年版,第 5 页。
② 参见〔美〕阿伦·威尔达夫斯基、内奥米·凯顿著:《预算过程中的新政治学(第 4 版)》,邓淑莲、魏陆译,上海财经大学出版社 2006 年版,第 176 页。
③ Aaron Wildavsky & Naomi Caiden, *the New Politics of the Budgetary Process*, 5th. ed., New Jersey: Pearson Education, Inc., 2004, p.111.

医疗制度改革。① 好景不长,由于国会 2001 年通过了《经济增长与减税协调法》(Economic Growth and Tax Relief Reconciliation Act)、发动的一些局部战争和"9·11"恐怖袭击致使国防经费大增,预算赤字不仅重新出现,而且,规模还越来越大。直接削减财政赤字的预算平衡规范与可能引起预算失衡的减税法案交叉出现,这使得不同利益集团对预算平衡目标的迥异价值观表露无遗。

国会 2005 年制定了《赤字削减综合协调法》(Deficit Reduction Omnibus Reconciliation Act),致力于在未来 5 年削减医疗保险和医疗补助的财政资金需求、改变学生贷款以及其他措施等强制性财政支出,计划节省约 40 万亿美元的财政资金。该法规定了"农业、住房和存款保险、数字电视转换盒、公共安全、运输、医疗、医疗救助计划和各州儿童医疗保险计划、人力资源、教育和退休金利益、低收入家庭能源帮助、司法"等条款。② 简言之,尽管历任总统和大多数国会议员都认同削减预算赤字的重要性,但是,当经济发展出现较大的波动时,总统和国会还是会毫不犹豫地选择编制预算赤字。小布什总统认识到预算赤字的严重性,提出"弹性冻结预算政策"(flexible freeze),即在不增税也不增加政府开支的情况下弹性分配各项预算的比例,希望通过这种自律性的做法减少预算赤字的数额,然而,效果不是很理想。由于受到 2008 年的次贷危机及其后的经济发展低迷的影响,在布什和奥巴马两任总统的积极推动下,国会先后制定了以不良资产救助计划为中心的《紧急经济稳定法》(Emergency Economic Stabilization Act of 2008)以及以财政刺激计划为中心的《美国复苏与再投资法》(American Recovery and Reinvestment Act of 2009),前者主张使用财政资金来救助次贷危机中受损的金融机构和投资者③,后者强调减税、政

---

① See *Balance Budget Act of 1997*, http://www.hhs.gov/asl/testify/t000725b.html,2012 年 9 月 1 日最新访问。
② See *Deficit Reduction Omnibus Reconciliation Act of 2005*, http://www.gpo.gov/fdsys/pkg/PLAW-109publ171/html/PLAW-109publ171.htm,2012 年 9 月 1 日最新访问。
③ See *Emergency Economic Stabilization Act of 2008*, http://www.gpo.gov/fdsys/pkg/PLAW-110publ343/pdf/PLAW-110publ343.pdf,2012 年 9 月 1 日最新访问。

府财政纾困、增加健康医疗、教育科研、交通运输和房屋城市发展投入等,然而大量减税增支措施造成了巨额的预算赤字。① 总统和国会都明确表示,等到经济复苏后,必须逐渐削减预算赤字和公债规模,直至预算恢复平衡。可见,赤字预算是经济衰退时的必然选择。巨额的预算赤字问题可以说是奥巴马政府最大的软肋之一。

2012年5月,美国国会预算局发布报告称,如果国会不修改相关法律,布什总统任内制定的接近5000亿美元的减税政策和财政刺激措施(规定在《经济增长与减税协调法》中)将于年底到期,同时,根据2011年国会两党围绕债务上限谈判达成的协议,在减赤"超级委员会"未能达成一致的情况下,自动减赤机制将于2013年启动,预计将在随后10年内累计削减财政支出1.2万亿美元,此所谓"财政悬崖(fiscal cliff)"②。这使得本来就已经较为拮据的财政雪上加霜。2013财年的联邦政府财政赤字因此减少6070亿美元,大约相当于GDP的4%。简言之,"财政悬崖"风暴因增税和减少财政支出引起,美国政府需要在自动增税及财政支出削减生效以前,达成财政协议,以避免伤及经济。鉴于"财政悬崖"对经济产生的影响过大,美联储不可能也没有能力抵御其对于经济的影响,相比之下,国会制定的财政政策可能起到更大的作用。如果不是国会预算局的提醒,市场几乎完全忽视了即将到来的美国"财税大杀器"(tax magedeon)——美国政府即将在2012年11月6日大选结束后作出的一系列财政决定。对于刚刚开始复苏、脆弱的美国经济而言,就业形势尚不乐观,房地产市场复苏乏力,而欧洲债务危机再度肆虐,美国经济已经无法承受财政政策的重创。③ 国会研究服务中心的研究报告称,如果征收每吨20美元的碳税,未来10年内,预算赤字可能减半;到2020年,预算赤

---

① See *American Recovery and Reinvestment Act of 2009*, http://frwebgate.access.gpo.gov/cgi-bin/getdoc.cgi?dbname=111_cong_bills&docid=f:h1enr.pdf,2012年9月1日最新访问。
② 最先使用这一概念的是美国联邦储备委员会(Federal Reserve Board of Governors)主席伯南克(Ben S. Bernanke,2005年10月至今在任),他曾多次对美国的财政安全发出警告。
③ 《美国"财政悬崖"——QE3魅影犹存的重要原因》,http://www.fx168.com/fx168html/20120511/20120511163478080.htm,2012年9月1日最新访问。

字可能上涨到2.3万亿至10万亿美元之间,但控制参议院的民主党和控制参议院的共和党始终无法就预算赤字削减问题达成一致意见,碳税很难实际开征。①

(三) 总统的择项否决权违反分权制衡原则

直接削减财政赤字的法案总是在一定的前提下出台的,而且,其法律强制力不十分突出,轻而易举地就能被总统和国会以经济与社会发展情势不佳或其他正当理由所突破。然而,这种预算平衡规范试图突破总统和国会之间分享预算权的制度安排,却一再被司法审查认定为违反宪法上最基本的分权制衡原则。"根据三权分立原则,征税权和将适当的税收利益用于各种政府职能和政策的权力归立法部门所有。"②对GRH法进行违宪审查不是个案,另外一个典型的例子是《择项否决权法》(Line-Item Veto Act of 1996,简称LIVA法),该法被认定为违宪而被宣告无效。"许多总统都曾寻求增强他们在预算过程中的权力——通过获得减少或是取消预算法案中的一些特殊项目,同时批准另外一些预算案的授权","总统使用择项否决权可能会收到他所预料的效果。拨款法案中所包含的特殊利益规定的数目会急剧减少"。③尽管国会可以通过增加支出的拨款法案,经常在政府提出的预算案提案中添加仅仅代表某一特定地区或某一特定群体的利益的拨款法案,但是,总统只能全盘接受或全部驳回国会批准的预算。LIVA法很可能对总统和国会之间的预算权的分配产生了深远的影响。

某种程度上说,LIVA法不是要授予总统择项否决权,而是要扩大总

---

① 盛媛:《美国预算赤字连续4年破万亿,"碳税"或成美国救星》,载《第一财经日报》2012年9月27日,http://www.yicai.com/news/2012/09/2114095.html,2012年10月1日最新访问。
② 〔美〕托马斯·P.劳斯:《三权分立原则与预算决策》,载〔美〕阿曼·卡恩、W.巴特利·希尔德雷思编:《公共部门预算理论》,韦曙林译,格致出版社、上海人民出版社2010年版,第50页。
③ 〔美〕菲利普·G.乔伊斯、罗伯特·D.赖绍尔:《联邦择项否决:它是什么,又有什么作用?》,载〔美〕罗伊·T.梅耶斯等著:《公共预算经典(第1卷)——面向绩效的新发展》,苟燕楠、董静译,上海财经大学出版社2005年版,第310、325页。

统撤销拨款基金的权力,允许总统否决预算中特定的部分——利益支出和社会安全支出不在可以否决的范围内,而不只是允许总统接受或拒绝整个预算案。该法的重要理论依据是:总统是由全民选出的,他可以站在更广泛的立场上考虑问题,可能会否决预算案中那些代表特定利益集团的财政支出安排。对于被总统否决的支出项目,国会参众两院必须以2/3 的多数通过才可以恢复。总统建议撤销的各种可以自由支配的支出项目,如果国会没有明确表示反对的话,这些撤销就会生效。① 然而,这项法律却不是永久生效的,仅仅实施到 2005 年 1 月 1 日。LIVA 法从制定到实施都始终遭到同意和反对两派意见:支持者如约翰·麦凯恩认为,"择项否决不是鼓励总统滥用预算权的措施,而是用来结束国会滥用预算权的重要手段,它为总统控制财政支出、降低预算赤字提供了正当合理的权力。"反对者如罗伯特·C.伯德认为,"所谓择项否决的规定称为'总统永远胜利法案'更为合适,总统有了这一得力帮手,可能压制或是拒绝国会提出的任何拨款决定。"② 概言之,支持者和反对者都认为,LIVA 法的制定和实施会对总统和国会的预算权产生重大的影响。事实上,该法的影响比起双方预想的都要小得多。

总统和国会都试图通过预算权的行使来实现各自的政策偏好,当两者的政策偏好相差较大时,其对预算权的争夺就越趋激烈。尽管总统和国会在争夺预算权的过程中也可能有偶然的合作,但是,双方之间的竞争——否决和反否决——可能更加常见,而司法机关通常扮演的是确保预算过程中预算权在总统和国会之间的分配必须符合宪法所设定的分权制衡结构。法院在预算中起着重要作用的最明显方式是法院界定、授予或者限制制定财政政策的权力。③ 无可否认,法官们也有政治和法律理

---

① See *Line-Item Veto Act of 1996*, http://en.wikipedia.org/wiki/Line_Item_Veto_Act_of_1996, 2012 年 9 月 1 日最新访问。
② 参见〔美〕菲利普·G.乔伊斯、罗伯特·D.赖绍尔:《联邦择项否决:它是什么,又有什么作用?》,载〔美〕罗伊·T.梅耶斯等著:《公共预算经典(第 1 卷)——面向绩效的新发展》,苟燕楠、董静译,上海财经大学出版社 2005 年版,第 310 页。
③ 参见〔美〕菲利普·J.库珀:《法院与财政决策》,载同上书,第 422 页。

念,这些理念支配着其对某一法律的合宪性进行判断的过程。在美国,保护宪法实施的职责通常由司法机关承担,有违宪可能性的法律应当接受司法审查。"规则制定过程中确实会出现合宪性问题,而当这些问题出现时,与私人团体的利益相比,法院更偏向政府的利益。偶尔也要求法院解决涉及政府部门之间的权力平衡或宪法完整性的问题。"① 直接削减财政赤字的预算平衡规范,其最大的作用就是阐释了国会倾向于采取何种方法将预算权授予总统,这就为司法审查介入预算权的分配和运行提供了可能性。

国会制定的预算法律的合宪性问题必须经司法审查,这就意味着国会的立法权都受到某种程度的限制,这符合权力分立制衡的宪法基本逻辑。鉴于总统和国会都应当对预算平衡负有法定职责,因此,限制国会的预算权就成为支持总统享有择项否决权的理由,而限制总统的预算权则成为否定 LIVA 法的依据。LIVA 法实际上只是对预算权的重新调整,对降低财政收支规模、预算赤字和公债规模的效果都相当有限,只不过增加了总统说服国会议员时的筹码,总统可以和国会议员约定其不会行使择项否决权,条件是国会议员必须首先支持总统的方案。LIVA 法规定,如果总统想要行使择项否决权,必须把撤销某些支出项目的建议以特殊通知的形式告知国会,详细列举想要撤销的项目,在总统批准国会通过的预算 5 天内,将上述通知送达国会。除非国会颁布特别的反对案,否则,总统的撤销建议就会自动生效。② 但是,LIVA 法根本没能很好地解决联邦财政收支的无序增长以及预算赤字和公债规模失控问题。

某种程度上说,LIVA 法只是对预算权现行分配模式的确认和细化,但是,这部法律的合宪性还是受到了质疑:1997 年 1 月,多名参议员和众议员向美国地方法院就该法的合宪性提起诉讼,该法被宣告违宪。尽管

---

① 参见〔美〕科尼利厄斯·M. 克温著:《规则制定——政府部门如何制定法规与政策(第 3 版)》,刘璟等译,复旦大学出版社 2007 年版,第 260—272 页。
② See *Line-Item Veto Act of 1996*,http://en.wikipedia.org/wiki/Line_Item_Veto_Act_of_1996,2012 年 9 月 1 日最新访问。

总统的择项否决权几乎没有对联邦财政收支总体和预算赤字规模产生什么影响,该权力毕竟引起了预算编制时总统和国会之间关系的根本变革。最高法院的多数法官主张,在法律中给总统预设这种权力需要修改宪法①,否则就是违宪的。另外,最高法院在"克林顿诉纽约城"(Clinton v. New York City)一案中,认定LIVA法违反美国宪法规定的分权制衡原则。然而,在"雷恩斯诉伯德"(Rains v. Byrd)一案中,原告被裁定没有受到LIVA法的影响,因此以不适格的理由驳回起诉。"以宪法为基础的总统否决权意味着,总统和国会拥有解释宪法的同等权力",一般来说,总统必须充分尊重国会的决定,除非他大体上可以明确某项法案确实违背了宪法规定,因此,总统的否决权必须保留在立法机关"明显受错误、野心、利益所蒙蔽"的那些情况上。② LIVA法通过调整预算权在国会和总统之间的分配来解决预算赤字和公债规模失控问题,却被最高法院判定违反了分权制衡原则。

2011年夏天,美国国会调高了联邦政府借债的上限,避免了出现主权债务违约,以支撑联邦政府运作到2012年11月的总统大选结束,为此,制定了一项联邦政府支出的自动削减计划。这项计划的内容有一半左右涉及国防支出削减,如果国会和联邦政府无法达成替代性的赤字削减协议的话,该计划将于2013年1月启动。为此,参众两院的议员积极讨论是否提出一项全面的法案来推迟实施自动削减联邦政府支出的计划。另外,所得税削减等税收优惠措施即将到期,如何应对也成为当前必须解决的问题,然而,危险的是,硬性减少预算赤字的做法很可能使经济

---

① 参见〔美〕罗伯特·D.李、罗纳德·W.约翰逊、菲利普·G.乔伊斯著:《公共预算体系(第8版)》,苟燕楠译,中国财政经济出版社2011年版,第221—222页。
② Thomas Jefferson, "Opinion on the Constitutionality of a National Bank", Feb. 15th, 1791, in Papers, 23: 375, http://press-pubs.uchicago.edu/founders/documents/a1_8_18s10.html, 2012年9月1日最新访问。

陷入深度衰退。① 毫无疑问,国会和总统都认为预算赤字和公债规模失控的问题必须解决,但是,究竟要不要牺牲经济增长、国家安全来强制实现预算平衡,则不能一概而论。理论上说,税收优惠政策到期加上联邦政府支出削减有助于降低预算赤字水平,然而,这样的财政紧缩政策却很可能扼杀经济复苏的势头。尽管两党都认为财政悬崖的后果难以接受,但是,对于如何解决这一问题的分歧明显,再加上大选的特殊背景,问题更加复杂。

四、欧元区财政约束规则:强制性标准

由 2008 年美国次贷危机引起的全球金融危机余温未退、世界经济尚未完全复苏之际,各国制定的财政政策的目标如何选择显得至关重要。世界经济面临的最大挑战之一是各个经济体的财政是否具有可持续性、是否健全:在经济发展的不确定性因素与日俱增的情况下,财政应当适度收紧还是适当放松呢?应当何时有所收紧、何时有所放松呢?各个经济体都在权衡利弊,摸索最合适的财政政策方案。"财政政策的重点是债务可持续性,以及旨在实现债务可持续性的财政规则。"②在欧元区统一货币政策的制度背景下,如何协调成员国之间的财政政策,是欧元区成立后一直面临的重大难题。对于目前深受主权债务危机困扰的欧元区来说,削减财政赤字和公债规模、改进成员国的财税法规范是当务之急。为此,多个成员国掀起一波财政紧缩浪潮,而且,态度非常坚决,尽管担忧过度

---

① 根据国会预算局发布的预测报告,税收优惠政策到期加上联邦政府支出削减启动,2012 到 2013 财年联邦政府的预算赤字将减少 6070 亿美元,相当于同期 GDP 的 4%;受上述政策影响,2013 年上半年经济将萎缩 1.3%,全年经济增速仅 0.5%,原先有望达到 4.4%,经济增长和预算平衡不能两全。See *CBO Analyzes Effects of Fiscal Restraint Scheduled Under Current Law*, May 22, 2012, http://www.cbo.gov/publication/43264,2012 年 9 月 1 日最新访问。

② 〔美〕奥利维耶·布兰查德、乔瓦尼·德拉里恰、保罗·毛罗:《反思宏观经济政策》,张晓朴、黄薇译,载吴敬琏主编:《比较》(总第 46 辑),中信出版社 2010 年版,第 20 页。

紧缩财政可能损害依然脆弱的经济复苏、结果与巩固财政的目标背道而驰,削减社会福利方面也面临很大的民众压力。① 虽然欧元区财政约束规则设定了赤字率不超过3%和公债率不超过60%的强制性标准,但是,大多数成员国控制不好财政赤字还是引发了2010年的欧洲主权债务危机。而美国的主权债务问题远不及欧洲的状况那么糟糕,与其自身雄厚的经济实力和美元的霸主地位有着密切关联。

(一) 成员国的财政政策为何应当受到限制

欧洲共同体(European Common Community,简称ECC)1991年12月达成《马斯特里赫特条约》(The Maastricht Treaty,简称《马约》),即《欧洲联盟条约》(Treaty on European Union),成立欧盟(European Union,简称EU),迄今已有27个成员国;而其所辖的"欧洲经济货币联盟"(European Economic and Monetary Union)1999年启动,迄今已有17个成员国。欧盟实现了经济一体化,经济货币联盟则发行了统一货币——欧元。由采用欧元作为单一的官方货币的国家组合而成的区域称为"欧元区"(Euro Zone)。欧洲中央银行(简称"欧洲央行")负责发行欧元和制定统一货币政策,欧元区成员国只能独立制定各自的财政政策。财政法包括"对预算平衡、债务控制、税收和支出控制以及对征新税实行的公民投票等方面的立法控制。在面临财政压力的国家试图恢复财政预算能力的政策讨论中,支出往往起决定作用。"② 由于担心某一成员国的不良财政政策造成其他成员国的财政负担,欧盟为成员国加入欧元区设定了收敛标准、财政趋同标准和财政约束规则等财政纪律。"评价财政纪律必要性的关键问题有三个:金融市场约束作用的影响、不救助条款的可信度以及欧洲中央

---

① 有关欧元区的财政约束规则的内容,参见《欧元区财政约束规则的演进与设计》,载漆多俊主编:《经济法论丛(第22卷)》,武汉大学出版社2012年版,第212—233页,收入时有修改和更新。
② 〔美〕沙安文:《财政责任和财经制度》,载沙安文、乔宝云主编:《政府间财政关系:国际经验评述》,人民出版社2006年版,第103页。

银行的独立性。"① 然而,财政赤字却取代了预算平衡而成为成员国财政的常态。

几乎没有人怀疑,如果一个国家或地区的财政赤字没有受到有效的控制,就会发生财政危机。问题在于,政府能否有效控制住财政赤字。"使用账目的把戏和用一次性的资金解决长期的赤字将导致灾难。用权宜之计补上预算的缺口实际上并没有解决深层次的结构性问题。这些伎俩让政客们避免使用棘手的措施,例如加税、减少受欢迎的政府公共服务。但是,回避一旦成为习惯,当真正的问题进一步恶化,最终就需要更棘手的办法来解决。"② 弥补财政赤字是公债最基本的功能,主权债务则是指一个国家或地区为弥补财政赤字而以其主权为担保向外——国际货币基金组织(IMF)、世界银行(IBRD)和其他国家举借的债务。主权债务危机主要表现为一国不能偿付其主权债务时发生的违约;传统的主权违约的解决方式主要有两种:违约国向世界银行或国际货币基金组织等借款,或者与债权国就债务利率、还债时间甚至本金进行商讨。希腊政府与私人投资者进行债务减记谈判:对其主权债务进行大幅度重组,加大私人投资者持有希腊债券减记比例,是其为化解债务危机采取的主要措施。

"财政运营不仅对经济整体运作带来巨大影响,也是宏观经济政策调控的重要手段,被称为经济运作的基础框架结构"③,财政赤字的存在客观地反映了该国财政某种程度上的失衡,这意味着财政支出超过了合理预期或财政收入没有达到合理目标,还可能存在公权力滥用问题。预算平衡规范的兴起是18世纪末、19世纪初西欧国家公共预算形成的重要标志,可以说是现代市场经济国家一个几乎永不消退的热点问题。在德国、法国和英国等欧洲大国的公共预算的形成过程中,如何避免财政赤

---

① 〔荷兰〕塞尔维斯特尔·C.W.艾芬格、雅各布·德·汉著:《欧洲货币与财政政策》,向宇译,中国人民大学出版社2003年版,第156页。
② 〔美〕戴维·奥斯本、彼得·哈钦森著:《政府的价格:如何应对公共财政危机》,商红日、吕鹏译,上海译文出版社2011年版,第28页。
③ 〔日〕丹宗昭信、伊从宽著:《经济法总论》,吉田庆子译,中国法制出版社2010年版,第546页。

字、削减公债规模,从来都是预算立法和预算编制的主题。由于欧元区实行统一货币,再加上《马约》赋予欧洲央行高度的独立性,欧盟中央试图在人事、融资和政策方面排除或大大削弱各国政府对其施加的影响。虽然欧盟已经形成了一体化的经济体制,但是,各国追求的宏观经济目标还是有很大的差异,有的国家认为稳定物价最重要,有的国家认为充分就业最重要,当然,经济增长的重要性是最毋庸置疑的。

"正确的经济增长率大于纯粹由市场决定的速度,而政府政策的作用就是促进增长","经济增长使一个社会更加开放、宽容和民主,这样的社会也更能促进创业和创新,从而达到更大程度的经济繁荣"。[①] 经济增长不完全是由市场决定的,经济政策的选择始终影响经济增长的速度和质量。无论是20世纪80年代以来掀起的全球性减税革命,还是各国为促进经济增长而制定的赤字财政政策,抑或政府扩张行政管理费用支出的内在冲动以及国防、外交、社会保险和社会福利等刚性财政支出的膨胀,都无一不使财政赤字不断扩大,预算平衡也就越发难以复现。对于频繁出现、屡创新高的财政赤字,由于成员国缺乏货币发行权支持,只能采取向国内外举借公债的方式来弥补。希腊、意大利等发生主权债务危机是因为其财政收支结构长年失衡所致,而爱尔兰等国家发生主权债务危机则是受到全球金融危机影响。由于希腊的经济结构单一、经济发展水平较低,在前几年经济状况较好时又保持宽松的财政政策,希腊债务危机最早爆发。由于实行统一的货币和划一的货币政策,如果某一成员国的财政政策出了问题,就很可能威胁到整个欧元区。欧盟必须创造能够促进成员国保持预算平衡的法律机制,这就是制定《稳定与增长公约》的初衷。

欧洲央行是根据《马约》于1998年7月1日成立的,是为适应欧元的发行和流通而设立的金融机构,其职能是维护货币的稳定,而职责和结构是以德国联邦银行为模式设定的,它独立于欧盟委员会和各国政府。自

---

① 〔美〕本杰明·M. 弗里德曼著:《经济增长的道德意义》,李天有译,中国人民大学出版社2008年版,第13页。

此,欧元区成员国不能再发行本国的货币,也失去制定货币政策的权力,本国的财政政策也因此受到影响。欧洲中央银行体系包括欧洲央行及各成员国的央行,只有成员国的央行负责欧盟事务的董事可以参与欧洲统一货币政策的决策过程。① 由于英国一直不愿意加入欧元区,欧盟主要是由德国和法国两个核心国家主导的。欧洲央行制定货币政策时,也常常有很多不同意见,两个核心国家的意见往往还是对立的。各国不能自行制定最合适的货币政策,财政政策受到限制,还得接受统一货币政策。可以想见,在统一货币政策的制定过程中发生分歧甚至争执是在所难免的。经济货币联盟成立的目标就是促成政治联盟——欧洲联邦的诞生,然而,毋庸讳言,欧洲政治一体化的进程十分缓慢,"区域政治一体化——除了欧洲以外——事实上并不存在。……区域政治一体化的发展将是缓慢而有节制的"②。除此,德国倡导建立财政联盟的建议,也遭到很多成员国反对。

理论上说,欧洲央行可以独立制定适用于欧盟全境的货币政策,然而,现实中,很难做到完全不受政治的影响,特别是,很难摆脱德国和法国两个大国的影响。欧盟成员国仍然拥有自己的主权,只是通过相关协议让渡了部分权力,但成员国的主要政务仍由其自行处理。欧盟非正式首脑会议 2007 年 12 月 13 日在葡萄牙首都里斯本签署《里斯本条约》(Treaty of Lisbon),随后交由各成员国批准,这是《欧盟宪法条约》③的简化版。各国批准后,条约于 2009 年 1 月生效。2009 年 11 月,捷克作为最后一个签署国批准了条约。该条约并不覆盖欧盟所有既有法律,而只是对《罗马条约》和《马约》进行修改增补的一部普通条约。成员国可以通

---

① 没有加入欧元区的成员国央行以特殊身份加入欧洲央行体系,它们可以分别实施各自的货币政策。
② 里斯本小组著:《竞争的极限——经济全球化与人类的未来》,张世鹏译,中央编译出版社 2000 年版,第 171 页。
③ 2004 年 10 月,欧盟首脑在意大利首都罗马签署《欧盟宪法条约》,以保证欧盟的有效运作和欧洲一体化进程顺利发展。根据规定,《欧盟宪法条约》将在所有成员国批准后,于 2006 年 11 月 1 日生效。然而,法国和荷兰在全民公决中否决了《欧盟宪法条约》,使得这部被寄予厚望的宪法条约陷入困境。

过议会审批的方式核准条约,而无需举行可能导致条约遭到否决的全民公决。① 条约对欧盟的机构进行了改革,并通过改革表决机制提高政策的决策效率。条约赋予欧盟法律人格,取消了原来由轮值主席国首脑担任欧盟理事会主席,而设立了欧盟理事会常任主席,相当于欧盟的总统;还设立了负责外交与安全政策的高级代表,相当于欧盟的外长。②

"政府在试图稳定经济时采取的两种最重要的方法是货币政策和财政政策。"③货币政策通常是由各国央行制定的,而央行又大多独立于政府,这使得经济货币联盟的成立可以不怎么考虑政治因素,只需要服从和服务于经济一体化的目标就可以了。但是,财政政策通常是由各国立法机关和政府制定的,而且,预算不仅仅是一个简单的会计方法或称数学问题。除非欧盟真的可能在政治一体化问题上取得突破,否则,属于国家主权范围内的财政政策就只能用协调的方法来解决。即使是最早爆发主权债务危机、拖累整个欧元区的希腊,在危机发生后向欧盟求救时,也强烈反对德国提议的以向欧盟让渡财政权作为接受财政援助的前提条件。④ 即使欧洲联邦真的能够成立,联邦经济政策的决策及其与成员国经济政策之间的冲突也会继续存在。南欧和北欧的成员国在经济发展方式、社会财富分配、经济结构和社会观念方面都存在分歧。如果将来东欧国家陆续加入,矛盾就会更复杂,决策的分歧也越大。⑤ "只有把岁出(预算)政策、租税政策与金融政策充分协调,才能够对国民经济之稳定发展有所

---

① 爱尔兰是欧盟成员国中唯一对《里斯本条约》举行全民公投的国家,但在第二次公投时才通过。
② See *Treaty of Lisbon of 2007*, http://eur-lex.europa.eu/JOHtml.do?uri=OJ:C:2007:306:SOM:EN:HTML, 2012年9月1日最新访问。
③ 〔美〕约瑟夫·E.斯蒂格利茨著:《稳定与增长:宏观经济学、自由化与发展》,刘卫译,中信出版社2008年版,第67页。
④ 德国政府提议,欧盟向希腊派遣一名财政专员,在希腊政府的财政事务上拥有最后决定权,必要时甚至可以推翻希腊议会的决议。简言之,欧盟专员可以决定希腊政府怎么花钱。
⑤ Martin S. Feldstein, "EMU and International Conflict", *Foreign Affairs*, Vol.76 No.6, Nov-Dec. 1997, http://www.nber.org/feldstein/fa1197.html, 2012年9月1日最新访问。

裨益。"①所谓岁出(预算)政策、租税政策即财政政策,金融政策则是指货币政策。

欧洲央行推崇德国央行所追求的抑制通货膨胀、稳定物价的目标,但是,更多的成员国关注充分就业的目标,反而可以容忍较高的通货膨胀水平,因此,常常会要求欧洲央行降低利率,以促进充分就业和经济增长。如果一国的央行能够独立制定货币政策,对通货膨胀的控制显然会更加得心应手。《马约》规定:欧洲央行的首要目标是"维持物价稳定"(maintain price stability),当欧洲央行依据《马约》来执行事务时,无论欧洲央行、各国央行或其他决策机构,都不能受到欧元区其他机构或成员国政府的指引。②与德国一直强调稳定物价的重要性相比,法国多次明确表示其更加重视失业问题的解决。在法国的坚持下,《马约》增加了充分就业条款,《稳定与增长公约》(Stability and Growth Pact)于1997年6月17日通过,确立了充分就业和稳定物价目标,以保证欧元稳定、防止发生通货膨胀。英国出于保持伦敦的国际金融中心地位的考虑,一直没有加入欧元区,以保留货币(英镑)发行权和货币政策的制定权,但与欧洲金融市场保持密切联系。除此,英国在很多问题上也有不同的主张。

"决定一个政府之财政收入的主要因素为当地天然条件、经济及文化所决定下来之财政能力。由于国家(规划)机能、地方条件的差异,在一国之内,各地方的发展,正如市场经济下之个人的发展,不可能同步,而会有先后、高低的差异,于是,财政能力亦有高低。"③由于担心某些成员国的财政政策不良或其为了加入欧盟而刻意造假,欧盟理事会就财政透明度原则进行了充分讨论,并逐渐将其确立为加强对成员国的财政政策进行管理的措施。财政透明度是促进预算编制效率、保障政府及其官员对公众负责的方法,是宏观经济稳定、政府良治和财政公平的重要标志。财

---

① 〔日〕泉美之松著:《租税之基本知识》,蔡宗义译,台湾"财政部"财税人员训练所1984年版,第344页。
② See *Maastricht Treaty*, www.eurotreaties.com/maastrichtec.pdf, 2012年9月1日最新访问。
③ 黄茂荣著:《法学方法与现代税法》,北京大学出版社2011年版,第33页。

政透明度要求政府向公众最大限度地披露其与公众利益直接或间接相关的、无涉国家秘密的信息,而且,披露的信息必须是详尽的、及时的、容易读懂的,还要接受公众的监督和批评。财政透明度包括制度透明度、会计透明度、指标与预测的透明度等方面。只有坚持财政透明度原则,才能实现对成员国采取的财政政策的限制。

(二) 财政约束规则的演进路径和设计思路

预算是否平衡往往涉及一个国家的政治、经济、社会、管理和行政等方方面面的因素,这既决定于该国筹集财政资金的能力,又决定于该国使用财政资金的安排,还受到经济与社会发展状况是否良好的掣肘。现实中,财政赤字经常地出现,基于种种原因和不同层面的考虑,各国出现财政赤字,既可能是主观上的选择,也可能是客观上的无奈。"预算过程的复杂性导致财政政策成了一种麻烦的经济管理工具。由于财政政策是通过年度预算过程中的收入和支出决策来实施的,在经济问题的各种要素被察觉之前很久就必须作出政策决定","意识形态的差异也会使得财政政策的运用变得复杂化"。[①] 一个国家在不同的经济发展阶段,可能实行不同的财政政策;不同国家的财政政策更不可能完全相同。为了使统一货币政策更有效,必须对欧元区成员国的财政政策进行必要的限制。为此,欧盟几经波折,通过了《稳定与增长公约》,试图将欧元区成员国的财政赤字和公债余额控制在合理限度内,防止财政风险累积成财政危机,以致威胁欧元区成员国和非成员国的财政安全。欧元的稳定、投资者和消费者信心的维持很大程度依赖于欧元区成员国对《稳定与增长公约》的遵从程度。

《罗马条约》采纳了德国基本法及《联邦预算法》承认的经济原则,这是基础设施、促进经济发展和环境保护等领域的行为准则。德国《联邦预

---

① 〔美〕理查德·雷恩著:《政府与企业——比较视角下的美国政治经济体制》,何俊志译,复旦大学出版社 2007 年版,第 298 页。

算法》第7条第1款规定:"只有联邦政府有权对经济原则具体化,因为联邦政府有责任检查通过划分、非国有化或私有化,可以使国家任务或经济活动完成至何种程度。"①因此,欧盟预算法也强调预算平衡的重要性,要求欧盟和各成员国的预算都要保持平衡。由于资本市场的开放和单一市场内部及其与外部市场竞争的缘故,欧盟对各成员国的增值税、消费税和公司税等相关税种进行税率和税基方面的协调,这不仅影响了欧盟的预算平衡,也影响了各国的财政收支结构。与此同时,欧盟还要求想要加入欧元区的国家遵循财政趋同标准。为此,大多数国家需要长期保持较为稳健的财政状况。虽然上述标准是促进各国实施良好财政政策的强制性因素,但是,也有一些国家获准加入后,就放松了预算平衡的努力,重拾松弛的财政政策,因此,严重威胁到其他成员国的财政安全。另外,受到经济衰退影响,即使是德国,在某些年份也出现了高额的财政赤字。

欧盟成员国在发行欧元时就有共识:只有在所有成员国的宏观经济状况都保持良好的情况下才能推行单一货币,并在《马约》中明确规定了五条衡量标准,其中,有两条与公共财政直接相关:(1)成员国的总债务不得超过GDP的60%;(2)成员国每一财政年度的财政赤字不得超过GDP的3%。这两个标准也是国际公认的财政安全的标准。此外,还确立了"不救助"原则:欧盟本身和任何成员国都不能为财政困难的国家偿还其所举借的公债。然而,很多经济学家对60%和3%这两个划一的标准的合理性提出了质疑,认为这些标准可能因经济发展周期的影响而被轻易越过,特别是可能受到欧洲央行的利率变动以及经济衰退和通货膨胀的影响。一般认为,以下几个问题必须得到重视:(1)60%和3%的标准要求所有国家及其下属机构的预算和强制性社会保障计划合并;(2)60%和3%的标准以公债总额的概念为基础,只包括财政负债,不计算除现金和现金等价物之外的所有资产;(3)纯金融交易也不计算在内。

---

① 〔德〕罗尔夫·斯特博著:《德国经济行政法》,苏颖霞、陈少康译,中国政法大学出版社1999年版,第108页。

特别是,出售资产所得收入不会影响财政赤字,即使这些收入可以降低债务负担。①

根据《马约》第2条,总体经济平衡是欧盟制定任何经济政策的核心目标,欧盟成员国加入欧元区前,必须符合《罗马条约》规定的"收敛标准"(convergence criteria),其主要内容包括稳定的物价、健康的公共财政以及货币稳定性和稳定的长期利率水平。上述条件使得不同国家的财政状况具有可比性,有助于保障欧元这一统一货币正常运转,防止欧元区失败。《罗马条约》第311条"具有约束力的协议"对上述条件进行了详细的规定:首先,《罗马条约》适用于禁止过高财政赤字的标准,《关于过高赤字程序的协议》规定,如果新债务超过GDP的3%,就构成《罗马条约》第104条第2款意义上的过高财政赤字。其次,总债务不得超过GDP的60%。之所以选择强制性的标准,是因为立法机关和政府完全可以通过相应的财政节约政策来影响新的债务。② 此外,也有国家建议将充分就业列为额外的"收敛标准"。《罗马条约》的"收敛标准"被《马约》规定的财政趋同标准所延续,是财政约束规则的早期版本。

《马约》为欧盟成员国加入欧元区设定了财政趋同标准,包括三条基本准则:(1)财政约束规则,规定成员国应避免出现过度财政赤字,超过上限的豁免条款和过度赤字程序,通过限制各成员国制定的财政政策,使欧洲央行免受救援财政危机的压力,维护欧洲央行的独立地位,促进货币政策目标的实现;(2)财政自主规则,规定由成员国执行自身的财政政策,要根据有利于资源有效配置的市场法则行事;(3)规定成员国应认识到其财政政策是整个欧盟共同关注的事务,由欧盟理事会每年议定成员国与欧盟的经济政策的基本方针,同时,对成员国执行基本方针实施多边

---

① 〔法〕理查德·阿伦、丹尼尔·托马西著:《公共开支管理——供转型经济国家参考的资料》,章彤译校,中国财政经济出版社2009年版,第81页。
② 〔德〕罗尔夫·施托贝尔著:《经济宪法与经济行政法》,谢立斌译,商务印书馆2008年版,第335—338页。

监管机制。① 在以上基本准则中,财政约束规则最为核心,具体包括数量性规则和程序性规则,前者设定财政趋同标准,后者引导成员国制定严格的财政政策,包括财政赤字和公债余额的上限、超过上限的豁免条款以及过度赤字程序的实施步骤;超过上限的豁免条款的设置也体现了财政约束规则"某种程度的妥协性和不彻底性"。②

出于对"过度赤字程序"的疑虑和强化财政纪律的目的,德国财政部长魏格尔1995年就率先提出制定适用于欧元区成员国的《稳定公约》的建议和草案,督促成员国遵守《马约》规定的财政目标,确保成员国加入欧元区后,仍然能够自觉维持良好的财政状况。"《稳定和增长公约》就根源于德国对其他欧元区成员国政府的不信任,以及对(经济实力)较弱的政府施加预算约束的需要。"③其实,德国政府也不见得就总是能够做到其大力提倡的财政安全的目标,只是其更害怕受其他成员国过于松弛的财政政策的拖累。但是,这一草案引起了以法国为首的大多数成员国的反对,其理由是:要求实现预算平衡的规定过于严格的话,势必会阻碍经济增长。为此,法国提议:在加强财政纪律和维护稳定物价的同时,有必要加入促进经济增长和充分就业的内容。因此,欧盟理事会在草案中附加了促进经济增长和充分就业的决议,更名为《稳定与增长公约》,于1997年达成最后议定书。该公约阐明了《马约》中有关过度财政赤字的条款,特别是明确了财政赤字可以突破3%的财政安全线的豁免规则。

《稳定与增长公约》规定了欧元区成员国在财政赤字过度的情况下受到的制裁的内容及时间。"在此《公约》下,赤字超过3%的例外情况只有当一个成员国存在问题的那一年的GDP下降至少2%才是允许的",

---

① 周念利著:《欧洲经济货币联盟中的财政约束研究》,武汉大学出版社2008年版,第53—54页。
② Duti Marco, Daniele Franco and Hedwig Ongena, *Fiscal Discipline and Flexibility in EMU: the Implementation of the Stability and Growth Pact*, Oxford Review of Economic Policy, No. 14, 1998, pp. 81—97.
③ 〔美〕罗伯特·索洛:《反思财政政策》,孙磊译,载吴敬琏主编:《比较》(总第31辑),中信出版社2007年版,第111页。

"如果政府的财政赤字超过 3% 这个指导值,是由有关成员国无法控制的年度事件引发的,并且对政府的融资地位具有重大影响,这种情况也被视为例外的和暂时的"。① 成员国每年都必须遵守包括接近平衡或盈余在内的中期财政目标,以及为了达到这一目标的调整手段在内的"稳定计划",而且,每一个财政年度都必须进行更新。欧盟有权决定是否批准成员国的"稳定计划",或要求成员国作出调整。对成员国的财政政策进行必要限制,可以为欧洲统一货币政策提供另一种保护,使其免受要求欧盟对成员国因通货膨胀导致的债务危机进行财政援助的压力。《稳定与增长公约》的财政约束规则分别从政治承诺、预防和劝诫的角度设计,促使成员国以良好的经济运行状态加入欧元区。

近年来,由于成员国先后出现经济衰退问题,财政状况不断恶化,大多数成员国根本无法达到财政约束规则的要求,特别是法国和德国也出现了违规行为,在经过激烈争论后,欧盟财长委员会裁定:暂时不对法、德两国实施经济制裁。最终,公约不得不于 2005 年 3 月进行了修改:当成员国的财政赤字占 GDP 的比重超过 3% 的上限时,不再自动进入惩罚程序;欧盟决定是否对赤字率超限国进行惩罚时,必须考虑该国经济发展的具体情况。"随着目前欧元区财政经济状况整体恶化,关于如何评价欧盟现有财政规则设计和实施效果,学术界存在激烈争议","数量性财政趋同标准缺乏经济学依据和内在一致性,且会导致成员国财政政策能力弱化和顺周期化"。② 法国、德国、葡萄牙和意大利等国家都曾因赤字率超标而被欧盟列为违规国家,处罚程序也曾自动启动,但是,由于罚款金额太高,引起很大的争议。因此,实际上没有任何违规国家真正受到处罚。可见,如果不对这一规则进行修改,根本无法实施。这次修改增加了公约的灵活性,有助于成员国确有需要时可以制定赤字财政政策来刺激经济

---

① 〔荷兰〕塞尔维斯特尔·C.W.艾芬格、雅各布·德·汉著:《欧洲货币与财政政策》,向宇译,中国人民大学出版社 2003 年版,第 130 页。
② 吴艳、周念利:《欧洲货币一体化进程中的财政约束条款质疑》,载《中央财经大学学报》2008 年第 11 期,第 12 页。

复苏,然而,导致其修改的原因也增加了人们对欧元区成员国的财政状况的担忧,使得财政约束规则的法律效力遭受质疑。尽管如此,《稳定与增长公约》确实弥合了成员国对制定财政约束规则的意见分歧,既能够督促成员国真正遵循财政纪律,又能够使成员国保留宏观调控本国经济的部分权力。

赤字率和公债率的上限指标主要是由欧盟成员国通过谈判决定的,并不是根据客观的经济指标测算确定的。而两者的法律效力也不尽相同:赤字率上限指标具有强制性,而公债率上限指标仅仅具有参考价值。以欧洲央行为代表的"公约维护派"认为,对欧元区成员国的财政政策进行限制是必要的,过度财政赤字会影响统一货币政策的实施。财政约束规则中的赤字率和公债率的上限指标也是恰当的;如果轻视或弱化公约的约束力,将会影响欧元区的经济稳定、降低欧元的可信度。《稳定与增长公约》既没有修改理由,也没有修改空间。而以法、德两国等违规国家为代表的"公约质疑派"则辩称,财政约束规则中的上限指标过于苛刻,没有考虑到各国的经济发展状况,因此,需要对规则进行调整。《稳定与增长公约》只是一个指导性的框架制度,并不是具有强制力的法律,对违规国家采取强制性的惩罚是不合适的,而且会进一步恶化经济发展情势。此后,欧盟委员会向欧洲法院起诉欧盟财长委员会,认为其裁定赤字率超标的法、德两国免予处罚的决定过于偏袒、有失公允,要求重新进行裁定。[①] 尽管各国都唯恐受到其他国家财政状况不佳的拖累,但都缺乏约束自身财政政策的自觉。

(三)欧洲债务危机提供的规则改进契机

财政约束规则没有要求成员国制定一致的财政政策,只是对其财政行为进行了约束,规定了明确的边界:"在边界内,各成员国可以自主制定

---

① 范幸丽、杜凤莲:《〈稳定与增长公约〉与法德财政赤字超标——兼论欧元区财政纪律的取向》,载《国际经济评论》2004年第3期,第41—44页。

财政政策。如果成员国出现超过财政约束规则规定的财政赤字,欧盟就要对该国实施过度赤字程序,对其采取从公开建议到施加处罚的一系列措施,亦可辅以其他措施,或者要求成员国缴纳无息存款等。"① 但是,有学者认为,"财政约束规则对成员国自主决定的财政变量和财政行为的限制是低层次的监督,规则本身所发挥的作用也是相当有限的"②。由于各成员国在市场经济体制、经济发展的基础和周期、市场监管理念等方面都存在较大的差距,而财政约束规则设定了统一的赤字率和公债率上限指标,各成员国不见得都能时刻遵循财政纪律。随着经济全球化程度的加深,当经济衰退时,即使是经济实力较强的成员国也很难保证其总能符合法定要求。其实,很多国家还是努力要控制财政赤字、恢复预算平衡的,因此,制定了严格控制地方政府举债用途的黄金法则,只允许以清算为目的短期举债,有的国家还在此基础上对举债附加了更多条件。

德国不仅是欧盟的领袖国,而且被公认为财政最稳健,然而,受到全球金融危机影响,很多成员自 2009 年开始进入很深的经济衰退,德国也不例外,当年经济增长率为 -2.25%。"德国是一个高税国,征收了各种不同的税种。2007 年税收占 GDP 的比重达到 22.3%。"③ 德国联邦政府对金融业提出 5000 亿欧元的救市方案,以及 320 亿欧元和 500 亿欧元的实体经济刺激方案,投资重点是教育、道路和其他公共建设工程,这是第二次世界大战后最大的经济刺激计划,直接导致财政赤字和公债余额上升,联邦政府不得不宣布经济处于不平衡状态;2009 年的赤字率达到 3.3%,2010 年的公债率达到 76.7%,都超过了财政约束规则设定的上限。④ 至于公共财政状况一向不甚理想的法国,其 2008 年出台了用于对

---

① 周念利:《欧洲经济货币联盟中的财政约束研究》,武汉大学出版社 2008 年版,第 56 页。
② 刘兴华:《从德国赤字超标看欧盟财政约束规则面临的挑战》,载《德国研究》2010 年第 4 期,第 46 页。
③ Hugh J. Ault, Brian J. Arnold, *Comparative Income Taxation: A Structural Analysis*, 3rd. ed., New York: Wolters Kluwer Law & Business, Aspen Publishers, 2010, pp.69—70.
④ 2009 年,赤字率最高的是希腊的 15.6%,其次是爱尔兰的 14.0%(次年涨到 31.2%),欧洲平均值 6.3%;2010 年,公债率最高的是希腊的 124.9%,其次是意大利的 116.7%,欧洲平均值 84%。详见本书附录三。

金融业的救助和担保的3600亿欧元的救市计划,并打算动用财政资金为10万个就业岗位提供保障,又推出了260亿欧元的经济刺激计划,向处于困境的汽车制造商提供50亿欧元至60亿欧元的财政资金支持,此外,还打算在未来3年内对科技和环保领域投资1750亿欧元。再加上法国原先的财政收入状况就捉襟见肘,救市资金只能通过发行各种债券来筹集。① 法国2009年的赤字率达到7.5%,2010年的公债率达到82.5%,也大大超过财政约束规则设定的上限。

"与其他发达国家相比,法国税收制度的传统特征之一是所得税只是占财政收入的一个很小的比重","自1996年以来,税收收入占GDP的比重稳定地维持在44%左右"。② 为了在经济增长乏力的情况下削减财政赤字,法国议会2012年7月底通过了《财政法(修正案)》,预计增加税收72亿欧元,赤字率降低到4.5%。具言之,第一,废止了社会增值税:2012年《财政法》决定于2012年10月1日起将增值税税率从19.6%上调为21.2%,用于填补减免社会保险金的相应损失的部分资金称为社会增值税;第二,自2012年9月1日起,废止对加时工资免收社会分摊金的优惠税收政策;第三,针对拥有财产超过130万欧元的富裕阶层约30万纳税人开征临时性特别财产税;第四,将遗产和赠与税的免税额从原先的159325欧元下调至10万欧元,将赠与免税的间隔时间从10年延长至15年;第五,将雇主负担的比例从原先规定的8%上调至20%。同时,合作储蓄的比例仍维持8%;第六,对石油产品按库存数量,征收4%的临时性石油产品库存税;第七,上调奖励购股权税率:企业负担的税率从14%上调至30%,获益员工负担的税率从8%上调至10%;第八,先决定开征的金融交易税税率提高至0.2%;第九,将此前上调至7%的图书等商品的增值税率,重新下调至5.5%;第十,取消2011年规定的,对享受国家医疗

---

① 参见吴家明:《法国推出260亿欧元经济刺激计划》,载《证券时报》2008年12月5日, http://finance.jrj.com.cn/2008/12/0513442969653.shtml,2012年9月1日最新访问。
② Hugh J. Ault, Brian J. Arnold, *Comparative Income Taxation: A Structural Analysis*, 3rd ed., New York: Wolters Kluwer Law & Business, Aspen Publishers, 2010, pp.49—50.

补贴者给予的30欧元补贴;第十一,将总统工资减少30%,即将总统月薪(税前)从21300欧元减少至14910欧元。①

除了德国和法国之外,还有很多成员国采取紧缩财政支出、扩大财政投资、大规模减税等方式来刺激经济复苏,因此,大多数成员国都违反了财政纪律,但没有哪个违规国家因此受到欧盟财长理事会的制裁。然而,这种相对正当的财政赤字使得财政约束规则的适用效率大打折扣的同时,也使得一些向来不遵守财政纪律的国家所犯的错误越来越严重,最典型的是希腊。希腊的财政困难由来已久,其多年来存在的严重超支、公务员数量过多、偷逃税现象严重等弊病,使希腊的赤字率和公债率长期超过财政约束规则设定的上限。同时,希腊的经济发展水平在欧元区成员国中相对较低,主要靠旅游业支撑。但是,希腊还坚持实行高福利体制。希腊债务危机也折射了"从摇篮到坟墓"的高福利体制给财政造成的沉重负担。希腊信奉的是美国式的自由市场经济模式,强调市场自由,反对政府干预;而德国及其主导的欧盟实行社会市场经济模式,主张政府适当干预市场运行,以稳定物价、抑制通货膨胀。再加上希腊在加入欧元区时,财政状况根本就没有达标,加入后又继续放任财政赤字与公债规模攀升。在此背景下,2009年底,全球三大评级公司下降下调希腊主权评级,希腊主权债务危机愈演愈烈。由于希腊的经济体系较小(仅占欧盟GDP的2.5%),一般认为,其主权债务危机不会对整个欧元区造成太大的影响。2010年,很多欧元区成员国也开始陷入主权债务危机,即使是比利时等公认财政较为稳健的国家和西班牙等经济实力较强的国家,都预报未来几年的赤字率和公债率会居高不下,可见整个欧元区都深受主权债务危机困扰。2010年4月23日,希腊正式向欧盟与IMF求助;5月10日,欧盟批准7500亿欧元的财政援助计划。2011年,希腊的赤字率和公债率分别达到9%和157%,随时都有违约危险。除此以外,意大利的状况也

---

① 许崇山:《法国议会正式批准2012年财政法修正案》,http://www.howbuy.com/news/2012-08-01/1598222.html,2012年9月1日最新访问。

不容乐观,其公债率仅次于希腊,达到119%。实际上,意大利加入欧元区时,公债率就超过100%,加入后没有明显改进。① 之所以不达标也被批准加入,主要是基于政治上的考虑:欧盟中央认为意大利是欧洲大国,可以先吸收进来,再慢慢使其达标。可见,欧元区建立时就有机制上的缺陷。

欧洲债务危机发生的直接原因是欧元区成员国自身的巨额债务和美国华尔街"助纣为虐"的投机行为,而深层根源则是欧盟失衡的经济结构和难以为继的高福利体制。其中,失衡的经济结构主要表现在两个方面:其一,区域经济发展失衡,德国、法国等两个大国的经济实力相对最强,自然成为欧元区的核心国家,其他国家越来越沦为核心国家的附庸;其二,欧洲央行只掌握货币政策的制定权,财政政策仍然由各成员国自行制定。各国往往基于利己的考虑来制定自身的财政政策,而不会考虑因此给其他成员国造成的影响。如果各国经济发展严重失衡的状况不缓解,欧洲财政危机爆发就几乎是无法避免的。② 当边缘国家相信"出现财政危机时,核心国家必定出手相助"的话,就更倾向于不负责任地实施赤字财政政策来刺激经济复苏。再加上金融监管一直是由各成员国自行进行的,欧元区也缺乏统一的跨国金融监管合作机制,因此,大大削弱了欧洲央行及早发现成员国的债务数字造假、信用违约掉期买卖③以及做空欧元的行为的能力。那么,是否有必要建立更严厉的财政纪律呢?

自欧元发行以来,欧盟失衡的经济结构至少已引起三次欧盟内部的政策危机。欧元区也陷入进退两难的局面:"进"是指解决财政政策和货币政策分开决策的二元结构,制定欧元区的统一财政政策;"退"是指对

---

① 参见《欧洲债务危机专题报道》,http://finance.sina.com.cn/stock/usstock/greececrisis.shtml, 2012年9月1日最新访问。
② 余翔、汪徽:《从欧洲主权债务危机看欧盟发展困境》,载《当代世界》2011年第2期,第47页。
③ 2001年,为加入欧元区,希腊政府求助著名投资银行高盛,高盛和希腊进行了货币互换协议来帮助其掩盖严重的财政赤字;高盛通过货币掉期交易,替希腊借到了一笔高达10亿欧元的债务,使得希腊在账面上达到财政约束规则设定的上限。除此,高盛还设计了多种"敛财"却不会使负债率上升的方案。

公共财政状况极其糟糕却不积极采取任何措施的成员国建立欧元区的退出机制,以强化财政约束规则的约束力。由于欧盟一直奉行成员国政府间协调的原则,而缺乏中央集权式的政治管控或问责制度,成员国可以"有福同享",却不愿"有难同当"。解决欧洲债务危机主要有三种思路:其一,实行紧缩性财政政策、削减财政赤字,这就意味着要削减社会福利项目和养老金的规模,社会风险和政治代价都很高。其二,推动欧元大幅贬值,提高危机发生国的经济竞争力,等到经济恢复增长后,危机发生国的偿债能力自然会加强。然而,受到全球金融危机影响,核心国家主张提高欧元的存贷款利率来抑制通货膨胀,危机发生国希望欧元贬值的诉求根本无法满足。其三,欧盟央行增持危机发生国的债务,但这种做法很难奏效,根本原因在于欧洲央行不具备财政一体化的基础和令人信服的经济实力,因此,市场更加相信经济实力最强的德国和法国可以帮助各国度过危机。

由于无效的财政纪律会损害欧元区的信誉,很多学者相信,除非欧元区建立财政联盟,否则,其随时都可能瓦解。[1] 欧洲债务危机来得又急又猛,已经使欧盟突破了"不救助"原则,对希腊、爱尔兰和葡萄牙等国家进行财政援助。需要强调的是,希腊和债权人通过谈判方式减记债务的做法显然不可推广;而援助也不能根本解决问题,自己的问题始终还是要靠自己解决,受援助国实行紧缩性财政政策是必要的。2010年欧盟与IMF设立的7500亿欧元的临时救助机制,包括三个部分:其一,由欧元区成员国共同设立的总额达4400亿欧元的欧洲金融稳定工具(European Financial Stabilization Facility,简称EFSF),通过欧元区成员国作为担保发行债券筹集资金,为需要接受财政援助的成员国提供贷款。其中,对爱尔兰和葡萄牙的贷款主要由EFSF安排,对希腊的第二轮援助也由EFSF安排。其二,由欧盟设立的总额达600亿欧元的欧洲金融稳定机制(European

---

[1] 郑建军、黄梅波:《货币联盟中的货币政策承诺与财政纪律》,载《世界经济》2007年第1期,第20页。

Financial Stabilization Mechanism,简称 EFSM),通过欧盟成员国的预算作为担保发行债券筹集资金,为需要接受财政援助的成员国提供贷款。其中,对爱尔兰和葡萄牙提供辅助性的财政援助。① 上述资金都可以到二级市场购买欧元区成员国的主权债务,其实际上采取的是运用欧元区和整个欧盟的整体信用的策略,而德国和法国发挥了最大的作用。欧洲央行也有打算以购入价格向 EFSF 出售所持希腊债券,以遏制希腊主权债务危机蔓延。② 其三,IMF 承诺提供 2500 亿欧元的贷款。

在全球金融危机发生后,各国到底要不要对问题金融机构或问题资产提供救助,存在赞成和反对两派意见。有学者研究指出,"世界经济经受了一场心脏病发作,世界经济的心脏和动脉就是金融部门。这个类比富有成效,是 2009 年卡巴雷罗(Caballero)提出来的。救护车经济学涉及的是即时的、紧急的和暂时的救援过程。"③由于此次欧洲债务危机影响太大,欧盟不得不推翻其成立时就确立的"不救助"原则,德国在这次救援中扮演了最重要的角色,从而一跃成为欧盟的掌舵人。尽管德国内部对是否应当援助危机发生国也存在意见分歧,尤其是,在 EFSM 通过后,德国国内一些团体提起了多起诉讼,指称 EFSM 违反德国宪法。联邦宪法法院的判决虽然判定 EFSM 符合宪法,但是,也附加了一些说明和限制条件。欧盟推动欧洲一体化的过程中始终没有很好地处理欧盟法与成员国宪法的关系。德国宪法没有否决《马约》、也没有阻止欧洲政治一体化的进程,但是,联邦宪法法院保留了对德国人基本权利的最后审判权。在德国,只要个人认为,任何政府措施和法律法令违反了他们的基本权利,都可以向联邦宪法法院提起诉讼。联邦宪法法院尽管从来没有公开反对

---

① See *The European Financial Stabilization Mechanism*, http://www.parliament.uk/briefing-papers/SN05973,2012 年 9 月 1 日最新访问。
② 有学者认为,雅克·戴普拉(Jacques Delpla)等提出的蓝色债务方案(将欧元区成员国的债务中占 GDP 的比重未超过 60% 的部分汇总形成统一的欧元债务——蓝色债券)是财政联盟的最优路径,但是,也有争议和障碍。参见潘成夫、刘刚:《欧洲债务危机、财政联盟与蓝色债券》,载《财经科学》2011 年第 10 期,第 6—9 页。
③ 〔美〕华纳·M.科登:《救护车经济学——关于财政刺激的赞成与反对意见》,孔立强译,载《经济资料译丛》2011 年第 1 期,第 29 页。

欧洲一体化，而且在重大议题上表现出对欧洲一体化的支持，但这个判决充分表明其谨慎的态度。

欧洲债务危机发生后，德国和法国都积极呼吁修改欧盟条约、建立财政联盟，通过强化财政纪律的方法来约束欧元区成员国和其他愿意加入欧元区的欧盟成员国，但两国的意见依然存在分歧：德国希望欧元区成员国都将预算的最终控制权交给欧洲财政当局，赋予后者否决权，这就需要修改欧盟条约，德国还希望吸纳丹麦、波兰和瑞典等非欧元区国家参加财政联盟；法国则认为，只有欧元区成员国才能参加财政联盟，财政联盟有权对财政政策不良的成员国进行惩罚。在2011年年底的欧盟峰会上，除了英国以外的26个成员国都同意缔结政府间财政契约来加强财政纪律。而2012年1月底举行的欧盟领导人非正式峰会上，除了英国和捷克以外的25个成员国通过了旨在加强财政纪律的欧盟财政契约草案，2012年3月初的欧盟峰会上正式签署了该项公约，该项公约将在获得12个成员国的议会批准后生效，其核心内容是：确立自动惩罚的规则，欧洲法院有权对赤字率超过规定标准的国家进行处罚，最高罚款金额也设定了上限。2012年2月初，成员国签署《欧洲稳定机制公约》，欧洲稳定机制（European Financial Mechanism，简称ESM）这一永久性救援基金将在2013年中期接替临时性的EFSF和EFSM，继续履行稳定欧洲金融系统的职能，主要通过贷款方式进行救助，必要时可以直接购买成员国公债，以协助成员国度过金融或财政危机、保障欧元区的金融稳定性。[1]

2012年2月，法国议会中的国民议会和参议院先后批准了ESM；9月12日，德国宪法法院作出裁决，准许德国政府批准ESM，但要求德国在ESM总额（即7000亿欧元）中的负担不得超过目前条约规定的份额（即1900亿欧元），否则必须得到议会的批准。[2] 这一附加条件保证了德国对

---

[1] See European Stability Mechanism Treaty of 2012, http://european-council.europa.eu/eurozone-governance/esm-treaty-signature?lang=en，2012年9月1日最新访问。
[2] 亚太财经与发展中心摘译：《德国宪法法院裁决允许政府批准欧元区纾困基金》，http://afdc.mof.gov.cn/pdlb/wgcazx/201209/t20120913_682474.html，2012年9月18日最新访问。

其他欧元区成员国仍然保持不容忽视的控制力。德国是欧元区成员国唯一没有批准 ESM 的国家。原定于 7 月 1 日开始运行的 ESM 之所以推迟启动,主要原因就是德国宪法法院延迟了有关 ESM 合法性的裁决事宜,同时,宪法法院驳回此前德国议员要求推迟裁决 ESM 合法性以及反对欧洲央行干预债市的申诉。宪法法院认为,德国政府有关 ESM 的决议必须获得议会两院批准,因此,驳回了 ESM 的保密条款;在特定条件下,德国政府可以对 ESM 和财政契约作出修改。然而,宪法法院仅仅是裁决是否对 ESM 施行紧急禁令,即阻止德国政府批准救助机制,而宪法法院针对 ESM 的最终裁决要 2013 年才会作出。一般认为,最终裁决结果不大可能偏离初步裁决。① 宪法法院的裁决确立了有保留地参加国际公约的先例,使得纳税人承担的风险受到一定的限制。2012 年 9 月底,德国政府批复了 ESM 章程,并发布声明称,已基于德国宪法法院的批复,向德国联邦议会上下两院通报了 ESM 章程的批复结果。

2012 年 3 月初,除了英国和捷克外的 25 个欧盟成员国正式签署《经济货币联盟稳定、协调与治理条约》,这是一项旨在促进预算纪律的财政契约。② 英国起初就拒绝加入,而捷克是因为其宪法体制问题而拒绝参与。该公约规定:"各国政府需要保持健全和可持续的公共财政,并防止出现政府过度赤字,这对于确保欧元区作为一个整体保持稳定至关重要,为此,需要引入一些具体规则,其中包括'平衡预算规则'和采取纠正行动的自动机制。缔约国有义务以具有约束力和永久性的、最好是宪法性的条款,将'平衡预算规则'转化成国内法;对这一义务的遵守,……受欧洲联盟法院管辖。"另外,还规定"如果欧洲法院认定该相关缔约国没有遵守其判决,则可课以与相关情形相应的一次性罚款或罚金,但不得超过

---

① 陈听雨:《德宪法法院有条件裁决 ESM 合法》,载《中国证券报》2012 年 9 月 13 日第 A04 版。
② *Treaty on Stability, Coordination and Governance in the Economic and Monetary Union*, http://european-council.europa.eu/eurozone-governance/treaty-on-stability,2012 年 9 月 1 日最新访问。

其国内生产总值的 0.1%。"①欧盟经济一体化的进程是有效而缓慢的,每一次看似难以化解的危机状态,实际上都成为欧盟经济一体化深入发展的契机。欧盟通过欧元的发行和欧元区的建立而统一了货币政策,却把财政政策的制定权留给了成员国。虽然欧盟已经制定了《稳定与增长公约》来约束成员国的财政赤字和公债规模,但实际运行过程中收效甚微。欧盟财政契约规定成员国必须将预算平衡原则纳入本国宪法,该契约生效后,成员国财政自主权将在很大程度上让渡给欧盟,这标志着财政一体化有了很大的突破。2012 年 6 月底,德国下议院和上议院通过了欧盟财政契约;9 月 12 日,德国宪法法院裁决欧盟财政契约符合德国宪法。此前,德国是欧元区成员国唯一没有批准欧盟财政契约的国家,总统一直在等裁决结果。②

然而,法国始终对新财政契约的安排保留独特的见解,法国经济、财政和工业部长皮埃尔·莫斯科维奇 2012 年 5 月 17 日强调,法国政府将推动就强调财政纪律的新财政契约重新谈判,要求在其中加入"增长条款",通过增长战略重新定位欧洲经济一体化的建设方向,同时,法国也会遵守财经纪律承诺,努力削减赤字和公债。新财政契约旨在约束成员国政府肆意挥霍的行为,要求进一步整合欧元区预算政策并加强对具有经济和财政问题国家的监督力度。③ 但是,法国部长的提议遭到德国总理默克尔的拒绝:欧盟 27 个成员国中的 25 个签署了该契约,而且,部分成员国的立法机构已经批准了该契约,不可能重新谈判。2012 年 6 月 29 日,欧盟领导人批准了《经济增长公约》(Growth Pact),以确保欧盟预算安排 550 亿欧元支持研究、创新进而刺激经济增长。虽然意大利和西班

---

① 《经济货币联盟稳定、协调与治理条约》,叶斌、李靖堃译,载周弘、沈雁南主编:《欧洲发展报告(2011—2012):欧债危机与欧洲经济治理》,社会科学文献出版社 2012 年版,第 330—331、339 页。
② 在德国,国际公约经联邦议院和联邦参议院批准及总统签字后即生效,ESM 和财政契约经德国议会两院批准后,德国总统接受德国宪法法院的请求暂时不签字,以给其足够的时间受理反对党提出的宪法诉讼。
③ 应强:《法国财长强调"财政契约"应加入"增长条款"》,http://news.xinhuanet.com/world/2012-05/17/c_111977865.htm,2012 年 9 月 1 日最新访问。

牙推后签约,欧盟 27 个成员国都同意了该公约,在增长、稳定以及长期计划等方面达成了一致意见。然而,一周后,欧盟理事会批准的预算案却采取了相反的措施:2013 年,欧盟的研究支出将减少 15%,对中小型企业的资金支持将减少 28%,欧盟凝聚资金(cohesion money)将减少 16 亿欧元,节省的资金重点用于援助经济面临重大困难的欧盟成员国。可见,该预算案的内容使得《经济增长公约》看起来已经失去了法律效力,这种政策的摇摆不定实际上大大削弱该公约的预期效果。[①]

(四)欧盟预算法及其长期经济发展规划

"欧盟联盟作为一个超国家经济集团,为了实现关税同盟,执行共同的农业政策、社会政策、发展政策以及地区政策,必须建立一个超国家的共同财政体系。"[②]概言之,欧盟预算法某种程度上是一种妥协的产物,其制定过程始终受到法国和德国两个大国的影响,而与法国较为松散的财政政策相比,德国在预算赤字及其公债规模的控制问题上要严谨得多。鉴于欧盟《稳定与增长公约》事实上已经无力阻止欧元区成员国财政状况的恶化,而欧元的前景也一片黯淡,德国甚至希望所有欧元区成员国都采纳类似德国的预算平衡法及其财政约束机制,而一旦实施此项规定,欧元区成员国将不得有任何赤字,比现在规定赤字率上限的做法更加严格。该规定并不区分结构性赤字和周期性赤字,因此,要得到其他国家的接受还是有相当的难度的。[③] 德国一向是财政自律性极强的"乖宝宝",尽管也受到经济衰退的影响,但是,德国仍然坚定地执行着财政约束规则,例如,2010 年 6 月,德国内阁批准的一项被称为第二次世界大战以来最严厉的财政紧缩计划,拟通过减少政府开支、向核电站和航空旅行开征新税

---

① 亚太财经与发展中心摘译:《欧盟政策摇摆将削弱"增长公约"预期效果》,http://afdc.mof. gov.cn/pdlb/wgcazx/201207/t20120711_665463.html,2012 年 9 月 1 日最新访问。
② 朱洪仁著:《欧盟税法导论》,中国税务出版社 2004 年版,第 63 页。
③ 中新网:《德国拟改革平衡预算法、追欧元区国家零赤字》,http://www.chinanews.com/cj/cj-gjcj/news/2010/05-18/2287774.shtml,2012 年 9 月 1 日最新访问。

种、取消能源税收优惠,并开征金融交易税等,在 4 年时间内积累 850 亿欧元储蓄。而在其 2009 年的宪法增补条文中,还明确规定到 2016 年,德国联邦政府的预算赤字将不得超过 GDP 的 0.35%,到 2020 年后,各州政府不可以再出现预算赤字。① 某种程度上说,如果没有德国的坚持,欧盟预算法根本不可能贯彻《马约》的规定,欧盟的财政根基也会因此动摇。

《马约》第 104 条"超额赤字程序"(Excessive Deficit Procedure)规定:(1)成员国应避免过度的政府赤字。(2)为了发现严重错误,委员会应监督成员国的预算状况和政府债务总额的发展,特别是应按照下述两个标准检查预算纪律的遵守情况:第一,计划的或实际的财政赤字占 GDP 的比重是否超过参考值。除非:或者该比重已大幅且持续下降并达到与参考值接近的水平;或者对参考值的超出只是例外的和暂时的并且该比重仍接近于参考值。第二,政府债务占 GDP 的比重是否超过参考值,除非该比重正在显著减小和以令人满意的速度接近参考值。参考值在本条约附件的超额赤字程序议定书中予以详细说明。②

欧盟预算法规定了预算的完整性原则和普遍性原则,前者要求收入和支出在一个文件中提交,而后者要求所有的收入和支出都体现在那个文件中。预算基本法应当授权政府账户接受所有来自公共资金的存款,并规定只有议会才有权从该账户中支出;限制因某些特殊情况而产生的特别基金或预算外基金。欧盟每年都编制预算案:预算支出主要由农业补贴、地区发展基金、行政开支和对外援助、教育、科研、基础设施等组成;预算收入的 75% 来自成员国按其 GDP 的比例上缴的资金,其次来源于成员国按其征收的增值税的 1% 上缴的税收。③ 此外,来源于关税和农产品

---

① 中新网:《德国内阁支持政府紧缩财政计划》,http://www.chinanews.com/cj/cj-gjcj/news/2010/06-08/2329507.shtml,2012 年 9 月 1 日最新访问。
② 参见《马斯特里赫特条约(欧洲联盟条约)》,http://www.china.com.cn/law/flfg/txt/2006-08/08/content_7056892.htm,2012 年 9 月 1 日最新访问。
③ 陈俊涵:《欧洲联盟预算的法律规范》,载《淡江人文社会学刊》2007 年总第 32 期,第 115 页,http://www2.tku.edu.tw/~tkjour/paper/32/32-6%20fulltext.pdf,2012 年 9 月 1 日最新访问。

进口的差价税。① 例如,欧盟成员国与欧洲议会的谈判代表 2011 年 11 月 19 日就 2012 年预算案达成协议:2012 年欧盟预算开支为 1290 亿欧元,同比增长约 2%。② 欧盟按照"以支定收原则"来编制预算,这使得出现结构性赤字和周期性赤字的可能性都不大。"由于在收入领域并没有太大的征收收入的权力,欧盟将越来越难维持自己的预算平衡。但是,欧洲经济一体化进程的不断加快,欧盟对自己可支配资源的需要却在不断提高。"③2011 年欧盟预算实现约 1%的结余:14.9 亿欧元,而 2011 年欧盟预算开支为 1230 亿欧元,结余中约 7 亿欧元来自对成员国的罚款,另外约 7 亿欧元是一些未落实款项。④ 就欧盟预算而言,"预算平衡一直是一项基本原则。尽管有来自相反的压力,各成员国一直拒绝授权借款。通过提供补充性的调整财源,欧盟的财政体系清楚地反映了该原则,而且规定其数额应与财政需求相等"。⑤

欧盟注重制定长期的经济发展规划来引导成员国的发展,2000 年 3 月,欧盟 15 国领导人在葡萄牙首都里斯本举行特别首脑会议,达成了第 1 个 10 年经济发展规划——"里斯本战略"(Lisbon Strategy),这是指引成员国经济发展的纲领性文件,其目标是希望通过激励创新、大力推动信息通信技术的应用与发展,探索面向知识经济的下一代创新,力争使欧盟在 2010 年前成为以知识为基础的、世界上最有竞争力的经济体。"里斯本战略"在经济发展、就业、科研、教育、社会福利、社会稳定等方面制定了

---

① 2009 年,欧盟成员国共征收增值税 7830 亿欧元,占成员国税收收入的 21%,占 GDP 比重为 7.4%。成员国向欧盟缴纳 0.3%左右的增值税收入,2010 年共缴纳 140 亿欧元。参见驻立陶宛经商参处子站编译:《欧盟增值税征收情况》,载《波罗的海进程报》2011 年 12 月 7 日, http://www.mofcom.gov.cn/aarticle/i/jyjl/m/201112/20111207867537.html,2012 年 9 月 1 日最新访问。
② 崇大海:《欧盟谈判代表就 2012 年预算案达成协议》,http://news.xinhuanet.com/world/2011-11/19/c_111180056.htm,2012 年 9 月 1 日最新访问。
③ 钟晓敏著:《竞争还是协调:欧盟各国税收制度和政策的比较研究》,中国税务出版社 2002 年版,第 206 页。
④ 崇大海:《欧盟去年预算实现 1%结余》,http://news.xinhuanet.com/world/2012-04/16/c_111788377.htm,2012 年 9 月 1 日最新访问。
⑤ 〔法〕理查德·阿伦、丹尼尔·托马西著:《公共开支管理——供转型经济国家参考的资料》,章彤译校,中国财政经济出版社 2009 年版,第 69 页。

28个主目标和120个次目标,其中最重要的是就业率和科研投入。"里斯本战略"主张以加速经济发展带动就业增长:在中长期内创造3000万个就业机会,争取在2010年把欧洲的平均就业率从2000年的61%提高到70%。为此,欧盟积极探索以生活实验室(Living Lab)为代表的创新2.0模式,计划向知识经济全面过渡,把年均经济增长率提高到3%。另外,欧盟各国2010年科研投入占GDP的比重要从2000年的1.9%上升到3%。"里斯本战略"被称为事关男女老幼的真实的革命,但在实施过程中遇到重重困难,进展缓慢。2005年2月,欧盟委员会提出新的"增长与就业伙伴计划",调整了"里斯本战略"的目标,确立了经济增长和充分就业的目标,到2010年,经济增长率达到3%,新增600万个就业机会。2005年3月,欧盟首脑会议决定重新启动"里斯本战略",成员国将根据各自的情况确立为期3年的"里斯本战略"实施方案,欧盟委员会将每年发表一份相关实施情况评估报告,调整后的"里斯本战略"逐渐显现积极效果。①

2010年3月,欧盟发布第二个10年经济发展战略——"欧盟2020战略"(EU 2020 Strategy)。该战略是最具战略意义的纲领性指导文件,提出未来10年的发展重点和具体目标,其发展战略建立在技术创新、实行绿色经济增长模式及创造就业机会上。2008年全球金融危机前欧盟的经济增长率就已经落后于其他经济体,危机进一步暴露其经济发展的弱点和不可持续性。欧盟未来经济发展的重点集中于三个方面:实现以知识和创新为基础的智能增长,以发展绿色经济、强化竞争力为内容的可持续增长以及以扩大就业和促进社会融合为基础的包容性增长。具体目标包括:(1)使20岁至64岁的劳动者就业率达到75%;(2)将欧盟3%的GDP用于研发;(3)将温室气体排放削减20%;(4)将未能完成基本教育的人数控制在10%以下,使获得高等教育文凭人群比例达到40%;

---

① 《"里斯本战略"》,http://news.xinhuanet.com/world/2007-03/09/content_5823295.htm,2012年9月1日最新访问。

（5）将面临贫困威胁的人数降低到 2000 万以下。为此，欧盟将在创新、工业政策、消除贫困等方面启动 7 项发展计划。与"里斯本战略"相比，"欧洲 2020 战略"目标更为宏大，但更为现实。欧盟将发展重点和首要目标有机结合，对成员国提出了具体建议，成员国执行不力会受到警告。①

德国和法国是欧盟的两个领袖型国家，对其他成员国的影响极大，但是，两者的财政状况相去甚远，法国是一个自身的公共财政健康状况极为糟糕的大国，而德国则常常在欧盟中扮演"救世主"的角色，其向欧盟缴纳的财政资金和对其他成员国的财政救助首屈一指。一般认为，欧盟成员国经济与社会发展的绝对水平相距甚远，发展阶段也差别甚大，这使得它们即使形式上进入了统一的经济货币联盟，但是，它们的财政收支决策很难协同配合。"不同国家在同一时期可能处于不同的经济周期，同一宏观经济变量在不同国家的变动规律也可能存在差异，如何在经济周期、挂钩变量的国别差异与跨境银行的公平竞争之间寻求恰当的平衡，也是一个难题。"②欧盟国家经济发展水平和基本经济制度的差异使得其难以统一，而德国和法国两个领袖国家对于预算应否保持收支平衡的看法也大相径庭。

德国实行社会资本主义体制，德意志《联邦基本法》(1949 年)第 109 条第 2 款规定"联邦和各州在财政管理中应适当考虑综合经济平衡的需要"，第 110 条规定"预算必须收支平衡"，而德国《联邦预算法》(1969 年)第 2 条则规定："在编制与执行预算案时，应考虑总体经济平衡的要求。"总体经济平衡的概念具有开放性和不确定性，这源于财政收支政策和经济发展政策的灵活性，其意义在于维持"经济过程中各种对立的利益之间的平衡状态"。③ 总体经济平衡，是指为了避免或者减小经济危机及

---

① 《欧盟 2020 战略》，http://news.xinhuanet.com/ziliao/2010-03/04/content_13094993.htm，2012 年 9 月 1 日最新访问。
② 刘春航、李文泓：《关于建立宏观审慎监管框架与逆周期政策机制的思考》，载吴敬琏主编：《比较》(总第 43 辑)，中信出版社 2009 年版，第 38 页。
③ 〔德〕乌茨·施利斯基著：《经济公法(2003 年第 2 版)》，喻文光译，法律出版社 2006 年版，第 108—109 页。

其经济、社会和宏观政治后果,国家必须有计划地影响宏观经济的发展。① 德国《经济稳定与增长促进法》(1967年制定,1994年修正)第1条规定:"联邦与州在采取经济与财政措施时须考虑到整体经济平衡的要求。这些措施应同时有助于在市场经济秩序下价格水平的稳定、高就业状态、对外经济平衡和稳定而合理的经济增长。"该法1994年修订时增设了第五大目标——生态环境的维持。② 德国联邦预算案是由联邦政府负责编制的,联邦委员会可以对预算案的内容提出具体修改意见,最终审批权则属于联邦议会。如果联邦委员会不同意众议院采纳的方案,可以上诉到调解委员会。③

法国实行自由资本主义体制,《法兰西共和国宪法》(2008年)第47条第4款规定:"如果关于确定一个会计年度收支的财政法未能在适当的、使它能够在该会计年度开始前公布的时间提出时,政府可以紧急请求议会授权征税,并且以命令拨付关于已经表决通过的各项事业的资金。"法国预算的基本框架是由旧的《财政法组织法》于1959年确立的,但是,其所安排的财政收支结构存在很大的问题,这使得法国的公共财政状况极为糟糕:在20世纪末、21世纪初,赤字率连续几年都超过3%,2003年达到峰值4.2%,使得欧盟理事会依据《稳定与增长公约》的规定对其启动处罚程序,法国不得不采取措施使预算赤字在2005年回落到2.9%,但赤字率在2005年达到峰值66.8%。因此,法国议会通过了新的《财政法组织法》,自2006年1月1日起生效,开始执行新的预算编制方法,以加强国会的预算权和绩效预算,促使国会取代了政府在预算过程中的决定

---

① 〔德〕罗尔夫·施托贝尔著:《经济宪法与经济行政法》,谢立斌译,商务印书馆2008年版,第333页。
② 吴越著:《经济宪法学导论——转型中国的经济权利与权力之博弈》,法律出版社2007年版,第390页。
③ Immanuel Gebhardt:《德国国家预算的起草和执行法律框架》,http://gtz-law.org/files/speech%20of%20gebhardt%20(chi.).doc,2012年9月1日最新访问。

性作用。① 由此,预算成为国会监督政府的财政权的工具,而不仅仅是政府的融资计划。然而,因受到2008年全球金融危机和2010年欧洲主权债务危机的影响,法国与一向以财政稳健著称的德国都出现了赤字率和公债率飙升、远远超过欧盟规定上限的现象。《稳定与增长公约》不得不进行调整,财政纪律再度被强化,但欧元区能否继续存续的前景依然未卜。

---

① Constitutional Bylaw (Lolf) No. 2001-692 of 1 August 2001 on budget acts, http://www.legifrance.gouv.fr/content/download/1997/13931/version/2/file/lolf_anglais_mars+2010_CDT_0850-09-+EN%E2%80%A6.pdf,2012年9月1日最新访问。

第三章　财政赤字控制的传统预算法进路

> 社会正义原则的主要问题是社会的基本结构,是一种合作体系中的主要的社会制度安排。这些原则要在这些制度中掌管权利和义务的分派,决定社会生活中利益和负担的恰当分配。①
>
> ——〔美〕约翰·罗尔斯

> 经济行为的社会控制机制包括伦理控制、政策控制和法律控制三大类,其功能不同,又都有一定的局限性,必须协调配合。法律调整及其控制机制是社会控制体系中最具强制性的控制手段,它是通过由国家所制定的法律规范及其实现手段,对社会关系施加的控制。②
>
> ——徐孟洲

财政赤字的法律控制首先是通过预算法规范的设计来实现的,传统的预算法进路包括预算权的均衡分配、预算程序的合理分配和预算责任的规范构筑,这些内容主要规定在预算法律文本中。我国《预算法》施行于分税制财政体制改革之初的1995年,此后,随着财政体制改革的深化,特别是预算管理体制改革于1999年启动,预算体制已经发生了根本性的

---

① 〔美〕约翰·罗尔斯著:《正义论》,何怀宏等译,中国社会科学出版社1988年版,第55页。
② 徐孟洲著:《耦合经济法论》,中国人民大学出版社2010年版,第1—6页。

变化,预算法律文本已经严重滞后于预算法律制度和预算法律实践。近年来备受公众关注的数次"审计风暴",更是尽显预算法文本的诸多不尽科学、不够合理和不太规范之处。笔者认为,我国《预算法》最大的问题是其法治化程度较低,因此,建议其修改时选择"中改"的思路:保留一定数量的财政体制方面的条款,重点处理好权力分配、程序安排和责任构筑等问题。① 早在 2004 年 3 月,我国《预算法》的修改工作就已经启动了,这是"十届全国人大任内审议且必须完成"的第一类立法项目②,然而,由于种种不为人知的原因,《预算法修正草案》却没有如期提交全国人大及其常委会审议。2008 年,我国《预算法》修改再次被列入"争取在十一届全国人大常委会任期内提请审议"的立法项目。③ 在我国《预算法》的修改过程中,出现了很多疑难问题,牵涉的利益更是复杂多重,由此,法律修改思路的选择显得特别重要。

我国全国人大常委会预算工作委员会于 2010 年初起草了新的一稿《预算法修正草案》,搁置了原先的全面修订的设想,而只是明确了一些亟待解决、而且政策措施基本成熟、已经付诸实施的问题,大大降低了法律修改的难度,为《预算法修正草案》顺利上会奠定了基础。2011 年 6 月,预算工作委员会将草案移交给国务院法制办跟进后续的立法工作。2011 年 11 月,国务院常务会议讨论并原则通过了草案,决定提交全国人大常委会审议。2011 年 12 月、2012 年 6 月,全国人大常委会先后对草案进行了两次审议。2012 年 7 月,全国人大常委会法制工作委员会决定在中国人大网公布《预算法修正草案(二次审议稿)》,向社会公开征集意见,一个月后截止,征集到的意见超过 30 万条,引起了全社会的广泛关注。虽然财政赤字控制问题在这次《预算法》修改中只是略有涉及,但

---

① 本章的部分内容详见叶姗:《前置性问题和核心规则体系——基于中改〈中华人民共和国预算法〉的思路》,载《法商研究》2010 年第 4 期,第 125—134 页。
② 《人大公布 5 年任期内立法规划,拟审议 59 件法律草案》,http://news.xinhuanet.com/legal/2003-12/17/content_1236621.htm,2012 年 9 月 1 日最新访问。
③ 《十一届全国人大常委会立法规划出台,共列入 64 件立法项目》,http://www.gov.cn/test/2008-11/11/content_1145363.htm,2012 年 9 月 1 日最新访问。

是,无可否认,这个问题不限于《预算法》第 3、27、28 条的内容,而很可能受到其他条款影响。现代预算制度下的预算过程基本上由政府主导,议会的作用很有限,因此,对于政府能否很好地编制和执行预算,人们总是有些担心。有学者说,"税收法治会成为构建法治社会的突破口。"①在笔者看来,预算法治更应成为法治国家构建的核心内容。我国《预算法》的修改应遵循"增强预算的科学性、完整性和透明度"的基本原则,重点解决预算管理的统一完整性、预算执行的严格规范性和预算监督的严肃有效性等三大问题,这些都有助于实现从法律上控制财政赤字。

只有不断提高预算过程的科学化和预算法律文本的精细化,才能真正提高预算的法治化程度。徒法不足以自行,任何一项法律制度,都会受到其所蕴涵的内在价值理念的支配,都会反映出法律制度的制定和实施过程中错综复杂的政治推演和潜藏其中的多重利益结构。预算法是指规定预算权、预算程序和预算责任,其作用在于承认、确定和保障各类预算主体的财政权益。"法学的学理化在于找到了权利、义务、权力、责任等概念和范畴。理论逻辑体系和框架的基本特征是以基础概念与核心范畴来控制、经纬逐级地边缘化的概念和范畴。"②由此,预算的法治化程度的提高取决于有关预算权、预算程序和预算责任的制度设计是否科学、合理和适当。在这个意义上说,我国《预算法》的修改就是预算权分配、预算程序安排和预算责任构筑的规则再造。提高预算的法治化程度的根本途径是预算权法定,因而,预算权必须在政府和议会、中央和地方之间均衡分配,预算的编制、审批、执行和调整程序都应当合理安排,进而规范构筑预算责任,以解决预算编制不尽合理和预算执行不够规范问题。

如果不修改预算法律文本、提高预算的法治化程度,就不能提高预算编制的质量、改进预算执行的效率,也就更难实现所谓预算平衡的财政稳健状态。预算公开是一个重要的基础性条件,只有公开的而且能够让人

---

① 刘剑文著:《财税法专题研究》,北京大学出版社 2007 年版,第 11 页。
② 谢晖:《部门法哲学的长成逻辑——兼论"部门法学"的学理化问题》,载《文史哲》2002 年第 1 期,第 148 页。

读懂的预算,才能够使预算执行有据可依,预算监督有据可查。虽然我国《立法法》第 8 条规定了"财政税收基本制度只能由全国人大立法",然而,预算的法治化程度过低的表现比比皆是:预算编制不尽合理,预算审批流于形式,预算执行不够严格,预算调整过于随意,预算执行结果不如预期,决算数据的真实性受到质疑等,不一而足。由于预算法律规范的粗疏和财税制度结构的失衡,使得预算法治化程度不高的诸多表现形式已经存在了很长的时间,人们却没有找到有效的对策。究其根本,想要提高预算编制、审批、执行、调整以及决算等一系列法律行为的有效性(effective)和效率(efficient),就必须好好地设计预算法律文本中的核心规则,特别是预算权、预算程序和预算责任。唯其如此,预算才能达到配置稀缺资源、监督政府的财政收支行为的目标。

2013 年 3 月,财政部提交全国人大的预算报告明确表示:"细化预算编制,提高预算年初到位率,进一步增强预算编制的科学性。强化基本支出管理,推动项目滚动预算编制,加强行政事业单位资产配置预算管理。依法加强税收和非税收入征管,抓好预算支出执行管理,增强预算支出的及时性、均衡性、有效性和安全性。完善国库单一账户体系,规范财政专户管理。推进预算绩效管理,加强重大民生支出项目绩效评价,提高财政资金使用效益。"①想要提高预算编制的科学化和精细化,进而提高预算执行的规范化和合理化,必须强调和强化复式预算的编制原则。我国《预算法》主要是根据政府公共预算的编制和执行规则制定的,政府性基金预算、国有资本经营预算和社会保险基金预算的编制、执行和实施步骤,由国务院另行规定:目前主要见之于财政部规章以及国务院、财政部或省级政府制定的规范性文件。例如,财政部《政府性基金预算管理办法》(财预字[1996]435 号)、财政部《政府性基金管理暂行办法》(财综[2010]80 号)、财政部《关于进一步完善政府性基金预算编制的工作方案》(2009

---

① 财政部《关于 2012 年中央和地方预算执行情况与 2013 年中央和地方预算草案的报告》,2013 年 3 月 5 日,http://news.xinhuanet.com/politics/2013-03/19/c_115084251_6.htm,2013 年 4 月 1 日最新访问。

年)、财政部《关于进一步加强地方政府性基金预算管理的意见》(财预[2009]376号);国务院《关于试行国有资本经营预算的意见》(国发[2007]26号)、财政部《中央企业国有资本收益收取管理暂行办法》(财企[2007]309号)、财政部《中央国有资本经营预算编报办法》(财企[2011]318号)、财政部《关于完善中央国有资本经营预算有关事项的通知》(财企[2010]392号);国务院《关于试行社会保险基金预算的意见》(国发[2010]2号)、安徽省《社会保险基金预算编制手册(试行)》(2010年)。其他几种预算表格的编制都只是刚刚起步。在预算实践较为成熟以后,相关内容是纳入《预算法》中还是依然用另行规定来解决呢?

一、财政法治视域中预算权的均衡分配

研究财政赤字的法律控制问题应当从讨论预算权的分配问题开始,"一个人的义务总是以他人的权利为缘由。权利概念,而不是义务概念,是法律思想的起点"①。预算权是最重要的财政权,预算过程中涉及的财政收支项目和金额,往往直接对应着特定的政府行为。预算权可以归纳为一个国家或地区的议会和政府根据宪法和法律规定的条件和程序,就统一的财政收支计划的编制、审批、执行、调整及其执行结果进行审议,进而作出决定的一系列权力,包括制定和实施征税和拨款法案的权力。根据不同的标准,预算权可以分成不同的类别:除了可以概括为预算的编制权、审批权、执行权、调整权和监督权等五种权能外,还可以归纳为预算的决策权、执行权和监督权。预算编制不尽合理或预算执行不够规范往往是政府的行为不当所致。预算体制改革的目的是把一个"看不见"的秘密政府变成"看得见"的透明政府。一个没有预算的政府是"看不见"的,"看不见"的政府自然无从承担责任,只有"看得见"的政府才可能承

---

① 〔德〕拉德布鲁赫著:《法学导论》,米健译,中国大百科全书出版社1997年版,第6页。

担责任。缺乏详细的、可读懂的、可归责的预算直接造成了政府是"看不见"的,它实质上不可能承担责任,笔者认为,只有提高预算的法治化程度才是根本应对之策。

(一)预算权法定:财政政策如何法律化

自1992年确立社会主义市场经济体制目标以来,根据经济与社会发展情势的变化以及相应的宏观调控目标,我国先后制定和实施了适度从紧的财政政策、扩张性的积极财政政策和趋于中性的稳健财政政策,有力地促进了经济与社会的稳定发展。客观地说,每一次的财政政策都起到了较好的效果,也基本实现了预期的目标,然而,它的法治化程度不高和可预期性偏低却始终是隐藏其中的难题。我国《宪法》中没有规定任何有关财政政策或其他经济政策的内容,这使得财政政策既没有宪法上的地位,也使其制定和实施缺乏来自宪法的约束。在我国,财政政策由中共中央和国务院制定和实施,货币政策由国务院领导下的中国人民银行制定和实施,其他经济政策则掌握在国务院及其职能部门手中,立法机关和司法机关很少参与财政政策、货币政策或其他经济政策的制定和实施过程。就财政政策而言,立法机关参与的主要方式大概算是通过对预算案的批准来间接实现对财政政策的审查。"在现代国家财政制度里,在编制预算和统计决算时,一般是尽可能多地列出包含项目,通过其项目和结构,即可洞察其国家的政策指向和财政性质。"[①]预算体制的核心是预算权的分配,预算体制改革的重心则是预算权的均衡分配,包括政府和议会、中央和地方政府之间的纵横分配。

"作为经济稳定器的财政政策几乎名存实亡,这一点在欧洲和美国的实践中多少有所表现。实际上,财政政策在各国的政策效果也一直不太理想","主要有两方面的解释:理论方面的原因来自宏观经济学内部;而

[①]〔日〕岩井茂树著:《中国近代财政史研究》,付勇译,社会科学文献出版社2011年版,第33页。

实践方面则可归结于政治经济因素"。① 中国的情况正好与之相反,财政政策在中国特别有效到底是促成了独具特色的经济高速增长还是带来更严峻的经济问题呢?制定财政政策是一个国家或地区最重要的财政权,一般应当由立法机关行使,然而,在我国,制定财政政策极少通过立法程序,而由中共中央和国务院直接决定,发达国家与之完全不同。一个典型的例子是我国 2008 年 11 月出台的"4 万亿"财政投资措施:当时,为了应对日趋严峻的国际金融危机、抵御国际经济环境对我国的不利影响,国务院常务会议决定采取灵活谨慎的宏观经济政策,以应对复杂多变的形势,研究部署进一步扩大内需促进经济平稳较快增长的措施。具体来说,包括进一步扩大内需、促进经济增长的 10 项措施②,进而加快民生工程、基础设施、生态环境建设和灾后重建,提高城乡居民特别是低收入群体的收入水平,而要实施这些工程建设,到 2010 年底约需投资 4 万亿元。会议要求,扩大投资出手要快,出拳要重,措施要准,工作要实。③ 从实施效果来说,这些财政资金的投入确实促使中国成为萧条的全球经济中最抢眼的国家,但是,这些财政政策制定的合法性及其实施的效率都存在问题,财政资金的投资领域和积极绩效也遭到很大的质疑。此后,地方政府跟进了 20 多万亿的配套财政资金,更被认为是地方政府负债累累的始作俑者。

"4 万亿"财政投资到底如何安排的呢?2008 年四季度至 2010 年新增 4 万亿扩大内需投资中,新增中央政府公共投资 1.18 万亿元,其中:2008 年四季度安排新增投资 1040 亿元,2009 年安排新增投资 4875 亿

---

① 〔美〕罗伯特·索洛:《反思财政政策》,孙磊译,载吴敬琏主编:《比较》(总第 31 辑),中信出版社 2007 年版,第 107 页。
② 具体包括加快建设保障性安居工程,加快农村基础设施建设,加快铁路、公路和机场等重大基础设施建设,加快医疗卫生、文化教育事业发展,加强生态环境建设,加快自主创新和结构调整,加快地震灾区灾后重建各项工作,提高城乡居民收入,在全国所有地区、所有行业全面实施增值税转型改革,鼓励企业技术改造,减轻企业负担 1200 亿元以及加大金融对经济增长的支持力度等 10 项措施。
③ 《温家宝主持国务院常务会,确定扩大内需十项措施》,http://news.xinhuanet.com/news-center/2008-11/09/content_10331258_1.htm,2012 年 9 月 1 日最新访问。

元,2010年预计安排新增投资5885亿元。中央政府公共投资无论是总量还是增量安排,均体现了保民生、保增长、保灾后恢复重建和调结构的基本原则和政策取向。① 4万亿元的投向都是国民经济和社会发展的重点领域和薄弱环节。要防止盲目投资和低水平重复建设,防止投向"两高一低"项目。② 然而,这样披露信息仍然太过笼统,因此,2010年1月6日,有律师向国家发改委和财政部递交信息公开申请书,要求国家发改委依法列表公开与4万亿已投资到位部分相关的目前已经审批通过的具体投资项目名称等内容,要求财政部公布国家年度财政预算及预算执行情况等内容。③ 各级政府都以本级财政利益为中心,"财权上移、事权下移"的状况很普遍。由于政府投资效率低下,直接导致产能过剩和通货膨胀,"4万亿"的大规模投资计划使得社会流动性泛滥,使得货币供应量大增,也造成了"国进民退"。然而,这种积极财政政策没有考虑到如何引导民间投资,只是依靠大规模财政收入来平抑经济发展的周期性波动,事实上已经很难让积重难返的中国经济延续高速增长的神话。简言之,这只是一个救急的方案,却解决不了长期经济增长的难题。"4万亿"财政投资在2009年的全国人大会议上是如何得到确认的呢?《关于2008年国民经济和社会发展计划执行情况与2009年国民经济和社会发展计划草案的报告》和《关于2008年中央和地方预算执行情况与2009年中央和地方预算草案的报告》都有所涉及,但是,都语焉不详。退一步说,即使2009财年的预算对4万亿进行了安排,仍然不能补正法律效力。

毫无疑问,现代市场经济就是有宏观调控的市场经济,宏观调控客观上必然存在,然而,如果财政政策、货币政策以及其他经济政策没有得到

---

① 财政部新闻办公室:《中央政府公共投资预算安排情况》,2009年6月26日,http://www.mof.gov.cn/zhengwuxinxi/caizhengxinwen/200906/t20090626_172446.html,2012年9月1日最新访问。

② 《国家发展改革委关于4万亿元投资的有关情况》,http://www.tskp.gov.cn/Article.asp?NewsID=853,2012年9月1日最新访问。

③ 《律师再次上书要求财政部公开4万亿投资去向》,http://finance.sina.com.cn/roll/20100113/21077240946.shtml,2012年9月1日最新访问。

法律的约束和保障,宏观调控权就不可能依法运行,而经济政策的不确定性就有可能会损害效率、破坏公平,事实上,政策的弊端已经开始显现。"国家应该创设法律体系,并且依此法律之规定来治理国家,已是每个民主国家的立国原则。"①在我国以往三十多年的经济发展中,法律就不怎么起作用,更准确地说,法律很难起作用。客观地说,经济领域的立法进程缓慢②,"经济政策是在替代性制度之间进行选择的结果,这些选择或由法律产生,或依赖于法律"③。在很长一段时间里,经济政策确实起到了引导、促进和保障经济增长的作用。过去的发展经验表明,促进经济增长的经济政策实际上替代法律起到了制度支持的作用。然而,经济政策具有极大的不确定性,行之有效的经济政策亟待法律化,才能为市场主体提供确定的利益预期和足够的制度保障。"经济政策是经济法制定的前提和基础,没有好的政策,没有经过实践检验的好政策,就不可能产生经济法领域的'良法'。"④只有制定一部好的预算法,才能据以合理编制预算案和规范执行预算,才能据以约束政府的财政收支行为,进而影响政府的财政收支决策。

除了财政投资政策外,我国当年为了实施积极财政政策而编制的预算赤字以及为此发行的中央和地方政府债券,形式上违反了《预算法》的规定,而且,事实上也带来了财政安全问题。"在宪法上成为议会最重要权限的,无论哪一国,都是关于财政的权限。"⑤财政政策是政府为实现既定的经济与社会发展目标,通过调整财政收支的规模和结构,以实现预期的经济增长率和社会和谐度的经济政策,具体包括税收优惠政策、财政补贴政策、财政转移支付政策、公债政策、政府采购政策和财政投资政策等。

---

① 陈新民著:《德国公法学基础理论(增订新版)》(上册),法律出版社2010年版,第35页。
② 截止到2012年8月底,我国已经制定了经济法方面的法律60部和一大批相关行政法规、地方性法规。
③ 〔美〕罗纳德·哈里·科斯著:《企业、市场与法律》,盛洪、陈郁译校,格致出版社、上海三联书店、上海人民出版社2009年版,第27页。
④ 张守文著:《经济法总论》,中国人民大学出版社2009年版,第55页。
⑤ 〔日〕美浓部达吉著:《议会制度论》,邹敬芳译,中国政法大学出版社2005年版,第262—263页。

如同经济政策是经济法的主要制度来源一样,财政政策也是经济法(或者更进一步说是财税法)的重要制度来源。由于经济政策具有某种程度的不确定性,经济法律的明确性和稳定性,可以为人们的行为提供标准、模式和方向,有利于形成利益预期,比经济政策更能促进和保障经济与社会稳定发展。各种经济政策如何选择、协调和增强合作是各个市场经济国家和地区治理的重点,由于经济政策的不确定性、变动频繁性和难以预期性,经济政策本身就可能成为影响经济与社会稳定发展的制度因素。经济政策具有不确定性、临时性和变易性,如果能够适当地法律化,就可以实现规范化、明确化和安定化,然而,客观地说,也不是所有的财政政策都可以或者说都适合法律化。

某种意义上说,预算体制改革不纯粹是技术性的,预算法规范的改进亦是如此。想要提高预算的法治化程度,就要促使行之有效的财政政策实现法律化,从法律上约束和保障预算权的运行。那么,预算权到底是一种什么性质的权力呢？一般认为,这是一种决定权或监督权,或视其为一种审议权,笔者更倾向于将其界定为一种特殊的立法权。"预算这一理念被归类为'计划'而非'文件'或'说明',因为它是需要通过或否决的明确建议,包含对决策或部门有用的详细和特定的内容","预算必须被提交给一个代表机构,它的同意和授权是预算实施的前提"。① 预算的过程与立法的过程都包括提案、审议、表决、通过和公布等,但是"与一般法律的制定权相比,预算权也有自身的特点,提案的主体、立法的义务、议决的程序、适用的时限和表达方式都不同于一般法律,不仅法理上具有可行性和可靠性,而且也有现实的必要性"②。预算是政府的财政收支行为的主要法律依据之一,各级立法机关审议和批准预算与审议和批准法案相似,预算编制的结果——经批准生效的预算,也具有与法律相近的约束力。立

---

① 〔美〕弗瑞德里克·A.克里夫兰:《美国公共预算理念的演进》,载〔美〕阿尔伯特·C.海迪等著:《公共预算经典(第2卷)——现代预算之路(第3版)》,苟燕楠、董静译,上海财经大学出版社2006年版,第10页。

② 王永礼:《预算权是特殊的立法权》,载《人民政坛》2000年第7期,第27—28页。

法机关分享的部分预算权实质上是一种立法权,但区别于一般的立法权。

预算权法定与税权法定异曲同工,不过,就其起源而言,前者还要晚于后者:税权法定的理念起始于17世纪英国议会与国王之间的斗争,《权利法案》(1689年)规定了"国王未经议会同意,不得征收和支配税收";而预算权法定的思想则勃兴于20世纪初的现代预算制度。预算权法定要求的是由宪法或法律规定预算权的内涵及其分配的规则,其可行性取决于一个国家或地区民主法治的发展水平、政府治理模式的具体类型以及财政运行实践的成熟程度。从人类历史的发展来看,主要国家出现了两次重要的财政转型,而财政转型又在很大程度上引导着国家治理制度的转型:自产国家—税收国家—预算国家。① 对我国来说,1978年经济体制改革和1999年预算体制改革是两个重要的转折点:自产国家的主要特征是财政收入主要来源于国有企业上缴的利润,税收国家的主要特征是税收占财政收入的比重达到极高的水平(通常是90%或以上),预算国家的主要标志是采用现代预算制度来组织和管理财政收支,具有两个方面的基本特征:财政集中和预算监督。② 无论哪一种类型的国家治理制度,如何有效筹集、合理使用财政资金始终是其中最重要的问题。换言之,改变了取得、分配和使用财政资金的方式,某种程度上说,都会改变国家治理制度。相对于其他行政能力而言,现代国家的政府筹集和使用财政资金的能力如何更加能够说明这个国家的治理能力。

一个国家或地区的政府治理水平的高低取决于其财政能力的强弱。"从议会制度的历史来说,预算议定权的发达,比赋税承诺权稍后","议会议定预算权,是和立法权一样,同属最重要的权限之一,在某种意义上还可以说是比立法更重要,成为议会权能的中心","关于财政的权限,并

---

① 熊彼特在《税收国家危机》中率先提出税收国家的概念。另外,有观点认为,预算国家后的国家治理制度是债务国家,然而,美国和欧洲的公债危机都证明了:发行公债不能成为国家治理制度的主流形态。
② 王绍光、马骏:《走向"预算国家"——财政转型与国家建设》,载《公共行政评论》2008年第1期,第1页。

不是议会关于财政是在关于立法的权限以外,是完全相同的——关于财政的权限,至少有一部分是包含在立法权当中,不外乎是财政立法的权限"。大多数国家的议会关于财政权的规定,大致有以下几种:"(1)预算议定权,(2)对于预算超过或预算外支出的事后承诺之权,(3)议决赋税以及其他公共征课之权,(4)同意发行公债之权,(5)对于成立在预算以外可使国库发生负担的契约有同意之权,(6)决算审查之权。"①预算权是一个与立法权有所交叉的概念,同时,由于我国从税收国家发展到预算国家,最重要的公权力也由征税权发展到预算权。宪法意义上的预算,强调的是要约束政府的财政收支行为。如果能够在宪法或预算法的修正案中明确规定财政政策、预算权法定及其均衡分配等内容,都有助于将近年预算体制改革的重要成果用法律的形式固定下来,包括部门预算、预算透明度、预算编制时间、方法和原则、预算审批标准和程序、预算调整的适用和预算监督法治化等。

"现有财政宪法的主要缺陷在于对当前公共消费资金的赤字没有任何约束。凯恩斯革命对经济政策造成的影响就是彻底否定了出于财政节俭而形成的平衡预算标准。"②促使财政政策适当法律化的关键在于预算权能否实现法定,其核心是预算权如何均衡分配及规范运行。预算权的划分及其具体的制度安排,构成了现代国家的财政宪法的基础,进而实现经济与社会稳定发展的目标。预算权在政府和议会之间、中央和地方政府之间的划分,其重要问题是中央政府的财政主导地位以及以其为中心所形成的政府间关系。"政府应当做什么是讨论税收和财政的角色时必然涉及的门槛性的问题,因为政府所做的任何事都必须由人民付钱。政府做的事越多,人民要付的钱越多。"③政府的经济角色包括优化稀缺资

---

① 〔日〕美浓部达吉著:《议会制度论》,邹敬芳译,中国政法大学出版社2005年版,第263—266页。
② 〔美〕詹姆斯·M. 布坎南著:《宪法秩序的经济学与伦理学》,朱泱等译,商务印书馆2008年版,第125页。
③ Robert W. McGee, *the Philosophy of Taxation and Public Finance*, Kluwer Academic Publishers, 2004, p.3.

源配置、促进收入公平分配以及推动经济与社会发展,其中,资源配置主要由地方政府负责,收入分配应当由中央政府承担,而推动发展的权力最好由中央政府行使,也可以适当分配给地方政府。中央政府总是希望能够控制地方政府的总体财政支出水平,原因在于,地方政府的财政支出可能影响中央政府制定的经济政策的执行效果,因为其必须依靠中央政府的财政资金支持。

(二)预算权在政府和议会之间的横向分配

预算过程(budget process)是一个循环往复的过程,形式上表现为预算从无到有、从文本到实践的过程;而实质上则是财政收支决策权和执行权的行使过程。"一套法律制度究竟是保护型还是协调型,这在一定程度上可以通过其分配权利的实体性规则显示出来。实体性规则或者标准可以对特定的权利分配作出规定。"①预算法的首要宗旨是:"强化预算的分配和监督职能",适用于"预算的编制、审查、批准、执行、调整、监督,以及决算和其他预算管理活动",可见,这是一部协调型的法律。各个国家或地区的预算过程的差异主要决定于政府对预算的主导程度的深浅,换言之,预算权主要在政府和议会之间进行分配。"预算的过程和政治的进化围绕着两个主要的政府权力机构展开:总统和国会。联邦预算的演化就是一部很长的关于这两个政治分支为夺取对资金的控制而相互竞争的历史。"②现实中,预算权的分配不会出现全部归于政府或全部归于立法机关的现象,而通常表现为两者的分享。理论上说,预算权主要分配给立法机关,"表面上看,总统和国会都参与了预算过程,如总统拥有编制、提出预算的权力,而国会则拥有批准和同意预算之权;事实上,美国宪法把整

---

① 〔美〕柯提斯·J.米尔霍普、〔德〕卡塔琳娜·皮斯托著:《法律与资本主义:全球公司危机揭示的法律制度与经济发展的关系》,罗培新译,北京大学出版社2010年版,第223页。
② 〔美〕艾伦·希克著:《联邦预算——政治、政策、过程(第3版)》,苟燕楠译,中国财政经济出版社2011年版,第7页。

个预算权全部赋予了国会"①,然而,即便如此,也很难改变政府事实上掌握着预算的主导权的现实。现代预算制度是政府主导型模式,中央和各级政府及其职能部门事实上控制了预算过程。

"政府所提出的预算,差不多没有何等削减而照样通过于议会,这是通常的状况,所谓议会监督政府的财政,……差不多成为了有名无实"②,这在现代预算制度中几乎是常态。以美国为例,总统及其带领的行政团队在预算编制时充当了主要决策者的角色,在政党政治的背景下,如果国会的参议院或众议院中议员人数占优的党派,正好与总统所属的党派相同,总统提出的预算案,就比较容易在参议院或众议院通过;相反,就可能很难获得参议院或众议院支持,更准确地说,是很难在不费什么波折的情况下得到参议院或众议院批准。换言之,总统必然需要花费更多的精力与国会议员周旋,特别是在经济社会政策的决策以及相应的财政收支安排上,更多地向国会中议员占据大多数的党派的政纲妥协或者让步,以换取大多数议员对预算案的支持。"纳税人和财政支出决策者的分离使得责任性和可接受性的概念出现,前者要求预算决策的过程和结果要向纳税人公开;后者要求预算决策的过程和结果不能引起社会公众太大的不同意见。"③由于国会议员很可能被其所属的党派或背后的利益集团所捆绑,而往往不是代表社会公众的利益而对预算案进行审议,因此,预算公开是非常有必要的。

权利和义务从来都是法律关系的核心,也是部门法研究的重心。由于权利和义务的数和量的差异,形成了层次错落有致的权义结构,包括职权和权利、职责和义务的不同组合形式。《预算法》所确立的预算权的横向分配原则,是指预算权在同一预算级次的国家机关之间的分配,主要是

---

① 周军华、杨红伟:《论美国国会预算权的运作过程及功能》,载《安徽大学学报(哲社版)》2006年第2期,第151页。
② 〔日〕美浓部达吉著:《议会制度论》,邹敬芳译,中国政法大学出版社2005年版,第263页。
③ 〔美〕爱伦·鲁宾著:《公共预算中的政治:收入与支出,借贷与平衡》,叶娟丽等译,中国人民大学出版社2001年版,第176页。

在政府和议会之间的分配,这也是各国通常采取的分权模式,只是分权比例不同而已,而且,这个比例不是恒定的,经常会发生变化。仍然以美国为例,美国宪法将预算权全部赋予国会独享,但是,《预算和会计法》(1921年)将预算建议权让渡给总统行使,此后,由于总统的预算权越来越大,事实上已经超越了预算建议权,国会不得不制定《国会预算改革法》(1974年),以巩固其自身的预算权。而在我国,预算权分配给了人大及其常委会、政府及其财政部门。以中央预算为例,全国人大分享审查权、批准权和变更撤销权,全国人大常委会分享监督权、审批权和撤销权,国务院分享编制权、报告权、执行权、决定权、监督权和变更撤销权,国务院财政部门分享编制权、执行权、提案权和报告权。概言之,预算权的横向分配更多地采取分享制而不是独享制,形式上较为均衡,但实质上偏向政府。

在预算权的各项权能中,预算编制权是其中最根本、最重要的权能,充分体现了预算的技术性和专业性,因此,这种权能一般分配给政府及其财政部门行使。客观地说,预算审批权可以起到监督预算编制的作用,实践中,预算审批的效率主要取决于立法机关能否充分行使预算审批权以及由政府负责编制的预算案的质量。全国人大代表在繁忙而短暂的会期内既要决定重大的经济社会政策,又要制定各种基本法律,还要审议预算案、政府工作报告以及最高人民法院和最高人民检察院的工作报告,预算审批的效果可想而知,再加上预算案本身的技术性因素以及预算案中人为的语焉不详,人大代表看不懂、看不透预算案的可能性大大增加。由此,全国人大代表通过预算审批对预算编制进行监督仅仅具有理论上的可能。我国《预算法》规定了预算案由政府编制、由人大审批,但没有明确人大是否享有预算案的修正权,以及政府是否享有预算否决的制衡权。人大代表仅仅享有对预算案的概括性批准权,而无法对其具体项目分别进行表决,更不用说对具体项目的调整权了。至于监督预算执行结果的决算和专门的预算监督,也不及于预算案本身。实际上,人大代表对预算编制或预算执行的监督,主要针对的是政府施政行为的合理性,主要是政府的财政收支行为的合规性。

1983年3月,第六届全国人大第一次会议决定设立财政经济委员会(简称"财经委")这一专门委员会,在全国人大及其常委会的领导下,研究、审议和拟订有关议案;1998年12月29日,全国人大常委会决定设立预算工作委员会(简称"预算工委"),负责预算审查工作,其主要职责是:协助全国人大财经委承担全国人大及其常委会审查预决算、审查预算调整方案和监督预算执行方面的具体工作。想要提高预算审批对预算编制进行监督的可能性,就需要加强这两个专业委员会在预算审查中的角色和功能。值得一提的是,我国《预算法修正草案(二次审议稿)》明确赋予了全国人大财经委,省、自治区、直辖市人大有关专门委员会,设区的市、自治州人大有关专门委员会,县、自治县、不设区的市、市辖区人大常委会初步审查权,审查的对象是"中央预算草案及上一年预算执行情况、中央预算调整方案和中央决算草案"以及"本级预算草案及上一年预算执行情况、本级预算调整方案和本级决算草案"等;还明确规定了:全国人大常委会和省、自治区、直辖市、设区的市、自治州人大常委会的有关工作机构,依照本级人大常委会的决定,协助本级人大财经委或有关专门委员会承担审查预算草案、预算调整方案、决算草案和监督预算执行等方面的具体工作。

某种程度上说,预算可以视为协调政府和议会之间关系的管理工具和改进行政效率的技术工具。由于政府享有编制预算的自由裁量权,相应地,立法机关享有审批预算的法定权力,由此,政府的自由裁量权就会受到一定的约束和限制。然而,我国《预算法》没有规定,当政府和人大在预算编制上的意见不一致时,应当如何处理。然而,"政府和人大的意见一致"这种假定明显违反合理的逻辑,人大与政府各自保持对同一问题的独立、客观和公正判断的话,意见就很可能不一致或不完全一致,因此,如果没有相应的制度安排,一旦人大和政府对预算编制的具体项目发生意见分歧的话,就有可能会陷入预算僵局(budget deadlock)。更有甚者,如果人大否定整个预算案的话,预算案就不得不修改,相关政府部门就必须重新编制预算案,这更不可能在短期内辅助预算执行。实践中,已经有少数几个省市人大在审议预算案时,出现了否决整个预算案或部分预算收支项目的意见,但最后都不了了之。随着预算编制渐趋精细化、预算透明度不断提高,也有越来越多的人大代表对预算案中的个别收支项目提出异议,我国《预算法》修改时必须考虑这种情况而且进行制度安排。

鉴于预算编制非常重要,其专业性和技术性也很强,在预算权横向分享的制度模式下,我国《预算法》精心设计了预算收支项目,其列举渐渐趋于周延,分类也越来越科学,能够直观、明晰地反映政府的公共服务职能。我国《预算法》修改时不仅要根据市场经济和公共财政的需要调整预算收入和预算支出的类型,删除"将经济建设支出置于财政支出项目之首"以及不合理的预算收支分类等规定。另一方面,我国《预算法》修改时,要贯彻和体现"全口径预算管理"的基本原则,将预算外资金尽快全部纳入预算管理,而体制外资金应当纳入预算管理或废除,全面吸收2007年1月1日以来实施的政府收支分类改革的成果。该项改革主张将政府收入按收入来源和性质进行分类、将政府支出按支出功能和经济性质进行分类,展现政府活动的不同功能和政策目标以及支出的经济性质和具体用途。全口径预算管理要求财政部门在行政层面对所有政府收支的全口径管理和人大在立法层面对同级政府所有收支的全口径监控。全口径的预算收支范围可以准确描述政府的公共服务职能,直接影响预算编制的规范性。我国《预算法》修改时应当遵循预算完整性原则,建立覆盖所有收支项目的统一的、完整的政府收支体系,向公众最大限度地及时公开可靠的、详细的、易理解的预算。

为了均衡保护国家财政权和国民财产权,必须实行财税法定原则,以综合协调、平衡各方主体的合法权益。"预算乃是议会与行政部门各自行使制衡作用下的产物,其内容虽然涵盖政府收入与支出的全部,但其效力主要仍然集中在支出部分","一般而言,岁入预算并不能取代法律,单独赋予国家强制性收入的权限"。① 预算权是预算主体作用于客体的权力，后者表现为一定的预算收支范围：预算由预算收入和预算支出组成。各级政府的全部收入和支出都应当纳入预算。预算由几类预算构成，公共预算收入包括各项税收收入、行政事业性收费收入、国有资源(资产)有偿使用收入、转移性收入和其他收入。公共预算收入应当统筹安排使用。我国自2007年开始政府收支分类科目改革：其一，公共预算支出按照其保障功能分类，包括一般公共服务支出，外交、公共安全、国防支出，农业、环境保护支出，教育、科技、文化、卫生、体育支出，社会保障及就业支出和其他支出。其二，公共预算支出按照其经济性质分类，包括工资福利支出、商品和服务支出、基本建设支出和其他支出。② 政府性基金预算、国有资本经营预算和社会保障预算的收支范围，则按照国务院的规定执行。

除了财政赤字外，预算总体规模也值得预算编制时特别予以关注。关于预算总体规模的大小以及具体财政收支项目的安排问题，特别是预算总体规模中最为关键的财政支出规模的增长速度为什么比经济增长速度快得多的问题，"瓦格纳法则"③认为，随着经济发展，政府职能的膨胀，财政支出呈现上升的趋势；"鲍莫尔病理论"④指出，劳动密集型的服务业的成本会不断上涨，生产率却不会如制造业那样提高，只能靠增加税收的方式来维持。这些论断很有名，但是，其实都没有对"财政支出规模为什么增长以及如何增长才合理"等问题提出令人信服的解释。"预算是一个政治问题"的论断在财政支出规模增长问题上的表现最为明显，"最近

---

① 蔡茂寅著：《预算法之原理》，台湾元照出版有限公司2008年版，第9—10页。
② 全国人大财经委在《关于2003年中央决算的审查报告》(2004年6月23日)中就建议"抓紧制定并推行新的政府预算收支科目体系"，在全国人大、中央和地方政府共同努力下，2004年底形成了《政府收支分类改革方案》。为完整、准确地反映政府收支活动，经国务院同意，财政部2006年2月10日制定了《政府收支分类改革方案》(财预[2006]13号)，并据此制定了《2007年政府收支分类科目》。
③ 瓦格纳法则是19世纪80年代德国著名经济学家瓦格纳在对许多国家公共支出资料进行实证分析基础上提出的，其基本原理是指随着国家职能的扩大和经济的发展要求保证行使这些国家职能的财政支出不断增加，即随着人均收入提高财政支出相对规模也相应提高。
④ 鲍莫尔病理论是美国经济学家威廉·鲍莫尔所提出的一种现象，主要在说明一种部门之生产力相对落后于另一种部门之理由。

几十年,绝大多数国家政府的实际支出或耗费掉的支出增长得并不多。相反,与社会计划相关的现金支出增长异常迅速。政府支出的增长主要是由明确的政府政策造成的。"①笔者认为,财政支出规模之所以增长,尽管可能受到法律上的强制性支出条款的影响,但是,某种程度上可以说是一种选择的结果,只有加强对政府编制和执行预算行为的监督,才能约束政府的财政收支行为,从而避免政府滥用预算权、编制规模超过合理限度的预算赤字,或者因未严格依法执行预算而出现不应该发生的决算赤字。

(三) 预算权在中央和地方之间的纵向分配

与预算权在同一预算级次中实行分权模式相近,预算权在不同级次的预算中同样实行分权模式。"只要地方性或地区性权力当局有权……按照中央立法机关制定的一般性规则进行征税或分摊税额,那么当下由中央政府所提供的大多数服务性活动就完全可以下放给这些地区性或地方性权力机构去承担。"②预算权的纵向分配,是指预算权在不同预算级次的国家机关之间进行分配,特别是在中央政府和地方各级政府之间进行分配,由此,形成相互独立的中央预算和地方各级预算。地方政府有权决定其行政管辖范围内的财政事务,进而制定本级政府的预算案,并经本级立法机关批准后报上级政府备案并经上级立法机关汇总。我国作为单一制国家,国务院负责编制《关于($n-1$)年中央和地方预算执行情况与 n 年中央和地方预算草案的报告》以及《($n-1$)年全国预算执行情况 n 年全国预算(草案)》,中央公共预算包括中央各部门、各直属单位的预算和中央对地方的税收返还、转移支付预算。中央公共预算收入包括中央本级收入和地方向中央的上解收入。中央公共预算支出包括中央本级支出、中央对地方的税收返还和转移支付。地方预算由各省、自治区、直辖

---

① 〔美〕美维托·坦齐、德卢德格尔·舒克内希特著:《20世纪的公共支出》,胡家勇译,商务印书馆2005年版,第30页。
② 〔英〕弗里德利希·冯·哈耶克著:《法律、立法与自由》(第2、3卷),邓正来等译,中国大百科全书出版社2000年版,第483页。

市总预算组成。

"财政支出和税收权利安排的基本问题包括明确各级政府的事权和相应的财政政策;确定哪种事权和财政政策工具的结合最适合集权,哪种最适合分权。"①分税制财政体制改革的初衷是改变"弱中央、强地方"的财政关系,经过近二十年的发展,现已形成"强中央、弱地方"的财政格局。预算权在中央和地方的国家机关之间的纵向分配,简称"预算分立",要求中央和地方依据各自享有的财政收入来源,单独编制各自的预算,以保证履行各自的经济、行政和公共服务职能。我国《预算法》中有关"地方各级总预算由本级预算和汇总的下一级总预算组成;下一级只有本级预算的,下一级总预算即指下一级的本级预算。没有下一级预算的,总预算即指本级预算"的规定是否应当修改呢?理论上说,各级政府编制本级预算并提请同级人大会议审批、通过后逐级向上级政府备案,因此,地方总预算是通过自下而上的层层备案方式形成的。实践中,全国人大编制中央与地方总预算时,很多地方人大还没开会审议本级预算。因此,财政部代表国务院报送全国人大审批的地方总预算,是代替地方编制的。"地方财政收支预算由地方各级人民政府编制,报同级人民代表大会批准,目前尚在汇总中,报告中地方财政收支安排数均为中央财政代编。"②代编的预算显然与地方人大实际通过的预算在内容上很可能存在差异,而且违反预算分立原则,也没有实际意义。我国《预算法修正草案(二次审议稿)》仍然保留了有关"地方各级总预算"的规定,以支持单一制国家在预算分立的同时也有统一预算的制度特色,但这不意味着是合理的。

预算法律制度赖以存续的基础是一个国家或地区的预算体系,即依据其政权结构形成的协调统一的预算收支结构。我国《预算法》第 8 条

---

① 〔美〕格伦·坎贝尔:《税收和支出划分:国际经验》,载沙安文、乔宝云主编:《政府间财政关系》,人民出版社 2006 年版,第 67 页。
② 财政部《关于 2012 年中央和地方预算执行情况与 2013 年中央和地方预算草案的报告》,2013 年 3 月 5 日,http://www.mof.gov.cn/zhengwuxinxi/caizhengxinwen/201303/t20130319_782332.html,2013 年 4 月 1 日最新访问。

规定"国家实行中央和地方分税制",但未就分税制的具体内容作出规定,这一条款被认为是对分税制的确认性规定。① 分税制的实质是预算收入在中央和地方之间的分配,在此基础上,预算权在中央和地方之间进行分配。中央和地方的预算关系取决于该国家或地区采取财政集权还是财政分权模式,一个国家或地区的财政管理体制采取集权还是分权模式,不仅决定了中央和地方的财政收支的稳定性,而且决定了中央和地方的财政收支行为的规范性。绝大多数现代国家都实行预算分级制度:在我国,与《宪法》中规定的中央、省级、县级和乡级政府以及实践中形成的(地)市级政府一一对应,《预算法》规定:"国家实行一级政府一级预算,设立中央,省、自治区、直辖市,设区的市、自治州,县、自治县、不设区的市、市辖区,乡、民族乡、镇五级预算。"我国的预算级次最多,外国一般是两级或三级预算,例如,美国有联邦、州和地方三级,德国有联邦、州和市镇三级。过多的预算级次往往使得各个预算级次之间的关系显得过于复杂。

我国行政法学界也有主张政府级次改革的意见,一般认为,政府级次应当简化为中央、省级、县级三级,同样地,预算级次也亟待进行简化,那么,预算级次调整是否与之相配合,而简化为三级预算呢?中共中央、国务院决定,"继续推进省直接管理县(市)的财政体制改革,有条件的地方可依法探索省直接管理县(市)的体制,进一步扩大县级政府社会管理和经济管理权限。"②据此,财政部决定,"2012年底前,力争全国除民族自治地区外全面推进省直接管理县财政改革","在进一步理顺省与市、县支出责任的基础上,确定市、县财政各自的支出范围,市、县不得要求对方分担应属自身事权范围内的支出责任。按照规范的办法,合理划分省与市、

---

① 有关分税制的内容,详见国务院《关于实行分税制财政管理体制的决定》(国发[1993]85号,简称分税制决定),但是,除了民族自治地方外,我国《宪法》没有规定其他有关中央和地方预算关系的内容。
② 中共中央、国务院《关于地方政府机构改革的意见》(中发[2008]12号)。

县的收入范围"。① 迄今为止,这一改革并未完成,而且,还有很大的阻力和障碍,为期尚远。笔者认为,我国最理想的改革路径是《宪法》的修改先行,确认政府级次简化的结果,然后,再在《预算法》中规定简化后的预算级次。至于《预算法》应否规定具体的预算级次,必须具体问题具体分析:如果《预算法》的修改先于政府级次改革完成,《预算法》应删去有关预算级次的具体规定,只需要强调"一级政府一级预算"的基本原则。否则,如果仍然保留五级预算的规定,很快就会被政府级次改革突破,有关"五级预算"的条款事实上就失效了;如果《预算法》直接改成"三级预算",而《宪法》还没有修改有关政府级次的规定的话,这就成为典型的"违宪条款"。当然,如果《预算法》的修改晚于政府级次改革完成的话,《预算法》就可以直接规定国家实行"三级预算"。②

在确定了政府级次简化为中央、省级、县级等三级的同时,又明确实行一级政府一级预算的话,预算也就简化为"三级预算",有关中央和地方政府间事权的安排、财权的分配以及规范的政府间财政转移支付制度也应当随之重构。中央和地方的财政关系从来都是我国政府间关系的核心,2006 年,党的十六届六中全会提出的"要进一步明确中央和地方的事权,健全财力和事权相匹配的财税体制"③,主张用"财力与事权相匹配"来处理中央和地方的财政关系,替代了以往"财权和事权相匹配"的提法,实际上修正了"通过财权分散来实现地方事权"的思路,换言之,地方事权实现的关键在于地方获得足够的财力而不是享有充分的财权。与"财权与事权相匹配"相比,"财力与事权相匹配"的说法更符合现实、也更有可能实现。财政支出结构和税收权利安排是影响市场主体的利益和行为的两个同等重要的维度。理论上说,各级政府之间应当建立财力保障与支出责任相匹配的财政管理体制。国家实行中央和地方分税制财政

---

① 财政部《关于推进省直接管理县财政改革的意见》(财预[2009]78 号)。
② 参见叶姗:《前置性问题和核心规则体系——基于中改〈中华人民共和国预算法〉的思路》,载《法商研究》2010 年第 4 期,第 126—127 页。
③ 中共中央《关于构建社会主义和谐社会若干重大问题的决定》(2006 年)。

管理体制,具体办法由国务院规定,报全国人大常委会备案。

预算权在中央和地方之间的纵向分配建立在财政权分配的基础上,包括财政收入权和财政支出权的分配:我国地方政府不拥有税收立法权和公债发行权,却拥有较大的财政支出权和非税收入决定权。"各级政府在税收方面的关系受两项关键政策的影响。第一,如何组织税款的征收——是中央政府,还是下级政府,还是中央和地方政府共同控制?第二,中央政府如何向地方政府提供用以满足地方公共物品需求的可自由支配的税收——是通过税收安排、收入分享,还是一般性转移支付?"①三级财政的主体税种应当分别确定为关税和消费税(中央)、营业税(省级)和财产税(县级),中央税应当有利于实现宏观调控,地方税应当着重提供区域性公共物品和优化地方投资环境。由于共享税可能产生很多负面影响,长远来说,不宜继续保留。增值税、企业所得税和个人所得税等共享税,可以逐渐分解到中央税和地方税中:增值税应确定为中央税,所得税应确定为地方税。省级政府的财力和县级政府的财力应基本持平,而两者相加应大致与中央政府相当,中央可以进行财政转移支付。

"无论是中央或地方政府,其存在的最终目的是能有效地提供公共财政,……但是一个国家内多层级的政府便出现有哪些公共财政应由中央,哪些公共财政应由地方政府提供的问题"②,事权在中央政府和地方政府之间的分配,既要解决外部性由谁来承担的问题,又要甄别公共物品提供中相关信息的复杂程度,还要考虑各级政府的制度安排的激励相容程度。概言之,"(不仅)应当按照管理复杂性、受益范围激励相容等原则科学界定中央和地方政府的职能,(而且要)通过税制和政府间转移支付制度保证这些职能有相应的财力支撑。"③从以上几个标准来衡量,我国中央和

---

① [美]查尔斯·L.维弘、艾提什姆·阿默达:《税收管理》,载特里萨·特尔—米纳什编:《政府间财政关系理论与实践》,政府间财政关系课题组译校,中国财政经济出版社2006年版,第116页。
② 邹继础著:《中国财政制度改革之探索》,社会科学文献出版社2003年版,第76页。
③ 楼继伟:《中国经济的未来15年:风险、动力和政策挑战》,载吴敬琏主编:《比较》(总第51辑),中信出版社2010年版,第12—13页。

地方政府之间的职能划分过于分散,许多应当由中央政府承担的职能,中央政府都没有承担起来。在税权持续向中央集中的同时,事权却随着经济分权而不断下移,尽管地方政府行政长官由中央政府任命,但这种人事控制还不足以约束地方政府的财政支出权。笔者认为,在事权安排方面,全国性公共事务应当由中央政府决策、承担和管理,地方性公共事务应当由省级和县级政府在中央政府授权范围内自行决策、承担和管理。中央政府的事权与省级政府的事权应基本持平,而两者相加应大致与县级政府相当。

"地方财政的自主,是指各地方人民能自由决定该地区公共支出的范围与规模,并将此项支出的成本由该地方人民来分担,亦即自行决定其支出与租税水准,支出的利益与负担的租税相对应,以增进地方财政的自我负责性。"① 地方政府的财政能力既取决于筹措财政资金的能力,又决定于提供公共服务的需求及其成本。某一国家或地区通过政府之间的财政转移支付机制来实现地区之间的均衡。如果各个国家或地区以同等努力的程度从自己的财政来源中有效地筹集财政收入进而以一定的运行效率来管理其事务,在这种情况下,"均等化"的目标要求各地方政府有能力提供与其他地方相同标准的基本公共服务。这种制度建构的主要标准是地方政府有能力提供的均等化公共服务的范围。预算权除了在政府层级结构和国家机关系统内的纵向和横向分配外,广义上还包括在国家和国民之间的分配,国民享有预算权的典型例子是"参与式预算",这是"过去15年里最成功的参与手段之一","使非经选举产生的公民也能够参与公共财政的方案的规划和配置"。② 参与式预算这种改进预算编制质量的制度模式,同时在不同社会形态、不同发展阶段的国家和地区开展试验,

---

① 朱泽民:《府际间财政收支划分基本原则之探析(一)》,载台湾《植根杂志》1996年第1期,第14页。
② 〔法〕伊夫·辛多默、卡斯滕·赫茨贝格:《参与式预算:一个全球视角》,载〔法〕伊夫·辛多默、〔德〕鲁道夫·特劳普—梅茨、张俊华主编:《亚欧参与式预算:民主参与的核心挑战》(论文集),郑春荣译,上海人民出版社2012年版,第6页。

实施机制也大相径庭。"最开放的预算过程是使所有的决策都能让公众清晰地看到,置于传媒、公众和利益集团面前","开放式预算过程对公众更为负责,但它也更容易受到来自利益集团的压力"。①

"民意压力和利益集团的角力把预算平衡变成了一项艰巨的任务。这是参与式预算遭遇的一个普遍问题。在中国,为了做到预算平衡,各地采用了一些措施和方法",然而,"参与式预算并未带来权力结构的根本性变化。整个权力体系和预算过程的本质没有变"。② 例如,浙江省温岭市新河镇的"参与式公共预算"有一个强制平衡的规则:如果一个项目的预算增加了,另一个项目的预算就必须减少。③ 笔者认为,香港特别行政区的财政预算案可以说是参与式预算的典型范例,财政司司长在每年2月初将预算案提交给立法会后,内容会全部向公众公开阐述,接受"全民审议"和"全民质询";此前的3到4个月时间里,财政司司长必须向社会公众开展咨询。直到3月下旬,立法会才会就预算案进行辩论,政府官员要对议员提出的问题作出回应,接着由议员就《拨款条例草案》投票。如果通过,就可以在新的财政年度(每年4月1日至次年3月31日)付诸执行,不通过,将打回重新修改。④ 每年的预算编制都是一个"自下而上"的过程,不同于内地实行的"二上二下"的过程。香港政府编制预算的基本原则是"衡工量值"(value for money),也不同于内地的绩效或效率的要求。

---

① 〔美〕爱伦·鲁宾著:《公共预算中的政治:收入与支出,借贷与平衡(第4版)》,叶娟丽等译,中国人民大学出版社2001年版,第101页。
② 何包钢:《中国的参与式预算概览》,载〔法〕伊夫·辛多默、〔德〕鲁道夫·特劳普—梅茨、张俊华主编:《亚欧参与式预算:民主参与的核心挑战》(论文集),郑春荣译,上海人民出版社2012年版,第86页。
③ 杨子云:《预算民主的新河试验》,载《中国改革》2007年第6期,第17页。
④ 详见香港特别行政区《2012—2013年度政府财政预算案》及香港特别行政区财政司司长办公室的有关资料,http://www.budget.gov.hk/2012/chi/index.html,2012年9月1日最新访问。

二、权力分享基础上预算程序的合理安排

"许多法律规则通过有意设计的法律程序得以实施。这些程序本身由程序上的规定、原则、标准构成。"[①]基于预算权的纵横分配结构,预算程序可以界定为议会和政府在预算过程中必须遵循或履行的法定时间和空间的步骤和方式。预算程序的安排合理与否,直接决定了财政资金的筹集是否有效率以及公共服务的供给是否够质量。预算过程通常包括如下几个阶段:政府提交预算案——议会审查预算案并决定是否批准——政府负责组织预算的执行——议会审查预算执行结果并决定是否批准。如果预算中有意料之外的情况发生的,还可能引起预算调整,而预算监督则贯穿于整个预算过程的始终。具体来说,不同国家或地区的预算程序不完全相同,例如,美国的"预算程序,提供了对公众所要求公共服务进行决策的时间表,以及政府服务供给中可能存在的各种选择"[②],预算充当的是公共资源配置的选择机制。预算决策的流程,从计划到支出,由四个环节组成,即立法和行政准备阶段、立法审议阶段、执行阶段和审计阶段。又如,日本《宪法》第 86 条规定:"内阁编制每一会计年度的预算必须向国会提出,经其审议通过。"预算过程的核心程序包括预算的编制、审批和执行。

我国《预算法》同时规定了实体性规范和程序性规范,"在大多数情况下,程序法具有独立存在的价值,能自行运行,而实体法则不行,抽象的实体规则总是借助具体的程序规则得以实现"[③]。预算程序追求兼顾程

[①] 〔美〕罗伯特·S.萨默斯著:《美国实用工具主义法学》,柯华庆译,中国法制出版社 2010 年版,第 65 页。
[②] 〔美〕约翰·L.米克塞尔著:《公共财政管理:分析与应用》,白彦锋、马蔡琛译,中国人民大学出版社 2006 年版,第 46、69 页。
[③] 单飞跃著:《经济法的理念与范畴的解析》,中国检察出版社 2002 年版,第 106 页。

序正当性和结果有效性的绩效理性,"在有关道德的科学中,不存在任何完全取代主观理性的方法和程序"①。预算程序,包括预算的编制、审批、执行、调整和监督,又包括决算等相对独立而又互相影响、彼此衔接的各个环节,相互制约、相互协调。它们之间相互制约:广义的监督包括对上述各个环节的监督,狭义的监督特指人大及其常委会的监督,特别是对预算编制和预算执行的监督。经人大批准的预算具有法律效力,非经法定程序不得改变。"程序性制约是规定权威者的决定必须采取某种形式的规范和处理权威者似乎已经确定但实际上没有确定应该做什么的情形。规定形式的规范反映了法律的可及性的法治价值。"②我国《预算法》中的程序性规范包括预算编制的时间、方法和原则,预算审批的标准和程序以及预算调整的条件等内容,对预算权的运行进行程序管控极有必要。

（一）预算编制:政府主导进行的专业步骤

当前的预算实践中存在预算编制不尽合理、预算审批流于形式和预算执行过于随意等问题,都是预算程序安排失当所导致的。预算程序的合理安排,可以促使政府规范地行使其所分享的预算权。预算过程是周而复始的,预算编制是整个预算过程的起点,也是预算审批监督的对象。"结果取向的预算编制使得政府领导者可以完成这项艰巨任务的一些部分,并且在每一次准备预算的时候进行创造性的思维。通过一种非常简单的改进,这种基于成果的预算编制过程就可以摆脱过去的预算游戏以及专心于部门利益的困境",因此,第一步是"确定政府的优先事项",第二步是"确定各项成果的价格",第三步是"确定如何以设定的价格尽可

---

① 〔美〕本杰明·卡多佐著:《司法过程的性质》,苏力译,商务印书馆1998年版,第109页。
② 〔美〕拉里·亚历山大:《全有抑或全无？权威者的意图和意图的权威》,载〔美〕安德雷·马默主编:《法律与解释:法哲学论文集》,张卓明、徐宗立等译,法律出版社2006年版,第481页。

能好地取得各项结果"。① 承前所述,预算编制的过程实际上是一个选择过程,这种选择既要受到财税法律制度的限制,又会受到客观的经济与社会发展情势和主观的财政收支决策的影响。"预算制定过程是一个发现和实施偏好的过程。最基本的困难就是如何将对项目的偏好与资金总量匹配起来","面对艰难的选择,国会和总统已经尽职尽责地进行了谈判,权衡减少赤字和实现这一目标的政策选择的成本和收益"。② 预算编制是由行政主导的专门步骤,是整个预算过程中技术要求最高、难度也最高的环节,也是最容易出问题的方面。

预算编制是指政府或特定的职能部门规划其未来一个或若干个财政年度的财政收支活动的过程,是一个国家或地区的某一时期的财政收支决策的内容。现代预算模式由政府主导,尽管政府编制的预算案必须经过立法机关批准才能生效,但是,预算编制的质量高低事实上主要决定于政府。预算编制的质量直接决定了预算能否通过审批、可否付诸执行、易否进行监督以及可否追究预算责任。通常来说,预算编制机关(政府)只是关注那些比较微观的常规性的业务,而预算审批机关(立法机关)则主要关注那些比较宏观的经济社会政策。预算编制不是基于已经发生的事实,而是基于对将来可能发生的事实的预测。在预算编制的过程中,政府和议会的分工不同:政府负责编制预算案这一巨细靡遗的技术性事务;而议会通常没有太多的时间详细审议预算案,也很难关注到预算案中的每一个细节,甚至也很难发现预算案中巧妙设计的利益,而只能从宏观上把握经济社会政策和财政收支政策决策是否得到了预算案的贯彻以及财政赤字和公债余额的规模是否仍然在可以控制的合理范围内等。

我国《预算法》明确了各部门预算由本部门及其所属各单位预算组成,但是,没有规定部门预算的编制原则,而是确立了按照功能编制预算

---

① 〔美〕戴维·奥斯本、彼得·哈钦森著:《政府的价格:如何应对公共财政危机》,商红日、吕鹏译,上海译文出版社2011年版,第64—65页。
② 〔美〕阿伦·威尔达夫斯基、内奥米·凯顿著:《预算过程中的新政治学(第4版)》,邓淑莲、魏陆译,上海财经大学出版社2006年版,第375页。

的方法,因此,虽然近年预算公开的推进步伐相当快,但是,公开了的预算却一直遭受"透明度"的质疑——公开了但是根本看不懂。由于按照功能编制的预算无法直观反映各部门的财政收支状况,事实上,即使预算公开了,纳税人却看不懂其中的蹊跷。有鉴于此,我国自2000年起启动部门预算改革,试图克服因为按照功能编制预算所衍生的预算涵盖范围窄、细化程度低、方法不合理等弊端,为提高预算的法治化程度奠定了基础。我国《预算法》修改时应当巩固部门预算的改革成果,规定部门预算编制的主体、原则、内容、方法和程序等内容。部门预算,即"一个部门一本预算",是指依照行使政府职能的需要,由基层单位进行编制,逐级上报、审核、汇总,综合反映本部门在某一财政年度内的全部财政收入和财政支出的情况,经财政部门审核后交立法机关依法批准,是能够完整地体现政府全部财政职能的财政计划和法律文件。预算法确立部门预算的编制原则可以为立法机关监督政府编制、执行和调整预算的行为增加现实上的可能性。

"如果一种规范化预算理论不仅仅是学术研究,它就必须实际指导政府政策决策。……规范化的预算理论将成为一种综合且详尽的政治性理论,并且这种理论详细说明了在特定的时间内政府应该做什么。"[①]部门预算完全体现了这一点,部门预算的编制必须遵循规范和公开的基本原则,前者要求预算的编制、审议、批准、执行、调整、监督,以及决算和其他预算管理活动必须按照预算法预先设定的程序来进行;后者要求政府所有的财政收支项目都必须纳入预算的范畴。除此,在预算编制时,应当根据"成本—效益"分析方法确定政府所有财政收支项目的数额,即适用零基预算的编制方法(又称因数法),取代以往的基数加增长法,即不受制于以往财政年度的预算收支项目和预算执行情况,而是根据财政支出的需要和财政收入的可能来编制预算,以约束政府不合理的预算执行行为。

[①] 〔美〕艾伦·威尔达夫斯基:《预算改革的政治含义》,载〔美〕阿尔伯特·C.海迪等著:《公共预算经典(第2卷)——现代预算之路(第3版)》,苟燕楠、董静译,上海财经大学出版社2006年版,第55页。

实际上,基数法加增长法对于预算编制的影响极为深远,即便是预算法发达的美国亦是如此:"决定今年预算的最主要的因素,其实是去年的预算。任何预算中的大部分内容,都是此前决策的结果。……预算是在逐渐增长的,而不会在短期内发生整体性的改变。……今年预算是建立在去年预算的基础上的,只是对增长或减少的微小幅度给予了特别重视"。① 笔者认为,基数加增长法的关键在于:如何处理好以往财政年度的财政收支在新的一年为什么以及如何增减的问题。

预算编制依赖于未来一个或若干个财政年度拟采取的经济社会政策,具体包括对财政收入的估计、对财政支出的限制以及在各种财政收入和财政支出之间进行比较和选择等内容。预算编制不仅要根据本年度经济与社会发展目标和国家宏观调控总体要求,而且要参考上一年度预算执行情况和本年度收支预测,还要按照规定程序征求各方面意见。各级政府根据法定权限作出决定或者制定行政措施,都有可能使财政收入或财政支出增加或者减少,都应当在预算批准前提出且必须在预算案中作出相应的财政收支安排。无论是单一制还是联邦制国家的预算编制,都是为了追求财政资源公平分配、经济资源有效配置的制度目标,呈现分工合作和时间分明的特点。预算的编制本质上是一个选择的过程——在众多的必要性不尽相同的财政支出和可能性高低各异的财政收入之间进行选择。人类多向的思维和多变的心思,加上认识上的有限理性,在众多财政支出项目相互冲突时,即使有客观的预算编制方法,财政政策的决策仍然具有很强的主观意味。事实上,因数法这种预算编制方法很难完全取代基数法,尽管它强调财政支出的合理性,但是,预算编制不可能完全颠覆以往财政年度的预算收支安排,因此,提出因数法的意义更多的是一种理念上的倡导,而不具有制度上的可行性。以往财政年度不尽合理或不再适宜的财政收支项目只能根据经济与社会发展的客观情势的变化而部

---

① 〔美〕阿伦·威尔达夫斯基、内奥米·凯顿著:《预算过程中的新政治学(第4版)》,邓淑莲、魏陆译,上海财经大学出版社2006年版,第53—54页。

分进行调整。

我国《预算法》规定了复式预算的预算编制原则。复式预算,是指一个国家或地区的财政收支计划通过两个或两个以上的预算表格来体现的预算编制方法,它既能反映财政收支的流向和流量,又能反映财政收支的性质和结构。我国《预算法实施条例》将其细化为"政府公共预算、国有资产经营预算、社会保障预算和其他预算",然而,长期以来,实践中,预算只是简单分成了经常性预算和建设性预算两个方面:分别是指用于社会发展、维持国家机关的活动和保障国家安全等的开支,以及用于经济建设的开支,两个方面都必须各自保持相对独立的平衡。自从1998年底提出"建立公共财政体制基本框架"的目标后,政府公共预算获得了"一枝独秀"的发展机遇,直至2007年,预算实践才逐渐转向由政府公共预算、国有资本经营预算、社会保险基金预算和政府性基金预算共同构成的新的复式预算体系,其中,自2007年起启动试编国有资本经营预算,2010年,中央国有资本经营预算第一次提交全国人大审议,同时,启动试编社会保险金预算,开始编制并提交全国人大审议政府性基金预算,2013年,中央社会保险基金预算第一次提交全国人大审议。至此,较为完整的复式预算体系初步形成,其中,国有资本经营预算堪称我国《预算法》最大的制度特色。待实践成熟后,《预算法》应当依据复式预算的四个主要表格重构法律规范体系,不仅限于政府公共预算。

复式预算的预算编制原则强调政府应当根据财政收入的来源和财政支出的性质来编制预算案,通常分为经常预算和资本预算,或称普通预算和特别预算,经费预算和投资预算,统一基金预算和贷款基金预算等。虽然名称不完全相同,但内容上相似,就是把预算分成两个部分:第一,经常预算包括政府一般行政经费支出,其收入来源包括税收和政府非税收入,收支应当保持平衡,结余额转成资本预算的收入项目;第二,资本预算包括政府各项资本性支出,如政府投资、政府采购、战略物资储备、政府贷款以及偿还公债和境外借款等,其收入来源包括经常预算的结余额、公债收入和境外借款等。早在1927年,丹麦就率先将预算分为普遍预算和资本预算,从而创立了复式预算,但是,由于实施效果不佳,第二次世界大战后又回复到单式预算。20世纪30年代,瑞典政府将财政收支分为经常性收支与资本性收支,到1937年确立了较为完善的复式预算。由于单式预算将所有财政收支都编入同一表格中,虽然简单易懂,但是,却不能直观地反映财政收支的性质、财政赤字的成因以及弥补财政赤字的资金的来源,相反,复式预算能够很好地解决这些问题。经常性收支必须逐年平衡,资本性支出的不足可以由债券融资来支应。1966年,瑞典还在此基础上编制了综合性的总额预算。①

为配合罗斯福新政,美国联邦政府从1933年7月开始编制复式预算,分为正常预算和非正常预算。第二次世界大战结束后,新政告终,联邦政府也放弃了复式预算,而转向形式上与单式预算无异的统一预算。由于预算支出按照经济性质进行了分类,也可以认为实行了某种程度的复式预算:包括全权预算支出和法定性支出。联邦预算中的资本性支出主要用于国防和总体经济政策,而州和地方预算的资本性支出主要用于大型基础设施建设。日本的中央预算分为一般会计预算、特别会计预算和政府关联机构预算,其中,一般会计预算是管理中央政府的一般性财政收支,以税收和国债为主要收入来源,用于中央政府的行政管理、社会保障、教育和公共投资等活动。法国的中央预算分为经常性业务和临时性业务,其中,经常性业务由总预算、专项账户和附属预算组成,而临时性业务的账户包括专项账户、贸易账户、贷款账户、预付款账户、货币业务账户与国外政府结算账户等。英国的中央预算分为资源预算和资本预算,资源预算的收入是税收,资本预算的收入是资源预算结余和公债收入,而财政支出分为经常性支出和资本性支出。② 我国台湾地区将预算按其收支

---

① 参见《复式预算》,http://wiki.mbalib.com/wiki/%E5%A4%8D%E5%BC%8F%E9%A2%84%E7%AE%97,2012年9月1日最新访问。
② 参见《复式预算》,http://wiki.mbalib.com/wiki/%E5%A4%8D%E5%BC%8F%E9%A2%84%E7%AE%97,2012年9月1日最新访问;朱蔚:《复式预算的由来及其种类》,载《外国经济与管理》1990年第8期,第41—43页。

性质分为经常门和资本门。

　　预算收入与预算支出的编制原则不完全相同,预算收入通常是客观的,只能进行财政收入预测而不能强制取得财政收入;预算支出则是主观和客观相结合的,除了财税法律法规明确规定的财政支出义务或者支持政府某一法定职责的财政资金诉求外,既有强制性的法定性支出也有选择性的意定支出。预算收入的编制必须真实适度:应当与经济和社会发展水平相适应;预算支出的编制必须节约统筹:应当贯彻厉行节约、勤俭建国的方针,应当统筹兼顾、确保重点,在保证政府公共支出合理需要的前提下,妥善安排其他各类预算支出。我国主要通过下达收入指标的方式来执行收入预算,各级政府不得在预算之外,向预算收入征收部门和单位下达收入指标;另外,主要通过规范支出行为的方式来执行支出预算。预算的核心内涵是"预"字:即实际财政收支发生之前预先估计的财政收支安排。财政年度开始后,经济与社会发展过程中可能发生各种各样意料之外的情况,为此,我国《预算法》专门规定了预备费和预算周转金:一方面,各级公共预算应当按照本级公共预算支出额的1%至3%设置预备费,用于当年预算执行中的严重自然灾害救灾、突发公共事件处理、重大政策调整增加的支出及其他难以预见的开支;另一方面,各级预算应当按照国务院的规定设置预算周转金。

　　预算周转金是指各级政府为调剂预算年度内季节性收支差额,保证及时用款而设置的周转资金。各级政府预算周转金从本级政府预算的结余中设置和补充,其额度应当逐步达到本级政府预算支出总额的4%。另外,我国于2006年建立了中央预算稳定调节基金,首期注入了财政资金500亿元,2007年底再次注入超收资金中的1032亿元;自2008年起,理论上说,只要预算执行结果出现了超收资金,就应当将全部或大部分超收资金调入预算稳定调节基金。相比之下,什么时候从预算稳定调节基金中调出资金以及调出多少,却没有明确的规定。理论上说,预算稳定调节基金应当确立为财政超收年份的预留财政资金,专门用于弥补财政失收年份的财政赤字或重大突发公共事件的财政支出需要,以促进预算的合理编制,保持中央预算的稳定性和财政政策的连续性。预算稳定调节基金的设置既可以改进预算编制的技术、提高预算执行的效率,又可以解决周期性赤字问题。自1994年分税制财政体制改革以来,预算执行结果同时出现超收和超支的年份很常见,笔者认为,如果有超收的情况,就应当检讨财政法律制度所确立的收支结构是否失衡;如果有超支的问题,就很有可能是预算执行不够规范所导致的。当然,如果预算编制不合理,则既可能导致超收,也有可能导致超支。

(二) 预算审批:议会的同意、修正与否决权

预算审批是预算案经批准成为法定预算的关键环节,不经过立法机关批准或建议修正后批准,预算案就不能成为预算,也就不能付诸执行。立法机关行使预算审批权进而实现对预算编制的监督,就能够使预算案成为具有法律约束力的预算,从而促使政府预算执行有据可依,以规范政府的财政收支行为,诸如此类的目标的实现都取决于预算审批是否有质量。而预算审批的质量则取决于审批者的能力、素质、态度和时间。如果预算审批质量不高、流于形式,政府就可能因为缺乏有效的约束而滥用预算编制权。我国《宪法》第62条规定,全国人大的职权之一是"审查和批准国家的预算和预算执行情况的报告";第99条规定,县级以上地方各级人大"审查和批准本行政区域内的国民经济和社会发展计划、预算以及它们的执行情况的报告"。预算报告是对预算案所作的总体说明,是为了便于人大代表从宏观上理解预算案所反映的政府施政方针,是为人大审批预算案服务的。① 现实中,人大代表审批的是预算报告而不是预算案,然

---

① 《中华人民共和国各级人民代表大会常务委员会监督法》(2006年8月27日通过,自2007年1月1日起施行)第18条规定:"常务委员会对决算草案和预算执行情况报告,重点审查下列内容:(一)预算收支平衡情况;(二)重点支出的安排和资金到位情况;(三)预算超收收入的安排和使用情况;(四)部门预算制度建立和执行情况;(五)向下级财政转移支付情况;(六)本级人民代表大会关于批准预算的决议的执行情况。除前款规定外,全国人民代表大会常务委员会还应当重点审查国债余额情况;县级以上地方各级人民代表大会常务委员会还应当重点审查上级财政补助资金的安排和使用情况。"

而,如果不对预算案中的财政收支项目进行审议而只是审议预算报告的话,徒具形式上的意义。这就难怪人大代表对预算审议总是没有太大的兴趣。

由于预算编制得过于粗糙,人大审议的时间又有限,加上预算看上去是收支相抵的,很难发现什么问题,人大代表事实上也改动不了预算中的任何数字,大多数代表只能举手通过,而无法提出实质性的意见。预算审批只能草草走一个过场,遑论预算监督的功能。预算审议流于形式,但不满与日俱增。① 预算法是财税法律领域的基本法,仅仅实现形式上的"有法可依"显然是不够的,而实质上的"有法必依"不仅取决于预算法规范本身的设计是否可行,而且,受制于财税法体系整体的安排是否合理。直言之,预算法治化水平的提高,不仅要通过修改预算法律文本来实现,还要依赖预算的合理编制和规范执行。政府编制预算不是任意进行的,而是建立在已有的财税收支法律的基础上,还会受到当时施行的财政政策的影响。在政府主导型的预算模式下,再加上各种主客观条件的制约,预算编制的质量就显得尤为重要了。在我国,预算经批准生效后才会公开,但是,预算审批几乎可以说是预算公开前对预算编制进行监督的唯一关卡了。虽然全国人大的正式会期很短,但是,如何更好地利用预算编制完毕后到预算正式审议前的时间对预算案进行初步审查或称预先审查,就显得特别重要了,目前来看,全国人大财经委及全国人大常委会预算工委都可以当此大任。

与预算编制的质量密切相关的还有预算编制的时间安排问题,我国《预算法》规定:"编制预算草案的具体事项由国务院财政部门部署。""各级政府、各部门、各单位应当按照国务院规定的时间编制预算草案。"为

---

① 2013年3月17日,《2012年中央和地方预算执行情况与2013年中央和地方预算的决议(草案)》以赞成2307票,反对509票,弃权127票,未按表决器5票,创下未投赞成票比例21.74%的历史新高。不赞成比例如此之高,反映了全国人大代表对预算的不满意度。参见《2013年全国两会直播》,http://www.xinhuanet.com/2013lh/zhibo/20130317/index.htm,2013年4月1日最新访问。

此,《预算法实施条例》规定了国务院向省级政府和中央各部门下达编制预算案的指示的时间为每年 11 月 10 日前,中央各部门和省级政府将汇总编制的预算案报财政部的时间为每年 12 月 10 日和下一年 1 月 10 日前以及财政部、县级以上地方各级政府财政部门批复中央和本级各部门预算的时间为预算批准之日起 30 日内,中央各部门、地方各部门批复所属各单位预算的时间为预算批复之日起 15 日内。预算编制的质量取决于预算编制时间的长短,预算编制时间太短,直接影响了预算编制的质量;而预算审批的效率不高,更是使得其对预算编制的监督仅仅具有形式上的意义。人大代表在繁忙而短暂的会期中,仅有很少的时间可以用于预算审议。原来的预算编制和预算审批时间的安排,建立在"基数加增长"的编制方法基础上,也受到"预算属于国家秘密"的观念影响,预算案所列的预算科目不合理、内容不细致,而且没有详尽的说明材料,造成事实上的"只决不议"现象。由于预算的专业性较强,即使附加了专业术语和说明,也很难使人大代表在短时间内读懂。

实践中,预算编制的时间已经大大延长:每一个财政年度的预算编制通常是从前一年 6 月开始启动的,到 12 月 31 日基本编制完成。以 2013 年中央部门预算编制的时间安排为例,财政部 2012 年 6 月就发布了编制 2013 年中央部门预算的通知。中央国有资本经营预算的编制通常也是从前一年 6 月开始启动的,同时向中央预算单位下发编报年度中央国有资本经营预算建议草案和中央企业支出项目计划的通知,到 12 月 31 日基本编制完成。以 2013 年中央国有资本经营预算编制的时间安排为例,财政部 2012 年 8 月就发布了编报 2013 年中央国有资本经营预算建议草案的通知,可以看到其与中央部门预算编制既有相同也有不同之处。从其他国家的经验来看,多数国家从开始编制预算到完成决算大约耗时 30 个月左右,预算编制一般用时 12 个月,有的甚至长达 18 个月。如果同时需要编制多年度预算的,预算编制的时间几乎是不间断的。笔者认为,预算编制就应当确立为一项不停歇的工作,周期是一个财政年度。预算编制应当成为财政部门的日常工作,预算编制机构不仅应当负责预算编制,而且,应当适时监督预算执行,还应当积极探寻更为合理的预算编制方法,同时,预算审批的方式也应当适当改进。另外,引入中长期财政规划、编制多年度预算也是很有必要的,在多年度预算的约束下编制年度预算有利于前后财政年度的衔接,增加预算编制的稳定性和预期性。

表 3.1　中央部门预算编制的时间安排①

时间	负责部门	负责内容
前一年 7 月 31 日以前	各中央部门	将部门预算(预算表及预算附表)报财政部,其中项目申报文本只报送电子数据
前一年 10 月 25 日以前	财政部	根据国务院审定的中央预算(草案)确定分部门的预算分配方案,向各中央部门下达预算控制数,其中,基本支出"一下"控制数细化到款级科目或项级科目。同时,向按经济分类编制项目支出预算试点部门发放专门的预算编制软件
前一年 12 月 10 日以前	中央部门	根据财政部下达的预算控制数编制"二上"预算(预算表及预算附表),于每年 12 月 10 日前报财政部(一式两份),提请全国人大审议的中央部门须报送一式三份
前一年 12 月 31 日以前	财政部	将汇编的中央预算(草案)及拟提请全国人大审议的中央部门预算报国务院审批
当年 1 月 15 日以前	财政部	将国务院批准的中央预算(草案)报全国人大常委会预算工作委员会
当年 2 月 15 日以前	财政部	将中央预算(草案)提交全国人大财政经济委员会
	财政部	自全国人民代表大会批准中央预算之日起 30 日内,批复各中央部门预算
	各中央部门	自财政部批复本部门预算之日起 15 日内,批复所属各单位预算

---

① 参见财政部《关于编制 2013 年中央部门预算的通知》(财预[2012]283 号)。

表 3.2　中央国有资本经营预算编制的时间安排①

时间	负责部门	负责内容
前一年 8 月底以前	中央企业	将编报的中央国有资本经营预算支出项目计划报中央预算单位,并抄报财政部
前一年 9 月底以前	中央预算单位	将所编制的中央国有资本经营预算建议草案报财政部
前一年 12 月底以前	财政部	将编制的中央国有资本经营预算草案报国务院审批
当年 1 月 15 日以前	财政部	将国务院批准的中央国有资本经营预算草案报全国人大常委会预算工作委员会审查
当年 2 月 15 日以前	财政部	将经全国人大预算工作委员会审查后的中央国有资本经营预算草案提交全国人大财政经济委员会审议
	财政部	根据全国人民代表大会审议通过的中央国有资本经营预算,在 30 日内批复中央预算单位
	中央预算单位	在财政部批复本单位预算之日起 15 个工作日内,批复所监管企业,同时抄报财政部备案

表 3.3　社会保险基金预算编制的时间安排②

时间	负责部门	负责内容
当年 1 月 31 日以前	各省(自治区、直辖市)财政部门、人力资源社会保障部门	将社会保险基金预算草案报表数据分别报送财政部和人力资源社会保障部
当年 3 月 15 日以前	各省(自治区、直辖市)财政部门、人力资源社会保障部门	将政府批准后的社会保险基金预算分别报送两部

预算编制的质量不高,再加上全国人大会期精简却没有相应地提高预算审批的效率,人大代表事实上很难很好地审议预算案。在预算审批时间非常有限的前提下,如何提高预算审批的质量就成为一个现实的难题,在预算编制中引入公众参与、在预算执行中引入公众监督是很有必要

---

① 参见财政部《中央国有资本经营预算编报办法》(财企[2011]318 号)和《关于编报 2013 年中央国有资本经营预算建议草案的通知》(财企[2012]243 号)。
② 参见财政部、人力资源社会保障部《关于编报 2011 年社会保险基金预算的通知》(财社[2010]277 号)。由于本书写作时 2012 年或 2013 年的文件未公开,因此,以 2011 年的文件为分析对象。

的。完整的预算公开要求预算编制的过程及其结果——经批准生效的预算公开,而且,公开的预算还要让纳税人读得懂。在过去很长一段时间里,不仅预算编制是秘密进行的,很多官员也将预算视为国家秘密。我国现行《保守国家秘密法》没有把国家的财政计划或预决算案列为国家机密,而国家保密局会同财政部等于1997年制定的《经济工作中国家秘密及其密级具体范围的规定》(国保发[1997]5号),却将财政年度预、决算草案及其收支款项的年度执行情况等列为国家秘密,但是,这一规章事实上已经失效,其效力终结的标志是国务院2008年5月1日起施行的《政府信息公开条例》的规定:县级以上各级人民政府及其部门应当在各自职责范围内确定主动公开的政府信息的具体内容,财政预算、决算报告属于重点公开的信息。这几年,随着中央决心要大力推进预算公开,预算透明度已经大大提高,从预算完全不公开到预算有限公开——公开的时间限于预算批准后,公开的内容也有很大的局限性。笔者认为,只有改进预算编制技术、细化预算收支科目,才有可能使纳税人读得懂预算,否则,预算公开也实现不了纳税人的知情权和监督权。理论上说,报送各级人大审查和批准的预算案应当细化。政府公共预算一般收支至少编列到款,重点支出至少编列到项,其他预算表格由国务院规定。

在我国,人大代表在繁忙而短暂的会期中既要决定经济社会政策,又要制定各种法律,还要审议预算案,预算审批的质量可想而知,再加上预算编制本身的技术性以及人为的语焉不详,都使得预算审批徒具理论上的可行性。因此,在《预算法》中明确赋予全国人大财政委和全国人大常委会预算工委一定的法律地位是非常必要的。一方面,全国人大财经委应当对中央预算草案的初步方案提出初步审查意见[①],另一方面,全国人大常委会预算工委则要协助好财经委承担审查预决算方案、审查预算调整方案和监督预算执行方面的具体工作。我国现行《预算法》只是规定

[①] 例如,全国人大财经委《关于2011年中央和地方预算执行情况与2012年中央和地方预算草案的审查结果报告》(2012年3月11日)以及《关于2011年中央决算审查结果的报告》(2012年6月27日)等。

了预算案由政府编制、由人大审批,但是,没有明确人大是否享有预算案的修正权,以及政府是否享有预算否决的制衡权。因此,在预算审批方式方面,应当增加预算审议的时间,特别是划分为发现问题和修正问题两个阶段,这两个阶段如何设置应当结合全国人大会议制度的改革情况来进行。我国《预算法》没有规定批准预算案的标准或称原则,也没有考虑到预算案被全部否决、部分否决或被建议修改的法律后果,也就是没有规定预算案未被批准的法律责任或者被建议修改的法律程序。笔者认为,预算审批的有效性可以提高预算编制的质量,进而决定预算执行的效果,也为预算执行是否符合预算提供了客观的依据。

我国《宪法》仅仅规定了全国人大和地方人大有审批预算案的权力,理论上说,人大审议预算案只可能有三种结果:批准、修正后批准和否决;然而,《宪法》和《预算法》、《全国人民代表大会议事规则》、《地方各级人民代表大会和地方各级人民政府组织法》等都没有规定人大的预算修正权。这种权力没有得到法律的确认和保障,可以说是我国现行预算审批法律制度的一大缺陷。预算修正权,是指人大在审批预算案的过程中,依照法定程序对预算案所作的修改,这种权力属于预算审批权的权能之一。我国《预算法》制定时显然没有考虑到,当人大与政府在预算编制问题上的意见不一致或不完全一致,应当如何处理呢?不管预算被全部或部分否决还是被建议修正,原本就比较紧凑的预算编制时间就更加"捉襟见肘",预算案要么匆忙修改、以便尽早顺利通过,要么草率付诸执行。预算批准权、预算修正权和预算否决权共同构成预算审批权的完整内涵,它们都专属于人大享有,人大常委会无权行使这些权力。需要强调的是,预算修正通过发生在人大审批预算案的过程中,不同于预算调整权的范畴,后者通常发生在预算执行的过程中。预算修正的对象是未经批准的预算案,而不是预算报告,也不是修改报告中的文字表述;预算调整的对象则是已经批准的预算。

预算修正权的行使必须依照预算法或议会议事规则规定的程序进行,而且,预算修正程序有着不同于一般法律的修正程序的特殊法律规则。预算修正包括预算支出的修正和预算收入的修正:(1)前者可以分为增额修正和减额修正,减额修正通常不会引起太大的争议,而增额修正则往往成为政府与人大争议的焦点。有的国家禁止"增额修正"①,也有的国家不绝对禁止,只是规定了一些程序性和实体性的限制条件:程序性的条件主要是增额修正的建议必须经政府同意、法定数量的议员签名、议会中的财政委员会审查和审计机关审议等;实体性的条件主要是,预算修正后仍然能够维持预算平衡。(2)后者可以分为收入项目修正和收入金额修正,分别是指增加或减少收入项目和某一收入项目的金额。政府较之人大在预算收入估计上的专业性,使得人大没有在缺乏事实支持的情况下径直修正预算收入金额的必要。因此,有些国家的宪法禁止立法机关修正收入预算,或者虽然修正但附有条件。② 预算收入的法律约束力没有预算支出那么突出,而仅仅具有预算作用,如果预算执行中发生预算编制时未能合理预料的特殊情况而需要增加财政支出或减少财政收入时,就可以调整预算。

虽然全国人大还没有进行过减额修正或增额修正,但是,地方人大已经出现了零星个案。随着预算编制日益细化,需要进行预算修正的可能性会大大增加,因此,我国《预算法》修改时很有必要增加预算修正条款。鉴于全国人大有立法权,必须强调的是,预算修正不能通过变更法律来实现,应当有条件地赋予人大增额修正权。另外,我国《预算法》修改时还必须明确规定预算修正程序。预算具有复杂性和专业性,对预算案的增额修正或减额修正,都需要人大代表具有很强的参政议政的意识、能力和时间。鉴于预算修正权的影响很大,它应当与预算批准权和预算否决权有同样严格的要求,只有确立了预算修正权,预算审批权的范畴才得以延

---

① 例如,在英国和英联邦国家,立法机关只能对预算案进行减额修正,而不能为增额修正。1706年,下议院通过决议:"本院将不接受关于公共服务方面的任何资金申请,或审议要求以公共收入为基础的拨款或经费的任何动议,不管可支付的是统一基金还是议会提供的经费,除非它是来自过往的推荐。"1713年,这一决议被吸收进下议院的永久议事规则。参见邱昌渭:《议会制度》,世界书局1933年版,第309页。
② 张献勇:《论人大的预算修正权》,载《学术研究》2009年第7期,第51—52页。

续,也可以增加预算案根据经济与社会发展情势的变化而适时调整的灵活度。"预算机构制定出来的成千上万小的决策在不断增长,形成了令人畏惧的预算文件,仅其纸张的厚度就足以淹没具有最终决策权的决策者们。我们需要认真审视这些官员们的训练和工作前提,使预算最终能最真实地反映公众的利益。"① 真正的预算审批可以提高预算编制的质量。另外,如果要提高预算初步审查的有效性,确立全国人大财经委的预算修正权也非常有必要。

(三) 预算执行:政府组织实施的技术环节

预算执行是由政府负责的技术环节,它的法律性质是执法程序,强调程序的正当性及其所指向的结果的有效性。预算执行是指经批准生效的预算的具体实施过程,是把预算由计划变为现实的具体实施步骤。预算执行很重要,某种程度上说,甚至比预算编制和预算审批还重要。"只有在一定的程序结构下,才存在法的一般性规定向具体内容转化的过程和机制。"② 不管预算编制中安排的是平衡的还是有赤字的预算,预算执行结果都可能出现财政盈余、财政赤字或收支平衡。我国《预算法》不允许编制赤字预算,但是,财政赤字事实上很难绝迹于现实生活。理论上说,我国数十年高速经济增长背景下,财政收入出现了超常增长,几乎是同期 GDP 增长率的 1—2 倍,必然会产生财政盈余的结果。然而,由于预算编制的合理性和预算执行的规范性都出现了一些问题,除了个别年份外,每年的预算执行结果很少出现财政盈余的情况。当然,财政盈余也不见得一定是好事,通常来说,财政盈余往往比财政赤字更能赢得纳税人的认同,然而,财政盈余同样意味着预算还可以改进。一般来说,发生财政盈

---

① 〔美〕小 V.O.凯伊:《预算理论的缺乏》,载〔美〕阿尔伯特·C.海迪等著:《公共预算经典(第2卷)——现代预算之路(第3版)》,苟燕楠、董静译,上海财经大学出版社 2006 年版,第 33 页。

② 〔日〕谷口安平著:《程序的正义与诉讼》,王亚新等译,中国政法大学出版社 1996 年版,第 183 页。

余可能是预算案得到较高遵从度的结果,也可能是财政收支结构本身的失衡,如果是后者,往往预示着有减税的可能性。

各级预算由本级政府组织执行,具体工作由本级政府财政部门负责。具体来说,各部门、各单位是本部门、本单位的预算执行主体,负责本部门、本单位的预算执行,并对执行结果负责。任何一部法律的执行都以执法者或守法者具有良好的法律遵从意识为基础,否则,再完善的法律也有可能在执行的过程中被规避,再有价值的法律也可能形同虚设。对于经批准生效的预算而言同样如此,只有合理编制的预算才有可能得到规范执行,然而,预算是对未来财政年度的财政收支的预先估算,各种客观情况的变化难以避免,因此,必须对预算执行持"相对宽松"的态度,当然,预算执行的弹性不能成为政府随意动用预算收入或追加预算支出的理由。需要再次强调的是,收入预算与支出预算的法律约束力是不一样的。"法定预算之效力主要表现在支出部分,并且其授权性远大于限制性,后者则表现在支出目的、金额及时期之限制上。"①通常来说,中央和地方预算实行"收付实现制",部分特定事项可以实行"权责发生制",如果实行权责发生制的,就应当在决算报告中说明具体情况。有预算收入上缴义务的部门和单位,应当依照法律、行政法规和国务院的规定,将应当上缴的预算资金及时、足额地上缴国家金库和依法设立的财政专户。财政专户,是指对法律、行政法规和国务院规定的特定专用资金设立的专户。财政专户纳入国库单一账户体系管理。县级以上各级政府全部收入和支出都应当纳入国库单一账户体系进行管理,实行国库集中收付制度。

预算毕竟是对未来财政年度的财政收支情况的预测,无论预算编制的基础是过去的财政收支事实还是未来的经济与社会发展预测,与真实的发展背景和收支情况肯定还是会存在一定的落差。鉴于经批准的预算具备法律约束力,在没有依法对预算进行调整之前,任何预算执行主体都不能以情势变更为由不履行预算的规定和要求。预算制定后不能变更执

---

① 蔡茂寅著:《预算法之原理》,台湾元照出版有限公司2008年版,第2页。

行,除非实践过程中出现情势变更。预算执行由政府负责,政府也最了解预算执行的情况,政府要及时向立法机关报告预算执行情况,接受立法机关的监督。例如,在我国,财政部代表国务院所作的《关于今年以来预算执行情况的报告》(2012年8月29日),相当于中期预算执行报告,通常在每年8月全国人大常委会会议上提交审议。《各级人民代表大会常务委员会监督法》第16条规定:"国务院和县级以上地方各级人民政府应当在每年6月至9月期间,向本级人民代表大会常务委员会报告本年度上一阶段国民经济和社会发展计划、预算的执行情况。"以我国2012年的这个报告为例,具体内容包括:公共财政预算执行情况、政府性基金预算执行情况、中央国有资本经营预算执行情况,以及加强和改善财政宏观调控、切实保障和改善民生、加强财政科学化精细化管理、深化财税体制改革等落实预算决议情况;而下一步财政工作安排包括:(1)继续实施积极的财政政策,促进经济稳定增长;(2)发挥财税政策调控优势,推进经济结构调整和发展方式转变;(3)促进社会事业发展,切实改善民生;(4)推进财税体制改革,完善公共财政体系;(5)强化财政科学管理,狠抓增收节支工作。①

预算执行完毕必须总结执行情况,即必须编制决算。"各国通例,行政机关须逐年将一切国家机关的收入支出,造成决算案,先交由审计机关审核,后更将该决算案及审计机关的审查报告,提交议会议决。"②我国通常在每年3月的全国人大会议上审议下一财政年度的预算案时,同时审议上一财政年度的预算执行情况,例如,国务院所作的《关于2011年中央和地方预算执行情况与2012年中央和地方预算草案的报告》(2012年3月5日);通常在每年6月的全国人大常委会会议上审议上一财政年度的决算案,例如,财政部代表国务院所作的《关于2011年中央决算的报告》(2012年6月27日)和审计署代表国务院所作的《关于2011年度中央预

---

① 参见国务院《关于今年以来预算执行情况的报告》,2012年8月29日,http://www.npc.gov.cn/npc/xinwen/2012-08/30/content_1735377.htm,2012年9月1日最新访问。
② 王世杰、钱端升著:《比较宪法》,商务印书馆1999年版(初版于1936年),第259页。

算执行和其他财政收支的审计工作报告》(2012年6月27日),前者的内容包括中央公共财政收支决算情况、中央政府性基金收支决算情况、中央国有资本经营收支决算情况,以及预算执行效果、进一步提高财政管理的科学化精细化水平等①;后者的内容包括中央预算管理完整性方面、中央公共财政预算的细化和执行方面、财政转移支付管理方面、中央政府性基金预算管理方面、中央国有资本经营预算管理方面、国库管理方面、财税审批和管理方面、中央决算草案编制方面的中央财政管理审计情况,以及中央部门预算执行和决算草案审计情况:预算执行未完全到位、预算和财务管理不够严格、一些预算管理制度和规定不够明确完善等,县级财政性资金审计情况和重点民生项目及其他专项审计情况。②

我国全国财政决算文件及其表格通常于7月初公开,2012年7月11日公布的《关于2011年中央决算的报告》,呈现出"注重全面完整、注重解释说明、注重突出重点"三个方面的特点,决算共分为三个部分:公共财政决算、政府性基金决算和国有资本经营决算,另外,还有中央对地方税收返还和转移支付决算、中央财政国债余额等。③ 2011年,各地区、各部门牢牢把握科学发展主题和加快转变经济发展方式主线,加强和改善宏观调控,国民经济朝着宏观调控预期方向发展,人民生活不断改善,改革开放继续深化,实现了"十二五"经济与社会发展良好开局。在此基础上,财政发展改革深入推进,中央决算情况较好。各地区、各部门认真落实积极的财政政策,严格执行中央和地方预算,切实加强和规范财政管理,积极发挥财政职能作用,着力保障和改善民生,努力服务改革发展稳定大局,取得积极成效。针对存在的问题,我们将根据当前经济运行的新

---

① 参见国务院《关于2011年中央决算的报告》,2012年6月27日,http://www.npc.gov.cn/npc/xinwen/2012-07/11/content_1729567.htm,2012年9月1日最新访问。
② 参见国务院《关于2011年度中央预算执行和其他财政收支的审计工作报告》,2012年6月27日,http://www.npc.gov.cn/npc/xinwen/2012-07/11/content_1729560.htm,2012年9月1日最新访问。
③ 参见《2011年全国财政决算》,http://yss.mof.gov.cn/2011qgczjs/index.html,2012年9月1日最新访问。

形势加强和改善财政宏观调控,并不断健全财税体制机制,同时深入推进财政科学化精细化管理,进一步提高财政资金使用绩效。①

传统上,我国超收收入的使用由政府自行决定,只需要将预算执行结果报告全国人大即可,而无需事先报经全国人大批准,这种制度模式不同于大多数国家实行的审批制,简言之,政府对超收资金的使用和分配享有极大的自由裁量权。实践中,为了在下一个财政年度取得更多的财政收入(特别是取得更多的财政转移支付资金)而在年底"突击花钱"的滥用财政支出权的现象屡见不鲜,这就需要同时改革传统的预算编制方法和衡量预算执行达标与否的标准。无论是中央政府还是地方政府,想要很好地执行预算都必然受到预算和财税法律法规的双重约束。"预算经过编制、审议阶段而成立法定预算,其目的在于提供执行之依据。换言之,预算编制、审议均为执行之目的而存在,而决算则系执行成果之报告书。"②一般来说,如果预算主体严格执行预算,就不会产生管理性赤字,也不会产生预算执行争议或者有任何预算主体需要为此而承担预算责任。而预算能否得到很好的执行,则不仅取决于预算编制的质量,而且决定于预算审批的质量。概言之,在预算执行这一由政府负责的技术性环节,预算主体必须遵循预算的规定和要求,否则,就必须为此承担预算执行不能的法律责任。我国《预算法》修改时应当明确:预算执行中有超收收入的,除了依照法律、行政法规规定安排支出外,还可以用于冲减赤字,或者安排预算稳定调节基金用于补充以后年度财政资金的不足。

(四)预算调整:情事变更下的自由裁量权

预算编制完成、经批准后进入执行阶段,其间,可能发生各种各样超乎预算主体意料之外或考虑之外的事情,无论是基于客观的经济与社会发展情势变化抑或出于主观的经济社会政策修订,有权机关都可能对已

---

① 参见国务院《关于 2011 年中央决算的报告》,2012 年 6 月 27 日,http://www.npc.gov.cn/npc/xinwen/2012-07/11/content_1729567.htm,2012 年 9 月 1 日最新访问。
② 蔡茂寅著:《预算法之原理》,台湾元照出版有限公司 2008 年版,第 236 页。

经生效的预算进行调整,这就使得预算执行的依据发生了变化,必须强调的是,预算调整前,哪怕情势确实发生了变化、政策实际进行了调整,都不得改变预算执行所参考的依据。换言之,预算执行在预算调整前以原预算为准、预算调整后以调整后的新预算为准。预算调整是预算执行中的正常现象,它是指因预算执行中发生的特殊情况,包括发生重大事件、进行重大政策调整或经济与社会发展情势发生重大变化,从而对预算执行产生重大影响,就可以根据情事变更原则或行使自由裁量权而对原预算进行部分调整或变更,以确保预算执行符合客观的经济与社会发展情势。我国《预算法》只是规定了针对已经生效的预算的调整,在预算执行中发生的虽然引起财政收支变化,但不会产生财政赤字的情况,不属于预算调整的范畴。预算调整可以说是情事变更原则下自由裁量权行使的结果,民法上的情事变更原则的实质在于消除因客观变化而造成权利义务显著失衡的影响,这一理论完全可以适用于预算法:既能保持预算执行的灵活性,又能维护预算审批的权威性。

我国《预算法修正草案(二次审议稿)》第63条、第64条规定,预算调整是指经全国人民代表大会批准的中央预算和经地方各级人民代表大会批准的地方各级预算,在执行中出现下列情况之一的预算变更:(1)本级人民代表大会批准的收支平衡的预算出现赤字,或者举借债务数额增加的;(2)需要增加预算总支出的;(3)需要调入预算稳定调节基金,或者需要减少预算总支出的;(4)需要调减预算安排的农业、教育、科技、文化、卫生、社会保障等重点支出数额的。各级政府对于必须进行的预算调整,应当编制预算调整方案。预算调整方案应当说明预算调整的理由、项目和数额。上述规定大大拓宽了预算调整的适用范围,也使得预算执行更加规范。法律明确规定预算调整的法定程序和法定条件,既能维持预算执行的规范性,又能兼顾预算调整的灵活性。预算调整发生在预算执行过程中,其实质上是一种预算编制行为,因此,预算调整方案应当由立法机关审批,准确地说,应当由各级人大常委会审批。我国《各级人民代表大会常务委员会监督法》第17条第1款规定:"国民经济和社会发展计划、预算经人民代表大会批准后,在执行过程中需要作部分调整的,国务院和县级以上地方各级人民政府应当将调整方案提请本级人民代表大会常务委员会审查和批准。"

经立法机关批准的预算调整方案,各级政府应当遵照执行。没有通过预算法规定的程序,各级政府不得不作出预算调整的决定。如果各级政府违反了上述规定,本级人大、本级人大常委会或上级政府应当责令其改变或撤销。预算一经批准,就应当付诸实施,但是,预算执行必须依赖预算编制当时所预想的或者所期待的客观经济与社会发展情势出现,如果预算执行的背景发生较大的变化,原先规定的预算收支安排继续执行的话,就会显失公平。只有调整原先的预算收支安排,才能恢复预算平衡,例如,"为避免影响正常年度预算执行,保持2008年中央预算平衡,从中央预算稳定调节基金1032亿元中调入600亿元,通过相关的科目列支后,转入地震灾后恢复重建基金。"① 根据卡斯腾·海尔斯特尔考证,在德国民法体系中,情事变更原则已经有一百多年的历史。该原则根源于德国普通法,是一个在成文法之外通过学说、判例形成和发展起来的制度。在德国《债法》2002年修订时,该原则被以"交易基础的干扰"为标题整合到了德国民法典中。② 情事变更原则根源于诚信原则,是指契约依法成立后,因不可归责于双方当事人的原因发生了不可预见的情事变更,致使契约的基础丧失或动摇,若继续维持契约原有的效力会显失公平,则同意变更或解除契约。③ 情事变更原则的理论依据是实质正义,这一原则适用于预算执行中发生的诸多骤然而急速的变化。预算执行时的外在环境不完全在预计范围内,预算的长期性使得这一原则的适用尤其重要。

---

① 全国人大常委会《关于批准2008年中央预算调整方案的决议》,2008年6月26日,http://law.people.com.cn/showdetail.action?id=2691661,2012年9月1日最新访问。
② 参见〔美〕卡斯腾·海尔斯特尔:《情事变更原则研究》,许德峰译,载《中外法学》2004年第4期,第385页。
③ 情事变更不同于不可抗力,前者出现时,合同仍有履行的可能,只是履行的成本大大高于合同缔结时可以预见的成本,继续履行合同的话可能造成当事人的不公平,但是,合同的撤销或终止,还是应当承担一定的法律责任;而后者出现时,合同的履行不再可能,故合同的撤销或终止不会引起当事人的法律责任。

预算调整既是一种预算编制行为,也是一种特殊的预算执行行为。预算基本按照其经批准后的文本来执行,即使预算执行过程中出现很多可能使预算依据文本执行不合理的理由,除非经过特定的程序,否则,预算不能停止或中断执行。由于种种影响预算正常执行的特殊情况出现,政府不得不进行预算调整,否则,预算就很可能无法继续执行或者继续执行显失公平。中央政府享有制定和实施经济社会政策的权力,其进行预算调整的权力必须受到必要的限制,可以进行预算调整的限于客观情势变化的需要,而不是主观上作出的选择。在预算的正常执行过程中,各级政府一般不应当制定新的增加或者减少财政收入或财政支出的经济政策或者措施,必须作出并需要进行预算调整的,都应当在预算调整方案中作出安排,而不是通过其他的途径,特别是不能擅自作出决定。不仅如此,中央政府还要抑制其自身作出任何可能影响地方政府财政收支结果的决定的冲动。"中央政府不仅应当避免不与地方政府协商就通过调整经费分配而将这类问题转嫁给地方政府,而且应当避免突然撤销或削减一般性拨款和专项拨款等。"[①]可能致使预算调整的情事变更事由包括经济发展过热、过冷或者国民经济结构严重失衡等特殊情况以及战争、内乱、重大自然灾害和社会公共事件等紧急情况。

现实生活瞬息万变,预算执行必须保持一定的灵活性,而这种灵活性主要是通过预算调整的制度设计来实现的。承前所述,预算是预先估算的,预算确定的财政收支总额只有在一定的环境下才能发生,如果实际发生的情况与预算收支安排不相吻合,就意味着预算的基础发生了变化,逻辑上必然可能导致预算调整,当然,需要区分的是,预算收入的变化和预算支出的变化是不尽相同的。理论上说,预算收入的变化是可以忽略的,或者说,是非常正常的,也不是预算监督的重点对象。然而,实践中,如果预算收入没有保障,预算支出就得不到支持,而且,预算收入也达不到上

[①] 〔美〕巴里·普特:《预算和财政管理》,载特里萨·特尔—米纳什编:《政府间财政关系理论与实践》,政府间财政关系课题组译校,中国财政经济出版社2006年版,第156—158页。

级政府下达的税收任务,就可能使地方政府官员的"政绩"受到影响。我国《合同法》没有明确规定情事变更原则,充分表明了它的"双刃剑"特征——既有积极作用也有负面作用。笔者认为,我国《预算法》不仅要引入这一原则,而且,还应当明确规定其适用范围、适用条件和适用程序。广义上的预算变动包括预算追加、预算追减、使用预备费、预算科目流用和预算划转使用等。我国现行《预算法》规定的预算调整仅仅限于预算追加,而且,适用于重大经济变故、重大自然灾害及其他重大事件。除此,只是规定了使用预备费的权力归属,其他情形可以由政府自行决定。除了使用预备费应当作为预算执行外,其他预算变动都应当纳入预算调整的范畴。对于预算追减,还应当考虑设立奖励责任。

我国《预算法》规定的预算调整的标准是预算是否平衡的实质性标准而不是预算是否改变的形式性标准。"经济形势的改变,对岁入和支出的预测不足,持续不断的政治斗争,领导层的变动和公众关注问题的焦点发生转移,预算案在通过后还可能改变。"[1]实践中,中央财政进行预算调整的次数相当有限,最典型的例子是:为增发(长期建设)国债用于增加固定资产投入而进行的预算调整[2]以及为建立专项的地震灾后恢复重建基金而进行的预算调整[3]。前者的背景是因应对亚洲金融危机和经济发展面临的复杂外部环境而采取的积极财政政策,以及增加基础设施投资、进一步拉动国内需求,以夯实国民经济发展基础;后者的背景则是汶川地

---

[1] 〔美〕爱伦·鲁宾著:《公共预算中的政治:收入与支出,借贷与平衡》,叶娟丽等译,中国人民大学出版社 2001 年版,第 248 页。

[2] 全国人大常委会《关于批准国务院增发长期建设国债和今年中央财政预算调整方案的决议》,2000 年 8 月 25 日,http://www.law-lib.com/law/law_view.asp?id=96712;全国人大常委会《关于批准增发国债和 1999 年中央财政预算调整方案的决议》,1999 年 8 月 31 日,http://www.law-lib.com/law/law_view.asp?id=96648,2012 年 9 月 1 日最新访问。

[3] 全国人大常委会《关于批准 2008 年中央预算调整方案的决议》,2008 年 6 月 26 日,http://news.xinhuanet.com/newscenter/2008-06/26/content_8445736.htm,2012 年 9 月 1 日最新访问。

震①造成的破坏过于严重,几乎毁灭了所有建筑设施和各行各业,地震灾后恢复重建资金由中央和地方财政建立的、专项用于地震灾后恢复重建的地震灾后恢复重建基金,以及地方财政通过预算内安排的、专项用于支持和开展地震灾后恢复重建的资金构成。公共预算中的"预备费"科目下的财政资金,每年都有几百亿,就可以用于自然灾害的救灾开支。然而,为了更有效地安排地震灾后恢复重建资金,中央财政和四川省财政同时设置了"地震灾后恢复重建支出"的预算科目。国务院罕见地提请全国人大常委会审查批准中央预算调整方案草案,其核心内容是:"从2008年起建立地震灾后恢复重建基金,根据实际情况分年加以安排,专项用于四川及周边省份受灾地区恢复重建"。② 从地震灾后恢复重建支出决算表格来看,2008—2010年分别为798.34亿元、969.99亿元和794.34亿元,无论与每年的超收收入还是财政超支相比,涉及的财政资金数量都不多,但是,毋庸置疑,预算法治理念有了很大的进步。

在预算执行过程中,由于发生特大自然灾害、突发公共事件,必须及时增加预算支出的,既可以使用预备费,也可以进行预算调整,那么,两者有没有顺序之分呢?一般认为,此时应当先动用预备费;如果预备费不足以支出的,为了及时应对因特大自然灾害或突发公共事件而确实需要支出额外的财政资金的,各级政府可以先安排财政资金满足支出的需要,超过年初确定的预算支出规模的,应当列入预算调整方案来解决。在预算执行过程中,各级政府依照相关法律法规的规定应当增加的财政支出,是否属于预算调整的范畴呢?这个问题比较复杂,如果相关法律法规的规定导致财政支出增加是因为其在预算执行中进行了修改,那么,法律法规修正案对预算的影响就应当列入预算调整方案来体现;如果相关法律法

---

① 汶川地震2008年5月12日发生在四川省汶川县映秀镇,是新中国成立以来波及范围最广、破坏性最强的一次地震,受灾面积广大、受灾人口众多、自然条件复杂、基础设施损毁严重,抗震救灾的难度非常大。
② 财政部《关于提请审议2008年中央预算调整方案(草案)的议案的说明》,2008年6月24日,http://www.npc.gov.cn/wxzl/gongbao/2008-12/24/content_1467390.htm,2012年9月1日最新访问。

规在预算执行中未作修改的,就不属于预算调整的范畴。另外,因上级政府增加专项转移支付而引起的财政支出的变化,也不应当纳入预算调整的范畴;虽然不属于预算调整的范畴,但是,接受专项转移支付的地方各级政府,应当向县级以上人大常委会或乡镇一级人大报告情况。

三、预算公开条件下预算责任的规范构筑

预算的实质是配置稀缺财政资源,在可能取得的财政资金的支持下,在诸多潜在的财政支出目标之间进行选择。在预算执行过程中,预算责任的构筑是《预算法》所规定的权利能否实现、义务可否履行以及预算所承载的收入预测和支出安排能否实现的基本保障。"税收管理权限和支出责任的'适当'分配是一个极其复杂的问题。经济学者们大多将焦点集中在效率和公平问题上,而公共管理学者和政治学者们则更倾向于将焦点集中在权力及责任和义务的分配、税收竞争与协调方面。"[①]法学研究更加关注预算责任的构筑以及预算执行行为的可诉性问题。法律文本的生命力来源于其可诉性,可诉性是法律文本和司法实践的连接点。司法是法律运行的要素和纠纷裁判的象征,缺乏司法救济的权利必然无从保障、义务必然无从约束。法律责任的基本原理可以适用于预算执行是否符合预算所规定的内容的判断结果,预算责任应当主要通过司法机制来实现,究其根本,一部不能进入司法诉讼的法律,某种程度上,只能看作是一种政治宣言,而不具有法律约束力。

(一)预算如何公开才能优化预算责任的构筑

预算透明度是预算法的基本原则之一,理论上说,不仅预算编制的过

[①] 〔美〕詹姆斯·E.奇:《财政分权:改革的理论》,载〔美〕阿曼·卡恩、W.巴特利·希尔德雷思编:《公共部门财政管理理论》,孙开等译,格致出版社、上海人民出版社2008年版,第168—169页。

程及其结果要向全社会公开,而且,公开的预算必须能够让社会公众看得懂。在美国,20世纪70年代之前,预算的制定过程的突出特点是"预算文件的愚民主义"①。预算透明度是财政透明度的重要组成部分,财政透明度原则受到国际货币基金组织(International Monetary Fund,简称 IMF)和联合国等国际组织的高度重视。② 预算本质上要求平衡,否则,就没有编制预算的必要,然而,确实没有什么真正的力量可以促使政府自觉地维持预算平衡。"政府征税不受任何实质性的制约,政府财政预算不透明,不仅仅是个宏观经济政策的选择问题,而是现代民主政治与法治国建设的根本性问题。"③政府的民主预算是法治国家的核心。通常情况下,财政赤字这一事实本身并不重要,重要的是,财政赤字的发生总有一定的客观原因,但是,到底是什么样的因素造成的呢?对于预算过程的管理性失当所导致的管理性赤字,通过设置预算责任来解决是最有效的,这也是《预算法》重点规制的赤字。某种程度上说,预算公开是实现预算争议的可诉性的重要基础,只有公开的预算才可能接受预算监督,才有可能促使预算的合理编制和规范执行。我国《预算法》规定了三种行为的法律责任,而《预算法修正草案(二次审议稿)》也是根据行为设置责任的,同样规定了三类行为的法律责任,内容大幅增加。

预算公开是预算责任追究的重要基础,那么,目前我国预算公开的情况如何呢?有什么样的途径来公开预算呢?预算公开的方式、程度和质量有什么值得肯定或需要检讨的地方呢?每年中央预算报告和预算案的书面材料都由受国务院委托的财政部向全国人大提交,经其批准后,即具有法律效力,非经法定程序,不得改变。而每年中央决算报告和决算案都

---

① 〔美〕艾伦·希克著:《国会和钱:预算、支出、税收》,苟燕楠译,中国财政经济出版社2012年版,第13页。
② 准确界定财政透明度比较困难,IMF《财政透明度良好行为守则——原则和宣言》(Code of Good Practices in Fiscal Transparency—Declaration on Principles of 1998、2007)提出了各国在自愿基础上实现财政透明度的一般要求和最低要求的建议。See Code of Good Practices on Fiscal Transparency(2007), http://www.imf.org/external/np/fad/trans/code.htm,2012年9月1日最新访问。
③ 韦森著:《大转型:中国改革下一步》,中信出版社2012年版,第72页。

由受国务院委托的财政部部长向全国人大常委会报告,预算调整方案草案提请审查批准的程序与之类似。"政府预算报告同政府工作报告、国民经济和社会发展计划报告一样,属于总结加计划的连体式报告。"①政府预算报告是由政府提交立法机关审查批准的政府文件,是对预算案的说明文件。例如,《中华人民共和国 2011 年全国预算执行情况 2012 年全国预算(草案)》、国务院《关于 2011 年中央和地方预算执行情况与 2012 年中央和地方预算草案的报告》、国务院《关于 2011 年中央决算的报告》、《全国人民代表大会财政经济委员会关于 2011 年中央决算审查结果的报告》和国务院《关于今年以来预算执行情况的报告》等。

中央预算报告的前半部分是对上一个财政年度工作的总结,其主要内容是:通过一系列的数字与再上一个财政年度的决算比较、与上一个财政年度的预算比较来说明中央和地方预算执行情况,包括公共财政预算执行情况、政府性基金预算执行情况、中央国有资本经营预算执行情况、积极的财政政策实施情况、财税改革进展情况以及落实全国人大预算决议有关情况;后半部分是本财政年度的工作计划,其主要内容是:根据宏观经济政策并考虑本年度经济发展的增减因素,确定预算案的具体数字及完成预算的主要措施,包括当前我国财政形势、财政预算编制和财政工作总体要求、公共财政预算安排情况、政府性基金预算安排情况以及中央国有资本经营预算安排情况。② 上一个财政年度的预算执行情况与本财政年度的预算案同时提交全国人大全会审查,而上一个财政年度的中央决算案则一般于每年 6 月提交全国人大常委会审查批准,换言之,中央和地方预算执行情况以及地方预算案都是由财政部代编的。理论上说,其内容与 6 月提交审查批准的决算案很可能不一样,而实际上,两者的内容

---

① 马蔡琛编著:《如何解读政府预算报告》,中国财政经济出版社 2002 年版,第 27—28 页。
② 财政部《关于 2011 年中央和地方预算执行情况与 2012 年中央和地方预算草案的报告》,2012 年 3 月 5 日,http://news.xinhuanet.com/politics/2011-03/17/c_121200670.htm,2012 年 9 月 1 日最新访问。

确实存在相当的差异。①

2009年3月,预算公开取得了实质性突破:财政部首次在其官方网站公布了经全国人大审议批准的中央财政收入、中央财政支出、中央本级支出、中央对地方税收返还和转移支付等4张表格,虽然只是公开到"款"。② 财政部《关于进一步做好预算信息公开工作的指导意见》(财预〔2010〕31号)规定:"中央部门在公开部门预算时,原则上应将报送全国人大审议通过的部门预算中的收支预算总表和财政拨款支出预算表,作为部门预算公开的最基本格式和内容先行公开。"③2010年3月,经批准的中央财政预算的12张表格公开,此后,在报送全国人大审议预算的98个中央部门中,国土资源部、财政部、科技部、住建部等75个部门陆续在各自的官方网站公布了"部门收支预算总表"和"部门财政拨款支出预算表",开创了中央部门预算公开的先河。预算总表中的"收入"和"支出"项目基本上都在10项以内,有多个中央部门在公布预算表格的同时,还对主要支出内容附加了简单的说明。2011年3月,经批准的中央财政预算11张表格公开,内容涵盖公共财政预算、政府性基金预算、国有资本经

---

① 以2011年为例,根据"中央和地方预算执行情况",中央财政收入51306.15亿元,加上从中央预算稳定调节基金调入1500亿元。中央财政支出56414.15亿元,其中:中央本级支出16514.19亿元,中央对地方税收返还和转移支付39899.96亿元,加上补充中央预算稳定调节基金2892亿元,支出总量为59306.15亿元;根据"中央决算",中央公共财政收入51327.32亿元,加上从中央预算稳定调节基金调入1500亿元。与向第十一届全国人大第五次会议报告的预算执行数相比,中央公共财政收入增加21.17亿元,主要是在决算清理期间一些专项收入、行政事业性收费等非税收入增加。中央公共财政支出56435.32亿元,其中,中央本级支出16514.11亿元,中央对地方税收返还和转移支付支出39921.21亿元(相应形成地方财政收支),加上用于补充中央预算稳定调节基金2892亿元,支出总量为59327.32亿元。与向第十一届全国人大第五次会议报告的预算执行数相比,中央公共财政支出增加21.17亿元,主要是保障性安居工程支出增加。参见国务院《关于2011年中央决算的报告》,2012年6月27日,http://www.npc.gov.cn/npc/xinwen/2012-07/11/content_1729567.htm,2012年9月1日最新访问。
② 我国自2007年开始政府收支分类科目改革,收入分为类、款、项、目四级;支出分为类、款、项三级。
③ 相关规定有:国务院《政府信息公开条例》(2008年)、国务院办公厅《关于施行〈中华人民共和国政府信息公开条例〉若干问题的意见》(国办发〔2008〕36号)、财政部《关于进一步推进财政预算信息公开的指导意见》(财预〔2008〕390号)和《关于深入推进基层财政专项支出预算公开的意见》(财预〔2011〕27号)等。

营预算和社会保险基金预算,公开部门预算的中央部门增加到 92 个。2012 年 3 月,经批准的中央财政预算 11 张表格公开,98 个中央部门悉数公开了部门预算。

与此同时,中央财政决算 2008—2010 年的 8 张、12 张和 20 张决算表格也全部公开,而且,2010 年的部分决算表格公开到"项",预算透明度大大增加。2011 年 6 月,经全国人大常委会审议批准后,财政部负责公开 2010 年中央本级,包括中央行政单位(含参照公务员法管理的事业单位)、事业单位和其他单位用财政拨款开支的因公出国(境)经费、公务用车购置及运行费、公务接待费(简称"三公经费")决算支出以及 2011 年中央本级"三公经费"财政拨款预算。纳入中央财政预决算管理的"三公经费",是指中央财政按照有关规定,通过财政拨款安排给相关中央部门及其所属单位,用于因公出国(境)、公务用车购置及运行和公务接待等方面的支出。另外一个常用的概念"行政经费",是指行政单位、参照公务员法管理的事业单位履行行政管理职责、维持机关运行开支的费用。行政经费的支出内容:一是单位人员经费、公用经费等基本支出,二是维持本单位运行的项目支出。尽管公开的预算仍然遭受"看不懂"的质疑,必须肯定的是,我国预算公开程度不断提高、预算法治化水平持续进步。理论上说,经本级人民代表大会或者本级人民代表大会常务委员会批准的预算、预算调整、决算,应当及时向社会公开,但涉及国家秘密的内容除外。各级政府财政部门负责本级政府总预算、预算调整、决算的公开。各部门负责本部门预算、决算的公开。

中共中央 1993 年提出"建立政府公共预算和国有资产经营预算",2003 年提出"建立国有资本经营预算制度",2006 年提出"建立健全国有资本经营预算制度"。① 2007 年,我国建立国有资本经营预算制度,据此,中央本级国有资本经营预算从 2007 年起试行,最初在国资委监管中央企

---

① 参见中共中央《关于建立社会主义市场经济体制若干问题的决定》(1993 年)、《关于完善社会主义市场经济体制若干问题的决定》(2003 年)和中共中央《关于构建社会主义和谐社会若干重大问题的决定》(2006 年)。

业、中国烟草总公司和中国邮政集团公司试行①,此后,预算实施范围不断扩大。中央本级国有资本经营预决算于2010年3月和6月首次提交全国人大和全国人大常委会审议。我国《企业国有资产法》专章规定了"国有资本经营预算":国家建立健全国有资本经营预算制度,对取得的国有资本收入及其支出实行预算管理。国有资本经营预算,是国家以所有者身份依法取得国有资本收益,并对所得收益进行分配而发生的各项收支预算,是政府预算的重要组成部分。国家取得的下列国有资本收入,以及下列收入的支出,应当编制国有资本经营预算:从国家出资企业分得的利润、国有资产转让收入、从国家出资企业取得的清算收入和其他国有资本收入。国有资本经营预算按年度单独编制,纳入本级人民政府预算,报本级人民代表大会批准。中央国有资本经营预算由预算收入和预算支出组成。中央国有资本经营预算收入反映当年企业国有资本收益预计入库数额及上年结转收入,包括以下项目内容:利润收入,股利、利息收入,产权转让收入,清算收入,其他国有资本经营收入和上年结转收入。中央国有资本经营预算支出主要用于:根据产业发展规划、国有经济布局和结构调整、国有企业发展要求以及国家战略、安全需要的支出,弥补国有企业改革成本方面的支出和其他支出。中央国有资本经营预算支出分为资本性支出、费用性支出和其他支出。② 从2011年起,适当提高中央企业国有资本收益收取比例。具体收取比例分以下四类执行:第一类为企业税后利润的15%;第二类为企业税后利润的10%;第三类为企业税后利润的5%;第四类免交国有资本收益。③ 除此,纳入预算实施范围的符合小型微型企业规定标准的国有独资企业,应交利润不足10万元的,比照第四类政策性企业,免交当年应交利润。④

　　政府性基金,是指各级人民政府及其所属部门根据法律、行政法规和

---

① 国务院《关于试行国有资本经营预算的意见》(国发[2007]26号)。
② 财政部《中央国有资本经营预算编报办法》(财企[2011]318号)。
③ 财政部《关于完善中央国有资本经营预算有关事项的通知》(财企[2010]392号)。
④ 财政部《关于扩大中央国有资本经营预算实施范围有关事项的通知》(财企[2012]3号)。

中共中央、国务院文件规定,为支持特定公共基础设施建设和公共事业发展,向公民、法人和其他组织无偿征收的具有专项用途的财政资金。政府性基金属于政府非税收入,全额纳入财政预算。① 2009 年以来,财政部明确了完善基金预算编制的主要目标和任务,并抓紧组织实施,逐项落实各项任务措施,将中央基金预算编制纳入部门预算统一布置。② 政府性基金预算是国家通过向社会征收以及出让土地、发行彩票等方式取得收入,并专项用于支持特定基础设施建设和社会事业发展的财政收支预算,是政府预算体系的重要组成部分。纳入政府性基金预算管理的基金共 43 项。③ 按收入来源划分,向社会征收的基金 31 项,其他收入来源的基金 12 项。按收入归属划分,属于中央收入的基金 9 项,属于地方收入的基金 20 项,属于中央与地方共享收入的基金 14 项。按支出用途划分,用于公路、铁路、民航、港口等建设的基金 9 项;用于水利建设的基金 4 项;用于城市维护建设的基金 8 项;用于教育、文化、体育等事业发展的基金 7 项;用于移民和社会保障的基金 5 项;用于生态环境建设的基金 5 项;用于其他方面的基金 5 项。④ 这些基金都有征收依据,有的是无限期征收的,有的规定了征收期限,即规定了"落日条款"。基金支出根据基金收入情况安排,自求平衡,不编制赤字预算。2010 年政府性基金预算编制与以往相比有较大程度改进,取得了明显成效:提高了预算完整性,细化了预算编制内容,提高了预算准确性,增强了预算透明度。同时,针对基金预算编制比较粗放、基金预算编制范围不够完整、基金预算约束力不强、基金预算与公共财政预算之间缺乏协调和衔接等问题,财政部就进

---

① 财政部《政府性基金管理暂行办法》(财综[2010]80 号)。
② 财政部《关于进一步完善政府性基金预算编制的工作方案》(2009 年)。
③ 纳入政府性基金预算管理的基金可能会不断调整:财政部和省级政府每年分别要编制截至上年 12 月 31 日的全国政府性基金项目目录和在本行政区域范围内实施的政府性基金项目,向社会公布。根据财政部 2012 年 4 月公布的《2011 年全国政府性基金项目目录》(财综[2012]27 号),全国政府性基金项目共有 29 项。
④ 参见财政部《政府性基金预算编制情况》,http://www.mof.gov.cn/zhengwuxinxi/caizhengshuju/201005/t20100511_291390.html,2012 年 9 月 1 日最新访问。

一步加强地方基金预算管理发布了专门的意见。①

　　自 2010 年起至 2012 年,我国试行编制社会保险基金预算,从最初的规模小、范围窄、编制晚,发展到各地都争取将全部 9 项基金纳入预算编制中。根据我国《社会保险法》第 66、67 条规定,"社会保险基金按照统筹层次设立预算。社会保险基金预算按照社会保险项目分别编制。""社会保险基金预算、决算草案的编制、审核和批准,依照法律和国务院规定执行。"社会保险基金包括基本养老保险(企业职工基本养老保险、新型农村社会养老保险、城镇居民社会养老保险)、基本医疗保险(城镇职工基本医疗保险、新型农村合作医疗、城镇居民基本医疗保险)、失业保险、工伤保险、生育保险等 9 项基金。2013 年 3 月,财政部将首次向全国人大报送社会保险基金预算案。社会保险基金预算是根据国家社会保险和预算管理法律法规建立、反映各项社会保险基金收支的年度计划。社会保险基金预算"坚持收支平衡,适当留有结余"②。社会保险基金预算按险种分别编制,社会保险基金预算编制采用科学、规范的方法,提高预算编制的预见性、准确性、完整性和科学性。③ 编制社会保险基金预算草案应综合考虑统筹地区上年基金预算执行情况、本年国民经济和社会发展计划、人力资源社会保障事业发展规划、社会保险政策和财政补助政策等因素。社会保险基金收入预算要与国民经济发展相适应,与社会平均工资增长相适应;在保障各项社会保险待遇支出的基础上,严格支出管理,从严从紧编制社会保险基金支出预算。④

　　就预算平衡的关联问题而言,在我国《预算法》及其实施条例规定的复式预算体系形成之后,接下来需要解决的问题是:在各自强调收支平衡

---

① 财政部《关于进一步加强地方政府性基金预算管理的意见》(财预[2009]376 号)。
② 安徽省规定:"社会保险基金预算坚持收支平衡,适当留有结余,不得出现赤字。"参见安徽省《社会保险基金预算编制手册(试行)》,2010 年 3 月,http://sbs.mof.gov.cn/zhengwuxinxi/zhengcefabu/201003/t20100311_275463.html,2012 年 9 月 1 日最新访问。
③ 国务院《关于试行社会保险基金预算的意见》(国发[2010]2 号)。
④ 财政部、人力资源社会保障部《关于编报 2011 年社会保险基金预算的通知》(财社[2010]277 号)。

的同时,不同预算表格之间的财政资金可否流转以及如何流转呢?换言之,究竟是每一个预算表格自身的收支平衡重要呢?还是整个复合预算体系的收支平衡更加重要呢?我国《社会保险法》第69条第2款规定:"社会保险基金不得违规投资运营,不得用于平衡其他政府预算,……"第71条第1款规定:"国家设立全国社会保障基金,由中央财政预算拨款以及国务院批准的其他方式筹集的资金构成,用于社会保障支出的补充、调剂。……"财政部《政府性基金管理暂行办法》(财综[2010]80号)第26条第2款规定:"……各项政府性基金按照规定用途安排,不得挪作他用。"财政部《中央国有资本经营预算编报办法》(财企[2011]318号)第6条规定:"……中央国有资本经营预算支出要加强与公共预算的有机衔接。"中央国有资本经营预算支出中的其他支出,主要就是指国有资本经营预算补充全国社会保障基金或调入公共预算用于社保等民生支出,前者属于"社会保障和就业"的科目,后者属于"转移性支出"的科目,数额都很有限。[①]

在现代国家中,知情权就是让纳税人知道"政府在做什么"以及"为什么这么做"的一项基本权利,因此,信息公开和言论自由可以减少政府滥用权力的行为,但是,隐匿行为就会使政府官员对某些信息有绝对的控制权,即使言论自由也很难对其进行有效的监督。信息公开是监督的基础,否则,法律责任根本无从实现。隐匿行为往往会造成严重的后果,而信息匮乏会像其他任何形式的稀缺资源一样,可能给利益集团提供更多寻租的机会。美国《信息自由法》(Freedom of Information Act of 1966)就规定了公众可以获得除了极少数涉及隐私的领域以外的任何公共信息。实际上,政府不见得真的想公开所有信息,政府官员还是会谨慎地决定哪

---

① 以2011年中央国有资本经营支出为例,国有资本经营预算补充全国社会保障基金的预算数为50亿元,决算数为0.51亿元,分别占中央国有资本经营支出的预算数(858.56亿元)和决算数(769.53亿元)的5.82%和0.06%,调入公共预算用于社保等民生支出的预算数为40亿元,决算数为40亿元,占中央国有资本经营支出的预算数和决算数的4.66%和5.20%。参见《2011年中央国有资本经营支出决算表(按项目分类)》,http://yss.mof.gov.cn/2011qgczjs/201207/t20120710_665256.html,2012年9月1日最新访问。

些信息能够公开,哪些信息需要保密——所谓"从嘴到耳"(mouth-to-ear)的秘密。从根本上说,政府是不愿意将某些重要信息公之于众的。在我国,为了保障公民、法人和其他组织依法获取政府信息,提高政府工作的透明度,国务院2008年制定的《政府信息公开条例》规定:行政机关应当及时、准确地公开政府信息,建立健全政府信息发布协调机制。其中,"财政预算、决算报告"被列入政府信息重点公开、主动公开的内容。

  总的来说,尽管国务院和财政部这几年非常积极地推动预算公开和财政透明度增加,特别是"三公经费"的公开,更是一个了不起的进步,但是,各级政府及其所属部门在公布预算和财政信息方面仍然处于被动的、不得不为之的敷衍应付状态,我国的预算公开质量还有很大的进步空间。预算公开的力度应逐步加大,"政府所有公共支出、基本建设支出、行政经费支出预算和执行情况以及政府性基金收支预算和中央国有资本经营预算等情况,除涉密内容外都要公开透明。"① 根据学者的调查研究发现,"近几年全国省级财政透明度实际上变化并不大","从整体上来看,中国几个政府的财政信息公开还处于'极低水平',还不怎么公开透明","即使是财政部门向全国人大财经委提供的财政信息,也是不完全的,包括社会保障资金、国有企业资金、政府的资产负债等重要的财政信息,目前还都是缺失的"。②

  在所有公开预算的国务院组成部门中,中国地震局这一国务院直属事业单位在预算和决算公开中的表现是最为突出的,自2010年起,它连续四年以预算书形式公开部门预算,是预算公开信息较为全面的一个部门,尽管曾经一度因为公开的预算安排的内容不太合理而引起了公众的热议,但是,这个例子已经充分证明了:只要预算公开质量高,就具备了接受公众监督的重要基础。以2012年为例,中国地震局分别以预算书和决算书的形式公开部门预决算,制作精美,配发了大量照片,虽然公开的信

---

① 财政部《关于加快推进财政部门依法行政依法理财的意见》(财法[2011]14号)。
② 上海财经大学公共政策研究中心编:《2011年中国财政透明度报告》,上海财经大学出版社2011年版,第2—10页。

息仍然有限,但是,已经充分显示出政府部门开始高度重视预决算公开工作。目前,除了缺乏有关预算公开和财政透明度的强制性法律规定外,"出于各政府部门自己巨大的经济利益,加上多年计划经济体制遗留下来的行政惯性,大部分政府行政部门不愿意且还不适应财政信息公开,除非在万不得已的情况下,否则谁也不愿公开"①。如果政府部门之间能够就预算信息公开展开有效竞争,预算必定越来越可能被公众监督。

(二) 源于预算过程管理性失当的管理性赤字

预算平衡表面上是指财政收支平衡,想要达到账面上的、静止的财政收支平衡并不困难,然而,这并不是预算平衡规范所追求的目标。预算平衡之所以值得关注,原因在于,其所约束的是政府的财政收支行为,这也是法律控制财政赤字的目的所在。"在各级政府,要平衡预算,都要在谁应该在预算之争中获利而谁应该受损之间作出政治抉择。预算平衡还必须被作为制定社会福利公共政策的唯一标准。"②简言之,财政收支平衡只是预算平衡的必要条件,而不是充分条件,换言之,即使财政收支大致相抵,也可能掩盖了很多问题或者说存在人为制造的问题,而不能必然断定预算是平衡的。真正的预算平衡往往意味着财政是安全的,经济与社会的发展是可持续的。预算可以帮助人们了解政府是如何运作的和当前发展的条件,也有助于明确政府的职责及其行为的界限和行为不当的法律责任。如果预算过程中出现预算编制不尽合理或预算执行不够规范等管理性失当行为,都有可能导致预算不平衡,而这种不平衡是传统预算法律规范最为关注的问题所在。"如议会发现该决算案中的征收或支出,有与预算案相抵触之点,或有舞弊情事,自可否认该决算案,而责成国务员

---

① 韦森著:《大转型:中国改革下一步》,中信出版社 2012 年版,第 93 页。
② 〔美〕诺米·凯登:《粉饰的平衡预算和现实的平衡预算》,载〔美〕罗伊·T. 梅耶斯等著:《公共预算经典(第 1 卷)——面向绩效的新发展》,苟燕楠、董静译,上海财经大学出版社 2005 年版,第 182 页。

负政治上的责任,或使之更负民刑责任。"①在预算审批和传统的预算监督外,预算公开和社会监督都有助于促进预算的合理编制和规范执行。

承前所述,预算过程中的各个环节存在着相互监督的关系:预算审批是对预算编制的监督,具有事前监督的性质,决算则是对预算执行的监督,具有事后监督的性质,而专门的预算监督、审计监督和公众监督等存在于整个预算过程。决算本身是一种监督,也存在对决算的监督。决算案应当与预算案相对应,按预算数、调整预算数、决算数分别列出。从自产国家发展到税收国家、预算国家,政府提供的公共服务的来源,从主要由自己投资生产,到集中资金到市场上购买,财政支出行为的合法性问题越来越受到重视,因此,财政支出行为必须受到财政监督。"财政监督是政府财政管理部门利用其专职机构,对国家财政管理相对人的财政收支与财务收支的合法性、真实性、有效性,依法实施的监督检查、调查处理与建议的活动。"②财政监督包括有权监督和社会监督,体现了制约政府的财政支出行为的观念。然而,财政监督主体的多元化、监督主体关系的平行化和监督主体职能的重叠化等问题的存在,使得有效的财政监督难以实现。然而,由于财政支出行为缺乏可诉性,使得财政监督中发现的问题难以追责。"尽管所有法律体系都调整强制性力量的行使,并且根本上依靠强制性力量来保证对法律的遵守,但并非所有的法律体系都必须具有强制执行法律的制度。"③

针对2011年中央决算反映出的问题,全国人大财经委提出了"改进预算编制和执行"的建议:"坚持先有预算,后有支出,严格按批准的预算执行。进一步细化预算编制,压缩代编预算规模,提高预算年初到位率。加快完善基本支出定员定额标准体系,合理界定基本支出和项目支出范围。加强对预算执行的跟踪分析。严格超收收入的使用。完善预算稳定

---

① 王世杰、钱端升著:《比较宪法》,商务印书馆1999年版(初版于1936年),第259页。
② 顾超滨著:《财政监督概论》,东北财经大学出版社1996年版,第7页。
③ 〔美〕约瑟夫·拉兹著:《实践理性与规范》,朱学平译,中国法制出版社2011年版,第148页。

调节基金管理制度,对基金筹集和使用作出具体规定,增强规范性。"[1]可见,预算编制和预算执行作为预算过程的两个核心环节,分别属于由政府主导的专门步骤和由政府负责的技术环节。如果预算编制不尽合理或者预算执行不够规范,都可能使得预算执行结果出现决算赤字。解决预算过程的管理性失当问题,才能减少甚至避免管理性赤字出现,某种程度上说,减少甚至避免管理性赤字是控制财政赤字的传统预算法进路的核心线索所在。2011年,审计署按照中央要求和部署,对中央预算执行和其他财政收支进行了审计,发现了中央部门预算执行和决算草案中存在以下主要问题:预算执行未完全到位,预算和财务管理不够严格,一些预算管理制度和规定不够明确完善等;还发现了县级财政性资金审计中存在以下主要问题:(1)县级财政性收入中非税收入占比较高,稳定性和可持续性较差;(2)一些县在招商引资中变相减免财政性收入,有的存在虚增财政收入现象;(3)县级财政支出压力较大,一些地方民生资金计提不足;(4)对超收收入缺乏制度约束,财政管理还不够规范。[2]

"财政预算是一种特殊法律,违反财政预算的行为属于违法行为,违法者应当承担相应的违法责任,即刑事责任、行政责任与政治责任。"[3]判断预算执行行为是否符合预算法或预算的规定,依赖于预算编制的质量和预算公开的程度。如果编制的预算合理,只要依据预算执行,就可以起到约束政府的财政收支行为的目的。只要预算执行行为违反预算,就应当承担预算责任。因此,预算责任可以界定为一种法律后果或法律制裁。预算法具有突出的经济性,因此,预算责任也具有突出的经济性。预算法通过引导人们趋利避害的行为来实现其调整预算关系的目标,预算责任是一种经济上的不利后果,对于规范预算主体的行为、确保预算法的有效

---

[1] 全国人大财经委《关于2011年中央决算审查结果的报告》,2012年6月27日,http://www.npc.gov.cn/npc/xinwen/2012-07/11/content_1729577.htm,2012年9月1日最新访问。
[2] 参见国务院《关于2011年度中央预算执行和其他财政收支的审计工作报告》,2012年6月27日,http://www.npc.gov.cn/npc/xinwen/2012-07/11/content_1729560.htm,2012年9月1日最新访问。
[3] 周刚志:《财政预算违法责任初探》,载《审计研究》2009年第2期,第15页。

实施具有重要作用。由于诸多方面的原因,预算主体一般不直接承担预算责任,而由预算主体中的工作人员承担法律规定的行政责任(以此为主要责任形式)和刑事责任,来实现预算争议的可诉性。预算责任与其所保护的社会公益密切相关,直接关系到社会财富的分配、经济与社会的稳定发展以及基本人权的保护等。对预算违法行为的制裁,更强调对社会公共利益的保护,因此,预算责任不仅是经济性的、补偿性的,而且是社会性的、惩罚性的。

在预算编制和预算执行过程中,实际上是政府官员在起着决定性的作用,他们既有权力决定预算案的内容,还有可能影响立法者的决策,更不用说,他们直接负责预算的执行。只要财政资金筹集的有效性发生问题或公共服务供给效率不足而造成公共服务低于基本要求,就有可能引起司法诉讼。尽管司法中的裁判不会受到预算平衡原则的约束,但是,在财政赤字和公债规模越发失控的财政环境下,法院参与经济与社会政策的制定过程和实施阶段,都具有重要意义。法院在预算过程中施加的影响不一定会改变预算本身,或者,更准确地说,法院可能对预算执行产生什么样的影响很难预料,法院一旦介入预算过程,势必增加预算执行的复杂性和不确定性,而司法干预所带来的影响不仅仅是变相的财政压力,它还有可能直接改变预算执行的结果。司法干预可能对预算过程产生各种各样的影响,甚至破坏原先的预算平衡状态①,然而,其正面作用还是远远大于负面作用。在司法干预的保障下,预算过程趋于合理、规范,因预算过程管理性失当而产生的管理性赤字得以解决。与预算执行行为的可诉性相比,预算编制行为的可诉性更难处理。如果政府编制的预算被立法机关全部或部分否决,或被建议修正,政府需要为此承担预算责任吗?如果要承担,承担什么形式的预算责任呢?

自 1999 年起启动的预算体制改革的目标是建立以控制为价值取向

---

① 参见〔美〕杰弗里·D.斯卓斯曼:《法院和公共款项流:对预算的描绘是否存在遗漏?》,载〔美〕阿尔伯特·C.海迪等著:《公共预算经典(第2卷)——现代预算之路》(第3版),苟燕楠、董静译,上海财经大学出版社 2006 年版,第 266—268 页。

的预算体系:既包括政府的内部控制,也包括立法机关对政府的外部控制,当然,其中的重点是前者。在笔者看来,"预算国家"概念的提出有助于修正"税收国家"下重财政收入而轻财政支出的价值取向,财政支出的实质是政府花钱的行为,当前,财政支出结构的突出特点是:行政性支出、经济性支出的比重过高,而社会性支出的比重过低,重分配但轻监管,不注重预算绩效。财政支出行为也可以分为决策、执行和监督三种行为,决策行为主要是立法机关的行为,主要表现为预算审批行为,而执行行为则突出地表现为预算执行行为。如果政府编制的预算的收支科目不合理、所涉及的内容过于粗糙和笼统、预算透明度太低的话,到了预算执行阶段,自然难以得到严格遵守。预算执行的弹性过大,也使得预算监督往往止于纸上。预算编制方法过于简单、经不起推敲,而预算审批时间极其有限,又使得预算审批通常流于形式。预算编制中存在的诸多问题,可以通过改革预算收支科目、细化预算编制内容、改进预算编制方法、提高预算透明度等措施来解决,从而提高预算执行的效率,同时,还应当思考的是预算过程中的争议是否可诉。

预算法兼有实体规则和程序规则于一体的自足性,预算权的合理行使和预算过程的有效推进,依赖于预算监督,从中发现的实体性或程序性法律问题,必须通过规范设置预算责任来解决。近年来,我国审计机关依法对财政收支的真实性、合法性和效益性进行了经常性的审计监督[①],确实发现了预算执行中的许多问题,遗憾的是,由于现行《预算法》规定的预算责任不足,审计中发现的很多问题实际上也没有得到有效的处理。预算责任是一种公法责任,致力于保护所有公民共享的社会利益和公民的行动自由。"法律主要依赖于:在多大程度上,它能将社会利益等同为个人优势或利益、在多大程度上它能够依赖个人发动诉讼的方式来强制

[①] 我国现行《审计法》规定审计监督的范围包括国务院各部门和地方各级人民政府及其各部门的财政收支,国有的金融机构和企事业组织的财务收支,以及其他依法应接受审计的财政收支、财务收支。

实施法律规范。"①公法责任通常考虑的变量主要包括如下几个方面:"有无具体的公法责任规定——对应于谋取机构利益的权力设租的公法责任主要有三种:追究公共机构的公法责任、追究直接主管人员的公法责任、追究直接责任人员的公法责任;如果有此规定,那么其所规定的公法责任是否足够严重,这种公法责任是否得到严格追究。"②由于谋取部门利益的行为没有对应的公法责任,常常因各种原因而被大事化小、小事化了,没有被追究。这就不难理解,尽管职能部门权力寻租现象严重破坏社会和法治秩序,但是,谋求部门利益最大化的行为却依然大行其道。

"无论在实质上,还是在形式上,司法含有'行政'的性质,并且是根据适宜或衡平原则,通过上司向下属发布命令的形式来运作。"③经济法存在很大的可诉性缺陷,预算法当然也不例外,预算争议的可诉性障碍充分表明,想要实现公法责任是非常困难的。行政法学者认为,"私法责任是以功利为基础和特征的,公法责任是以道义为基础和特征的。"④在讨论责任问题时,责任承担问题通常与可诉性问题相联系。预算法的可诉性相对较弱,使得预算争议很难通过诉讼的途径来解决,预算责任很难通过诉讼的途径来归责。如果说我国当前的经济立法存在"行政权力部门化,部门权力利益化,部门利益法制化"的严重问题,预算编制中存在相同的问题。立法本质上是对权益进行均衡分配的过程,部门立法可能使得立法演变成负责起草法案的各个行政职能部门占有和分配稀缺资源的手段。具体负责预算编制工作的是代表政府的财政部门及其他相关职能部门。如果说预算编制中可能出现问题,往往是预算编制主体——财政部门甚至具体负责编制和执行预算的职能部门,可能出于部门利益的考虑

---

① 〔美〕罗斯科·庞德著:《法理学》(第三卷),廖德宇译,法律出版社2008年版,第279页。
② 罗豪才、宋功德著:《软法亦法——公共治理呼唤软法之治》,法律出版社2009年版,第169—170页。
③ 〔德〕马克斯·韦伯著:《论经济与社会中的法律》,张乃根译,中国大百科全书出版社1998年版,第43页。
④ 孙笑侠:《公、私法责任分析——论功利性补偿与道义性惩罚》,载《法学研究》1994年第6期,第28页。

而使得预算编制的质量偏低,想要提高预算编制质量,就必须解决部门利益法制化问题。

(三) 以预算争议可诉为线索重构预算责任

我国《预算法》第 3、27、28 条确立了"量入为出、收支平衡、不列赤字"原则:"各级预算应当做到收支平衡"。这使得我国编制赤字预算时面临合法性的质疑。"财政收支的平衡,是保持经济总量基本平衡的重要内容,也是国家实施宏观调控的重要手段。因此,中央政府公共预算和地方预算都不应列赤字。同时,考虑到在今后若干年内,国家要建设,人民生活要改善,改革要深化,再加上还债即将进入高峰期,中央预算中举借一定数额的债务用于必需的建设投资和还本付息支出,是必要的。"①我国《预算法》只是规定了政府未经权力机关批准造成财政收支不平衡的,对负有直接责任的主管人和其他直接责任人追究行政责任。这一法律责任主要是针对因预算过程的管理性失当而导致的管理性赤字而设置的,但是,其语焉不详、难以实现,何谓行政责任,其具体何指、由谁来追究、如何追究,也不清楚。《预算法》要求各级预算应当做到收支平衡,但没有指明究竟哪一个国家机关负有保持收支平衡的责任,也没有规定相应的补救措施。《预算法》的实体规则不足,而程序条款数量虽不少但不细致,使得预算责任根本无从构建。"随着我国行政管理体制改革的逐步到位和政府管理水平的提高,未来应该更强调事先义务与事后责任的平衡和相互衔接。"②理论上说,政府或人大都应当因其怠于行使或滥用预算权、违反预算程序而承担相应的预算责任。

预算责任的归责原则是违反预算法或预算的行为与预算责任之间的

---

① 财政部部长刘仲藜 1994 年 3 月 15 日在第八届全国人大第二次会议上所作的《关于〈中华人民共和国预算法(草案)〉的说明》,http://www.npc.gov.cn/wxzl/gongbao/2001-01/02/content_5003134.htm,2012 年 9 月 1 日最新访问。
② 周汉华:《地方政府总负责制度分析及其改革建议》,载吴敬琏主编:《比较》(总第 41 辑),中信出版社 2009 年版,第 39 页。

连接点。法律责任的归结,简称归责,存在于所有法律领域,是指由特定国家机关或国家授权的机关依法对行为人的法律责任进行判断和确认。① 我国《侵权责任法》规定了过错责任(含过错推定)、无过错责任、严格责任等归责原则,它们属于私法领域,而区别于公法责任中的责任法定原则、公平原则、效益原则和合理性原则。判断预算执行行为是否符合预算的安排可以参照公法领域的归责原则。责任法定原则是指法律规范事先规定好法律责任这种否定性的法律后果,当出现违反预算法或预算的行为时,按照事先规定的责任形式追究行为人的法律责任。公平原则强调的是行为与责任相适应、责任与损害相匹配、程序保障以及行为人平等,效益原则要求法律责任的归咎符合成本收益原则,合理性原则要求法律责任的课加考虑行为人的心智和情感因素。想要减少甚至消除管理性赤字,依赖于科学合理的预算责任体系的建构。"近年来,许多问题长期得不到解决,与我们只追究领导者的个人责任、不重视系统的制度建设是有关系的","如何从制度上保障双重责任的履行,尤其是设计地方政府承担责任的合适形式,使地方政府有更多的激励约束去履行义务,值得更多的研究"。② 预算责任的归咎离不开预算公开和预算监督,只有这样,才能"发现"预算执行中各种违反预算的行为。

对于是否设置预算违宪责任存在很大的争议,政府提请人大审议的预算案被全部或部分否决、或被建议修正,都是人大对政府预算案的否定,其主要原因是财政资金的分配和使用不合理,因此,政府必须为此承担违宪责任。那么,预算违宪责任应当规定什么形式的责任呢?"能够使这些代理人真正为公众谋利的途径之一就是让他们为此承担责任,也就是实行'问责制'","此种'问责制'能够奏效的原因在于,政府官员们不仅对名留青史感兴趣,还对在任本身特有的价值感兴趣。在任期间会给

---

① 张文显著:《法哲学范畴研究》(修订版),中国政法大学出版社2001年版,第137—144页。
② 周汉华:《地方政府总负责制度分析及其改革建议》,载吴敬琏主编:《比较》(总第41辑),中信出版社2009年版,第36—37页。

你带来很多特权,可以使你体现行使权力的快感"。① 有关法律法规中规定的一些法律责任形式,既可以为追究违反预算法或预算的行为的法律责任,又可以被《预算法》将来修改时所借鉴。"责任的公法范式阐述了两个分配问题:首先,如何平衡行使公共职能的公共利益和公民的个人利益,第二,如何平衡行使公共职能(具有竞争关系)的不同部分公众的利益。"②预算责任在性质上属于公法责任,很难进行构筑,理论上和实践中都存在较大障碍。"无论公共政策的初始目的多么公正,政策最终总是倾向于牺牲政治实力弱的团体的利益,来帮助政治势力强的团体","政治影响力强的团体往往能有效地利用国家政治程序增进其自身利益"。③想要追究预算主体的责任很难。

预算责任还是一种宏观调控法律责任,"尽管从一般的、应然的角度应当追究调控主体的责任,但可能会基于各个方面的困难,如可归责性、可感受性、承担责任的经济能力、管理体制的问题,以及前面谈到的其他原因等,而使得对其责任的追究举步维艰,因而真正的承责者一般都是作出具体的决策或者执行决策的直接责任人员。"④预算法的核心是通过预算来控制政府的财政收支行为,然而,常设性的政府事实上掌握着预算编制权和预算执行权,使得承担预算审批权的非常设性的人大,无法时刻监督政府行使预算权的行为。"公法的责任原则最终致力于保护所有公民共享的社会利益,将之与公民行动自由、人身与财产安全以及公民和团体的利益提升相平衡。"⑤判断预算编制行为是否合理和预算执行行为是否符合预算,都可以由公共消费者这一公共服务的终端消费者来承担。一般认为,有权提出预算争议诉讼的是纳税人,笔者认为,不如由公共消费

---

① 〔美〕埃里克·马斯金:《问责制与宪政设计》,张文良译,载吴敬琏主编:《比较》(总第56辑),中信出版社2011年版,第51页。
② 〔澳〕皮特·凯恩著:《法律与道德中的责任》,罗李华译,商务印书馆2008年版,第380页。
③ 〔美〕乔治·施蒂格勒:《经济生活中的政府管制》,李淑萍译,载吴敬琏主编:《比较》(总第20辑),中信出版社2005年版,第5页。
④ 张守文著:《经济法理论的重构》,人民出版社2004年版,第461页。
⑤ 〔澳〕皮特·凯恩著:《法律与道德中的责任》,罗李华译,商务印书馆2008年版,第415页。

者来提起公益诉讼更妥当。由于政府在预算过程中占尽上风,若要使其编制或执行预算的行为受到有效的约束,赋予个人经营者和公共消费者在权能和效力上与行政权等量齐观的求诸司法机制解决预算争议的权利很有必要。

考虑到政府有滥用财政权的倾向性以及立法机关有被利益集团的意志左右的可能性,将预算编制或执行中发生的各种争议置于司法审查和诉讼机制中加以解决是合乎情理的。"法是使各种目标最终通过诉诸中的强制、制裁手段得以实现的社会性机制。"①我国宪法没有赋予法院审查预算和预算编制行为的权力,对于预算执行中客观经济与社会发展情势发生的较大变化,法律上也只是规定了预算调整的程序。如果想要真正实现预算的法治化,就必须解决好预算争议的可诉性问题。可诉性是"法所必备的为了判断社会纠纷的是非而使纠纷主体可诉求于法律公设的判断主体的属性"②。预算争议的可诉性障碍,既有预算法治理念底蕴不足的因素,也有现实的预算争议解决机制欠缺的缘由。"法律并非神圣的文本,而只是一种模糊地受到道德和政治信念约束的、通常是乏味的社会实践。因此,要测度法律解释以及其他法律提议是否成立,最好是检查一下它们在事实世界中的后果。"③构建解决预算争议的诉讼机制,既要考虑针对预算执行行为的司法诉讼,也要考虑针对预算编制行为的司法审查。什么时候缺少对行政、立法或司法机关的决策行为的司法审查算是一种法治缺陷呢?笔者认为,恰恰是在官员遵守法律需要司法审查加以保障的时候。"一个社会要实现法治理想,……从逻辑上讲它要求的是官员整体守法","司法审查只是一种工具性要求——一种防止官员背离

---

① 〔日〕田中英夫、竹内昭夫著:《私人在法实现中的作用》,李薇译,法律出版社2006年版,第4—5页。
② 谢晖:《独立的司法与可诉的法》,载《法律科学》1999年第1期,第1页。
③ 〔美〕理查德·A.波斯纳著:《法理学问题》,苏力译,中国政法大学出版社2002年版,第583页。

法治的监控手段"。① 这一机制可以实现国家、个人经营者和公共消费者之间的利益均衡状态。

"在预算过程中,没有法院所扮演的宪法执行者的角色,而且在各种对预算的描绘中,也找不到司法的位置。"②尽管法律上没有规定司法机关在预算过程中的地位,然而,由于司法权对"是非曲直"的判断功能及其对立法权和行政权的制衡作用,司法权应当在预算过程中发挥一定的作用。司法始终是解决预算争议的最后一道屏障,在这个意义上说,即使司法机关不分享预算权、也不参与预算过程,它对政府滥用财政权的约束仍然是有效的。很多有争议的问题都是到法院解决的,预算争议当然也不应当例外。那么,法官有能力处理预算争议吗?菲利普·库柏(Phillip Cooper)研究了"布莱德利诉美肯利案"(Bradley v. Milliken)(1971年)和"美国诉俄亥俄州帕尔马城案"(United States v. City of Parma, Ohio)(1980年)两个案例后发现,法官们同样了解他们的判决可能对预算规模产生的影响,然而,他们督促案例所涉及的各个相关政府部门应当主动向联邦政府寻求援助,来缓解其因诉讼而遭遇的财政困难。③ 简言之,作为被告的政府部门通常会声称由于预算紧张,而没有能力对其违宪行为进行补救,但是,这些辩驳都会被法官驳斥。如果说预算反映了政策偏好的话,法官肯定在预算决策中扮演非常重要的角色。虽然预算文件中几乎找不到有关司法诉讼的材料,但是,法官参与预算决策是毫无疑义的,而且,经常可以看到法官的思考与立法者的相似之处。

在发达国家,法院通常在预算过程中起间接作用,只要有人起诉政府或议会,法院就有机会介入到预算过程中。如果诉讼的内容涉及某项税收法律的合宪性,而该项法律又被判定为违宪的话,其结果通常是政府会

---

① 〔英〕蒂莫西·A.O. 恩迪科特著:《法律中的模糊性》,程朝阳译,北京大学出版社2010年版,第242页。
② 〔美〕杰弗里·D. 斯卓斯曼:《法院和公共款项流:对预算的描绘是否存在遗漏?》,载〔美〕阿尔伯特·C. 海迪等著:《公共预算经典(第2卷)——现代预算之路》(第3版),苟燕楠、董静译,上海财经大学出版社2006年版,第259页。
③ 同上书,第260页。

失去某项税收收入;如果诉讼的内容涉及某项公共服务的水平,那么,政府就有可能被迫为该项服务支付更多的财政资金。还有一些诉讼可能影响到政府的财政支出安排,但是,法官作出判决时通常不会特别考虑政府是否有支付能力,因此,其结果或许是被迫削减其他领域的财政支出、或者增加税收,甚至是不得不"破产"。一旦法院介入到预算过程中,法官们必然要考虑预算支出安排中,法律规定哪些项目是优先的——也就是哪些项目必须先花钱,而这个考虑角度往往要比预算平衡重要得多,或者说,法官们基本上不考虑预算是否平衡。① 不同的预算主体有着很多潜在的、可能互相冲突的目标,而且,他们享有的预算权也互不相同。尽管预算的技术性和专业性极强,政府总是处于完全的支配地位。拥有最后决定权的立法机关也很可能有着与政府不同的政策偏好,它们容易受到其所隶属的党派的宗旨及其后的利益集团的影响,不见得其所作出的预算收支决策都是为了全民利益。相反,居中裁判的法院通常可以作出中性而不偏袒的裁判。综上所述,以预算争议可诉为线索重构预算责任是非常必要的,具体包括预算编制和执行中的争议。

(四) 以行为类别为中心构筑预算责任的体系

预算责任是一种典型的公法责任,但是当前对公法责任的理论研究较为不足。② 除了司法审查外,司法诉讼也是一种救济途径。预算是一种措施性法律,违反预算的执行行为实际上与违法行为无异,应当承担相应的法律责任。理论上说,只要某一预算执行行为违反了预算,加上预算主体存在过错,以及两者之间有因果关系,就构成了该预算主体应当承担

---

① 〔美〕爱伦·鲁宾著:《公共预算中的政治:收入与支出,借贷与平衡(第4版)》,叶娟丽等译,中国人民大学出版社2001年版,第16页。
② 法学界对公法责任的研究较为薄弱,而且通常仅限于传统的公法领域,例如,张秉民、陈明祥在《论我国公法责任制度的缺陷与完善》(《法学》2006年第2期)一文中指出,我国公法责任的主要领域行政责任,在立法设置上过于依赖经济手段,公法责任的问题集中体现为违宪审查和违宪责任追究的空白。而袁曙宏在《现代公法制度的统一性》(北京大学出版社2009年版)一书中专门研究了公法责任制度安排的统一性、部门公法中具有共性或关联性的公法责任制度,从而提炼了公私法交融格局下的公法责任制度。

的预算责任。在责任法定的要求下,我国现行《预算法》有关预算责任的规定明显不足,将来修改时应当明确规定预算违法行为及其相应的预算责任。当前《预算法》规定的预算责任以行政责任和行政处分为主,无法完全反映它的部门法属性。"岁出预算虽不具有强制执行机关须为全额支出之义务,但却具有限定支出之最高数额的效力。亦即,支出系以法定预算各岁出预算机关各科目所定之金额为最高限度。逾越各科目金额的支出,原则上固然构成违法,但不足额之支出则不当然构成违法;再者,各单位预算机关除有例外情形外,逾越该机关预算金额之支出即构成违法。"①概言之,超出预算支出最高限额、超越预算支出特定目的以及逾越预算支出规定时间,都属于违反预算的行为,都需要承担法律责任。"行政人员克服集体行动问题的能力事实上可能会阻止促进经济增长的政策选择,从而阻碍增长,虽然这对单个行政人员有益,但对整体无益。"②可见,预算主体中的工作人员的决策往往是主导性的。

确保预算在财政年度开始之前生效,是判断预算执行行为是否符合预算的重要制度基础。"地方预算如未能于年度开始前成立,则由省市政府自定临时救济办法,呈行政院核转国民政府备案。"③当预算主体不履行预算时,应当依据什么理由来承担法律责任呢?预算责任的规范设置,特别是其中有关归责原则的规定以及相应的举证责任,是解决管理性赤字问题的重要途径。预算责任可以界定为预算主体违反了预算法或预算的规定所应当承担的法律后果。法律上的责任是指"应负责任的责任",即被判定对自己的行为方式或意外事件有责任或应负责任。另外,还有"能力责任"和"因果责任"等观念。④ 赫伯特·哈特在《惩罚与责任》中把责任分为五类,认为"课责责任是责任的主要意义,还对控诉指控或控

---

① 蔡茂寅著:《预算法之原理》,台湾元照出版有限公司2008年版,第2页。
② 〔美〕阿夫纳·格雷夫:《行政权力对政治和经济发展的影响:执行的政治经济学》,高彦彦译,载吴敬琏主编:《比较》(总第50辑),中信出版社2010年版,第63页。
③ 王世杰、钱端升合著:《比较宪法》,商务印书馆1999年版(初版于1936年),第510—511页。
④ 〔美〕迈克尔·D.贝勒斯著:《法律的原则——一个规范的分析》,张文显等译,中国大百科全书出版社1996年版,第10页。

诉作出回答或反驳,这些指控或控诉一旦成立,就会产生承担惩罚、谴责或其他不利后果的课责"[1]。能否追究某一预算主体的预算责任,不仅要看其行为是否符合预算责任的构成要件,而且,要看《预算法》究竟规定了哪些责任。我国现行《预算法》仅仅规定了擅自变更预算、擅自动用库款和预算收支违法等三种预算责任。擅自变更预算实际上是对违法的预算调整的行为追究的法律责任;由于实行收支两条线,擅自动用库款行为实际上很难发生;预算收支违法实际上是对隐瞒预算收入或不应在预算内支出的款项转为预算内支出的行为追究的法律责任。

在我国,除了《预算法》外,还有一些法律法规也规定了预算责任,可以为追究违反预算法或预算的预算执行行为提供法律上的依据,还可以为将来《预算法》的修改提供支持。"从法律的规范性特点可以得出两个可能性,要么按照法律,要么违背法律来行为,由此可以得出合法性和违法性这两个概念。"[2]例如,《审计法》规定了"对本级各部门(含直属单位)和下级政府违反预算的行为或其他违反国家规定的财政收支行为,审计机关、人民政府或有关主管部门在法定职权范围内区别情况采取的处理措施";国务院《财政违法行为处罚处分条例》(2005年)规定了"财政预决算的编制部门和预算执行部门及其工作人员违反国家有关预算管理规定而应当承担的法律责任";财政部《预算外资金管理实施办法》(财综字[1996]104号)规定了"各部门和各单位违反预算外资金管理规定而应当承担的法律责任";监察部、人力资源社会保障部和国家税务总局联合发布的《税收违法违纪行为处分规定》(2012年)规定了"税务机关及税务人员因税收违法违纪行为而应当承担的法律责任"。从上述规定来看,预算责任散见于法律、行政法规和部门规章中,可以追究违反预算的执行行为的主体的法律责任,而且,这些法律责任都是根据违法行为来设

---

[1] H. L. A. Hart, *Punishment and Responsibility: Essays in the Philosophy of Law*, Oxford University Press, 1968, p.265.转引自〔澳〕皮特·凯恩著:《法律与道德中的责任》,罗李华译,商务印书馆2008年版,第46—47页。
[2] 〔德〕G.拉德布鲁赫著:《法哲学》,王朴译,法律出版社2006年版,第36页。

置的。

"法律体系主张有权威调整所有形式的行为,这就是说,法律体系要么包含了调整行为的规范,要么包含了授权制定规范的规范,而这些规范一旦制定,就会对行为进行调整。"[1]同样地,预算责任应当针对各种违反预算法或预算的行为进行规范的设置。预算争议可以大致分为预算编制中的争议和预算执行中的争议,前者主要解决预算编制与预算审批之间的冲突,设置违宪责任;后者除了解决预算执行中发生的争议,也要解决预算执行中的特殊程序——预算调整所发生的争议。理论上说,只要预算权分配均衡、预算程序安排合理,而且,预算调整能够依据法律规定的条件和程序及时进行,预算执行中发生争议的可能性就会大大减少。"公法强烈倾向于预防性的而不是修复性的补救,倾向于用强制性的禁令'取消'可能造成伤害的决定,而不是赔偿","行使公共职能所产生的刑事课责绝大多数是由个人承担的,它们落实在公务员个人而不是它们的雇主身上"。[2] 公法上的责任的社会功能除了防止损害和阻碍行为外,还关注公共职能的实现,体现的责任分配规则不同于传统的法律责任。

所谓公共职能,是指政府和其他公共机构为代表公众和为公众利益而履行的职能,而不是为了公共机构自身的利益,也不是代表某一个人或某一个团体而为其利益行使的职能。"为实现法律目的而设计的法治化机制,最终要落实为视法律目的公共性的强弱而作出与之对应的法律制度安排","通过创设要求不同和完整程度不等的行为模式,解决权利义务配置这个核心问题"。[3] 公法上的责任为如何平衡通过行使公共职能来促进公共利益以及实现公民的行动自由、人身财产安全和个人福利等两方面的利益的分配问题提供了答案。预算争议的可诉性的实现依赖于

---

[1] 〔美〕约瑟夫·拉兹著:《实践理性与规范》,朱学平译,中国法制出版社2011年版,第170页。
[2] 〔澳〕皮特·凯恩著:《法律与道德中的责任》,罗李华译,商务印书馆2008年版,第390、397页。
[3] 罗豪才、宋功德著:《软法亦法——公共治理呼唤软法之治》,法律出版社2009年版,第247页。

救济私人利益的直接诉讼和救济公共利益的间接诉讼相结合的诉讼机制,相比私益诉讼,旨在保护公共消费者整体利益的公益诉讼是很难的。除了要在理念上强化预算的可诉性外,还必须在制度上有突破。我国《民事诉讼法》2012年8月31日通过了最新的修正案,增加了公益诉讼的条款,规定"对污染环境、侵害众多消费者合法权益等损害社会公共利益的行为,法律规定的机关和有关组织可以向人民法院提起诉讼"。尽管公民个体被排除在适格主体之外,但是,这已经是立法上一个很大的进步,除了列举的两种行为外,是否还可以有更多的损害社会公共利益的行为可以提出公益诉讼也不甚明确,还有待将来的立法进一步完善。

虽然我国《预算法修正草案(二次审议稿)》形式上只是规定了三条法律责任,看上去跟现行《预算法》的条文数是一样的,但是,其内容和篇幅已经大大增加,包括"各级政府对本级财政部门、收入征收部门和单位、国库和其他部门、单位"、"县级以上各级政府对下级政府"、"各级政府财政部门对本级和下级政府各部门、单位及其工作人员"等列举的不当行为,有权责令其改正,并对负有直接责任的主管人员和其他直接责任人员依法给予处分或建议有权机关依法给予处分。从预算责任的主体来看,主要规定了各级政府、财政部门、收入征收部门和单位、国库和其他部门、单位。从预算责任的形式来看,主要规定了"责令改正"和"给予处分",以及调整有关会计账目,追回骗取、使用的资金,没收违法所得,对单位给予警告或者通报批评等行政责任。责令改正是行政法律规范中常见的法律术语,也是行政机关执法实践中经常实施的具体行政行为。但是,责令改正的法律属性究竟如何,行政法学界和行政实务界均无一致的看法,主要有三种学说:行政处罚说、行政命令说以及性质混同说。性质混同说认为,责令改正在不同的法律条文中具有不同的法律属性:有时是一种行政处罚,有时是一种行政强制措施,有时还体现为行政处罚的附带结果。例如,我国《行政处罚法》第 23 条规定的"责令改正"[①],其法律属性应为行政处罚的附带结果;《上海市城市规划条例》第 63 条规定的"责令停止施工",其法律属性应为行政强制措施;《城市规划法》第 40 条规定的"责令限期改正",其法律属性应为行政处罚。[②] 笔者认为,我国《预算法修正草案(二次审议稿)》所规定的"责令改正",其法律属性是我国《行政处罚法》所称的行政处罚。

附 1:《预算法修正草案(二次审议稿)》第 87—89 条

第八十七条　各级政府对本级财政部门、收入征收部门和单位、国库和其他部门、单位的下列行为,责令改正;对负有直接责任的主管人员和其他直接责任人员依法给予处分:

(一)未依照法律、法规规定的程序和要求,编制、报送政府预算、预算调整方案、决算和部门预算、决算以及批复预算、决算的;

(二)未将所有政府收入和支出列入预算并接受审查监督的;

(三)违反法律、法规或者国务院财政部门的规定,擅自调整预算级次或者变更预算收支类别的;

(四)违反法律、法规或者国务院财政部门的规定,擅自进行预算调整或者变更的;

(五)违反法律、法规规定,擅自动用预算预备费、预算周转金、预算稳定调节基金的;

(六)违反本法规定,擅自设立政府性基金项目的;

(七)违反本法规定,举借债务或者为他人债务担保的;

(八)违反法律、法规的规定,擅自减征、免征或者缓征应征预算收入,擅自改变预算收入上缴方式、预算收入级次或者预算收入科目,以及截留、占用或者挪用上级预算收入的;

---

① 我国《行政处罚法》第 23 条规定:"行政机关实施行政处罚时,应当责令当事人改正或者限期改正违法行为。"
② 参见李孝猛:《责令改正的法律属性及其适用》,载《法学》2005 年第 2 期,第 54—55 页。

（九）违反法律、法规或者国务院财政部门的规定，擅自改变预算支出用途的；

（十）未依照法律、法规的规定办理预算收入收纳、划分、留解、退付及预算支出拨付，或者擅自冻结、动用国库库款或者以其他方式支配已入国库库款的；

（十一）未依照法律、法规或者国务院财政部门的规定开设、使用、撤销财政资金账户的；

（十二）未依法向社会公开预算、预算调整、决算的。

地方各级政府有前款规定违法行为的，由上级政府责令改正，对负有直接责任的主管人员和其他直接责任人员依法给予处分。

第八十八条 县级以上各级政府对下级政府的下列行为，责令改正，对负有直接责任的主管人员和其他直接责任人员依法给予处分：

（一）违反法律、行政法规的规定，擅自决定减免税收或者其他预算收入的；

（二）未将政府收入和支出全部列入预算的；

（三）延解、占压应当上解的财政收入的；

（四）截留、挤占不属于本级政府的预算资金的；

（五）擅自改变上级政府专项转移支付资金用途的；

（六）违反本法规定举借债务的。

第八十九条 各级政府财政部门对本级和下级政府各部门、单位及其工作人员的下列行为，责令改正，调整有关会计账目，追回骗取、使用的资金，没收违法所得，对单位给予警告或者通报批评；并建议有权机关对负有直接责任的主管人员和其他直接责任人员依法给予处分：

（一）以虚报、冒领等手段骗取预算资金的；

（二）截留、占用、挪用预算资金的；

（三）擅自减征、免征或者缓征预算收入以及未及时上解预算收入的；

（四）未依照规定程序及时支付预算资金的；

(五）违反法律、法规的规定，分配、使用财政转移支付资金的。

概言之，完整的预算责任的体系包括在预算编制或执行过程中，因违反预算法、其他相关法律法规和规定以及预算的行为而应当追究行为人的法律责任的系统。我国《预算法修正草案（二次审议稿）》中规定的预算责任主体仅限于政府及其职能部门，责任形式仅限于行政处罚和行政处分，责任追究方式仅限于各级政府及其财政部门自上而下的内部纠错机制。笔者认为，尽管该草案的规定已经取得了一定的进步，但是，距离预算责任的规范构筑尚有不小的距离，它仍然未能进入司法诉讼可以说是最大的遗憾，预算争议的可诉性障碍尚未最终解决。另外，预算经批准后才公开，而且公开的质量有限，想要根据预算来追究行为人的法律责任仍然是极为困难的。鉴于预算批准前仍然维持秘密状态，也使得预算编制和审批中的行为难以追究法律责任，立法机关、司法机关和社会公众还是难以参与预算责任的归咎过程。除此，预算平衡规范的核心条款对应的"褒奖性责任"还有待《预算法》的设定和细化。简言之，如果预算主体能够恪尽其责、促进财政赤字规模最小化，同时，将公债收入控制在合理范围内，就可以享受精神上的褒扬或物质上的奖励，以表彰其选择相应的控制行为。此外，还应当具体规定赤字率和公债率的法定上限，以确保"褒奖性责任"实现之可能。

第四章 预算平衡促进的现代财税法进路

> 法律系统制定价值准则,用以决定认可什么利益、确定对被认可的利益的保护界限、判断在任何给定案件中对有效法律行为予以实际限制的重要性。①
>
> ——〔美〕罗斯科·庞德

> 法律体系具有使法律资料纲举目张的作用是显而易见的。在体系化的过程中自然而然会检查法律规定间之竞合、冲突及调和问题,以贯彻法律所立基的原则,去除其间的矛盾,使法律规范全体在正义的实践上,朝向统一的方向发展。②
>
> ——黄茂荣

除了传统的预算法进路外,财政赤字的法律控制是通过财税法制度的安排来实现的。"预算控制"的传统进路着力于预算权的分配、预算程序的安排和预算责任的构筑等基本问题以及均衡、合理和规范等核心价值,而"控制预算"的新型进路则超越了预算法本身,而需要考虑财税法诸多分支领域的几乎各个方面。现代的财税法进路包括周期性赤字的发展趋势和变动幅度控制、结构性赤字的既有规模和诱发因素减除以及促

---

① 〔美〕罗斯科·庞德著:《法理学》(第三卷),廖德宇译,法律出版社2008年版,第17页。
② 黄茂荣著:《法学方法与现代税法》,北京大学出版社2011年版,第127—128页。

进地方财力与事权相匹配的法律构造。对于业已形成的财政赤字和公债规模,设计专门的赤字削减方案更加立竿见影。财政权是一个国家或地区最重要的对内主权,对政府的财政权的约束不仅是一项立法技术,更是一种政治手段。就算传统的预算平衡规范设计得再好,财政赤字也难以完全避免,然而,预算平衡目标又不可能放弃,这种现实的矛盾使得削减赤字率和公债率的立法有了产生的必然性。在我国,可能引起结构性赤字的财税制度结构一直处于不断的调整和优化过程中,而周期性赤字在20世纪90年代末和最近几年表现得特别突出,这是当前最难解决的问题,也是最难解释的现象。

源于经济发展周期性失序的周期性赤字,不仅反映了财政失衡的现象,而且体现了经济与社会发展的不平衡状态,因此,控制周期性赤字的重点不是为了实现账面上的财政收支相抵,而是要达到经济与社会稳定发展的目标。"赤字的意义不在于它的规模,而更多的在于赤字意味着资源的递减的重新分配、在于围绕它实际的和将来范围的不确定性,并且还在于对政府将资源用于解决新问题理解力的遏制上。"[1]对周期性赤字而言,既要通过编制中长期预算来管控其发展趋势,又要通过设定赤字率上限来限制其变动幅度。而源于财税制度结构性失衡的结构性赤字,既要通过优化财税法制度来削减其既有规模,又要通过统筹法定性支出来消除其诱发因素;至于地方财力与事权不匹配的局部结构性失衡问题,除了推进区域基本公共服务均等化的根本对策,还要考虑适当放开地方公债发行限制的权宜之计。如果说结构性赤字是我国长期存在的必须削减的财政赤字,周期性赤字的控制思路则灵活得多。

---

[1] 〔美〕诺米·凯登:《过程、政策和权力:预算改革》,载〔美〕罗伊·T. 梅耶斯等著:《公共预算经典(第1卷)——面向绩效的新发展》,苟燕楠、董静译,上海财经大学出版社2005年版,第118页。

一、周期性赤字的发展趋势和变动幅度控制

经济发展具有周期性,要求现代国家在每一个财政年度内都保持预算平衡是不现实的,某种程度上说,预算编制时适当编制赤字预算是很有必要的。进言之,在经济衰退时编制赤字预算、发行公债,而用经济繁荣时的财政盈余偿还公债,财政收支就能够通过一个经济周期内的资金循环实现大致的平衡,这种类型的预算赤字称为周期性赤字。换言之,如果预算编制时确实有必要编制赤字预算,周期性赤字本身不是什么问题,真正的问题是:是否以及如何控制周期性赤字的发展趋势和变动幅度,从而将周期性赤字及由此形成的公债规模控制在合理范围内,借此降低财政风险、实现财政安全,进而实现总体经济平衡。在我国,2008 年以前的财政赤字主要是结构性赤字和管理性赤字,此后,预算编制时出现了大量的周期性赤字,或者说,三种类型的财政赤字并存。从形式上看,我国以往每个财政年度编制的赤字预算的赤字率都介乎 0.3%—3% 之间,虽然自 2009 年到 2012 年之间连续 4 年编制的预算赤字的规模大大增加,也不超过 GDP 的 3%,最高的 2009 年也仅为 2.9%。另外,经国务院批准,自 2009 年起,财政部先后代理发行地方政府债券,全部列入省级预算管理,名义公债率始终保持在 20% 以下,远远低于 60% 的安全指标。笔者认为,周期性赤字是预算编制时的一种选择,换言之,如果经济发展出现了周期性失序现象,政府也可能不选择编制赤字预算。

(一) 源于经济发展周期性失序的周期性赤字

讨论周期性赤字的基础是两个重要的"时间"范畴——经济周期和财政年度。什么是经济周期或经济周期波动(economic cyclical change)呢? 美国经济学家韦斯利·米切尔(Wesley Mitchell)1913 年出版的著作《经济周期》中这样定义:经济周期是一个由工商企业占主体的国家的整

体经济活动出现波动的现象。一个完整的经济周期由以下几个阶段组成:扩张阶段,继而是类似的普遍性衰退,然后是收缩,以及融入下一个周期的扩张阶段的复苏阶段。经济周期的持续时间从超过1年到10年或者12年不等。① 经济周期又称景气循环,强调的是经济运行过程中周期性地出现经济扩张、经济紧缩以及经济恢复(套接下一个经济扩张)的循环往复的现象。经济周期是一种不可避免的、总体性的经济波动现象,通常由繁荣、衰退、萧条和复苏四个阶段组成。经济周期波动是沿着经济增长的总体趋势而出现的有规律的经济扩张和经济收缩。在20世纪30年代美国发生经济大萧条以前,传统的自由主义经济学是不主张政府介入经济运行的,同样地,更不可能允许政府为了要提振经济而编制赤字预算。然而,这种观念在大萧条期间发生了革命性的转化,主张政府干预市场的凯恩斯主义逐渐成为美国总统决策的主导思想,充斥着宏观调控思维的宏观经济学开始成为主流经济学。②

宏观经济政策的作用究竟有多大,一直存在较大的争议,"人们越来越认识到:既非宏观经济理论,亦非没有经济理论的政府间管理能够为宏观经济稳定政策提供令人满意的解决方案,而且微观经济的市场协调对宏观经济规制任务来说也仍然具有决定性的重要意义。"③在凯恩斯主义诞生之前,盛行一时的古典经济学的主要观点认为,政府只能履行最低限度的职能,凡是超出这个限度,都可能是有害的,因此,对政府来说,重要的不是去做有人在做的事,而是要去做根本没有人做的事。简言之,政府

---

① 转引自〔美〕拉斯·特维德著:《逃不开的经济周期》,董裕平译,中信出版社2008年版,第65页。
② 2011年诺贝尔经济学奖授予了美国普林斯顿大学的克里斯托弗·西姆斯(Christopher Sims)和纽约大学的托马斯·萨金特(Thomas J. Sargent)。前者在时间序列计量经济学和应用宏观经济学领域非常有影响,后者为新古典宏观经济学体系的建立和发展作出了杰出贡献,特别是宏观经济模型中预期的作用以及动态经济理论与时间序列分析的关系等方面。参见《两美国经济学家获得2011年诺贝尔经济学奖》,http://finance.jrj.com.cn/2011/10/10191011244330.shtml,2012年9月1日最新访问。
③ 〔德〕E.U.彼德斯曼著:《国际经济法的宪法功能与宪法问题》,何志鹏等译,高等教育出版社2004年版,第99页。

需要谨守本分,而不是与民争利。到了20世纪初,德国的施莫勒(Gustav von Schmoller)和瓦格纳(Adolf Wagner)以及美国的马斯格雷夫(Richard A. Musgrave)等宏观经济学家所提出的观点,为罗斯福新政突破预算平衡原则的限制、编制赤字预算奠定了理论基础。现代市场经济国家的政府应当履行资源配置、经济稳定和收入再分配等职能,而要实现这些职能,最重要的是必须有足够的财政资金支持。"从理论上,公共财政可以通过收入、支出总量以及结构的安排,影响各经济主体的行为和决策,从而推动经济结构转变。"[1]现代国家的政府不再是创造社会财富的主体,政府筹集和使用财政资金,大部分不是来自于政府的经营所得或国有资源转让所得,其财政收支行为都应当受到约束。

现代国家的政府热衷于制定和实施货币政策和财政政策来矫正市场失灵,它们可能是扩张性、稳健性或紧缩性的。著名的"诺斯悖论"(North Paradox)指出,国家的存在(或者更准确地说是政府的存在)既是经济增长的关键所在,又是经济衰退的根本来源。国家既要界定和保护私人财产权,又要持续增加自身的收入,两种任务之间必然存在内在的矛盾。需要强调的是,政府插手经济事务,不见得总会使情况变好。"在金融海啸影响下,由于经济成长率普遍降低,因此连带亦会造成政府岁收入减少。然而另一方面由于'救经济'不免伴随诸多新增的财政支出政策,均需要多余的财源以资因应。"[2]政府介入经济运行的前提是市场失灵,然而,其因此而支出的财政资金的规模应当有所限制,即其对纳税人课征的税收应当控制在最小的范围内。财政支出的规模与政府的经济职能范围密切相关,其增加或减少因应政府的经济社会政策的决策而变化,而不是由诸如"鲍莫尔病理论"(Baumol's Disease)或"瓦格纳法则"(Wagner Law)等决定的。前者认为,劳动密集型服务业的成本会不断上涨,生产率却不如

---

[1] 白重恩、汪德华、钱震杰:《公共财政促进结构转变的若干问题》,载吴敬琏主编:《比较》(总第48辑),中信出版社2010年版,第30页。
[2] 罗承宗著:《新世纪财税与预算法理论与课题》,台湾翰芦图书出版有限公司2011年版,第233页。

制造业那样提高,只能靠增加税收来维持①;后者强调,当经济增长下滑时,支出的规模不会随着国民产出的规模增长,而当经济增长上升时,情况却与之相反。② 但是,这些论断是很难令人信服的解释,笔者认为,财政支出增长更多的是主观选择的结果。

一般认为,周期性赤字源于经济发展的周期性失序,特别是,当经济衰退甚至出现萧条时,经济危机就迫在眉睫了,"危机本质上属于经济范畴,这是不容置疑的",然而,"危机的真正原因很有可能存在于经济范畴之外,也就是说,危机是外界干扰经济领域的结果"。③ 有学者指出,"中国精心制订的大规模经济刺激计划意味着:中国将在经济和金融发展异常强劲的情况下度过全球金融和经济危机",然而,"经济政策要对症下药,如果对潜在问题的诊断错了,那么药方基本上没有价值。这段话特别适合中国的情况,因为根据修正后的经济数据,有必要对形势的评估和国家经济不平衡的成因进行重大改动"。④ 我国为应对 1998 年亚洲金融危机而实施的积极财政政策取得了预期成效,"中国目前的财政状况令人羡慕。过去几年里逐步稳定的财政政策已经减少了预算赤字在 GDP 中所占的比重,达到了和大部分新兴市场国家相同的程度","稳健的财政状况不仅有利于宏观经济的稳定性,而且有助于控制重大财政风险和满足未来对公共资金的需要,而不危及经济增长的可持续性"。⑤ 然而,为应对 2008 年国际金融危机而实施的积极财政政策,却破坏了我国经济增长的良好势头。

---

① 〔美〕美维托·坦齐、德卢德格尔·舒克内希特著:《20 世纪的公共支出》,胡家勇译,商务印书馆 2005 年版,第 30 页。
② 〔美〕阿伦·威尔达夫斯基著:《预算:比较理论》,苟燕楠译,上海财经大学出版社 2009 年版,第 302 页。
③ 〔美〕约瑟夫·阿洛伊斯·熊彼特著:《经济发展理论:对利润、资本、信贷、利息和经济周期的探究》(二),叶华译,九州出版社 2007 年版,第 483 页。
④ 〔美〕尼古拉斯·拉迪著:《中国经济增长,靠什么》,熊祥译,中信出版社 2012 年版,第 51、53 页。
⑤ 〔美〕特蕾莎·特尔—米纳西安、安娜丽莎·费代利诺:《中国的财政税收政策与改革:构建和谐社会》,孟凡玲译,载吴敬琏主编:《比较》(总第 26 辑),中信出版社 2006 年版,第 57、59 页。

财政支出的增长是由某些特殊事件与人们不断变化的观念共同促成的。"许多社会和经济问题都可以通过更多的政府干预,尤其是通过增加公共支出来加以解决。"①预算能力是现代国家的政府最重要、最基本的治理能力,一个国家的政府解决经济发展周期性失序问题的责任能力主要取决于其财政实力。"没有预算能力,国家能力就不可能存在,也不可能具有任何实质性的内容。"②2008年年底,我国为应对全球金融危机而采取的投资高达4万亿的积极财政政策,正是以雄厚的财政实力作后盾的,此后几年的经济发展确实能够继续保持可观的增长速度,与之有着密切联系。然而,4万亿财政刺激计划带来了产能过剩问题。其中,钢铁、化工、炼油、电解铝和风电设备制造行业的产能过剩特别严重,另一方面,内需不振、出口萎靡、通货膨胀以及资源配置和收入分配严重失衡等问题,更是使我国经济出现"结构性危机"。理论上,"反对将相机抉择的财政政策作为逆周期调控手段的呼声尤为强烈",但是,现实中,"在面临严重的经济冲击时,相继抉择的财政刺激措施是一种广为接受的做法","财政政策的重点是债务的可持续性,以及旨在实现债务的可持续性的财政规则"。③

与发达国家的政府介入经济运行不足相比,我国政府明显干预市场过多,因此,我国既要解决好政府的宏观调控权的规范行使问题,又要处理好政府何时以及如何退出经济运行的问题。"当国民经济处于停滞、不完全就业之状态下,为脱离不景气、激励经济,究应采财政政策由财政面唤起需求之支出政策或实施减税减轻民间企业负担,以唤起民间设备投资意愿来增加需求?或应采金融政策对民间企业提供资金来激励民间设备投资意愿?反之,当经济过热而有发生通货膨胀之虞时,究应采财政政

---

① 〔美〕美维托·坦齐、德卢德格尔·舒克内希特著:《20世纪的公共支出》,胡家勇译,商务印书馆2005年版,第91页。
② 马骏:《如果你不能预算,你如何治理?——中国国家能力研究》,载《治国与理财:公共预算与国家建设》,生活·读书·新知三联书店2011年版,第57页。
③ 〔美〕奥利维耶·布兰查德、乔瓦尼·德拉里恰、保罗·毛罗《反思宏观经济政策》,张晓朴、黄薇译,载吴敬琏主编:《比较》(总第46辑),中信出版社2010年版,第20—21页。

策削减岁出或实施增税？或应采金融政策提高利率实施金融方面'量'之紧缩？"①政府编制周期性赤字的前提是经济发展出现了周期性失序现象，而政府作为掌握资金最为雄厚的消费者和国家信用的持有者，有足够的财政实力来引导私人的生产和消费，从而起到平抑经济发展的周期性波动的作用。然而，积极财政政策是要付出代价的，"要举办公共工程，在财政上就要破坏收支平衡的原则，势必走上赤字预算的道路"，"当政治不上轨道的时候，这个方法，施行起来，含有极大的危险性"，"在中国赤字预算之运用，造成人力物力之浪费，图饱私囊，为裕国帑，害多而利少"。②

无论是财政收入的来源或结构，还是财政支出的投向或比例，都反映了政府的政策意图。对于经济发展的周期性失序问题，干预抑或不干预市场成为政府最先面临的难题。"经济系统不是连续地、平稳地向前运动。多种不同的运动方式……的出现阻碍了发展的道路；在经济价值体系里也有干扰发展的瓦解因素。……在任何情况下都存在着一种危机，它是繁荣与萧条交替变化时期的波浪式运动的要素，或者无论怎么说，它都是有规律的。"③鉴于经济危机可能给经济运行与社会发展带来巨大破坏作用，在立法上确立政府救助经济危机的职责是非常必要的。市场失灵可以通过政府的干预来弥补，然而，政府同样不是万能的，而且，不能过分信赖政府，政府失灵的破坏力量可能会更大。"除了需要体现出对平衡预算的关心和不愿意超过先前经历过的赤字水平之外，正在作出的决策需要在赤字的成本与削减支出或提高收入的成本之间进行权衡。"④简言之，政府编制赤字预算不只是要考虑促进经济与社会稳定发展、平抑经

---

① 〔日〕泉美之松著：《租税之基本知识》，蔡宗义译，台湾"财政部"财税人员训练所1984年版，第340、342页。
② 马寅初著：《财政学与中国财政——理论与现实》（上册），商务印书馆2001年版（初版于1948年），第17—18页。
③ 〔美〕约瑟夫·阿洛伊斯·熊彼特著：《经济发展理论：对利润、资本、信贷、利息和经济周期的探究》，叶华译，九州出版社2007年版，第479、493页。
④ 〔美〕赫伯特·斯坦著：《美国的财政革命——应对现实的策略（第2版）》，苟燕楠译，上海财经大学出版社2010年版，第524页。

发展的周期性失序的客观需要，而且，还会受制于已有的财政赤字和公债规模。同时，还要将财政赤字置于较长的时间段来考察，而不局限于某个具体年份。

财政年度(financial year)，是指一个国家通过法律规定的总结财政收支情况和预算执行过程的年度起讫时间，又称预算年度或会计年度。与大多数国家一样，我国的财政年度实行历年制，自公历 1 月 1 日起至 12 月 31 日止。[1] 然而，我国财政部提请全国人大会议审议预算案的时间却在每年 3 月，各部门、各单位收到经国务院批复的预算时，已经是 4 月至 5 月了。也就是说，在我国，在超过 1/4、甚至接近一半的财政年度里，各部门、各单位是在没有预算的约束下运作的。那么，财政年度开始后，在全国人大会议批准预算案前，国务院应当如何安排支出呢？当然，预算经批准后，按照批准的预算执行。在预算被批准之前，或者更准确地说，是得到被批复的预算之前，政府取得财政资金的行为完全可以依据现行税法或其他非税收入的法律规范，不存在合法性障碍。那么，政府应当如何使用财政资金呢？通常来说，上一年度结转的支出、法律规定必须履行支付义务的支出以及其他特殊支出等，仍然可以支出，也没有很大的合法性问题。至于必须支付的本年度部门基本支出、项目支出，以及对下级政府的转移性支出，则存在一定的问题，它们的法律依据并不充分。现行《预算法》在不考虑本年度的宏观经济政策的情况下，主观地假定本年度的财政收入应当超过上一年度的财政支出，相当于间接肯定了上一年度的财政支出的合理性，也使得预算监督落空。[2]

对于我国财政年度开始后预算仍未生效的问题，法学界一向认为这不太妥当，提出了很多修改意见，主要有以下几种：将全国人大会议改到

---

[1] 我国民国时期曾经实行过财政年度自每年 7 月 1 日起至次年 6 月 30 日止的跨年制，1936 年 11 月的行政院会议决定自 1938 年 1 月 1 日起改为历年制，参见王世杰、钱端升著：《比较宪法》，商务印书馆 1999 年版（初版于 1936 年），第 508 页。
[2] 参见叶姗：《前置性问题和核心规则体系——基于中改〈中华人民共和国预算法〉的思路》，载《法商研究》2010 年第 4 期，第 127—128 页。

每年年底举行;将财政年度的起讫时间改为自4月1日起至次年3月31日止;增设临时预算。笔者逐一进行分析:首先,增设临时预算,是指由财政部编制并经全国人大常委会审批的暂时的预算。这种意见可以现实地解决财政收支行为缺乏法定预算约束的问题,但是,它不仅不能彻底解决问题,而且可能因此而产生很多新的问题。换言之,这种做法甚至使简单问题复杂化了,不值得提倡。这种做法类似于德国法上的"假预算"制度,由于20世纪初期经常出现财政年度开始后预算还未生效的情况,德国曾经实行过"假预算"制度:在预算生效前,将暂定的概算额经议会议决。"假预算在欧战(19世纪欧洲战争)以前,是和法国一样:以一个月为标准而规定的,然在现在,则限一定的时期,或是正式以预算的成立为标准,到这个时候为止,关于必需的收支额,求议会议决。其金额到这个时候为止,关于议会议决终了的部分,则按照其决议,如若不然,则以预算委员会的议决或政府案为标准。"①

至于另外两种意见,支持者有之,反对者也不少。其实,两者各有优劣,都可以施行,但是,都需要加强相应的制度基础,增设一些配套的制度。相比之下,改变财政年度的起讫时间要简单一些。而预算实行跨年制的国家也不少,其财政年度可能开始于4月1日、7月1日或10月1日。承前所述,英国、加拿大、日本等国的财政年度始于4月1日,瑞典、巴基斯坦等国的财政年度始于7月1日,美国、尼日尔、泰国等国的财政年度始于10月1日。在美国,联邦预算实行十月制,但有46个州的预算采取七月制。各国实行跨年制的主要原因是迁就各自的议会的开会时间和财政收入的季节性特点。概言之,各国财政年度的选择可能受到政治、立法和行政等诸多因素的影响,并没有统一的标准。笔者认为,改变财政年度的起讫时间,是最容易解决问题的方法;改变议会的开会时间稍微复杂些。例如,德国在1876年之前,财政年度都是从1月1日开始的;但自

---

① 〔日〕美浓部达吉著:《议会制度论》,邹敬芳译,中国政法大学出版社2005年版,第310—311页。

1876年起,改为4月1日。

另外,每年3月召开全国人大会议也不是不可改变的宪法惯例。我国《宪法》《全国人民代表大会组织法》都没有明确规定全国人大会议的召开时间,只是规定全国人大会议每年举行一次、由全国人大常委会召集。每年3月召开全国人大会议的做法始于1985年,此前,会议召开时间并不确定,会期较为随意。① 《全国人民代表大会议事规则》规定:"全国人民代表大会会议于每年第一季度举行。"自1995年起,我国全国人大会议的召开时间基本上固定从每年3月5日起开始,每次的持续时间不一,短则几天,最长是26天,大多数是十余天。与绝大多数国家立法机关每年开会的会期相比,我国全国人大会议的绝对时间是最短的。其实,全国人大会议的会期长短,不仅仅是形式问题,而关乎民主的实质。由于全国人大会议的会期难以满足民主法治的要求,不少宪法学者提出"春秋两议"的建议,每次会议会期为20天左右。② 笔者认为,人大会期的长短直接影响预算编制的质量,如果缩短人大会期的同时不解决好人大会议审议预算案的效率和有效性问题,单纯缩短人大会期没有任何实际意义,还不如维持原先的会期,完成应当履行的职责。

全国人大会议的会期缩短与人大会议的形式、人大代表的结构、角色意识和人员规模密切相关,为了节省开会成本、避免劳民伤财,笔者认为,全国人大会议的会期也不是不能稍微缩短一些,但是,缩短会期不能影响预算编制的质量和效率,会期的长短必须配合全国人大会议制度的改革从长计议。换言之,综合考虑全国人大会议的制度运行成本和预算编制的水平等因素,应当选择一个较为折衷的方案,才能提高我国的民主法治水平。全国人大依法有权行使修改宪法、制定法律、批准预算和选举、决定重大人事任免等诸多法定职权,因此,想要缩短全国人大会议的会期,

---

① 例如,《中华人民共和国个人所得税法》是1980年9月10日第五届全国人大第三次会议通过的;《中华人民共和国民法通则》是1986年4月12日第六届全国人大第四次会议通过的;《中华人民共和国人民银行法》是1995年3月18日第八届全国人大第三次会议通过的。
② 例如,李林:《坚持和完善全国人大的会期制度》,载《当代法学》2004年第6期,第8页。

必须促使全国人大常委会更好地承担全国人大会议歇会期间的法定职权。笔者建议,如果财政年度的起讫时间不改变的话,全国人大会议完全可以考虑改成"春秋两议",下一财政年度的预算主要在秋季会议会期内审批,春秋两季会议会期内都可以处理其他事宜。总而言之,无论采取何种方案,都必须确保预算在财政年度开始前生效,只有这样才能实现法治预算。至于地方人大的会期,也应当随之作出相应的改动。

(二) 管控周期性赤字发展趋势:编制中长期预算

周期性赤字发展趋势是通过编制中长期预算来管控的。中长期预算,即中长期财政计划,是与中长期经济计划相适应的,经济计划既有总体计划,又有单一计划;而财政计划包括年度预算和中长期预算。中长期预算既包括1年以上10年以下的中期预算,又包括10年以上的长期预算。由于经济发展的周期性失序是现代国家客观存在的问题,编制中长期预算就成为政府平抑经济发展的周期性波动,进而调控经济运行的重要手段。"持怀疑态度的人常提出理由说,准确地预言10年后的支出和收入是不可能的",但是,"10年预测让'我们在到达财政悬崖边缘之前就开始使政策改变'。"①笔者认为,中长期预算肯定比不上年度预算的准确性,实际上,它也不要求准确,可以随着情势变化不断调整。在很多国家,年度预算的编制通常以5年预算为基础,后者是滚动式的、逐年修改。"制度因素比传统的生产要素更加重要","制度决定了一个国家有效利用自有资源以及在全球范围内吸引资源的能力。各个国家的经济制度存在很大不同,这也可以在相当大程度上解释他们在经济绩效和福利方面的巨大差异"。② 中长期预算是对年度预算的约束,能够促使政府编制年度预算时通盘考虑财政收支的长期平衡和重要财政政策的制定和改变可

---

① 〔美〕戴维·奥斯本、特德·盖布勒著:《改革政府:企业家精神如何改革着公共部门》,周敦仁等译,上海译文出版社2006年版,第176页。
② 〔美〕列昂纳德·波里什亡克:《转轨经济中的制度需求演进》,姜世明译,载吴敬琏主编:《比较》(总第3辑),中信出版社2003年版,第94页。

能对财政收支格局产生的影响,防止本届政府的短期行为给下届政府留下任何财政困境,克服年度预算责任不清晰、不连贯的短期化现象。随着我国社会主义市场经济体制的完善和政府职能的转变,编制中长期预算势在必行。

中长期预算阐明了政府在诸多经济领域的财政政策,因此,年度预算的编制必须受到中长期预算的指导和约束。中长期经济计划实质上是一项经济政策,中长期预算的编制目标必须与其保持一致,其所体现的财政政策必须与货币政策和其他经济政策协同实施。"为了刺激经济,对抗景气衰退日益加深,在支出方面以'目前的景气对策'、'中期的财政再建'以及'中、长期的透过财政改革以追求经济增长'等三阶段推动财政经济政策。"①新中国建立以来,我国已经有制定中长期国民经济与社会发展计划(规划)的丰富经验,迄今已经制定了10个五年计划和2个五年规划以及一些远景发展计划等,但是,都没有相应的中长期预算与之相配套。中长期经济计划必须得到相应的财政资金支持,编制中长期预算予以配合是极为必要的。在编制内容方面,中长期预算可以综合说明预算的范围和预计的财政支出情况,结合对整体经济发展潜力的预测说明弥补周期性赤字的可能性,必要时还应当对周期性赤字和整体经济发展潜力进行单独计算。至于编制时间方面,中长期预算既可以考虑与中长期经济计划同步编制,根据每年的进展不断调整并继续执行,同时,指导年度预算编制,保持前后财政年度的预算在内容上的延续性,确保实现中长期预算的预期目标;还可以考虑编制滚动式的中长期预算,即每年都调整一次从当年开始到5年后或10年后的中长期预算,保证其与经济与社会发展的客观情势保持一致、而且经常更新以适应客观需要。中长期预算的编制可以增加预算的持续性和合理性,促使预算平衡的目标更加明确、财政赤字的控制更加可行。

---

① 罗承宗著:《新世纪财税与预算法理论与课题》,台湾翰芦图书出版有限公司2011年版,第228页。

"经济计划是指制定前瞻性的经济政策目标并预先考虑安排经济活动主体以及国家为实现经济目标所应当采取的行为方式,人们试图通过经济计划来影响经济行为,使其按计划进行","经济计划以经济信息为基础制定,而且完全面向未来,其任务是制定国家活动的计划,据此来实现预定的经济目标"。① 计划可以界定为国家对一定时期内的国民经济的主要活动、科学技术、教育事业和社会发展所进行的规划和安排,既可能是长期计划(10年及其以上),也可能是中期计划(一般为5年)、短期计划(即年度计划)。经济计划是"主动的经济构建和有计划地对经济行为进行干预而已,……在概念上和性质上都是与未来有关的并且是发展开放的,通过预定的经济指标的制定构想出一种国家行为计划"②。在笔者看来,计划和市场经济不但不排斥,而且互补长短。"事实证明在一个设计得宜的体系内,计划和市场能和平共处","就一个特殊问题选择计划还是市场取决于哪种方式最能实现目的:它是一个社会和政治分工的问题,工具需要为目的服务"。③ 新中国建立后决定实行计划经济体制,因此所有的经济活动都是围绕着经济计划的制订和层层分解来实施的,在部门、地方、企业之间配置各种资源。

国家的中长期经济计划(主要是五年经济计划)一直延续到了2005年。当然,随着1992年确立社会主义市场经济体制的目标,经济计划的内容那时实际上就已经发生了根本性的转变。1952年,中央提出了编制五年计划的"指示":(1)必须按照中央的"边打、边稳、边建"的方针来从事国家经济建设;(2)必须以发展重工业为建设的重点;(3)必须充分发挥现有企业的潜力,反对保守主义;(4)必须以科学的态度从事计划工作,使计划能够正确反映客观经济发展规律;(5)必须广泛吸收群众特别

---

① 〔德〕乌茨·施利斯基著:《经济公法(2003年第2版)》,喻文光译,法律出版社2006年版,第126页。
② 〔德〕罗尔夫·斯特博著:《德国经济行政法》,苏颖霞、陈少康译,中国政法大学出版社1999年版,第214页。
③ 〔美〕詹姆斯·加尔布雷斯著:《掠夺型政府》,苏琦译,中信出版社2009年版,第167页。

是各部门中先进人物参加讨论计划,以提高计划的科学程度。① 第一届全国人大第二次会议通过《中华人民共和国发展国民经济的第一个五年计划》,并同意李富春副总理所作的《关于发展国民经济的第一个五年计划的报告》。② 1981 年,五年经济计划的名称首次从"国民经济发展计划"改为"国民经济和社会发展计划(National Economic and Social Development Plan)",这是新中国建立后第 6 个五年经济计划,既包括国民经济发展计划,也包括科学技术和社会发展计划。国家计划委员会负责制定五年及年度的计划指标,并运用行政手段在部门、地方、企业之间配置各种资源。

国民经济和社会发展计划规定国民经济和社会发展的方向、规模、速度、比例关系和效益,是指导国民经济和社会发展的纲领性文件。自 1985 年起,中央改为提出制定五年计划的"建议","七五"期间经济和社会发展的主要奋斗目标是:争取基本上奠定有中国特色的新型社会主义经济体制的基础,大力促进科学技术进步和智力开发,不断提高经济效益。③ 全国人大在审查国民经济和社会发展计划草案及其报告时,必须把握好判断宏观形势、审查计划的指导思想以及审查宏观调控的主要预期目标和手段等几个问题,突出计划的宏观性、战略性和政策性,既要保证宏观经济政策的连续性,也要适时调整。"这种计划的本身,只属于经济政策的领域,而在法律上并无任何规定",其后,"逐渐出现了有关规定经济计划的法律",还"出现了计划直接纳入经济法领域的现象","经济法中的计划,大致可分为以产业结构合理化高度为目的和以调整物资供

---

① 《中央关于编制 1953 年计划及长期计划纲要若干问题的指示》,1952 年 12 月 22 日,http://www.sdpc.gov.cn/fzgh/ghwb/gjjh/W020050614801668007570.pdf,2012 年 9 月 1 日最新访问。
② 国务院副总理兼国家计划委员会主任李富春:《关于发展国民经济的第一个五年计划的报告(1955)》,http://www.gov.cn/test/2008-03/06/content_910770.htm,2012 年 9 月 1 日最新访问。
③ 《中央关于制定国民经济和社会发展第七个五年计划的建议》,1985 年 9 月 18 日,http://www.sdpc.gov.cn/fzgh/ghwb/gjjh/W020050614801668007570.pdf,2012 年 9 月 1 日最新访问。

求,稳定价格为目的两大类"。① 概言之,在早期的五年经济计划中(特别是 1992 年以前),各项经济社会指标巨细无遗,从"一五"发展到"十五",强制性与指令性色彩渐渐消失,预测性与指导性不断增加。自 2006 年起,我国开始编制五年规划。

表面上看,"规划"与"计划"仅一字之差,实际上是一种适合市场经济条件下促进经济稳定增长需要的总体性全盘发展战略的发展,这种转变本身就是一种制度创新。区别两者的关键还是其内容,现代国家的政府主要依靠宏观调控措施实现其规划指标。计划和规划都是理性的体现,对国家来说,"计划的重要性更为突出和明显,国家需要通过计划的运用,制定经济和社会发展战略,部署、规划、安排和调控国民经济运行和发展"②。计划要根据经济与社会发展的需要、社会财力和物力的可能,合理制定战略和确定目标,通过实施各种经济政策,促进经济总量增长和经济结构优化。各国的规划主要包括国民经济和社会发展规划、侧重于土地和资源可持续发展的空间规划以及各种专项规划等。通过规划可以引导投资的方向和规模,最终实现个体利益与整体利益、短期利益和长远利益的协调,帮助市场主体预测经济与社会发展的整体趋势。就目前而言,五年规划包括经济、科学技术和社会发展等三个方面的内容。规划是由一定的组织机构负责制定和实施的关于经济与社会发展的预测以及目标的相互协调的政策性措施,可以集中力量解决经济发展中对全局有重大影响的关键问题,消除制约经济发展的薄弱环节,是政府履行经济调节、市场监管、社会管理和公共服务职责的重要依据,进而统筹经济与社会发展的全局。

我国每年还有制定各种综合或单项年度经济报告的习惯,而年度经济报告的制定权由各个宏观调控部门分享,其中,《政府工作报告》最为全面,由国家统计局、财政部、中国人民银行和国家外汇管理局分别负责

---

① 〔日〕金泽良雄著:《经济法概论》,满达人译,中国法制出版社 2005 年版,第 64—74 页。
② 张守文主编:《经济法学》,北京大学出版社 2008 年版,第 235 页。

编制单项经济报告。笔者认为,将来《计划法》的立法必须规定清楚经济报告撰写的权限,协调各项经济政策。除了总体性的国民经济与社会发展规划外,我国政府也越来越注重通过制定和实施单项经济发展规划来引导经济与社会发展,从而形成了全面的规划体系,既是对国民经济与社会发展规划的细化,也强化了对各相关领域的市场主体行为指引的专业性和指向的明确性。"从新中国建立初期计划体制的确立,经由计划体制下计划之异化,再到市场体制下计划调控之必要,乃历史发展之必然,有其内在的历史逻辑性。"[1]尽管我国已经有制定和实施五年计划的丰富的实践经验,但没有制定《计划法》。计划法是指规定了各个主体制定和实施国民经济和社会发展计划的权利、义务和责任以及相应的程序的法律规范。计划法的调整对象是"在国家制定和实施未来规定时期内国民经济和社会发展目标与实现该目标的措施的方案过程中发生的经济关系,即在计划的制订和实施过程中发生的经济关系"[2]。我国20世纪80年代初曾在较大范围内讨论过如何制定《计划法》,但在由计划经济体制转向市场经济体制的过程中,计划法遭到了极大的排斥,直到近年,才重新酝酿立法。

"计划的宗旨在于市场关系的产生以及引导不完全竞争市场达到有效竞争。"[3]为了更好地实行中长期经济计划,我国可以效仿德国经济法上有关"针对财政收支及其对经济情况的影响而制定的中长期财政计划"的规则。德国《经济稳定与增长促进法》(1967年)第9条"五年财政计划"规定:"1. 联邦的预算经济应实行五年财政计划。在五年财政计划中,应综合说明财政预算的范围和预计的财政开支情况,并结合对整体经济发展潜力的预测说明弥补财政赤字的可能性,必要时应对财政赤

---

[1] 李刚:《市场和计划法:对计划的两次限制——试论计划法若干基本问题》,载漆多俊主编:《经济法论丛》2001年总第2卷,中国方正出版社2001年版,第233页。
[2] 杨紫烜著:《国家协调论》,北京大学出版社2009年版,第277页。
[3] 〔德〕沃尔夫冈·费肯杰著:《经济法》(第2卷),张世明等译,中国民主法制出版社2010年版,第476页。

字和整体经济发展潜力(形成的弥补财政赤字的数额)进行单独计算。2. 财政计划应由联邦财政部长编制并说明理由。联邦政府负责批准财政计划并提交给联邦议会和联邦参议会。3. 财政计划应根据每年的进展情况进行调整并继续执行。"①与之相适应,德国《联邦预算法》规定,联邦政府与州政府都有义务编制五年财政计划,以实现对预算的控制。五年财政计划由财政部长负责编制、联邦政府批准,包括本年、来年以及此后三年的计划,是预算计划的重要组成部分,每年都要适时调整。

"将预算视野由一年延长到更长的时间界限,以增强预算的计划功能。一种可行的选择建议便是采用多年度预算模式。但多年度预算极大地依赖于对收入和支出的精确评估。而预测方面的技术缺陷似乎总是在所难免,这使多年预算模式成为一种并不方便的工具。"②财政政策构成了中长期预算编制的基本原则和核心组成部分,自20世纪70年代末开始,很多OECD成员国已着手编制中长期预算,每年更新一次,第一年的预算的内容与年度预算完全一致,但是,后续几个年度的财政支出预测仅仅具有指导意义而不具有强制性,有助于判断促使预算平衡目标实现的周期性盈余可能出现的时间。"推动经济回归平衡的财政政策选择包括减少个人税收、增加政府消费支出以及让国有企业提高给所有者的分红。"③中长期预算的期限通常是5—10年,在不同的国家,中长期预算的意义不尽相同:在某些国家被视为控制财政支出的重要工具,而在另外一些国家,只是为财政政策的决策提供背景信息。尽管中长期预算的强制性不如年度预算,但是,它的编制仍然非常必要,既可以支持中长期经济计划的实现,又可以指导年度预算案的编制,从而促使预算在一个经济周

---

① 德国《经济稳定与增长促进法》的中文译本,参见吴越著:《经济宪法学导论——转型中国的经济权利与权力之博弈》,法律出版社2007年版,第393页。
② 侯一麟:《逆周期财政政策与预算的多年度视角》,武玉坤译,载马骏、侯一麟主编:《公共管理研究(第5卷)》,格致出版社·上海人民出版社2008年版,第260页。
③ 〔美〕尼古拉斯·拉迪著:《中国经济增长,靠什么》,熊祥译,中信出版社2012年版,第84页。

期内实现平衡。

(三) 限制周期性赤字变动幅度:设定赤字率上限

周期性赤字变动幅度是通过设定赤字率的上限来限制的,在此基础上,部分国家还设置了公债率的上限或称国债余额上限。美国的国债余额上限是由国会制定的,美国宪法赋予国会确定联邦政府债务总额的最高限额的权力,以此控制联邦政府的支出。如果联邦政府的债务总额接近法定的上限,财政部就必须采取一定的措施来降低债务总额,既保证了政府融资的灵活性,又合理控制了财政风险。在濒临上限的临界点,国会可以随时决定是否调整债务总额上限;我国的国债余额限额通常规定在每年的预算中。① 现代国家的中央政府或联邦政府必须具备一定的宏观调控职能,而中央的财政赤字和公债规模集中反映了政府调控经济的力度以及为此付出的代价。赤字率和公债率可以集中反映各种因素对经济与社会稳定发展的客观影响,两者分别是指财政赤字和公债余额占 GDP 的比重,用于衡量一个国家或地区的财政赤字的多寡和财政状况的好坏,体现了财政收入不足以支应财政支出的程度和财政稳健的状态。合理限度内的财政赤字可以成为促进经济稳定增长和社会和谐稳定的重要财政工具,换言之,财政赤字本身其实无所谓好坏,特别是周期性赤字,必须视其所处的经济背景及其所起的作用而定。但是,超过合理限度、而且一直存在的财政赤字,对于经济与社会发展的负面作用显而易见,所谓过犹不及,长期超过合理限度的财政赤字必然是有害经济的。

经济与社会的发展情况固然会影响预算的编制和执行,反之,预算的编制和执行也会影响到经济持续增长和社会和谐稳定,因此,预算平衡理念是十分重要的。一个不考虑财政收支是否大致相抵的收支计划不能称

---

① 例如,《2011 年和 2012 年中央财政国债余额情况表》,http://yss.mof.gov.cn/2012zhongyang yusuan/201203/t20120322_637079.html,2012 年 9 月 1 日最新访问。

为预算。在各个国家或地区的财政赤字持续存在的背景下,预算平衡的意义绝不在于技术上的财政收支平衡,财政收支平衡可以通过发行公债的方式来实现,但是,由于其可能引起新的财政风险,而不应当成为毫无顾忌的制度选择。"一个国家、一个民族如果找不到一种有效的和持久的摆脱无限政府的制度安排,就根本无法跳出这个'治'、'乱'怪圈,这种制度安排就是政府的规模、职能和权力以及财政税收的制度与政策应受到宪法、法律的限制和人民的监督。"[1]对于经济发展的周期性失序问题,政府施之以必要的财政援助,可以均衡保护消费者、纳税人和社会整体利益。经济复苏仰赖政府的力量是毫无疑义的,这是现代国家的政府存在的最大的义理。如果财政救助资金的规模不受限制,经营者从一开始就相信其即使经营不善也可以获得财政援助,"软预算约束综合征"就会显现,经营者和消费者的行为预期也将受到影响,而其行为后果的可预测性也会大大降低:"经济的功能性、获利性、给付准备、投资准备与适应准备等因素,直接取决于经济行政行为的可预测性。"[2]明确规定财政救助经济危机中的特殊行业或个别企业的法定职责,不仅可以使经营者的经营行为有所警惕、消费者的投资行为知所进退,政府也会谨慎行事。

经济增长之于一个经济体的重要性从来都是毋庸置疑的,经济稳定增长非常重要,甚至可以说,没有什么比经济稳定增长更重要。在过去几十年中,美国政府奉行扩张性的财政理念,已经习惯了通过编制预算赤字来制造刺激经济增长的强劲动力。这种情况在 2009 年发生了巨大的转变,由于受到由次贷危机引发的全球金融危机和欧洲主权债务危机的影响,美国的财政赤字和公债规模都出现了失控的趋势,为此,美国联邦政府的财政政策不得不从扩张转向了整顿,单纯仰赖美元的强势货币地位

---

[1] 李炜光:《公共财政的宪政思维——公共财政精深诠释》,载《战略与管理》2002 年第 3 期,第 20 页。
[2] 陈樱琴著:《经济法理论与新趋势》,台湾翰芦图书出版有限公司 2007 年增订版,第 560 页。

已经不足以应对财政风险了。"2013 财年预算案的核心思想是:在削减赤字的同时,要着力提高经济增长,实现'增长与减赤的平衡'",可见,它"一是突出了经济增长,二是强调了收支平衡问题"。① 自 1978 年改革开放以来,我国中央和地方政府始终主导着经济与社会发展的目标、方向和脉络,"政府是市场化改革的第一推动力,是经济增长的第一推动力","政府通过人为地控制要素价格,构造了低成本的发展模式;同时,通过分税制改革,地方政府成为推动经济规模扩张的重要动力源。"② 自 1978 年改革开放以来经济高速增长的"黄金 35 年"③,中国经济"缔造了人类社会的经济增长奇迹",在这个过程中,最值得关注的财税法事件是 1994 年分税制财政体制改革、1998 年为应对亚洲金融危机而主动编制赤字预算和 2009 年为应对世界金融危机而大幅增加预算赤字。

"在这种持续的赤字制度下,现在的人们或者处于接受当前公共财政支持的津贴的地位,或者处于纳税人的地位,他们是以牺牲将来充当受益人/纳税人角色的人为直接代价获得净效用的。当前消费的赤字财政纯粹是一种代际转移支付。而且与其他转移支付一样,可以让改变规则的潜在受益者补偿潜在的受损者的那种效率也是不存在的。"④ 政府承担有限的经济危机救助责任、寻求消费者与纳税人之间的权益平衡,而有限责任的例外,则是为了实现更高层次的社会整体利益。享有征税权与货币发行权的政府,应当对受到经济危机重大影响的部分行业或部分企业施以有限度的财政救助,才能实现金融稳定、财政稳健和经济稳增。如果说

---

① 吴伟:《经济增长与财政减赤的平衡——简析美国联邦政府 2013 财年预算提案》,载《中国财政》2012 年第 7 期,第 73 页。
② 迟福林、方栓喜:《政府转型与政府作用——我国改革开放进程中政府职能的阶段性变化》,载吴敬琏主编:《比较》(总第 39 辑),中信出版社 2008 年版,第 162 页。
③ 经济增长是阶段性的,自 1978 年以来,我国年均 GDP 增长率为 9.7%,经济发展时有起伏,最快的发展期有两个:1992—1996 年,年均 GDP 增长率为 12.4%;2003—2007 年,年均 GDP 增长率为 10.8%。这两个阶段都保持着 10% 以上的 GDP 增长率,其中,前一阶段 GDP 增长率逐步递减,CPI 年均上涨 13.9%,最高的 1994 年为 24.1%;后一阶段 GDP 增长率逐步递增,CPI 年均上涨 2.6%,最高的 2007 年为 4.8%。
④ 〔美〕詹姆斯·M.布坎南著:《宪法秩序的经济学与伦理学》,朱泱等译,商务印书馆 2008 年版,第 126 页。

规定赤字率上限的目的是为了限制周期性赤字的变动幅度,进而防止发生财政危机,设置预算稳定调节基金和发行政府公债都是为了在不同的财政年度之间调剂财政资金,两者的不同之处在于:发行政府公债是将当前不足的财政支出需要转嫁给以后财政年度的财政收入来支应,预算稳定调节基金则是将当前富余的财政收入转交给以后财政年度的财政支出来安排;发行政府公债是为了弥补财政赤字而不得不采取的临时性措施,设置预算稳定调节基金则是事先准备好的财政赤字的应对之策。

笔者认为,设置预算稳定调节基金有助于控制好周期性赤字的变动幅度。限制周期性赤字变动幅度的赤字率(deficit ratio)上限确定在什么水平是合适的呢?赤字率和国债余额上限都是衡量财政风险的重要指标。一般认为,某个财政年度的赤字率控制在3%以内是安全的,而国债余额的上限则是国债余额占GDP的比率(即公债率)应当控制在60%以内。我国近几年制定的预算中,都会明确规定赤字率和公债率。我国中央政府2008—2013财年的预算中的赤字率水平分别是0.63%、2.80%、2.85%、2.08%、1.58%和2.15%,而决算中的赤字率水平都相应有所下降,分别是0.57%、2.79%、2.49%、1.8%和1.54%(2013年决算结果未有)。与其说这是预算规范执行的结果,不如说这是高速的经济增长所带来的,更准确地说,是财政收入超速增长所带来的。不难发现,财政收入超过预测速度增长的同时,财政支出也超过了预算的安排,这是一个无法从"预算规范执行"来解释的结果。另外,从我国中央政府2008—2013财年的公债率水平来看,除了2008财年的预算及之前没有明确规定公债限额外,国债余额也远远低于预算中规定的限额,2009—2013财年预算中安排的公债限额占GDP的比率分别是18.49%、19.34%、17.92%、16.32%和16.34%,而决算中的公债率分别是17.67%、16.82%、15.28%和14.94%(2013年决算结果未有),从实施效果来看,账面上的公债率都控制得相当好。①

预算稳定调节基金的制度安排最先产生于19世纪末的美国,由于传统的财政支出控制措施无效以及财政转移支付的适用无度,许多城市都难以维持预算平衡的财政状态,最典型的是纽约州1946年设立的税收稳定储备基金、俄亥俄州1981年设立的预算稳定基金以及密歇根州1977年设立的逆周期稳定与经济稳定基金。② 我国的预算稳定调节机制曾经一度以预备费和预算周转金为主要表现形式,这几年也建立起了预算稳定调节基金。一般而言,预算稳定调节基金是一种逆经济周期的财政政策工具,在应对因经济衰退或萧条而带来的财政危机问题和促进地方经济与社会的稳定发展方面发挥了积极的作用。理论上说,本财政年度结余的财政资金,都可以用于补充预算稳定调节基金;本财政年度的财政资金不足,都可以从预算稳定调节基金中调出资金。预算稳定调节基金是将财政盈余时的资金用于弥补以后财政年度的财政赤字的制度安排,可以减少政府为应对经济衰退而不得不减少财政支出或增加税收的可能性,它既需要有力的法律基础,又是一种为了普通目的的政府储备,而且是一种跨财政年度或预算周期的逆周期储备基金。③ 可见,预算稳定调节基金是解决周期性赤字问题的有效对策。

在我国,中央预算稳定调节基金的设置还有另外一个制度功效:解决困扰预算执行实践多年的财政超收收入的不当使用问题。为了更加科学合理地编制预算,保持中央预算的稳定性和财政政策的连续性,我国在2006年建立中央预算稳定调节基金(简称调节基金),调入财政资金500亿元,从而也为多年来备受质疑的超收收入的使用问题找到了合适的解决方案。调节基金的安排使用纳入预算管理,接受全国人大及其常委会的监督。一般认为,调节基金是超收年份的预留财政资金,除非遇到财政

---

① 详见本书附录五。
② 参见徐涛、侯一麟:《预算稳定基金:应对经济衰退的工具》,载《国际经济评论》2009年第2期,第49页。
③ 同上注,第52—53页。

收入严重欠缺的年份或重大突发事件时才能动用。2008年,由于建立地震灾后恢复重建基金的需要,第一次从调节基金调出600亿元。此后的几个财政年度,由于受到全球金融危机影响而出现了大规模的财政赤字,预算编制时都会安排从调节基金中调出财政资金,而预算执行完毕时往往会将部分超收收入调入调节基金。截至2012年底,调节基金已所剩无几,2013年预算安排调出1000亿元,用于削减财政赤字。比较遗憾的是,我国地方政府迄今还没有建立起预算稳定调节基金。中央预算稳定调节基金的设立,既有利于保障重点财政支出的需要,增强预算的法律约束力,又有利于提高预算透明度,提高政府依法理财水平,还有利于全国人大及其常委会对中央财政超收收入安排使用的监督。

"从2008年起,年度执行中如有超收,除按法律、法规和财政体制规定增加有关支出,以及用于削减财政赤字、解决历史债务、特殊的一次性支出等必要支出外,原则上不再追加具体支出,都列入中央预算稳定调节基金,转到以后年度经过预算安排使用。"①调节基金的设立体现了解决周期性赤字的思路,解决了超收收入长期游离于预算监督之外的问题。"大多数预算问题都同时具备了周期性和结构性特征,大多需要综合性的措施来解决。"②以往,我国对超收收入的使用和分配实行通报制,而不是国际通行的审批制。超收收入的安排使用由政府自行决定,只需将执行结果报告全国人大,不需要事先报批,因此,这部分资金一直脱离预算控制。从调节基金这几年的运行情况来看,每年调入调节基金的财政资金仅占当年超收收入的一部分,而且,出现超收收入的同时,财政超支的现象也很严重,因此,仍然有相当部分的超收收入没有进入预算过程来循环,而超收收入的使用不完全受控肯定会大大减损预算的法律效力。

---

① 财政部《关于2007年中央和地方预算执行情况与2008年中央和地方预算草案的报告》,2008年3月5日,http://news.xinhuanet.com/misc/2008-03/20/content_7827166.htm,2012年9月1日最新访问。
② 〔美〕戴维·奥斯本、彼得·哈钦森著:《政府的价格:如何应对公共财政危机》,商红日、吕鹏译,上海译文出版社2011年版,第28—30页。

表 4.1 超收超支和中央预算稳定调节基金(2008—2012 年)①

(单位:亿元)

项目		2008 年	2009 年	2010 年	2011 年	2012 年
超收收入		2844.35	2288.3	9171.51	14020	3609.75
调出调节基金		1100	505	100	1500	2700
财政超支		1206.66	64.93	5344.16	8710	1412.75
补充调节基金		192	101.13	2257.65	2892	184.15
支出大于收入的差额	预算	1800	9500	10500	9000	8000
	决算	354.31	9500	10000	8500	8000

从表 4.1 来看,只有 2010 年的超收收入减去财政超支等于补充调节基金,情况在好转中。然而,2011 年和 2012 年连续两年调出 1500 亿元和 2700 亿元的理由是什么呢?是为了削减财政赤字?可见,只有明确规定政府使用预算稳定基金的时机选择、介入深度、覆盖广度和出资限度,才有助于有效地控制住周期性赤字,将经济危机对一国经济发展的负面影响控制在最小范围内。除了超收收入的使用不完全受控外,还有一个问题是"突击花钱",而这个问题不是预算编制上的问题,也不是我国特有的问题,在美国,"随着财政年度进入尾声,各部门均有意将预算清零。……年终有盈余预算的部门下一财年的预算基数可能被降低。同时,那些未花费或者未拨付的资金会在预算年度结束时失效"②。而且,这一问题往往影响下一年度的预算案的编制。"由于大多数的预算都是先前决策的产物,因此决定本年度预算规模和内容的一个最为重要的因素就是上一年度的预算",编制预算时,"只会以上一年度的预算为基础,并仅仅关注于小范围的增加或者减少"③,简言之,基数法是各国预算编制的通

---

① 《2010 年全国财政决算》、《2009 年全国财政决算》、《2008 年全国财政决算》、《2011 年全国财政决算》、财政部《关于 2012 年中央和地方预算执行情况与 2013 年中央和地方预算草案的报告》,http://www.mof.gov.cn/,2013 年 4 月 1 日最新访问。
② 〔美〕罗伯特·D.李、罗纳德·W.约翰逊、菲利普·G.乔伊斯著:《公共预算体系(第 8 版)》,苟燕楠译,中国财政经济出版社 2011 年版,第 238—239 页。
③ 〔美〕阿伦·威尔达夫斯基著、〔美〕布莱登·斯瓦德洛编:《预算与治理》,苟燕楠译,上海财经大学出版社 2010 年版,第 101 页。

行方法。如果不能很好地解决预算编制的合理性问题,就很难要求预算执行保持规范性。

二、结构性赤字的既有规模和诱发因素减除

各级政府编制预算案的依据包括:法律、法规,国民经济和社会发展计划、财政中长期计划以及有关的财政经济政策,本级政府的预算管理职权和财政管理体制确定的预算收支范围,上一年度预算执行情况和本年度预算收支变化因素,以及上级政府对编制本年度预算草案的指示和要求。笔者将这些依据归纳为法律法规、经济政策、权限范围、存量加增量和上级要求等,这些因素要么是法定的,要么是客观的,几乎都不取决于政府的主观意志。换言之,如果法律法规或经济政策制定得不合理,又或者客观的经济与社会发展情势不乐观,都可能使预算编制或预算执行结果出现赤字。如果法律法规中规定的财政收支结构不尽合理,或者以上一年度的财政支出安排有失公允,都可能诱发结构性赤字。因此,想要解决好结构性赤字问题,既要注意消除结构性赤字的诱发因素,又要设法削减结构性赤字的既有规模。"政府活动并不限于保护性的功能,政府总是会或多或少干预市场的运作"①,然而,政府干预市场是有成本的。政府干预市场的方法、力度和程度,都需要数量庞大的财政资金支持,当政府介入经济运行越频繁、越强势,需要的财政资金就越多,发生结构性赤字就在所难免。

(一)源于财税制度结构性失衡的结构性赤字

结构性赤字源于财税制度的结构性失衡,理论上的财政收支结构是

---

① 〔美〕詹姆斯·M.布坎南著:《宪法秩序的经济学与伦理学》,朱泱等译,商务印书馆 2008 年版,第 131 页。

依据财税法律制度体系所规定的,实践中的财政收支结构会受到经济结构的深刻影响。或者,更准确地说,财政收支结构和经济结构是双向互动的,如果经济结构出现问题就会直接导致财政收支结构失衡,而财政收支结构不合理也会引起经济结构失当。经济结构是一个体系性的概念,从国民经济各部门和社会再生产的各个方面的组成和构造来考察,包括产业结构、分配结构、交换结构、消费结构、技术结构和劳动力结构等。在笔者看来,自改革开放以来,我国的高速经济增长是在一个倾斜性的经济结构的基础上实现的,长期以来,形成了这样的发展路径:从有一定意义的"有所侧重的经济结构"发展到有重大缺陷的"过于失衡的经济结构"。广义上的财税法律制度体系是包括财税法律法规和财政政策在内的,也就是说,财政收支结构既会受到财税法律法规体系的影响,也会受到财政政策结构的影响。如果说高新技术革命和经济全球化是当前经济结构、财政政策结构和财税法律法规必须调整、优化和修正的深层原因,结构性赤字的存在则是必须优化财政政策结构以及修正财税法律法规的直接理由。

为了应对日渐沉重的财政支出压力,各国政府都会采取很多紧缩预算的方法。"紧缩预算是指通过增收节支、改变预算程序以应对财政限制。……是指真实的和觉察到的收入约束,以及政客和机构管理者在处理资源缩减问题时所采取的措施。"①贯彻紧缩预算的思想有助于削减结构性赤字。紧缩预算就意味着政府必须大幅减少财政支出并严格控制财政收入,这是财政压力的常规应对措施。笔者认为,想要减少结构性赤字,无非是通过新增财政收入项目(或其子目)、调高财政收入的征收比例(征税率或征费率),或者通过削减财政支出项目(或其子目)、直接降低某项财政支出的数额等。财政收支结构恢复平衡取决于增税的同时减少财政支出,然而,由于增税可能给经济与社会发展带来负面影响,给政

---

① 〔美〕詹姆士·D.萨维奇、赫尔曼·M.施瓦兹:《紧缩预算》,载〔美〕罗伊·T.梅耶斯等著:《公共预算经典(第1卷)——面向绩效的新发展》,苟燕楠、董静译,上海财经大学出版社2005年版,第445页。

府带来负面评价,即使存在结构性赤字,政府仍然不太愿意通过增税的方式来维持预算平衡,反而倾向于通过编制赤字预算的方式来维持财政支出增加的趋势,由此,公债余额的规模扩大的趋势也难以遏制。1994年分税制财政体制改革后,由于种种因素的影响,税收的增长速度要远远超过GDP的增长水平,从而也为财政收支结构的优化奠定了坚实的财政基础,也就产生了减税的空间和可能性。

我国1994年分税制财政体制将税收划分为中央税、地方税和中央地方共享税,其初衷是解决中央政府日益捉襟见肘的财政困境。与其他单一制国家一样,我国中央政府主要按照自己的意愿来划分税源,但是,却没有用法律的形式规定各级政府的财政支出责任的划分比例。"我国的财政联邦主义不是正式的法律制度,它是由中央与地方争取财政权,并运用非正式的、不稳定的制度性惯例来维系的分权制度。"[1]中央财政的具体平衡情况是:中央本级收入+地方上解收入+中央财政赤字+调入中央预算稳定调节基金=中央本级支出+对地方税收返还和转移支付+补充中央预算稳定调节基金;地方财政的具体平衡情况是:地方本级收入+中央对地方税收返还和转移支付=地方本级支出+上解中央支出+地方财政结转和结余。以2011年为例,在中央预算中,"财政收入总体情况较好,是经济平稳较快增长、企业效益较好、物价上涨、税收征管水平提高以及将原预算外资金纳入预算管理等因素的综合反映;按照中央决策部署,经全国人大审议批准,中央财政进一步加大了对农业、教育、医疗卫生、社会保障和就业、保障性安居工程、文化、科学技术等方面的投入,各项重点支出得到较好保障。"[2]而在2012年,在中央预算执行具体情况中,没有怎么描述主要收入项目执行情况;而对主要支出项目执行情况的总结是:"按照稳增长、调结构、促改革、惠民生的要求,预算执行中根据经济社会

---

[1] 邹继础著:《中国财政制度改革之探索》,社会科学文献出版社2003年版,第71页。
[2] 财政部《关于2011年中央和地方预算执行情况与2012年中央和地方预算草案的报告》,2012年3月5日,http://news.xinhuanet.com/politics/2011-03/17/c_121200670.htm,2012年9月1日最新访问。

发展需要,在没有扩大中央财政支出预算规模的条件下,调整支出结构,重点增加了保障性安居工程、农业水利、节能环保等民生领域的投入。"[1]超收收入一般用于:增加对地方税收返还和一般性转移支付、增加教育支出、增加科学技术支出、增加保障性安居工程支出、增加公路建设、对部分困难群众和公益性行业油价补贴支出、增加困难群众一次性生活补贴支出、用于削减中央财政赤字以及用于补充中央预算稳定调节基金以及留待下年度经预算安排使用。而中央对地方税收返还和一般性转移支付的大部分资金以及中央国有资本经营预算和政府性基金预算超收的部分资金都用于保障民生。

"无论是中央或地方政府,其存在的最终目的是能有效地提供公共财政,……但是一个国家内多层级的政府便出现有哪些公共财政应由中央,哪些公共财政应由地方政府提供的问题"[2],这仍然是一个没有完全达成共识的难题。发达国家注重通过法律的形式来规制中央和地方的财政关系,合理划分和清晰界定中央和地方政府之间的事权和财权,明确市场和政府在稀缺资源配置中的基本分工,规范中央和地方政府的宏观调控和市场规制行为。一直以来,我国过分依赖经济政策和规范性文件,"中央政府和地方政府应各自承担和共同承担的公共事务划分不清,各级政府行为中的错位、越位和缺位现象并存。"[3]国务院《关于实行分税制财政管理体制的决定》(国发[1993]85号)仅仅划分了中央和省级财政的预算收入,没有涉及省级以下财政的预算收入的划分问题,而只是简单规定了中央与地方的事权和支出划分的原则:中央财政主要承担国家安全、外交和中央国家机关运转所需经费,调整国民经济结构、协调地区发展、实施宏观调控所必需的支出以及由中央直接管理的事业发展支出;地方财政

---

[1] 财政部《关于2012年中央和地方预算执行情况与2013年中央和地方预算草案的报告》,2013年3月5日,http://www.mof.gov.cn/zhengwuxinxi/caizhengxinwen/201303/t20130319_782332.html,2013年4月1日最新访问。
[2] 邹继础著:《中国财政制度改革之探索》,社会科学文献出版社2003年版,第76页。
[3] 寇铁军:《政府间事权财权划分的法律安排——英、美、日、德的经验及其对我国的启示》,载《法商研究》2006年第5期,第136—137页。

主要承担本地区政权机关运转所需支出以及本地区经济、事业发展所需支出。一般而言,财税制度结构性失衡既包括全国财政收支结构的整体性失衡,又包括某个地区的财政收支结构局部性失衡。"如果平衡预算在联邦层次上成为一个有价值的目标,那么就有可能产生一种强烈的以其他层级政府为代价来平衡预算的企图,如削减拨款和转嫁项目责任。"①因此,财税制度的结构性失衡经常性地表现为某些地方政府存在财政赤字,但另外一些地方政府出现财政盈余。

在我国,事权不断下移的同时,税权分配却持续向中央集中,财政转移支付制度的规范性、效率性和公平性都极差,地方自有财力根本不足以匹配提供均等化基本公共服务的事权。"在越来越重视和关注民生问题的过程中,我们有必要借鉴高福利国家的经验,要充分利用市场和地方政府的作用,避免出现政府特别是中央政府包袱过重的问题。"②在笔者看来,分税制在财权的划分和事权的分配上所作的努力是值得肯定的,然而,它没有解决好财政资金的有效筹集和妥善使用的问题。"对政府征税权的任何限制,都会加强绕过财政渠道直接获取人们的产品和服务的动机,……单凭征税限制本身可能不足以有效控制政府。"③经济分权使得省级及以下地方政府承担了大部分事权,而划分预算收入和制定税法规范的权力则持续向中央集中,与此同时,地方财政支出的规模越发不受控制。但凡实行政府分级和财政分权的现代市场经济国家,中央和地方的财政关系都极为复杂。通常来说,只有在科学划分财政级次、清晰界定事权和支出、合理分配预算收入的基础上,才能建立规范的政府间财政转移支付框架,进而实现地方政府的财力与事权相匹配、促进地区间基本公共服务均等化。对我国来说,地方政府因财力不足以完成其所分担的事权

---

① 〔美〕爱伦·鲁宾著:《公共预算中的政治:收入与支出,借贷与平衡(第4版)》,叶娟丽等译,中国人民大学出版社2001年版,第210页。
② 财政部财政科学研究所课题组:《政府间基本公共服务事权配置的国际比较研究》,载《经济研究参考》2010年第16期,第41页。
③ 〔澳〕杰佛瑞·布伦南、〔美〕詹姆斯·M.布坎南著:《征税权——财政宪法的分析基础》,冯克利、魏志梅译,载《宪政经济学》,中国社会科学出版社2004年版,第196—197页。

的现象更为突出,换言之,局部性的结构性赤字要比整体性的更加突出。

对于业已存在的财政赤字,我国也有通过"控制预算"来削减既有财政赤字规模的立法例,例如,1979年、1980年连续出现数额较大的财政赤字,中国人民银行不得不增发货币,因此,导致通货膨胀,影响到经济与社会稳定发展。"为了确保1981年财政收支平衡,消灭赤字,国务院认为,必须对财力的分配和使用采取集中统一的原则,严格财政管理和财经纪律,力求迅速由被动转为主动,实现经济的稳定","努力增加收入,坚决压缩支出,保证中央和地方两级财政的收支平衡"。① 以上规范性文件起到了一定的作用,1981年短暂恢复了预算平衡,此后,1982—1984年,又出现了财政赤字。② "如果我们不迅速采取坚决措施对经济实行进一步的调整,今年的财政仍然会出现较大的赤字,银行还要增发大量的货币,其结果物价就还会上涨","1981年在进一步调整比例关系的过程中,首先要争取做到基本上实现财政收支平衡,并在此基础上,基本上实现信贷收支平衡、停止财政性货币发行,同时把市场物价基本稳定下来"。③ 个别省级政府也制定了一些预算平衡规则,例如,《黑龙江省人民政府关于努力增收节支确保财政预算平衡的紧急通知》(黑政明传[1998]6号),提出了"大力开辟财源,千方百计组织好财政收入","从严审查和控制各项非生产性开支","强化财政监督,严肃财经纪律"等措施。当然,通过"控制预算"来控制财政赤字的做法还有待进一步细化。

如果说管理性赤字是我国过去几十年的预算实践中最常见的财政赤字类型,而周期性赤字是20世纪90年代末才间歇性地出现了那么几次,那么,在税收、非税收入和财政支出都保持极快的增长速度的背景下,实际上,结构性赤字是长期被忽略或者说长期被掩盖了。笔者认为,我国财税制度的结构性失衡问题主要表现在以下几个方面:中央和地方的财权

---

① 国务院《关于平衡财政收支、严格财政管理的决定》(国发[1981]14号)。
② 详见本书附录四。
③ 国务院《关于调整1981年国民经济计划和国家财政收支的报告》,1981年2月25日,http://www.law-lib.com/fzdt/newshtml/22/20050719114245.htm,2012年9月1日最新访问。

分配过于集中、中央和地方的事权分配过于分散、税收法律制度结构不尽合理、地方政府严重依赖"土地财政"、财政支出结构"重建设、轻民生"、县级及基层财政沦为"吃饭财政"、地方政府隐性债务濒临危机边缘以及财政转移支付的不确定性突出等。本部分集中讨论财政收支结构的调整和法定性支出的统筹问题,第三章的第一部分已经部分涉及中央和地方的财权和事权分配问题,下一部分会集中讨论在地方财力与事权不匹配的情况下,如何促使财政转移支付规范、有序、合理地进行,以及怎样适当放开地方公债的发行限制。事实上,我国的经济发展曾经长期受益于"土地财政"、房地产政策和房地产市场,然而,经济发展到了当前"必须转变传统的经济发展方式、摒弃不合理的经济增长模式"的阶段,是时候好好检讨"土地财政"的种种不是之处了。概言之,无论是"结构性减税"的政策,还是"民生型财政"的制度,或是"预算法治"的理念,都有助于解决财税制度的结构性失衡问题。

(二)削减结构性赤字既有规模:优化财税法制度

"在任何选择逻辑中成本都是主观的,而在任何预测理论中成本都是客观的。"[①]在笔者看来,财政收入的基本逻辑是"预测",而财政支出的核心线索则是"选择"。削减结构性赤字的既有规模是通过调整财政收支结构来实现的,其中的核心是结构性减税和削减非法定性支出。结构性减税是指在整体税收负担适当降低的情况下,对税制结构进行调整,进而促进经济结构的调整,部分行业和领域减税、而部分行业和领域增税,则可以提高资源使用的效率。这种财政政策区别于全面的、大规模的减税,是一种选择性的减税:为达到"保增长、扩内需、调结构"的特定目标而针对特定的群体或特定的税种来削减既有的税收负担。削减非法定性支出,亦即可控制支出,或称柔性支出,即"政府部门可不受法律或契约约束

---

① 〔美〕詹姆斯·M.布坎南著:《成本与选择》,刘志铭、李芳译,浙江大学出版社2009年版,第47页。

而根据财政状况对预算作出增减调整的支出",它与不可控制支出或称刚性支出、法定性支出相对应,即"依据法律或契约必须及时足额支付的支出,例如,社会保障支出等"①。如果说"厉行节约、勤俭建国"是经济建设型的财政模式下节省财政支出的指导方针的话,在公共服务型的财政模式下,哪些财政支出必须保留、哪些应当削减,取决于某种类型的可控制支出是否应当控制。

结构性赤字既有规模的削减建立在调整财政收支结构的基础上:可控制支出是必须保留的,典型的如教育、医疗卫生、社会保障、就业和住房保障等民生性支出,即使其可能使预算出现赤字,也不能成为其被削减的理由。民生性支出与美国法中"公民权利性支出"概念的内涵和外延有异曲同工之妙:"公民权利性支出是一个充满了变化的项目,很难准确地说出谁应该得到救助和谁不应该得到,一个人实际上对真实存在的东西无法评价。原因是,公民权利性支出是历史的产物,不是逻辑的产物。"②当然,财政支出是非常复杂的,要识别某种类型的可控制支出是否应当控制也是非常艰难的。"没有一个人能理解所有公共开支问题的复杂性。……有几个词可以形容其中一些困难,即不兼容性、不可控制性和不确定性。"③因此,削减可控制支出是可行的,但是,执行起来却是非常不容易的。1998年底提出财政体制改革的目标是建立公共财政,就是想要调整财政支出的结构。然而,"政府支出项目的目标看起来很容易确定,但实际上是一个比较复杂的过程。"④

在国家面临财政压力、政府讨论预算能力的恢复问题时,能否控制可控制支出几乎成了能够控制住财政赤字的关键。成功的财政体制改革需要持续而稳定的政治基础支持,在一党执政或一党强势的国家更容易获

---

① 张守文著:《财税法学》,中国人民大学出版社2007年版,第8页。
② 〔美〕阿伦·威尔达夫斯基、内奥米·凯顿著:《预算过程中的新政治学(第4版)》,邓淑莲、魏陆译,上海财经大学出版社2006年版,第232—233页。
③ 〔美〕休·赫克罗、艾伦·威尔达夫斯基著:《公共资金的私人政府(第2版)——英国政治中的共同体和政策》,李颖、褚彩霞译,格致出版社、上海人民出版社2012年版,第29页。
④ 郭庆旺、赵志耘著:《财政理论与政策》,经济科学出版社2003年版,第176页。

得这种支持,但是,在实行比例代表制、多党联合制和两党制的国家实际上很难获得这种支持,这些国家的财政法限制了财政政策决策的随意性,因此,大大改善了财政纪律。① 预算的重要性在于其反映了当时政府所采取的各种财政政策,包括财政收支的范围、收入的公平分配、政府向利益集团倾斜和开放的程度以及政府的公众责任等。财政政策的及时决策和适时调整能够反映政府行动的连续性和应对特殊情况的敏捷度。预算如何体现政府的意图,始终是预算编制时必须充分考虑的,预算不仅仅是有关财政收支安排的静态的表格,而且要在谁应当为公共服务付费以及谁可以从公共服务中受益之间反复权衡。预算受到各种主客观因素的制约,而各种制约因素和行为人经常有着不尽相同甚至相互冲突的动机和目标,使得财政政策的决策显得特别困难。政府必须在合理界定政府职能的基础上进行正确的财政收支决策。"政府的扩张始终伴随着公共支出结构的巨大变化,而公共支出结构的变化又反映着人们对政府应该做什么的观念发生了变化。"②

财政是政府的财力的来源,其支出规模的大小及其具体项目的安排是否合理,与政府的公共服务职能密切相关。某种意义上说,预算是一个政治问题,这一论断在财政支出规模增长问题上的表现最为显著。每一个国家或地区的每一级政府都需要通过征集和使用一定的财政资金才能够维持基本的运作。"政府需要多少钱"(财政收入)通常决定于其"需要做多少事"(财政支出),一般认为,政府总是倾向于多花钱、而不是节省钱,因此,财政支出总是呈现上升的趋势,此所谓"瓦格纳法则"。某种程度上说,绝大部分非民生性支出都是"刚性"的,难以削减,无论是行政管理、基础设施投资、社会福利发放、突发事件应对,还是平抑经济发展的周期性波动,只要在合理的范围内,就必须给予充足的经费保障。"如何调

---

① See Anwar Shah, Legislated Fiscal Rules: Do They Matter for Fiscal Outcomes? http://siteresources.worldbank.org/PSGLP/Resources/4shah.pdf, 2012 年 9 月 1 日最新访问。
② 〔美〕美维托·坦齐、德卢德格尔·舒克内希特著:《20 世纪的公共支出》,胡家勇译,商务印书馆 2005 年版,第 30 页。

整政府所从事的各项服务性活动,或者如何控制政府为提供这些服务而筹集和管理由它支配的物质资源的工作,乃是极为繁复的问题",因此,政府的职能应当限于"实施正当行为规则、保卫国防和征收税款以资助政府活动"三个方面。① 然而,财政支出规模扩大的趋势和幅度实际上既没有客观合理的标准来界定,也没有强制性的法律措施可以加以约束。

在现有财政收支结构不变的情况下,结构性赤字的规模只会不断增加而不会自动减少,因此,想办法削减非法定性支出无疑是一种较具可行性的措施,而结构性减税则是另外一种类型的调整财政收支结构的政策。实际上,财税法律制度体系本身也会随着经济社会情势的变化而不断地发展完善。"所谓内生性法律理论是指突破'法律制度是不变的、外生性的'这一惯有看法,认为法律制度应该弹性地适应该国国情和经济社会的环境变化,进行'内生'性的改变","从法律制度是经济体系中的'内生变量'这个角度来看,通过修改法律制度去强制性地改变各类主体行为的做法不会有多少效果"。② 自 2008 年以来,结构性减税政策成为我国近几年的基本财政政策,通过调整税种、税目、税率和税式支出等可控变量,有选择性地减轻市场主体的税收负担,引导其在追求自身利益最大化的同时按照宏观调控预期目标进行生产经营活动,这是"市场导向的发挥税收作用的间接调控手段","税种的选择、税目的增减、税率的调整以及税式支出的变化都是政策工具,需要统筹使用"。③

在当前的财政收支结构中,主要收入项目由税收(86.4%)和非税收入(13.6%)构成,税收包括国内增值税,国内消费税,进口货物增值税、消费税(出口货物退增值税、消费税),营业税,企业所得税,个人所得税等 19 种税收,其中,收入前 5 位的税收占全部税收收入的比重达到

---

① 〔英〕弗里德利希·冯·哈耶克著:《法律、立法与自由》(第2、3卷),邓正来等译,中国大百科全书出版社 2000 年版,第 332 页。
② 〔日〕鹤光太郎:《用"内生性法律理论"研究法律制度和经济体系》,綦明译,载吴敬琏主编:《比较》(总第 8 辑),中信出版社 2003 年版,第 118、126 页。
③ 马衍伟:《结构性减税:中国的理论创新和实践探索》,载《人民日报》2012 年 3 月 19 日,http://theory.people.com.cn/GB/49154/49155/17423215.html,2012 年 9 月 1 日最新访问。

80.3%;非税收入包括专项收入、行政事业性收费、罚没收入和其他收入。① 主要支出项目由一般公共服务、外交、国防、公共安全、教育、科学技术、文化体育与传媒、社会保障和就业、医疗卫生、节能环保、城乡社区事务、农林水事务、交通运输、资源勘探电力信息等事务、商业服务业等事务、金融监管等事务支出、地震灾后恢复重建支出、国土资源气象等事务、住房保障支出、粮油物资管理事务、预备费、国债还本付息支出和其他支出等23种支出构成,其中,教育(15.1%)、社会保障和就业(10.17%)、一般公共服务(10.06%)、农林水事务(9.1%)和城乡社区服务(6.98%)等支出前5位的项目占全部财政支出的比重就达到了51.4%。② 全口径预算管理、结构性减税都属于财政收入结构的调整措施,而政府收支分类改革则为财政收支结构的优化奠定了基础。财政收支结构的优化可以降低甚至消灭结构性赤字,进而促进预算平衡目标的实现。

自分税制财政体制改革以来,我国税收增长很快,财政收入占GDP的比重从1994年的10%左右上升到2012年的22.6%,税收征管率也从不足50%上升到超过70%,因此,税收增长速度总是高于同期经济增长速度。毋庸置疑,税收增长速度很大程度上决定于经济增长水平,例如,2011年税收总体平稳增长是经济平稳较快增长、物价上涨、企业效益较好等因素的综合反映。③ 又如,2012年税收收入增速大幅回落的主要原因是经济增长放缓、企业效益增速下滑、进口增长乏力以及实施结构性减税政策的综合反映。④ 由现行税法体系确立的税收结构呈现了既有利于经济增长、又得益于经济增长的双向互动特征,如前几大税种的税基分别是:增值税的税基大体相当于工业增加值和商业增加值,国内消费税的税

---

① 《2011年全国公共财政收入决算表》,http://yss.mof.gov.cn/2011qgczjs/201207/t20120710_665247.html,2012年9月1日最新访问。
② 《2011年全国公共财政支出决算表》,http://yss.mof.gov.cn/2011qgczjs/201207/t20120710_665233.html,2012年9月1日最新访问。
③ 参见税政司《2011年税收收入增长的结构性分析》,2012年2月,http://szs.mof.gov.cn/zhengwuxinxi/gongzuodongtai/201202/t20120214_628012.html,2012年9月1日最新访问。
④ 参见税政司《2012年税收收入增长的结构性分析》,2013年1月,http://szs.mof.gov.cn/zhengwuxinxi/gongzuodongtai/201301/t20130123_729605.html,2013年4月1日最新访问。

基是烟、酒、汽车、成品油等 14 类特定商品的销售额或销售量,营业税的税基是交通运输业、建筑业、金融保险业、邮电通信业、文化体育业、娱乐业、服务业、转让无形资产和销售不动产等 9 个行业取得的营业收入,企业所得税的税基是企业利润总额,个人所得税的税基是个人(主要是城镇居民)收入,关税和进口货物增值税、消费税的税基是一般贸易进口额等。此外,近年来,随着"民生型财政"取代了"建设型财政",财政支出结构出现不断向民生性支出倾斜的趋势,教育支出已经高居首位,社会保障和就业支出位居次席,而一直备受批评的一般公共服务支出则退居第三。一般公共服务类科目反映政府提供一般公共服务的支出,主要用于保障机关事业单位正常运转,相当于我国《预算法》第 19 条所规定的"国家管理费用支出",行政管理成本过高从来是我国财政的"痼疾"。

  预算收入编制的重要依据是现行财税法律规范,特别是税法体系,当前,我国税法体系存在着直接税和间接税的比例失衡、地方税体系中缺乏主体税种、各个税种之间缺乏协同考虑以及大多数税种的内部结构不尽合理等问题。税制改革是一个全球性的潮流,我国也不例外。改革开放后我国进行了三次税制改革:第一次从 1978 年到 1991 年,从建立涉外税收制度入手,进而推行国营企业"利改税"和工商税制的全面改革;第二次自 1994 年起,为适应建立社会主义市场经济体制的需要而实施了一次规模最大、范围最广泛、内容最深刻的税制改革,遵循统一税法、公平税负、简化税制、合理分权的原则,初步建立了一套适合我国国情的、以流转税为主体的税收制度;自 2004 年起的第三次税制改革,遵循简税制、宽税基、低税率、严征管的原则,围绕统一税法、公平税负、规范政府分配方式、促进税收与经济协调增长、提高税收征管效能的目标,对现行税制进行有增有减的结构性改革。① 另外,地方政府依靠出让土地使用权而获取财政收入来维持政府基本运作的"土地财政"现象,充分表明地方财政的支

---

① 林文:《简税制、宽税基、低税率、严征管——国家税务总局局长谢旭人谈中国税制改革问题》,载《资本市场杂志》2004 年第 1 期,第 33—34 页。

出结构还有很大的空间进行调整;至于持续多年、仍未完成的税费改革,将"可以改为税收的收费"改为税收,对"应当保留的收费"加以规范,也有助于改良财政收支结构。

(三)消除结构性赤字诱发因素:统筹法定性支出

每一项财政政策决策和每一部财税法律法规都可能是某种财政收入的来源或者需要使用一定的财政资金,其中,这些政策和法律中所规定的可能涉及财政支出的条款,必须在预算编制时予以综合考虑,这些条款之间也极有必要相互协调。"对每一种特定决策来说,存在着独特的机会成本,而这取决于这项决策的具体特性。"①对每一项法定性支出而言,它们的机会成本就是在有限的财政资源中安排该项支出时就意味着必须舍弃其他的一些支出。尽管每个国家或地区都可能存在程度不一的财政赤字问题,但是,某些财政支出的增长却很少受到质疑,特别是法定性支出中的民生性项目或称强制性项目。例如,"从1962年到2006年,三大公民法定福利项目——社会保障、医疗保险以及医疗补助在联邦总支出中所占的比例迅速增加,非国防随意性支出比例却相当固定,其原因是国防支出的比例下降近半,从近50%降到20%",简言之,"联邦预算分配结构中的这一改变使得'在总税收负担不变的情况下,强制性支出仍能迅速增长'。"②几乎在每一次经济危机发生后,财政支出都会稳定在一个高于危机发生前的水平,简言之,财政支出规模的膨胀相对容易,但紧缩就要困难得多。

"法律的制定在某种意义上讲必定是超然于法律的控制的","法律中的细微变化,不会破坏该法律制度的所有的稳定性,但却是法律稳定性

---

① 〔美〕詹姆斯·M.布坎南著:《成本与选择》,刘志铭、李芳译,浙江大学出版社2009年版,第60页。
② 参见侯一麟:《预算平衡规范的兴衰——探究美国联邦赤字背后的预算逻辑》,张光、刁大明译,载《公共行政评论》2008年第2期,第23页。

的一种缺陷"。① 每一项财政政策或财税法律法规中的规则设计及其变化,都可能直接影响预算的编制结果或预算的执行效率。再加上发达国家的选举政治的存在,又会加重财政政策之间的不协调问题,至于预算权由政府和议会分享,实际上也分散了预算决策的风险和承担责任的几率。"一个宪法不能组织有效的、公共支持的、能够征税和开支的政府,它必然不能在实际中保护权利。"②实践中,立法机关制定某项财政政策或某部财税法律时,较少考虑法定性支出之间的协调问题,这就潜藏了诱发结构性赤字的法律风险。法定性支出,可以界定为:法律法规规定的,必须列入预算统筹安排支出的项目。大多数民生性支出项目都属于法定性支出,例如,教育、社会保险、残疾人保障、新型能源、禁毒等,法定性支出方面大多规定了强制性的支出标准。

我国法律法规中的法定性支出条款规定的主要措施有:"经费支持"、"经费保障"、"资金支持"、"资金保障"等,有的还规定了明确的强制性标准或者授权立法的条款。

例如,我国《教育法》第 7 章"教育投入与条件保障"中的第 54 条规定:"国家财政性教育经费支出占国民生产总值的比例应当随着国民经济的发展和财政收入的增长逐步提高。具体比例和实施步骤由国务院规定。""全国各级财政支出总额中教育经费所占比例应当随着国民经济的发展逐步提高。"《义务教育法》第 2 条第 3 款规定:"国家建立义务教育经费保障机制,保证义务教育制度实施。"第 31 条第 1 款规定:"各级人民政府保障教师工资福利和社会保险待遇,改善教师工作和生活条件;完善农村教师工资经费保障机制。"第 6 章"经费保障"中的第 44 条第 3 款授权国务院规定义务教育经费保障的具体办法;第 42 条第 1 款规定"国家将义务教育全面纳入财政保障范围,义务教育经费由国务院和地方各级

---

① 〔英〕蒂莫西·A.O.恩迪科特著:《法律中的模糊性》,程朝阳译,北京大学出版社 2010 年版,第 242 页。
② 〔美〕史蒂芬·霍尔姆斯、凯斯·R.桑斯坦著:《权利的成本——为什么自由依赖于税》,毕竞悦译,北京大学出版社 2004 年版,第 37 页。

人民政府依照本法规定予以保障";第 44 条第 1 款规定:"义务教育经费投入实行国务院和地方各级人民政府根据职责共同负担,省、自治区、直辖市人民政府负责统筹落实的体制。农村义务教育所需经费,由各级人民政府根据国务院的规定分项目、按比例分担。"

又如,我国《残疾人保障法》第 5 条第 1 款:"县级以上人民政府应当将残疾人事业纳入国民经济和社会发展规划,加强领导,综合协调,并将残疾人事业经费列入财政预算,建立稳定的经费保障机制。"《禁毒法》第 41 条第 2 款授权国务院规定强制隔离戒毒场所的设置、管理体制和经费保障。《社会保险法》第 5 条第 2 款:"国家多渠道筹集社会保险资金。县级以上人民政府对社会保险事业给予必要的经费支持。"《清洁生产促进法》第 31 条、《可再生能源法》第 12 条第 1 款、《循环经济促进法》第 43 条第 2 款都是"资金支持"条款。《中小企业促进法》第 2 章"资金支持"规定了"扶持中小企业发展专项资金"。《农业技术推广法》第 28 条第 1、2 款规定:"国家逐步提高对农业技术推广的投入。各级人民政府在财政预算内应当保障用于农业技术推广的资金,并按规定使该资金逐年增长。各级人民政府通过财政拨款以及从农业发展基金中提取一定比例的资金的渠道,筹集农业技术推广专项资金,用于实施农业技术推广项目。中央财政对重大农业技术推广给予补助。"

此外,我国《科学技术进步法》第 59 条规定:"国家逐步提高科学技术经费投入的总体水平;国家财政用于科学技术经费的增长幅度,应当高于国家财政经常性收入的增长幅度。……"《农业法》第 38 条第 1 款规定:"国家逐步提高农业投入的总体水平。中央和县级以上地方财政每年对农业总投入的增长幅度应当高于其财政经常性收入的增长幅度。"《公务员法》第 75 条第 1 款规定:"公务员的工资水平应当与国民经济发展相协调、与社会进步相适应。"这些条款大多规定了"经费投入的总体水平"、"经费投入的增长幅度"以及"经费投入增长的参照标准"等法定性支出及其标准。

另外,中共中央、国务院发布的经济政策和规范性文件中也会提到某些经费支出目标。《中华人民共和国国民经济和社会发展第十二个五年规划纲要(2011—2015年)》(2011年3月16日),中共中央、国务院《中国教育改革和发展纲要》(1993年2月13日),国务院《国家中长期教育改革和发展规划纲要(2010—2020年)》(2010年7月29日),中共中央、国务院《关于卫生改革与发展的决定》(中发[1997]3号),国务院《关于环境保护若干问题的决定》(国发[1996]31号)等国家政策和规范性文件中也有经费保障或经费支出目标的规定。1997年国务院《关于卫生改革与发展的决定》规定:"各级政府要努力增加卫生投入","到本世纪末,争取全社会卫生总费用占国内生产总值的5%左右","中央和地方政府对卫生事业的投入,要随着经济的发展逐年增加,增加幅度不低于财政支出的增长幅度"。国务院《关于环境保护若干问题的决定》规定:"各省、自治区、直辖市应遵循经济建设、城乡建设、环境建设同步规划、同步实施、同步发展的方针,切实增加环境保护投入,逐步提高环境污染防治投入占本地区同期国民生产总值的比重。"国务院的《政府工作报告》或财政部代表国务院提交给全国人大会议审议的预算案中,有时候也会规定一些法定性支出及其具体的强制性标准。

1993年中共中央、国务院《中国教育改革和发展纲要》规定,逐步提高国家财政性教育经费支出占国民生产总值的比例,本世纪末达到4%。然而,这个目标并没有实现。2010年国务院《国家中长期教育改革和发展规划纲要(2010—2020年)》明确提出:"提高国家财政性教育经费支出占国内生产总值比例,2012年达到4%"。这是典型的法定性支出及强制性标准的条款。教育投入是公共财政保障的重点,中共中央、国务院始终坚持优先发展教育,高度重视增加财政教育投入,先后出台了一系列加大财政教育投入的政策措施,我国财政教育投入持续大幅增加。为确保按期实现这一目标,促进教育优先发展,国务院制定了《关于进一步加大财政教育投入的意见》(国发[2011]22号),提出了公共财政教育投入年均增长20.2%,教育支出占财政支出的比重从14.3%提高到15.8%,成为公共财政第一大支出的具体措施。为了达到目标,其一,必须拓宽经费来源渠道,多方筹集财政性教育经费,具体包括:统一内外资企业和个人教育费附加制度、全面开征地方教育附加以及从土地出让收益中按比例计提教育资金。其二,必须合理安排使用财政教育经费,切实提高资金使用效益,具体包括:合理安排使用财政教育经费和全面推进教育经费的科学化精细化管理。国务院加强对各地财政教育投入情况的分析评价,从财政教育支出增幅、财政教育支出比例、教育附加征收率和土地出让收益教育资金计提率四个方面,对各地财政教育投入状况进行动态监测和评价分析。①

统筹法定性支出的关键不仅仅是预算编制时必须协同解决不同类型的、各有侧重的法定性支出,还需要全国人大和国务院在制定相关法律法规的时候,充分考虑新的立法中规定的法定性支出与既有的法定性支出之间的协调问题。除了个别特殊的重要领域外,法律法规中不适宜直接规定法定性支出的强制性标准,否则,就会使预算编制时陷入"两难":如果严格按照法律法规的规定来编制预算,就很可能出现结构性赤字,预算平衡状态也就被破坏了;如果不完全遵守法律法规有关法定性支出的强制性标准的规定,而以预算平衡目标作为预算编制时最基本的原则的话,相关法律法规没有得到完全遵守或曰被选择性执行,法治就会遭到严重的破坏。在这个意义上说,统筹法定性支出可以消除结构性赤字的诱发因素。"在传统预算工作方式作用下,几乎所有的人都是以保护自己的利益分割为目的,而并不关心整体利益","民选官员总是在支持他们感兴趣的项目的同时,寻求一些方式来展示他们审慎理财的一面"。② 浙江省温岭市新河镇的"参与式公共预算"中的强制平衡规则,要求的就是增加支出项目的同时必须削减另外一些项目,体现的正是统筹支出的理念。

---

① 国务院《关于实施〈国家中长期教育改革和发展规划纲要(2010—2020年)〉工作情况的报告》,2011年12月28日,http://www.npc.gov.cn/npc/xinwen/2011-12/28/content_1683783_2.htm,2012年9月1日最新访问。
② 〔美〕戴维·奥斯本、彼得·哈钦森著:《政府的价格:如何应对公共财政危机》,商红日、吕鹏译,上海译文出版社2011年版,第61、63页。

立法机关既是法律案的制定者,也是预算案的审批者,其理论上最有资格也最有可能统筹各种类型的法定性支出。

一直以来,我国地方财政支出中的"行政管理费用支出"占比极高,这种行政成本过高的现象被形象地称为"吃饭财政"。有学者指出,"吃饭财政"至少有三种理解:"(1)各种人员经费占财政支出比重很高的支出结构状态;(2)行政事业费占财政支出比重很高的支出结构状态;(3)财政支出中经常性支出占主要地位,资本性支出居于次要地位的支出结构状态。"① 由于县级及基层财政承担的事权过多、财力严重不足,而行政机构设置和人员编制安排又使得行政成本难以节省,因此,县级及基层财政支出中的"行政管理费用"的支出占比更高,也就是说,"吃饭财政"现象普遍存在于县级及基层财政。四川省长宁县双河镇镇长周绍金从乡镇政府财政收支缺口巨大、债务沉重、非法收入比重大、征收手段非法化等四个方面描述了"乡镇政府的非法生存"状态,即乡镇政府的财政没有足够的合法来源,而不得不处于违法"寻租"的生存状态。② 从 2011 年的全国公共财政支出来看,直接体现行政成本的"行政运行"和"一般行政管理事务"两类项目,各有 55 处,它们的支出分别达到 5483.14 亿元和 1348.08 亿元③,分别占全国公共财政支出(109247.79 亿元)的 1.23% 和 5.02%。看上去似乎比重不高,然而,其他财政支出项目中与行政成本间接相关的还有不少。笔者认为,随着预算公开质量越来越高,解决"吃饭财政"问题的迫切性将会得到更多数据支持。"吃饭财政"所涉及的财政支出基本上都是"刚性"的,这是结构性赤字诱发因素消除的难点。

---

① 朱柏铭:《如何认识"吃饭财政"》,载《财政研究》1999 年第 3 期,第 43 页。
② 周绍金:《乡镇政府非法生存的危害及对策》,载《经济管理文献》2004 年第 4 期,第 12 页。
③ 根据《2011 年全国公共财政支出决算表》中 17 类财政支出下的"行政运行"和"一般行政管理事务"计算得出。参见《2011 年全国公共财政支出决算表》,http://yss.mof.gov.cn/2011qgczjs/201207/t20120710_665233.html,2012 年 9 月 1 日最新访问。

三、促进地方财力与事权相匹配的法律构造

在我国,中央和地方政府汇总预算中的财政赤字既有周期性赤字又有结构性赤字,而地方各级政府的财政赤字主要是结构性赤字,即主要是由地方财政收入来源的保障不够和地方财政支出项目的限制不严而产生的。想要解决好地方各级政府中存在的财政赤字问题,不仅仅要着眼于地方政府本身,而且要考虑它与中央政府以及上下级政府之间的关系。几乎每一个现代国家的政府体系都是分级的,通过财政权的纵向分配来促进经济与社会稳定发展是中央政府的重要目标,同时,财政分权、预算分级也几乎成为现代国家的惯例。中央政府在财政收支规模和财政资源配置方面具有天然的优势,地方政府在提供符合当地居民需要的地方公共服务的数量、品种和组合方面也有自身的优势。"在许多国家,地方政府负责提供大部分公共服务。因此,地方政府的财政状况在很大程度上决定了整个国家公共财政体系稳定性和效率。"[1]基本公共服务的供给责任——事权应当由地方政府承担,鉴于单一制国家的中央政府在立法权和财政权的纵向划分上享有绝对的主导权,地方政府的财政赤字问题完全有可能(事实上也往往)会比中央政府的情况更严重。在地方政府承担的事权相对确定的前提下,地方政府是否能够承担好相应的事权,主要取决于其能否依法取得足够的财政收入。地方财力与事权不匹配会产生局部的结构性失衡,推进区域基本公共服务均等化是根本对策所在。

(一)地方财力与事权不匹配的局部结构性失衡

财政分权是一个世界性潮流,单一制和联邦制国家都出现了财政分

---

[1] 马骏:《对地方财政风险的监控:相关的国际经验》,载〔美〕Hana Polackova Brixi、马骏主编:《财政风险管理:新理念与国际经验》,梅鸿译,中国财政经济出版社2003年版,第238页。

权现象。税权可否适度分散?这一问题并没有标准答案。从域外经验来看,既有美国的高度分权、日本的相对分权模式,也有德国的相对集权和法国的高度集权模式。税权集中和税权分散只是相对的,只有分权程度高低之分。我国几千年来都没有妥善地处理好中央和地方关系,而陷入集权与分权交替的治乱循环。要知道,"处理好中央和地方的关系,对于我们这样的大国大党是一个十分重要的问题。"[1]1908年,清末的《清理财政章程》就打算将财政收入划分为国家税与地方税[2],可惜未付诸实施。1949年新中国建立后,集权和分权的轮替仍旧继续,甚至出现经济集权但税收分权的新情势。1978年经济体制改革后,地方政府逐渐控制了大部分经济资源,这种模式既不同于发达市场经济国家,也不同于其他由政府控制主要经济资源的国家,其独特性使得我国经济体制改革与众不同。尽管整个经济体制改革以财政体制改革为突破口,但是,我国经济权力的分散程度却明显超过了财政权力。一般认为,支持我国经济奇迹的逻辑正是政治集权下的经济分权,然而,"政府面临着的挑战是很复杂的,它不是一个简单的分权或集权的问题"[3],那么,对我国来说,财政分权制确实要比委托代理制更有效率吗?[4]

事权或财权[5]都可以用于衡量一国或地区的财政是集中的抑或分散的。至于财政集中还是分散更有效率,则无定论,无论是赞同还是反对的观点都未能令人信服,也没有确切证据能够证明财政分散就一定比集中更有效率。传统观点认为,"一个国家的财政结构是分散的或集中的,要

---

[1] 《毛泽东选集》(第5卷),人民出版社1977年版,第275页。
[2] 《清理财政章程》第10条规定:"将来划分税项时,何项应属国家税,何项应属地方税,分别性质,酌拟办法,编订详细说明书,送部候核。"转引自陈锋:《晚清财政预算的酝酿与实施》,载《江汉论坛》2009年第1期,第83页。
[3] 钱颖一著:《现代经济学与中国经济改革》,中国人民大学出版社2003年版,第219页。
[4] 参见叶姗:《税权集中的形成及其强化——考察近二十年的税收规范性文件》,载《中外法学》2012年第4期,第782—784页。
[5] 财政收入权,简称财权,包括税权、政府非税收入权和公债发行权等,其中,税权是最重要的财权。

视其政体是联邦制或单一制而定。"①但是,在过去几十年中,单一制国家也出现了事权和财权向地方转移的显著趋势,尽管后者的程度轻得多。有学者认为,中国在经济转轨过程中形成了"维护市场型"的经济联邦制,不同于俄罗斯"破坏市场型"的经济联邦制,分税制被称为"中国式的财政联邦制"②;也有学者认为,"准财政联邦制"是对现行财政体制比较合适的定位③;还有学者认为,分税制改革"表明了中央和地方的财政权划分,地方政府不再如同计划经济条件下,没有财权了"④;笔者认为,尽管分税制很有效率,但称不上是财政分权制,分税制决定⑤有关中央与地方收入划分的规则表明,这充其量是一种税收分成制:划分预算收入和税收立法的权力全部集中在中央。分税制改革后,我国中央和地方的税权分配由相对集中逐步走向高度集中,而支持税权集中强化的理由莫过于其极高的效率。分税制确定的制度模式稳定延续至今,据此,地方财力由地方自有财力以及上级政府的税收返还和转移支付构成,中央通过财政转移支付来促进地区间基本公共服务均等化。

我国《预算法》规定,地方政府不能编制预算赤字,更不能通过发行公债来弥补财政支出缺口,因此,理论上说,我国的财政赤字只可能出现在中央预算中。如果法律和国务院另有规定的,地方政府也可以发行公债,但是,除了2009—2013年由财政部代理发行地方政府债券外,地方政府其实从来没有获得过发债的授权。然而,现实中,地方政府的财政赤字却从未绝迹于预决算。与中央预算的财政支出缺口显而易见不同,地方政府的财政收入还有不确定的财政转移支付收入的部分,这使得地方政

---

① 〔美〕理查德·A.马斯格雷夫著:《比较财政分析》,董勤发译,上海三联书店、上海人民出版社1996年版,第325页。
② See Jin Hehui, Qian Yingyi, B. R. Weingast, "Regional Decentralization and Fiscal Incentives: Federalism, Chinese Style", *Journal of Public Economics*, Vol.89, No.9—10, 2005, p.1719.
③ 参见冯兴元著:《地方政府竞争:理论范式、分析框架与实证研究》,译林出版社2010年版,第356页。
④ 苏力:《当代中国的中央与地方分权——重读毛泽东〈论十大关系〉第五节》,载《中国社会科学》2004年第2期,第52页。
⑤ 国务院《关于实行分税制财政管理体制的决定》(国发[1993]85号),简称分税制决定。

府的财政赤字问题显得不那么明显。"当面对财政压力时,每级政府都试图把支出责任转移给下级政府,而尽可能保留更多的收入。各级政府间成本的分摊更多的是由其相对权力决定的。结果,较低级次政府倾向于不履行支出责任,剩余收入按其意愿支配。"①然而,如果地方政府的事权没有与之相匹配的财力相适应,就根本无从实现提供均等化公共服务的职责。地方各级政府公共预算包括各部门、各直属单位的预算和税收返还、转移支付预算等。对于欠发达地区而言,财政收入不足以支应财政支出需要实际上是一种常态。但是,由于转移支付收入不确定,财政赤字却不是必然出现的。

我国是一个幅员辽阔、人口众多、资源禀赋差异甚大的一个发展中大国,地区之间、城乡之间的经济与社会发展严重不平衡,基本公共服务供给呈现出整体水平偏低、区域差异较大的特征。"如果预算不平衡,发生了赤字,中央政府不能来救助它,下级政府也没法找别的借口,他们必须自行负责预算平衡。……对中国而言,国家这么大,这么多的地方政府,如果从中央政府的层次上,要求全国所有地方政府都自行实现预算平衡,很多人担心恐怕做不到,长远来看中央政府也确实是做不到的。"②我国实行中央和地方分税制财政管理体制,各级政府之间应当建立财力保障与支出责任相匹配的法律制度框架。"各级政府间之财政收支的划分自当以其间之事务划分的结果为基础,并以事务之执行结果为标准,稽核各级政府之财政绩效。由于目前财政划分不以事务划分为基础。是故,关于权限划分的争议主要表现在'有钱无责'或'有权无责'之财政划分上。"③简言之,要理顺中央和地方的财政关系必须以科学合理地划分中央和地方的事权(或称财政支出责任)为前提,在此基础上,促使地方财

---

① 〔美〕阿瑟・侯赛因、尼古拉斯・斯特恩:《中国的公共财政、政府职能与经济转型》,载吴敬琏主编:《比较》(总第26辑),中信出版社2006年版,第34页。
② 〔美〕罗依・伯尔:《关于中国财政分权问题的七点意见》,张通、滕霞光整理,载吴敬琏主编:《比较》(总第5辑),中信出版社2003年版,第183页。
③ 黄茂荣著:《法学方法与现代税法》,北京大学出版社2011年版,第26页。

力与其所承担的事权相匹配,中央和地方各级政府的财政收支范围必须相互独立。

单一制和联邦制国家都有地方财政,我国地方财政属于依存中央型:地方财政依赖中央通过行使划分权而分配给地方的预算收入。由于法律法规没有清晰界定各级政府的事权,因此,中央可以按照自己的意愿来划分税源,任意性很强。地方自有财力是由地方依据税收法律法规取得的收入,而地方获得上级政府的税收返还和转移支付,则分别是分税制改革时对地方既得利益的承诺和对地方自有财力不足的补充。由于中央需要根据地方自有财力不足的情况来决定转移支付的数额,地方自然很有动力向中央展示尽可能大的财政缺口。"中国的各级政府间财政关系感觉总是不太顺,也不太科学,哪一级政府该做哪些事情不是很清楚。"[1]虽然地方的税收征收率已经大为改善[2],但是,为了克服信息偏在而产生的道德风险,中央仍然通过下达税收任务的方法来防止税源过度流失。各级财政每年都必须完成中央和上级政府逐级下达、层层分解(甚至加压)的税收任务,分税制已异化成包税制。"下达税收任务"的包税制已经成为当前提高地方政府的税收征管水平的有效方法,在没有找到更好的方法之前,尽管它存在诸多弊端,中央政府仍然不会放弃这一效率很高的做法。当前学界对中央和地方税收关系的普遍看法是:地方财力紧张、中央财力雄厚,因此,中央要下放税权。笔者认为,这样的见解有失偏颇,我国真正的问题不在于税权集中,而在于事权太过分散。

税权持续向中央集中,事权却不断向地方分散,地方财政支出占比持续攀升。地方分享税权的冲动正是由于其承担过于繁重的事权诱发的。要改变这一局面,笔者同意,中央和地方的事权划分必须确立"外部性由谁承担、信息的复杂程度和激励相容"等标准,"除了适度上收事权,适度

---

[1] 〔美〕罗依·伯尔:《关于中国财政分权问题的七点意见》,张通、滕霞光整理,吴敬琏主编:《比较》(总第5辑),中信出版社2003年版,第179页。
[2] 税收征收率可以根据经济数据测算,但很难精准。一般认为,分税制改革前不足50%,现已超过70%。

集中中央政府的支出责任外,还有一种思路,是加强人口的流动。"①概言之,无论是要促使基本公共服务均等化,还是要实现财力与事权相匹配,都要解决好事权在中央和地方的合理分配问题。"中央政府承担的主要责任是稳定经济,实现最公平的收入分配,以及提供某些严重影响到全社会所有成员福利的公共产品","地方政府负责提供那些主要与其辖区居民利益相关的公共产品和服务"。② 事权主要集中在省级以下地方政府的正当性在于地方政府在提供基本公共服务方面更为有效,然而,如果地方财力与其所承担的事权不相匹配,就很有可能影响基本公共服务的供给效率。我国的地方预算同时受到既有制度和非正式规则的制约,政府和立法机关享有的预算权都是不完整的。尽管经济上高度分权,但是,地方政府的财政收入决策权受到很大的限制,中央政府通过人事制度对地方政府的经济与社会发展进行控制。"在中央政府的监管下,在大多数经济活动中扮演至关重要角色的地方政府发起、协商并执行改革开放政策、规章制度和法律,调整其方向或选择抵制。"③

"公共财政与政府职能紧密联系在一起,二者相互定义并相互作用以彼此适应","公共财政、政府职能和经济社会之间密切且不断变化着的关系将继续处于经济政策中心"。④ 虽然不是所有问题都可以通过立法来解决,但是,想要妥善地解决地方财力与事权不匹配的局部结构性失衡问题,最妥适的途径仍然是制定法律,特别是制定《财政收支划分法》。财政收支划分法是调整中央与地方以及地方政府之间在财政收支权限划分过程中发生的社会关系的法律规范的总称。我国已经建立了财政收支划分制度,散见于《预算法》和国务院《关于实行分税制财政管理体制的

---

① 楼继伟:《中国需要继续深化改革的六项制度》,吴敬琏主编:《比较》(总第57辑),中信出版社2011年版,第5—9页。
② 〔美〕华莱士·E. 奥茨著:《财政联邦主义》,陆符嘉译,译林出版社2012年版,第19—20页。
③ 许成钢:《政治集权下的地方经济分权与中国改革》,载吴敬琏主编:《比较》(总第36辑),中信出版社2008年版,第9页。
④ 〔美〕阿瑟·侯赛因、尼古拉斯·斯特恩:《中国的公共财政、政府职能与经济转型》,载吴敬琏主编:《比较》(总第26辑),中信出版社2006年版,第25页。

决定》(国发[1993]85号)中,而我国台湾地区1951年即已制定了《财政收支划分法》(2001年修正),值得借鉴。该法包括总纲、收入、支出和附则等4章,适用于"各级政府财收收支之划分、调剂及分类",财政收支系统分为中央、直辖市、县市和乡镇及县辖市,收入包括税课收入、独占及专卖收入、工程受益费收入、罚款及赔偿收入、规费收入、信托管理收入、财产收入、营业盈余捐献赠与及其他收入、补助及补助收入、公债及借款等;各级政府之一切支出,非经预算程序不得为之。各级政府预算依预算筹编原则办理,行使政权之费用,由各该政府负担之。① 财政收支划分法的制定,可以明确划分财政收支的权力行使主体以及其行使规则,从而稳定地方政府对于其自身财力的合理预期。

(二)推进区域基本公共服务均等化的根本对策

中央和地方的财政关系从来都是我国政府间关系的核心,一般认为,地方政府的财力紧张,而中央政府的财力雄厚,因此,中央需要下放税权给地方。然而,这样的认识有一定的偏颇之处。2006年党的十六届六中全会提出的"要进一步明确中央和地方的事权,健全财力和事权相匹配的财税体制"②,主张用"财力与事权相匹配"来处理中央和地方的财政关系,替代了以往"财权和事权相匹配"的提法,实际上修正了通过财权分散来实现地方事权的思路,换言之,地方事权实现的关键在于地方获得足够的财力而不是享有充分的财权。"集中财力,解决分配秩序混乱和财力分散的问题,迫切要求实行集权模式;而地区发展的不平衡和保障公共物品的有效提供,以及各部门、单位的特殊性,则要求财力的相对分散。"③ 财权与事权相匹配,是指在划分财政收支权时必须以各级政府的事权为基础,根据事权的大小来划分财政收支权。事权是指各级政府基于其自

---

① 林纪东等编纂:《新编六法(参照法令判解)全书》,台湾五南图书出版有限公司2008年版,第861页。
② 中共中央《关于构建社会主义和谐社会若干重大问题的决定》(2006年)。
③ 张守文著:《财税法疏议》,北京大学出版社2005年版,第77页。

身的地位和职能所享有的提供公共服务、管理公共事务的权力。而财权，则是指各级政府所享有的组织财政收入、安排财政支出的权力。

事实上，事权与财权不相匹配主要表现为财力与事权不匹配，因此，"财力与事权相匹配"的说法更加符合现实。财力包括自有财力和可支配财力，前者是通过征税权的行使而取得的、可以随意支配的收入，后者则是通过其他途径获得的、可以自由支配的收入。①"财政支出和税收权利安排的基本问题包括明确各级政府的事权和相应的财政政策；确定哪种事权和财政政策工具的结合最适合集权，哪种最适合分权。"②财政支出结构和税收权利安排是影响市场主体的利益和行为的两个同等重要的维度。"要求财政划分以事务划分为基础，其要求属于实质标准之考量。财政划分以事务划分为基础的作用在于，使各级政府之施政计划容易先做事务层次之比较、整合，然后以之为基础判断各级政府之财政需要，以划分财政收入，编列预算，监督各该预算之执行情况，确保基础建设之兴建、维护，保障各地区最低平均公共行政服务水平之提供及促进其均衡发展。"③地方政府的事权主要是以恰当地反映地方状况及其选择差异的方式提供公共服务。地方政府应当享有足够的属于其权限范围内的可以自由支配的财政资源。当地方政府的自主财源不能保障其合理的财政支出需要时，中央政府就要通过财政转移支付方式来补充地方政府的财政资金，以保证其承担基本公共服务的供给责任。

我国当前的财政转移支付制度实践存在形式过多、透明度较低、随意性较大、规范性不足、科学性欠缺等问题，亟待规范。另外，1994年分税制财政体制改革创设的"税收返还"曾经是保障地方既得利益的过渡形式，如今，已经发展成为中央和地方之间常规性的财政资金转移方式。目前，中央政府的税收返还包括增值税和消费税返还、所得税基数返还和成

---

① 参见侯一麟：《政府职能、事权事责与财权财力：1978年以来我国财政体制改革中财权事权划分的理论分析》，载《公共行政评论》2009年第2期，第66页。
② 〔美〕格伦·坎贝尔：《税收和支出划分：国际经验》，载沙安文、乔宝云主编：《政府间财政关系》，人民出版社2006年版，第67页。
③ 黄茂荣：《事务划分、财政划分与财政调整》，载台湾《植根杂志》1998年第9期，第380页。

品油税费改革税收返还等。自2009年起,中央对地方的转移性支出简化为税收返还、一般性转移支付、专项转移支付①,此后,中央预决算都以此为分类标准编制。中央财政实际上不享有税收返还资金的分配权、使用权,这部分收入是地方财政可以自主安排使用的收入,在预算执行中通过财政资金划解直接留给地方。鉴于税收返还是特定时期形成的财政转移支付形式,体现的是"增量改革、存量不变"的制度特色,笔者认为,在将来制定的《财政转移支付法》不应当保留税收返还形式,因其取消而产生的部分地区的财力不足问题,应当通过一般性转移支付来解决。一般来说,中央政府新增财力除了用于满足本级财政支出的正常增长外,重点应当用于帮助中西部地区和民族地区解决财力不足问题,借此,提高落后地区的公共服务供给水平。发达国家的财政转移支付形式主要有均衡拨款、专项拨款和整笔拨款补助三种类型。

当前,我国亟待构造规范的政府间财政转移支付制度,以均衡地区间的基本财力,促进基本公共服务均等化。在这一法律制度框架中,地方政府的财力必须与其所承担的事权相匹配。促进地区间基本公共服务均等化的财政转移支付制度,包括以下内容:一般性转移支付制度应以一般性转移支付的接受方和支付方的权力义务结构的安排为核心,重点规定标准财政收入和标准财政支出差额以及转移支付系数计算确定的一般性转移支付的计算公式;专项转移支付制度应以专项转移支付的接收方和支付方的权力义务结构的安排为核心,着重强调通过制定专项转移支付的程序规则整合诸多专项转移支付项目、约束专项转移支付双方的财政权。② 财政转移支付分为中央对地方、地方上级政府对下级政府的转移

---

① 将地方上解与中央对地方税收返还作对冲处理,相应取消地方上解中央收入科目,简化中央与地方财政结算关系;一般性转移支付包括原来的财力性转移支付,主要是将补助数额相对稳定、原列人专项转移支付的教育、社会保障和就业、公共安全、一般公共服务等支出改为一般性转移支付。参见财政部《关于2008年中央和地方预算执行情况与2009年中央和地方预算草案的报告》,2009年3月5日,http://www.gov.cn/2009lh/content_1259827.htm,2012年9月1日最新访问。
② 参见徐孟洲、叶姗:《论政府间财政转移支付的制度安排》,载《社会科学》2010年第7期,第69页。

支付,包括不指定专项用途的一般性转移支付和经国务院批准设立,用于办理特定事务的专项转移支付。财政转移支付应当以一般性转移支付为主体,以地区间基本财力均衡为主要目标。"妥善安排将来因经济发展,或甚至通货膨胀所增加之实质的或名目的财政收入的分配,使各地方政府之财政的基本需要能够获得满足,同时以补贴的方法,帮助特别困难地区之基础建设,以促进其经济发展,提高其财政能力。"① 理论上说,中央政府按照更高的比例分享财政收入,才能进行财政转移支付。

中共中央十六届六中全会《关于构建社会主义和谐社会若干重大问题的决定》(2006年)和十七大报告均要求"积极推进和注重实现基本公共服务均等化"。国民经济与社会发展第十一个(2006—2010年)、第十二个五年规划(2011—2015年)都提出了"推进基本公共服务均等化"的发展目标:把基本公共服务制度作为公共产品向全民提供,完善公共财政制度,提高政府保障能力,建立健全符合国情、比较完整、覆盖城乡、可持续的基本公共服务体系,逐步缩小城乡区域间人民生活水平和公共服务差距。② 现阶段提出促进基本公共服务均等化的经济与社会发展目标,有着特定的现实背景:经过三十多年的经济体制改革和高速经济增长,我国综合经济实力已经大大增强,但是,城乡间、地区间、人群间和人际间的差距日益明显。在笔者看来,我国城乡间、地区间、人群间和人际间经济与社会发展的差距,主要体现在财富、收入和消费的差距上,三者分别属于存量、流量和效用意义上的差距,其中,最明显的是消费差距,或者说,最容易出现问题的是消费差距。某种程度上说,财富的积累和收入的分配是由市场主导的,而政府所能够做的就是如何将消费差距控制在合理范围内。

目前,我国人民的温饱问题已经基本解决、消费公平程度也大大提高,然而,上不起学、看不起病、住不起房等消费差距却日益突出,教育、医

---

① 黄茂荣:《法学方法与现代税法》,北京大学出版社2011年版,第47页。
② 《中华人民共和国国民经济和社会发展第十二个五年规划纲要(2011—2015)》,2011年3月14日。

疗和住房日渐成为社会关注度最高的民生问题。基本公共服务均等化目标就是要促进居民消费的公平化，减少人们因财富、收入的不确定性而导致的消费差距过大问题。理论上现在还没有对基本公共服务的内涵及其均等化的标准形成统一的认识。一般认为，基本公共服务均等化，是指政府要为社会公众提供基本的、在不同阶段具有不同标准的、最终大致均等的公共服务。基本公共服务，包括覆盖全体公民、满足公民对公共资源最低需求的公共服务，涉及义务教育、医疗、住房、治安、社会保障、基础设施、环境保护等方面。理论上说，从消费需求的层次来看，与低层次消费需要有直接关联的就是基本公共服务；从消费需求的同质性看，人们的无差异消费需求属于基本公共服务。基本公共服务均等化在承认地区、城乡、人群间存在差别的前提下，保障居民享有一定标准之上的基本公共服务，其范围包括"公共教育、公共卫生、公共文化体育、公共交通等基础服务类和生活保障（含养老保险、最低生活保障、五保）、住房保障、就业保障、医疗保障等基本保障类等内容"。① 促进基本公共服务均等化的关键是要增强欠发达地区的财力保障。

何谓"基本公共服务均等化"，可以参考根据"十二五"规划纲要的有关要求编制的《国家基本公共服务体系"十二五"规划》（国发〔2012〕29号）。它主要阐明国家基本公共服务的制度安排，明确基本范围、标准和工作重点，引导公共资源配置，是"十二五"乃至更长一段时期构建国家基本公共服务体系的综合性、基础性和指导性文件，是政府履行公共服务职责的重要依据。根据该规划，基本公共服务，是指建立在一定社会共识基础上，由政府主导提供的，与经济与社会发展水平和阶段相适应，旨在保障全体公民生存和发展基本需求的公共服务。享有基本公共服务属于公民的权利，提供基本公共服务是政府的职责。基本公共服务范围，一般包括保障基本民生需求的教育、就业、社会保障、医疗卫生、计划生育、住房保障、文化体育等领域的公共服务，广义上还包括与人民生活环境紧密

---

① 广东省《基本公共服务均等化规划纲要（2009—2020）》，2009年12月11日。

关联的交通、通信、公用设施、环境保护等领域的公共服务,以及保障安全需要的公共安全、消费安全和国防安全等领域的公共服务。基本公共服务标准,指在一定时期内为实现既定目标而对基本公共服务活动所制定的技术和管理等规范。基本公共服务均等化,是指全体公民都能公平可及地获得大致均等的基本公共服务,其核心是机会均等,而不是简单的平均化和无差异化。基本公共服务体系,指由基本公共服务范围和标准、资源配置、管理运行、供给方式以及绩效评价等所构成的系统性、整体性的制度安排。①

第十届全国人大常委会五年立法规划(2003年)曾将《财政转移支付法》列为条件成熟时安排审议的第二类立法项目,但是,第十一届全国人大常委会的五年立法规划(2008年)却没有将其纳入法律草案争取任期内提请审议或条件成熟时安排审议的立法项目之一。简言之,《财政转移支付法》被暂时搁置了。其中的重要原因是当前中央与地方事权和财权的划分不清晰,财政转移支付制度仍有进一步深入研究和强化实践的必要。一项理想的财政转移支付制度应当满足下列几个标准:"地方自治的保障、财源保障、衡平、效率、透明性与稳定性、简化、地方税收努力和支出控制以及确保补助目的之达成。"②另一方面,由国务院委托财政部负责起草的《财政转移支付管理暂行条例》,则作为过渡性措施,进入了议事日程。其实,对于财政转移支付制度也不是没有批评意见的,不少学者认为,财政转移支付会影响地方政府增加财政收入的积极性。然而,这种观点在大多数情况下是不成立的。"某一地区的财政能力与该地区当年的实际税收努力程度无关。……如果均等化转移支付的公式设计得合理,一个地区由于税基增长所得到的好处通常会远远大于其由于税基增长而损失的转移支付。一个理性的地方政府通常不会为了向中央争取较多的

---

① 国务院《国家基本公共服务体系"十二五"规划(2011—2015)》(国发[2012]29号)。
② 陈清秀:《中央与地方财政调整制度》(一),载台湾《植根杂志》1996年第9期,第323—330页。

转移支付而故意降低地方税税基。"①

　　财政转移支付的必要性可以从纠正外部性、弥补财政缺口和均等化三个方面来进行解释。由于不同地区的自然资源禀赋不同、经济发展水平各异、征税能力不同,其财政地位自然强弱不一,提供基本公共服务的财政能力也就有了差异。"欲解决地方财政困难,地方政府可以朝向几个方向努力,首先必须在地方自治法制化上努力、其次以准联邦主义为理论基础,确立财政划分以事务划分为基础的原则。中央政府并应尽速立法或修法,使地方政府拥有税课收入之立法高权及收益高权,在区域均衡发展上,各级政府应建立财政调整制度并提供法制化的保障,使地方政府之财政结构(自有财源比例)拥有法制化的保障。"②各国的实践经验表明,无论在各级政府之间如何划分事权和财权,政府间财政不均衡问题总是存在的,这就使得财政转移支付成为财政体制中不可或缺的重要组成部分。由于政府间财政均等化程度不同,如果中央政府不致力于增强欠发达地区的财力,人们"用脚投票"的选择性迁移就会出现经济与社会发展所难以承受的后果。政府间财政转移支付可以界定为:根据财力与事权相结合的原则,中央财政将与一定事权相对应的财政资金移转给地方各级政府,以弥补地方财政缺口、实现地区基本公共服务能力均等化、鼓励地方政府提供外溢性公共服务的行为。

　　中央预算和有关地方预算中应当安排必要的资金,用于扶助革命老区、民族自治地方、边疆地区、贫困地区、水库移民区、农产品主产区和重点生态功能区发展经济社会建设事业。为此,财政部先后制定了《2012年中央对地方国家重点生态功能区转移支付办法》(财预[2012]296号)、《2012年中央对地方均衡性转移支付办法》(财预[2012]300号)、《2012年中央对地方资源枯竭城市转移支付资金管理办法》(财预

---

① 马骏著:《论转移支付——政府间财政转移支付的国际经验及对中国的借鉴意义》,中国财政经济出版社1998年版,第83—84页。
② 吕秋辕:《地方政府开拓财源之可行性探讨》(四),载台湾《植根杂志》1997年第5期,第170页。

[2012]305号)等。其中,为进一步规范转移支付制度,按照财政管理科学化、精细化的要求,中央财政研究制定了财预[2012]300号文件:为缩小地区间财力差距,逐步实现基本公共服务均等化,推动科学发展,促进社会和谐,根据《预算法》,中央财政设立均衡性转移支付。具体规定如下:第一,基本定义方面,均衡性转移支付不规定具体用途,由接受补助的省、自治区、直辖市政府根据本地区实际情况统筹安排。按照分级管理的财政体制,省以下均衡性转移支付办法由各省制定。第二,规模的确定方面,中央财政建立均衡性转移支付稳定增长机制。均衡性转移支付由以下部分构成:当年中央财政因所得税收入分享改革增加的收入以及中央财政另外安排的预算资金。第三,分配原则方面,均衡性转移支付资金的分配遵循以下原则:公平公正、公开透明、适度激励。第四,分配方法方面,均衡性转移支付资金分配选取影响财政收支的客观因素,考虑人口规模、人口密度、海拔、温度、少数民族等成本差异,结合各地实际财政收支情况,按照各地标准财政收入和标准财政支出差额及转移支付系数计算确定,并考虑增幅控制调整和奖励情况。①

"为适应社会主义市场经济发展的需要,进一步推进完善省以下财政体制,增强基层政府提供公共服务的能力",财政部制定了《关于建立和完善县级基本财力保障机制的意见》,规定,"县级基本财力保障机制以县乡政府实现'保工资、保运转、保民生'为目标,保障基层政府实施公共管理、提供基本公共服务以及落实党中央、国务院各项民生政策的基本财力需要","中央财政制定县级基本财力保障范围和保障标准。保障范围主要包括人员经费、公用经费、民生支出以及其他必要支出等"。② 这是在现行财政体制条件下,通过调动省级政府的积极性,强化其保障责任,提高基层财政保障能力的一项重要举措。三年来,经过各级财政的共同努力,县级财力水平明显提高,提供基本公共服务的能力显著增强,保障

---

① 财政部《2012年中央对地方均衡性转移支付办法》(财预[2012]300号)。
② 财政部《关于建立和完善县级基本财力保障机制的意见》(财预[2010]443号)。

机制已初步形成。县级基本财力保障机制的逐步建立和不断完善,既为各地弥补县级基本财力缺口提供了有力支撑,也调动了县级政府发展县域经济、提供公共服务和改善民生的积极性,发挥了督促县级政府规范预算管理、注重支出绩效的导向作用。① 尽管县级基本财力保障工作取得阶段性成果,但仍面临一些需要研究的问题。② 建立和完善县级基本财力保障机制是在"省直接管理县财政改革"的背景下提出的:2012年底前,力争全国除民族自治地区外全面推进省直接管理县财政改革,近期首先将粮食、油料、棉花、生猪生产大县全部纳入改革范围。民族自治地区按照有关法律法规,加强对基层财政的扶持和指导,促进经济与社会发展。③ 尽管这一目标迄今尚未实现,而且可以说,离这一目标的实现还有很长的一段路要走。但是,简化财政预算级次、实现省直管县的财政体制可以说是大势所趋。

(三) 适当放开地方公债发行限制的权宜之计

地方政府发行公债实际上是一种先行使用以后财政年度可能取得的财政资金来实现预算平衡的方式。公债(public debt),即政府债务,是一种格式化的债权债务凭证,是各级政府借款的统称。其中,中央政府债券称为中央债,又称国债(national debt, treasure bond),是指中央政府以其信用为基础,按照债的基本原理,通过向社会筹集资金所形成的债权债务关系;地方政府债券称为地方债(local government bonds),又称市政债券,是指地方政府以其信用为基础,按照债的基本原理,通过向社会筹集资金所形成的债权债务关系。理论上说,地方政府发行公债是其筹措财政资金的一种形式,以地方政府的财政能力作为还本付息的保证,其收入列入

---

① 各省级预算单位都制定了比较规范的县级基本财力保障制度和办法,例如,《山东省人民政府办公厅关于建立县级基本财力保障机制的意见》(鲁政办发[2010]63号)规定,建立保障财政困难县基本财力的长效机制、转移支付帮扶机制、税收增长激励机制等县级财力保障体系。
② 国务院《关于县级基本财力保障机制运行情况的报告》(2012年8月29日)。
③ 财政部《关于推进省直接管理县财政改革的意见》(财预[2009]78号)。

地方政府公共预算,由地方政府安排和使用。根据我国《预算法》第27、28条的规定,中央政府允许因特定目的而发行政府债券,但地方政府原则上不得自行发行政府债券。正因为地方政府暂时不能自行发债,"公债"的概念经常与"国债"的范畴相混淆,无论是中央政府还是地方政府发行的都属于公债,但是,只有中央政府发行的公债才能称为国债。"更宽泛地说,彻底禁止地方政府直接举债(除了向国库外)的法令还有商量的空间,因为这一禁令没有考虑地方政府的管理经营和偿还债务的能力,这个要求太过严格了。"①与大多数发达国家都允许地方政府发债不同的是,我国一直持限制甚至禁止地方政府自行发债的态度。

尽管我国《预算法》不允许地方政府发债,也不允许地方政府编制赤字预算,但是,现实中,地方政府负债的情况实际上普遍存在,已经成为不容忽视的现实问题,这些债务通常来自地方政府为筹集投资项目所需要的资金而创办的商业银行或金融机构。"体制因素和客观矛盾造成了地方政府及其职能部门公开或隐蔽地、直接或间接地以各种变通方式举借了大量债务,且有愈演愈烈之势。"②地方政府主要通过合资、合作、向境内外贷款机构借款等方式来筹集资金。审计署2011年的审计结果显示,"在1986年至1996年期间,共有2054个县级政府开始举借债务;至1996年底,全国2779个县级政府中的2405个都举借了债务,占比86.54%;至2010年底,全国只有54个县级政府没有举借政府性债务。"客观地说,地方政府性债务资金在弥补地方财力不足,应对危机和抗击自然灾害,改善民生和生态环境保护,推动地方经济社会的持续发展等方面,发挥了积极作用。但是,审计中发现了以下主要问题:(1)地方政府举债融资缺乏规范;(2)地方政府性债务收支未纳入预算管理,债务监管不到位;(3)部

---

① 〔美〕特蕾莎·特尔—米纳西安、安娜丽莎·费代利诺:《中国的财政税收政策与改革:构建和谐社会》,孟凡玲译,载吴敬琏主编:《比较》(总第26辑),中信出版社2006年版,第72页。
② 冯兴元著:《地方政府竞争:理论范式、分析框架与实证研究》,译林出版社2010年版,第225页。

分地区和行业偿债能力弱,存在风险隐患;(4)部分政府性债务资金未及时安排使用;(5)部分单位违规取得和使用政府性债务资金;(6)地方政府融资平台公司数量多,管理不规范。①

很多国家都赋予了中央政府直接控制地方政府借款的权力,这种控制有多种形式,包括对借款项目的事先授权以及对财政活动的事后监控等直接控制。我国《预算法》制定时,关于是否允许地方政府自行发行债券的问题,曾经引起理论界和实务界的广泛讨论,最后,立法采纳了一个相对保守的规定:原则上不允许地方政府自行发债。然而,现实中,承担了大量事权的地方政府所取得的税收、非税收入以及上级政府的税收返还和财政转移支付资金等,不足以提供充足的财政资金,因此,不得不普遍举借债务。尽管地方政府负债已经成为普遍存在的不争事实,而且,由于地方政府没有在预算中明确编制有关地方公债的事项,使得其成为地方政府最大的隐性财政风险。实践中,地方政府可能从财政部获得额外的财政转移支付资金,也可能存在商业银行借款、间接借款(包括累积欠款)和国外借款等。另外,地方政府融资平台(local government platform)的问题也非常严重,融资规模迅速膨胀,运作不够规范。"地方政府融资平台,是指地方政府发起设立,通过划拨土地、股权、规费、国债等资产,迅速包装出一个资产和现金流均可达融资标准的公司,必要时再辅之以财政补贴作为还款承诺。"②它的主要表现形式包括地方城市建设投资公司、开发公司和资产运营公司等。

自我国《预算法》修改工作启动以来,不少人呼吁放开地方政府自行发债的限制,甚至财政部门官员也不止一次地公开表示:对于地方政府能否发行公债的问题,除了《预算法》尚未放开限制外,现实中已经没有什么障碍了。有鉴于此,2009年,为了应对全球金融危机,由中央预算统一安排,国务院同意地方政府发行2000亿元债券,但是,考虑到《预算法》禁

---

① 审计署2011年第35号"审计结果公告":《全国地方政府性债务审计结果》,http://www.audit.gov.cn/n1992130/n1992150/n1992500/2752208.html,2012年9月1日最新访问。
② 国务院《关于加强地方政府融资平台公司管理有关问题的通知》(国发[2010]19号)。

止地方政府发债,此次3年期地方政府债券的发行由财政部代理,但列入省级预算管理。我国《预算法修正草案(一次审议稿)》曾经想废止这一限制——即《预算法》第28条的有关规定,但是,随着这两年的地方公债急剧上升到超过10万亿元,带来的问题和潜在的风险极大,因此,二审时的草案已经恢复了原来规定的限制性条款。虽然地方政府为了弥补财政赤字而发行地方政府债券存在制度上的障碍,但是,《预算法》设置了"法律和国务院另有规定"的除外条款。当前,实践中允许地方政府发债的情形包括财政部代理发债和部分地区自行发债试点,两者都限于国务院批准的额度内。经国务院批准,2009—2011年,财政部代理发行地方政府债券2000亿元,2012年代理发行2500亿元,2013年代理发行3500亿元,全部列入省级预算管理。

为实施好积极财政政策,增强地方安排配套资金和扩大政府投资的能力,国务院2009年同意地方发行2000亿元地方政府债券,即经国务院批准同意,以省、自治区、直辖市和计划单列市政府为发行和偿还主体,由财政部代理发行并代办还本付息和支付发行费的可流通记账式债券。地方政府债券冠以发债地方政府名称,具体为"2009年XX省(自治区、直辖市、计划单列市)政府债券(XX期)"。债券期限为3年,利息按年支付,利率通过市场化招标确定。① 这是当年为应对国际金融危机,扩内需保增长的重要措施。自2009年开始的几年,这种由省级政府在国务院核准的额度内,提请同级人大或人大常委会审查批准发行一定数量的地方政府债券,筹措的资金纳入政府本级预算管理。这种做法明显不同于1998—2004年发行地方公债的做法——中央政府代地方政府举债并转贷地方用于国家批准项目的建设。由于国债转贷地方是中央发债、地方使用,不列中央赤字,因此,转贷资金既不在中央预算反映,也不在地方预算反映,只在中央和地方往来科目中列示,不利于监督。另外,举借债务

---

① 财政部《2009年地方政府债券预算管理办法》(财预[2009]21号)。

主体与资金使用主体脱节,权责不清,也增加了中央财政的负担和风险。①

"地方债是指以省(市、区)和计划单列市人民政府作为债务人承担按期支付利息和归还本金责任,由财政部代理发行、代为办理还本付息和拨付发行费的可流通记账式债券。"②将财政部代理发行的地方政府债券列入省级预算管理,不仅仅是要在地方的预算中反映地方公债的信息,还可以明确地方公债对其资产负债状况与财政风险的影响。地方债的收入在短期内可以拓宽地方政府的财政资金来源,暂时缓解地方政府的财政压力。财政部一直都非常重视防范和化解财政风险,地方债(特别是隐性债务)问题是影响财政安全最重要的方面。地方政府融资主要安排用于中央投资地方配套的公益性建设项目及其他难以吸引社会投资的公益性建设项目,严格控制安排用于能够通过市场化行为筹资的投资项目,不得安排用于经常性支出和楼堂馆所项目建设。从规范地方债管理的角度,财政部必须研究建立一套包括规模控制、风险预警、债务预算、债务审批在内的制度框架,以合理评估发债申请地区的偿债能力和债务风险控制能力。地方政府债券统一由财政部代理,按照记账式国债发行方式,面向记账式国债承销团甲类成员招标发行。凡在中央国债登记结算有限责任公司开立债券账户及在中国证券登记结算有限责任公司开立股票和基金账户的各类投资者都可以购买。③

地方政府债券由财政部通过国债发行渠道代理发行,有利于充分利用财政部多年来发行国债积累的丰富经验、成熟技术以及与投资者之间的良好互信关系,还能够降低地方政府融资成本、提高债券发行效率,保障投资者按时收到本金和利息、提升地方政府债券信用等级,以及根据政

---

① 《财政部有关负责人就财政部代理发行 2009 年地方政府债券有关问题答记者问》,2009 年 3 月 17 日,http://www.china.com.cn/finance/txt/2009-03/17/content_17459888.htm,2012 年 9 月 1 日最新访问。
② 财政部《代理发行 2012 年地方政府债券发行兑付办法》(财库[2012]46 号)。
③ 财政部《2009 年地方政府债券预算管理办法》(财预[2009]21 号)。

府需求和债券市场情况,统筹安排债券发行节奏等。我国《预算法》第 28 条第 2 款规定:"除法律和国务院另有规定外,地方政府不得发行地方政府债券。"财政部代理发行地方政府债券经国务院批准,而且,在国务院核准的额度内,由省级政府提请同级人大或同级人大常委会审查批准发行一定数量的地方政府债券,符合法律规定。在法定的总发行额度内,根据中央投资公益性项目地方配套规模、地方项目建设资金需求以及偿债能力等因素,按公式法合理分配各地区债券规模。具体因素包括中央投资中公益性项目地方配套数、综合财力、债务率、财力增长率、财政困难程度等,其中的重点是地方配套需求。此后几年,确定分地区债券规模时基本上延续了这种安排。从分配结果看,东部大部分地区除满足实际配套需求外,还能安排部分债券资金用于其他民生项目,不同地区的资金用途差异较大。①

为了筹集财政资金、支持地方经济和社会发展,经与省级预算单位协商,财政部代理发行该省级预算单位的政府债券。需要强调的是,财政部下达给省级政府的债券规模只是控制指标,地方政府最终实际发生多少债券以及安排用于哪些项目,还需要按照规定经同级人大审查批准后确定。地方政府债券收入可以用于省级直接支出,也可以转贷市、县级政府使用。地方政府债券收支实行预算管理:收入根据省级政府报请国务院批准同意的额度编制,支出根据各级财政使用债券收入或者债券转贷收入安排的支出编制。地方政府债券到期后,由中央财政统一代办偿还。地方财政要足额安排地方政府债券还本付息所需资金,及时向中央财政上缴地方政府债券本息、发行费等资金。如果届时还本确实存在困难,经批准,到期后可按一定比例发行 1—5 年期新债券,分年全部归还。对于未按时上缴的,中央财政根据逾期情况计算罚息,并在办理中央与地方财

---

① 《财政部有关负责人就财政部代理发行 2009 年地方政府债券有关问题答记者问》,2009 年 3 月 17 日,http://www.china.com.cn/finance/txt/2009-03/17/content_17459888.htm,2012 年 9 月 1 日最新访问。

政结算时如数扣缴。① 为了规范代理发行 2009 年地方政府债券招投标和考核,财政部还规定了"地方政府债券发行采用单一价格荷兰式招标方式,招标标的为利率。全场最高中标利率为当期债券票面利率,各中标机构按面值承销"②。

自 2011 年 10 月起,经国务院批准,2011 年上海市、浙江省、广东省、深圳市启动地方政府自行发债试点。"自行发债是指试点省(市)在国务院批准的发债规模限额内,自行组织发行本省(市)政府债券的发债机制。"③与财政部代理发债不同,地方政府自行发债强调自行组织政府债券的发债机制,但同样由财政部代办还本付息。试点省(市)发行政府债券实行年度发行额管理,发债规模限额当年有效,不得结转下年。试点省(市)发行的政府债券为记账式固定利率附息债券,期限分为 3 年和 5 年,发行额分别占国务院批准的发债规模的 50%。据此,上海市、广东省、浙江省、深圳市先后自行发行了两期债券,与财政部同期发行的国债以及代发地方政府债券的利率相比,都要低一些。地方自行发债是中央代发地方政府债与地方自主发债之间的一种过渡方式。尽管当前的形势决定了暂时还不能放开地方政府自行发债的限制,但是,自行发债试点能否成功及其经验和教训仍然可以为将来的决策提供参考。

表 4.2　地方政府自行发债试点

	发行时间	3 年期	利率	5 年期	利率
上海市	11 月 15 日	36 亿元	3.10%	35 亿元	3.3%
广东省	11 月 18 日	34.5 亿元	3.08%	34.5 亿元	3.29%
浙江省	11 月 21 日	33 亿元	3.01%	34 亿元	3.24%
深圳市	11 月 25 日	11 亿元	3.03%	11 亿元	3.25%

"由于不能直接借贷,他们只有通过从中央政府和国有企业进行间接借贷,特别是用以支持基础设施建设。这种间接融资会给地方政府并最

---

① 财政部《2009 年地方政府债券预算管理办法》(财预[2009]21 号)。
② 财政部《代理发行地方政府债券招投标和考核规则》(财库[2009]21 号)。
③ 财政部《2011 年地方政府自行发债试点办法》(财库[2011]141 号)。

终给中央政府带来财税风险。政府已经意识到这种风险,不过尚未实施统一的战略来处理这些问题。"①如果能够放开地方公债发行限制,或许能够解决分税制财政体制下地方财政的财力不足问题。中央有税权集中的需要,地方也有财力充足的诉求。由于地方政府在经济发展中起主导作用,在失去税权的同时,地方政府获得了更多的经济权力,几乎可以说是合法拥有了本地国有企业和土地的控制权。地方政府通过私有化和出让土地使用权获得的收入与税收相当,土地财政②就是财权分散的典型。至于中央是否下放税权,则要从长计议。"因为目前较低级次政府的税权非常有限,这迫使他们不得不依赖于各种预算外的收费项目。对于广大城市的基层政府而言,土地税可以成为政府税收主要来源的一种不错选择。"③那么地方发债是否势在必行呢?"地方财政拥有部分独立的、包括债务融资权在内的收支权限是规范的分税体制下地方政府应有的财权之一",然而,"市政债券本身并不能解决根本问题,如果处理不当,甚至会引发负面效应"。④ 不可回避的问题是,在我国实行单一制的国家结构形式的背景下,"地方财政预算是受既有制度和非正式规则制约的高度受限的权力过程,无论是权力机关、行政机关,还是行政首长,其预算权都是不完全的"⑤,这是我国地方政府自主发债限制难以放开的实质性原因所在。

---

① 〔美〕特蕾莎·特尔—米纳西安、安娜丽莎·费代利诺:《中国的财政税收政策与改革:构建和谐社会》,孟凡玲译,载吴敬琏主编:《比较》(总第26辑),中信出版社2006年版,第59页。
② 2011年全国国有土地使用权出让收入31140.42亿元(全部属于地方财政收入),完成预算170.5,相当于全国公共财政收入(103874.43亿元)的28.86%,相当于地方公共财政收入(52547.11亿元)的59.26%,占全国政府性基金收入(41363.13亿元)的75.29%,占地方政府性基金本级收入(38232.31亿元)的81.45%。参见《2011年全国财政决算》相关表格,http://yss.mof.gov.cn/2011qgczjs/,2012年9月1日最新访问。
③ 〔美〕阿瑟·侯赛因、尼古拉斯·斯特恩:《中国的公共财政、政府职能与经济转型》,载吴敬琏主编:《比较》(总第26辑),中信出版社2006年版,第53页。
④ 冯兴元著:《地方政府竞争:理论范式、分析框架与实证研究》,译林出版社2010年版,第229页。
⑤ 李洺、侯一麟:《我国地方财政预算权及其决策过程分析》,载《中国行政管理》2008年第7期,第37页。

从长远来看,地方政府自主发债的限制迟早都会放开,需要强调的是,这种放开应当是适当的、节制的、逐步的。即使将来较为全面地放开了,仍然需要注意地方政府自主发债可能带来的诸多负面影响。如果说任何一件事情都是有利有弊的,在地方政府能否自主发债这一问题上,弊端始终是比较多的。对于单一制国家的地方政府而言,其所举借的公债总是可能将财政风险通过财政转移支付等各种可能的途径向中央政府或其他地方政府转嫁。某种程度上说,适当放开地方公债发行限制只能是权宜之计而已,解决地方财力不足的问题除了要依靠中央政府的转移支付和税收返还外,还要靠增强自有财力来解决。只有经济稳定增长才能带来稳定的财政收入,因此,在经济体制改革早期,地方政府最关注经济增长的动力问题,以培植税本、涵养税源,而不会特别关心如何征税,反而是想尽办法通过免税来引资,政府间税收竞争的激烈程度可以想见。对此,"晋升锦标赛"理论有一定的解释力:"上级政府对多个下级政府部门的行政长官设计的一种晋升竞赛,竞赛获胜者将获得晋升,而竞赛标准由上级政府决定,它可以是 GDP 增长率,也可以是其他可度量的指标"[①],经济学家试图阐释经济现象背后的原因,而法学家更加关注应当如何构造促进地方财力与事权相匹配的法律框架。

[①] 周黎安:《中国地方官员的晋升锦标赛模式研究》,载张军、周黎安编:《为增长而竞争:中国增长的政治经济学》,格致出版社、上海人民出版社 2008 年版,第 117 页。

结论　问题与主义同样重要

> 法律人必然要将"法"理解为一项规则、一个决定,或者是一套具体的秩序和形塑。法学思维模式的区分,取决于"法"究竟是被理解为规则、决定或秩序而定。①
>
> ——〔德〕卡尔·施密特

> 凡是有价值的思想,都是从这个那个具体的问题下手的。先研究了问题的种种方面的种种事实,看看究竟病在何处,这是思想的第一步工夫。然后根据于一生经验学问,提出种种解决的方法,提出种种医病的丹方,这是思想的第二步工夫。然后用一生的经验学问,加上想象的能力,推想每一种假定的解决法,该有甚么样的结果,推想这种效果是否真能解决眼前这个困难问题。推想的结果,拣定一种假定的解决,认为我的主张,这是思想的第三步工夫。②
>
> ——胡适

"问题"与"主义"分别指向技术设计和价值取向,两者孰轻孰重本儿

---

① 〔德〕卡尔·施密特著:《论法学思维的三种模式》,苏慧婕译,中国法制出版社2012年版,第45、49页。
② 胡适:《多研究些问题,少谈些主义》(原文发表于《每周评论》第31号,1919年7月20日),载《共鸣》2012年第2期,第63页。

定论,就财政赤字而言,"如何控制"和"为何控制"可谓同样重要。想要通过法律控制财政赤字、削减公债规模、促进预算平衡,既要确立"促进预算平衡"的价值理念,更要注重"控制财政赤字、削减公债规模"的制度设计,前者是追求的目标,后者是实现的进路。"法律科学的任务是对材料的双重加工,是将法律表现为法律概念的实现和在法律概念内部包含的法律范畴的范畴性加工,是将法律描述为尝试实现法律理念的目的性加工。"[①]是否允许编制预算赤字、允许发行多大规模的政府债券,反映了政府制定的财政政策的价值取向,而如何控制财政赤字、削减公债规模,却是实实在在的制度设计。控制财政赤字的传统预算法进路致力于均衡分配预算权、合理安排预算程序、规范构筑预算责任,而促进预算平衡的现代财政法进路则包括控制周期性赤字的发展趋势和变动幅度、减除结构性赤字的既有规模和诱发因素以及构造促进地方财力与事权相匹配的法律框架,以改良财税法律制度结构、促进经济总体平衡。

控制财政赤字和促进预算平衡是一个问题的两个方面,从形式上看,我国《预算法》第3条、第27条和第28条规定"量入为出、收支平衡、不列赤字",其中,有关预算赤字编制和地方公债发行的禁止性规范在措辞上似乎很严格,其实,强调预算编制必须做到绝对的财政收支平衡,已经没有太大的意义了。笔者认为,一概否认财政赤字的存在是不合理的,对频繁再现的财政赤字和无序扩张的公债规模进行有效的规制,比起强制实现形式上的财政收支平衡来得更加重要。财政投资规模过大,固定资产投资和内部消费需求严重失衡,内部经济和对外经济发展不相协调,区域、行业和企业发展局部失衡以及城乡二元经济结构等中国特色,决定了我国重构控制财政赤字的传统预算法进路的复杂性,以及构造促进预算平衡的现代财税法进路的综合性。尽管美国联邦和地方、欧盟及其成员国都有不少通过法律控制财政赤字的实践经验,理论上也有法律促进预算平衡的基本原理以及"促进型法"的研究成果,要解决好我国的财政赤

---

① 〔德〕G.拉德布鲁赫著:《法哲学》,王朴译,法律出版社2006年版,第120页。

字失控问题,还必须立足于中国实际,建构预算平衡规范体系。

我国《预算法修正草案(二次审议稿)》与现行《预算法》的对照表

修改前	修改后
第三条 各级预算应当做到收支平衡。	第九条 各级预算应当遵循统筹兼顾、勤俭节约、量力而行、讲求绩效和收支平衡的原则。
第二十七条 中央政府公共预算不列赤字。 中央预算中必需的建设投资的部分资金,可以通过举借国内和国外债务等方式筹措,但是借债应当有合理的规模和结构。 中央预算中对已经举借的债务还本付息所需的资金,依照前款规定办理。	第三十条 中央政府公共预算中必需的部分资金,可以通过举借国内和国外债务等方式筹措,但是借债应当控制适当的规模,保持合理的结构。 对中央预算中举借的债务实行余额管理。 国务院财政部门具体负责对中央政府债务的统一管理,并对地方政府债务实施监督管理。
第二十八条 地方各级预算按照量入为出、收支平衡的原则编制,不列赤字。 除法律和国务院另有规定外,地方政府不得发行地方政府债券。	第三十一条 地方各级预算按照量入为出、收支平衡的原则编制,不列赤字。 除法律和国务院另有规定外,地方政府不得发行地方政府债券。

与我国现行《预算法》相比,原第3条规定的"收支平衡"大大拓展了:我国《预算法修正草案(二次审议稿)》增加了"统筹兼顾、勤俭节约、量力而行、讲求绩效"等内容。原先规定的"做到收支平衡"也改为"遵循收支平衡的原则",简言之,如果各级预算遵循了上述原则,即使做不到收支平衡,也因可归责于客观原因而免除预算主体的责任。原第27条规定的"中央政府公共预算不列赤字"已被删除,而将允许举债的范围从"中央预算中必需的建设投资部分资金"扩大到"中央政府公共预算中必需的部分资金";原先的"有合理规范和结构"的规范性要求修正为"控制适当的规模和保持合理的结构"。我国《预算法修正草案(初次审议稿)》(2011年12月26日)曾经打算放开"地方政府不得自行发行政府债券"的限制,将原第28条修改为:"国务院确定的地方政府举借的债务限额,经全国人民代表大会批准。省级政府依照国务院下达的限额举借的债

务,作为赤字列入本级预算调整方案。"① 然而,由于国际金融危机、欧洲主权债务危机和我国经济增长速度减缓的影响,再加上我国地方政府债务急剧上升,地方政府自主发行政府公债仍然存在较大的清偿风险,草案的二次审议稿第 31 条又完全恢复了第 28 条,换言之,仍然只能由国务院财政部门代理发行或者经国务院批准的地方政府自行发行政府公债。

通过法律控制财政赤字、削减公债规模,进而促进预算平衡,其所蕴涵的价值理念已经超越了具体规则的技术层面。本书的研究对于财税法制度的完善以及经济法与社会法理论的发展所具有的思辨价值,已经远远超过了预算平衡规范作为一种法律规范的意义。无论是从均衡分配预算权、合理安排预算程序和规范构筑预算责任的角度来诠释的传统预算法进路,还是从有效控制周期性赤字的发展趋势和变动幅度、尽量减除结构性赤字的既有规模和诱发因素以及合理构造促进地方财力与事权相匹配的法律框架来演绎的现代财税法进路,潜藏其中的总体经济平衡理念横亘规范改进、制度完善和理论发展的始终。预算平衡规范在性质上属于"促进型法",是法律发展的成果,这种法律规范类型突破了经济法或社会法的部门法局限,具有特定的逻辑结构和规范体系,为法律控制财政赤字提供了理论上的支持。财政赤字可以分为周期性赤字、结构性赤字和管理性赤字三种,分别缘于经济发展的周期性失序、财税制度的结构性失衡以及预算过程的管理性失当。法律控制财政赤字的传统预算法进路有助于解决因预算编制不尽合理或预算执行不够规范而发生的管理性赤字,而法律促进预算平衡的现代财税法进路,既包括控制周期性赤字的思路,又包括削减结构性赤字的方法。

本书的研究倚重美国、欧盟和我国的预决算案、预算法以及其中的预算平衡规范等素材,主张确立预算平衡理念和财政稳健原则,构造总体经济平衡这一新型的预算平衡目标统辖下的预算平衡规范体系,进而从法

---

① 因中国《预算法修正草案(初次审议稿)》没有向社会公开,此条款转引自张媛:《预算法修正案草案二审稿明确地方政府不得举债》,载《法制日报》2012 年 6 月 27 日第 2 版。

律上全面控制各种类型的财政赤字发生的频率、幅度和规模。尽可能控制财政赤字、有效削减公债规模，进而将赤字率和公债率控制在法定限度内，是促使各国预算法规范不断改进、财税法制度持续完善的重要动力。我国预算平衡规范体系的核心条款可以提炼如下：预算案中的财政支出应当与财政收入与法定限度内的公债收入之和相符，同时，预算的编制、审批、执行以及调整，都必须遵循财政赤字规模最小化的基本原则。它在性质上属于"促进型法"的范畴，既印证又发展了这一法律规范类型的基本理论。"促进型法"为法律控制财政赤字、削减公债规模、促进预算平衡的基本原理及其规范体系的研究提供了理论上的支持。"促进型法"的制度渊源是大量行之有效的经济社会政策，其逻辑构成中的特色——"褒奖性责任"与实施机制中的精髓——"选择性实现"相得益彰。前述条款应当单独规定于《预算法》总则中，法律责任一章中则应随之设定"褒奖性责任"。

预算平衡从来都被认为是美国宪法的重要理念，而预算平衡规范更是美国预算法律制度体系的核心规则，也是极具特色的制度范本。考察美国联邦预算平衡规范的演进，特别是其中法律理论的进化和立法技术的改进，可以看到这一规范设计不断调整的方向，包括：（1）从强调预算绝对平衡的传统规范发展到允许预算相对平衡的现代规范；（2）从单纯依赖预算来控制财政支出发展到通过预算来削减财政赤字；（3）从追求年度预算执行结果中的财政收支平衡发展到强调经济发展周期内的总体经济平衡。由此，美国联邦形成了预算平衡规范的复合结构：通过预算控制财政支出的程序性规范和直接削减财政赤字的实体性规范。程序性规范致力于在总统和国会之间均衡分配预算权，反映了他们在预算政治上的角力，创建了"总统建议—国会议决"的现代预算制度。然而，即使程序性规范制定得再完美，实践中仍然不可避免地频繁再现财政赤字，公债余额的上限也持续被突破，实体性规范正是在这样的现实制度诉求下创设的，尽管这种类型的规范并不那么成功。在开放经济条件下控制财政赤字是非常困难的，这在很大程度上取决于当时是否有良好的经济状况和宽松的政治氛围。

在欧元区实行统一货币政策的背景下,限制成员国的财政政策是必要的。《罗马条约》中的收敛标准、《马约》中的财政趋同标准以及《稳定与增长公约》中的财政约束规则,都规定了成员国应当遵循的强制性标准,而且给其他国家设定赤字率和公债率的法定上限提供了重要的参考。尽管欧盟中央的预算不怎么存在预算平衡问题,但是,欧盟长期经济发展规划还是给成员国的预算平衡带来了深远的影响。可以说,任何一种预算平衡规范都不是真空中的创造,都与其国情密切联系,也有超越个性的普适性规则。因此,法律控制财政赤字的域外经验,无论是美国法还是欧盟法,都对我国预算平衡规范的改进具有借鉴意义。本书完成之际,欧洲债务危机仍在持续发酵,欧盟也在积极谋求应对策略,为财政纪律的改进提供了更多的经验和教训。如果欧洲要从根本上摆脱主权债务危机困扰,加强财政纪律只是权宜之计,政治一体化才是欧元区继续维系的根本出路,然而,由于实现欧洲政治一体化确实非常困难,也许,建立能够促使成员国采取谨慎财政政策的财政联盟或类似的政府间财政契约是更为可行的方案。想要彻底摆脱财政危机,除了加强财政纪律外,恢复经济增长才能真正解决问题。"除非税制改革能够促进经济增长,否则,对某些人少征税就必须由对另一部分人多征税来弥补","这样的税制改革就没有必要进行下去"①,税制改革并不只是一场"零和博弈"而已。当然,制定财政政策毕竟是各国主权范围的事务,确实不存在可以强制某个成员国接受约束的超国家力量,因此,政府间协议或许是迫使成员国谨慎制定财政政策最合适的外力。

控制财政赤字的传统预算法进路主要依循权力、程序、责任等核心范畴和均衡、合理、规范等基本理念来进行相应的制度安排,传统进路强调通过权力限制、程序约束和责任归咎来控制财政赤字,但是,实践中,财政赤字和公债规模失控问题越发严重,亟待进行制度上的创新。预算平衡

---

① 〔美〕罗伯特·E.霍尔、阿尔文·拉布什卡著:《单一税》,史耀斌等译,中国财政经济出版社2003年版,第126—127页。

规范体系根据类型各异的财政赤字来设置:如果说缘于经济发展周期性失序的周期性赤字其实不可避免,缘于财税制度结构性失衡的结构性赤字可以不断改良,那么,缘于预算过程管理性失当的管理性赤字则是不可饶恕的。管理性赤字的出现往往意味着预算编制不尽合理或预算执行不够规范,这是传统的"预算控制"的制度模式重点解决的问题;而新型的"控制预算"的制度模式则引入了控制周期性赤字、减除结构性赤字的思路。预算平衡是预算法的规范设计和财税法的制度构建中最为重要的价值理念,在这个意义上说,预算平衡规范体系既包括传统的制度模式中控制财政赤字、间接有利于预算平衡的预算法规范,又包括新型的制度模式中直接促进预算平衡的部分财税法规范。笔者相信,本书的研究不仅能够推动预算法规范的改进和财税法制度的完善,而且能够夯实经济法与社会法的理论基础。

综上所述,本书依循"预算控制"和"控制预算"两条主线来研究财政赤字的法律控制问题,重点研究了预算权如何均衡分配、预算程序怎样合理安排以及预算责任何以规范构筑。由于造成财政赤字和公债规模失控的原因散见于财税法领域的方方面面,想要通过法律控制财政赤字,还必须全面、系统、综合地处理好相关的财税法律问题,这是本书研究的理论桎梏和现实倚附。周期性赤字的控制思路和结构性赤字的削减方法,都已经超出了预算法所涵盖的范围,而扩大到财税法的几乎所有核心领域。无论是有效控制周期性赤字的发展趋势和变动幅度,抑或尽量减除结构性赤字的既有规模和诱发因素,还是合理构造促进地方财力与事权相匹配的法律框架,都可能涉及若干项财税法制度的协同适用。财政赤字是关涉政治、经济、社会和法律等领域的难题,对我国而言,管理性赤字是法律控制的重点,而结构性赤字和周期性赤字则是法律控制的难点。本书的研究限于法律层面,采取开放性思维,这是主观选择的结果,也是可能取得创新和突破的原因所在。笔者相信,本书的研究不仅有益于预算法规范的修改,而且有所贡献于财税法制度的完善以及经济法与社会法理论的发展。

附 录

一、美国联邦财政收支、盈余、赤字和公众债务[①]

Revenues, Outlays, Surpluses, Deficits, and Debt Held by the Public

财政年度（单位：亿美元）	财政收入 Revenues	财政支出 Outlays	赤字或盈余				公众持有债务 Debt Held by the Public
			预算内 On-Budget	社会保险 Social Security	邮政 Postal Service	合计 Total	
1969	186.9	183.6	-0.5	3.7	0.0	3.2	278.1
1970	192.8	195.6	-8.7	5.9	0.0	-2.8	283.2
1971	187.1	210.2	-26.1	3.0	0.0	-23.0	303.0
1972	207.3	230.7	-26.1	3.1	-0.4	-23.4	322.4
1973	230.8	245.7	-15.2	0.5	-0.2	-14.9	340.9
1974	263.2	269.4	-7.2	1.8	-0.8	-6.1	343.7
1975	279.1	332.3	-54.1	2.0	-1.1	-53.2	394.7
1976	298.1	371.8	-69.4	-3.2	-1.1	-73.7	477.4
1977	355.6	409.2	-49.9	-3.9	0.2	-53.7	549.1
1978	399.6	458.7	-55.4	-4.3	0.5	-59.2	607.1
1979	463.3	504.0	-39.6	-2.0	0.9	-40.7	640.3
1980	517.1	590.9	-73.1	-1.1	0.4	-73.8	711.9
1981	599.3	678.2	-73.9	-5.0	-0.1	-79.0	789.4
1982	617.8	745.7	-120.6	-7.9	0.6	-128.0	924.6
1983	600.6	808.4	-207.7	0.2	-0.3	-207.8	1,137.3

[①] 数据来源：Historical Budget Data Feb. 2013 Baseline, http://www.cbo.gov/publication/43904，2013年3月1日最新访问。美国联邦的财政年度实行跨年制：从前一年10月1日到当年9月30日。

（续表）

财政年度（单位：亿美元）	财政收入 Revenues	财政支出 Outlays	赤字或盈余				公众持有债务 Debt Held by the Public
			预算内 On-Budget	社会保险 Social Security	邮政 Postal Service	合计 Total	
1984	666.4	851.8	-185.3	0.3	-0.4	-185.4	1,307.0
1985	734.0	946.3	-221.5	9.4	-0.1	-212.3	1,507.3
1986	769.2	990.4	-237.9	16.7	0.0	-221.2	1,740.6
1987	854.3	1,004.0	-168.4	19.6	-0.9	-149.7	1,889.8
1988	909.2	1,064.4	-192.3	38.8	-1.7	-155.2	2,051.6
1989	991.2	1,143.7	-205.4	52.4	0.3	-152.6	2,190.7
1990	1,032.0	1,253.0	-277.6	58.2	-1.6	-221.0	2,411.6
1991	1,055.0	1,324.2	-321.4	53.5	-1.3	-269.2	2,689.0
1992	1,091.2	1,381.5	-340.4	50.7	-0.7	-290.3	2,999.7
1993	1,154.3	1,409.4	-300.4	46.8	-1.4	-255.1	3,248.4
1994	1,258.6	1,461.8	-258.8	56.8	-1.1	-203.2	3,433.1
1995	1,351.8	1,515.7	-226.4	60.4	2.0	-164.0	3,604.4
1996	1,453.1	1,560.5	-174.0	66.4	0.2	-107.4	3,734.1
1997	1,579.2	1,601.1	-103.2	81.3	0.0	-21.9	3,772.3
1998	1,721.7	1,652.5	-29.9	99.4	-0.2	69.3	3,721.1
1999	1,827.5	1,701.8	1.9	124.7	-1.0	125.6	3,632.4
2000	2,025.2	1,789.0	86.4	151.8	-2.0	236.2	3,409.8
2001	1,991.1	1,862.8	-32.4	163.0	-2.3	128.2	3,319.6
2002	1,853.1	2,010.9	-317.4	159.0	0.7	-157.8	3,540.4
2003	1,782.3	2,159.9	-538.4	155.6	5.2	-377.6	3,913.4
2004	1,880.1	2,292.8	-568.0	151.1	4.1	-412.7	4,295.5
2005	2,153.6	2,472.0	-493.6	173.5	1.8	-318.3	4,592.2
2006	2,406.9	2,655.1	-434.5	185.2	1.1	-248.2	4,829.0
2007	2,568.0	2,728.7	-342.2	186.5	-5.1	-160.7	5,035.1
2008	2,524.0	2,982.5	-641.8	185.7	-2.4	-458.6	5,803.1
2009	2,105.0	3,517.7	-1,549.7	137.3	-0.3	-1,413.6	7,544.0
2010	2,162.7	3,456.2	-1,370.5	81.7	-4.7	-1,294.1	9,018.9
2011	2,302.5	3,598.1	-1,362.8	68.0	-0.8	-1,295.6	10,127.6
2012	2,449.1	3,538.5	-1,151.3	62.4	-0.5	-1,089.4	11,279.9

二、英国联邦公共部门的平衡、收入和债务[①]

Public Sector Balances, Receipts and Debt

财政年度(单位：占GDP的比重)	公共部门的现金预算 Public Sector Current Budget	周期调整性的现金预算 Cyclically-adjusted Current Budget	公共部门的借款净额 Public Sector Net Borrowing	周期调整性的借款净额 Cyclically-adjusted Net Borrowing	公共部门的净现金需求 Public Sector Net Cash Requirement	净税收和国民保险税收 Net Taxes and National Insurance Contributions	公共部门的现金收入 Public Sector Current Receipts	公共部门的净债务 Public Sector Net Debt	公共部门的现期支出 Public Sector Current Expenditure
1963—1964	/	/	/	/	3.2	/	35.7	/	/
1964—1965	/	/	/	/	2.7	/	36.2	/	/
1965—1966	/	/	/	/	2.5	31.2	38.1	/	/
1966—1967	3.6	/	2.5	/	3.0	31.8	38.9	/	/
1967—1968	3.3	/	4.0	/	4.9	33.6	40.6	/	33.7
1968—1969	5.9	/	0.6	/	0.8	35.0	42.8	/	33.3
1969—1970	7.8	/	-1.8	/	-1.6	37.0	44.3	/	32.9
1970—1971	6.9	/	-0.6	/	1.2	36.3	43.3	/	32.7
1971—1972	4.2	/	1.1	/	1.4	35.0	41.5	/	33.4
1972—1973	2.0	/	2.8	/	3.6	32.6	39.0	/	33.2
1973—1974	0.4	-0.7	4.9	6.0	5.8	31.9	39.5	/	35.0
1974—1975	-0.9	-2.5	6.5	8.1	8.9	34.5	42.1	52.1	38.7
1975—1976	-1.4	-1.6	7.0	7.2	9.2	35.3	42.7	53.8	39.8
1976—1977	-1.1	-0.6	5.5	5.0	6.3	35.1	43.3	52.3	39.7
1977—1978	-1.3	-1.2	4.3	4.1	3.6	34.1	41.3	49.1	38.3
1978—1979	-2.5	-2.3	5.0	4.8	5.2	33.1	40.1	47.2	38.3
1979—1980	-1.8	-1.7	4.1	4.0	4.6	33.5	40.6	44.0	38.1
1980—1981	-2.9	-1.5	4.8	3.4	5.1	35.5	42.2	46.1	40.7

[①] 数据来源：Economic and Fiscal Outlook Supplementary Fiscal Tables -March 2012, http://budgetresponsibility. independent. gov. uk/economic-and-fiscal-outlook-march-2012/，2013年3月1日最新访问。英国联邦的财政年度实行跨年制：从每年4月1日到次年3月31日。

(续表)

财政年度(单位：占GDP的比重)	公共部门的现金预算 Public Sector Current Budget	周期调整性的现金预算 Cyclically-adjusted Current Budget	公共部门的借款净额 Public Sector Net Borrowing	周期调整性的借款净额 Cyclically-adjusted Net Borrowing	公共部门的净现金需求 Public Sector Net Cash Requirement	净税收和国民保险税 Net Taxes and National Insurance Contributions	公共部门的现金收入 Public Sector Current Receipts	公共部门的净债务 Public Sector Net Debt	公共部门的现期支出 Public Sector Current Expenditure
1981—1982	-1.3	2.5	2.3	-1.5	3.3	38.0	45.5	46.1	42.3
1982—1983	-1.4	2.9	3.0	-1.4	3.1	38.2	45.2	44.8	42.4
1983—1984	-1.9	1.8	3.7	0.0	3.1	37.7	44.1	45.1	42.0
1984—1985	-2.1	0.9	3.6	0.6	3.0	38.2	43.7	45.1	42.1
1985—1986	-1.2	0.6	2.4	0.6	1.6	37.4	42.5	43.2	40.4
1986—1987	-1.4	-1.2	2.0	1.9	0.9	37.0	41.5	40.9	39.5
1987—1988	-0.4	-1.7	1.0	2.2	-0.7	36.8	40.6	36.6	38.1
1988—1989	1.6	-1.0	-1.3	1.3	-3.0	36.1	40.2	30.4	35.7
1989—1990	1.4	-1.4	-0.2	2.6	-1.3	35.4	39.4	27.5	35.2
1990—1991	0.3	-1.2	1.0	2.6	-0.1	34.9	38.4	26.0	35.1
1991—1992	-1.9	-1.5	3.7	3.3	2.3	33.8	38.1	27.2	37.5
1992—1993	-5.6	-3.7	7.4	5.5	5.8	32.7	36.3	31.4	39.4
1993—1994	-6.3	-4.0	7.7	5.4	6.9	31.8	35.4	36.5	39.3
1994—1995	-4.8	-3.3	6.2	4.7	5.2	33.0	36.4	40.1	38.9
1995—1996	-3.3	-2.4	4.7	3.8	4.2	33.6	37.2	41.9	38.5
1996—1997	-2.7	-2.2	3.4	2.8	2.9	34.0	36.4	42.4	37.5
1997—1998	-0.1	-0.1	0.7	0.6	0.1	35.1	37.5	40.5	36.2
1998—1999	1.2	0.9	-0.5	-0.2	-0.7	35.5	37.7	38.4	35.1
1999—2000	2.2	1.7	-1.6	-1.1	-0.9	35.5	37.9	35.6	34.4
2000—2001	2.4	1.6	-1.9	-1.1	-3.7	36.3	38.6	30.7	35.0
2001—2002	1.2	0.9	0.0	0.2	0.4	35.8	37.8	29.7	35.3
2002—2003	-1.0	-0.6	2.3	1.9	2.2	34.3	36.3	30.8	36.0
2003—2004	-1.5	-1.2	2.9	2.6	3.3	34.3	36.5	32.1	36.7
2004—2005	-1.6	-1.4	3.3	3.1	3.2	35.2	37.3	34.1	37.6
2005—2006	-1.1	-0.9	2.9	2.8	3.2	35.9	38.3	35.3	38.1
2006—2007	-0.4	-0.2	2.3	2.3	2.6	36.1	38.6	35.9	37.7
2007—2008	-0.3	-0.6	2.4	2.6	1.9	36.2	38.6	36.7	37.7
2008—2009	-3.5	-3.1	6.7	6.4	11.6	35.5	37.2	43.5	39.4
2009—2010	-7.7	-5.5	11.1	8.9	14.5	33.9	36.4	52.5	42.8
2010—2011	-6.7	-4.4	9.3	7.0	9.4	35.2	37.3	60.5	42.6

三、OECD 年度报告:政府财政平衡概况[①]

OECD Annual Projections: General Government Financial Balances

变量 Variable	NLGQ:政府财政赤字占 GDP 的比重 NLGQ: Government net lending, as a percentage of GDP								
频率 Frequency	年度 Annual								
时间 Time	2006	2007	2008	2009	2010	2011	2012	2013	2014
国家 Country									
澳大利亚 Australia	2.3	1.8	-0.8	-4.5	-4.7	-4.0	-2.8	0	0.5
奥地利 Austria	-1.7	-1.0	-1.0	-4.1	-4.5	-2.5	-3.1	-2.7	-2.1
比利时 Belgium	0.3	-0.1	-1.1	-5.6	-3.9	-3.9	-2.8	-2.3	-1.7
加拿大 Canada	1.6	1.4	-0.4	-4.8	-5.4	-4.3	-3.5	-3.0	-2.5
捷克 Czech Republic	-2.4	-0.7	-2.2	-5.8	-4.8	-3.2	-3.3	-3.3	-2.7
丹麦 Denmark	5.0	4.8	3.3	-2.8	-2.7	-2.0	-4.1	-2.1	-1.7
爱沙尼亚 Estonia	2.5	2.4	-2.9	-2.0	0.2	1.2	-1.0	-0.3	0.2
芬兰 Finland	4.0	5.3	4.3	-2.7	-2.8	-0.9	-1.4	-1.0	-0.4
法国 France	-2.4	-2.7	-3.3	-7.6	-7.1	-5.2	-4.5	-3.4	-2.9
德国 Germany	-1.7	0.2	-0.1	-3.1	-4.2	-0.8	-0.2	-0.4	-0.7
希腊 Greece	-6.0	-6.8	-9.9	-15.6	-10.8	-9.5	-6.9	-5.6	-4.6
匈牙利 Hungary	-9.4	-5.1	-3.7	-4.5	-4.3	4.3	-3.0	-2.7	-2.7
冰岛 Iceland	6.3	5.4	-13.5	-10.0	-10.1	-5.4	-1.8	-0.4	0.7
爱尔兰 Ireland	2.9	0.1	-7.4	-13.9	-30.9	-13.3	-8.1	-7.5	-5.3
以色列 Israel	-2.5	-1.6	-4.0	-6.7	-4.8	-4.4	-4.7	-4.1	-4.0
意大利 Italy	-3.4	-1.6	-2.7	-5.4	-4.3	-3.8	-3.0	-2.9	-3.4
日本 Japan	-1.3	-2.1	-1.9	-8.8	-8.4	-9.3	-9.9	-10.1	-7.9
韩国 Korea	3.9	4.7	3.0	-1.1	1.3	0.5	0.9	1.6	1.7
卢森堡 Luxembourg	1.4	3.7	3.2	-0.8	-0.8	-0.3	-2.0	-1.7	-0.9

[①] 数据来源:OECD Annual Projections:*General Government Financial Balances*,% *of nominal GDP*, forecast,Real-time Data, Dec. 2012, http://stats.oecd.org/Index.aspx? QueryId = 40562,2013 年 3 月 1 日最新访问。但这些国家的财政年度的起讫时间不完全一致,本表列举是定期公布的数据。

(续表)

变量 Variable	NLGQ:政府财政赤字占GDP的比重 NLGQ: Government net lending, as a percentage of GDP								
频率 Frequency	年度 Annual								
时间 Time	2006	2007	2008	2009	2010	2011	2012	2013	2014
国家 Country									
荷兰 Netherlands	0.5	0.2	0.5	-5.6	-5.0	-4.4	-3.8	-3.0	-2.5
新西兰 New Zealand	5.3	4.5	0.4	-2.6	-3.8	-7.9	-4.3	-3.6	-2.1
挪威 Norway	18.3	17.3	18.8	10.6	11.2	13.7	15.2	16.0	16.8
波兰 Poland	-3.6	-1.9	-3.7	-7.4	-7.9	-5.0	-3.5	-2.9	-2.3
葡萄牙 Portugal	-4.6	-3.2	-3.7	-10.2	-9.8	-4.4	-5.2	-4.9	-2.9
斯洛伐克 Slovak Republic	-3.2	-1.8	-2.1	-8.0	-7.7	-4.9	-4.6	-2.9	-2.4
斯洛文尼亚 Slovenia	-1.4	0.0	-1.9	-6.0	-5.7	-6.4	-4.3	-3.6	-3.0
西班牙 Spain	2.4	1.9	-4.5	-11.2	-9.7	-9.4	-8.1	-6.3	-5.9
瑞典 Sweden	2.2	3.6	2.2	-1.0	0.0	0.2	-0.3	-0.8	-0.2
瑞士 Switzerland	0.8	1.0	2.0	0.8	0.3	0.5	0.7	0.5	0.4
英国 United Kingdom	-2.7	-2.8	-5.0	-10.9	-10.1	-8.3	-6.6	-6.9	-6.0
美国 United States	-2.2	-2.9	-6.6	-11.9	-11.4	-10.2	-8.5	-6.8	-5.2
欧元区（15个国家）	-1.4	-0.7	-2.1	-6.3	-6.2	-4.1	-3.3	-2.8	-2.6
OECD—Total	-1.2	-1.3	-3.4	-8.2	-7.7	-6.5	-5.5	-4.6	-3.6
巴西 Brazil	-3.6	-2.8	-2.0	-3.3	-2.5	-2.6	-2.2	-1.7	-2.0
中国 China	0.5	2.0	0.9	-1.1	-0.7	0.1	-2.0	-2.2	-1.7
印度 India	-5.7	-4.0	-7.1	-9.7	-7.4	-7.9	-8.4	-8.3	-7.6
印度尼西亚 Indonesia	-0.9	-1.3	-0.1	-1.6	-0.7	-1.1	-2.0	-1.8	-1.6
俄罗斯 Russian Federation	8.3	5.6	7.3	-4.3	-3.5	1.6	0.5	0.1	0.0
南非 South Africa	-1.4	-0.6	-1.7	-4.9	-6.0	-5.2	-5.0	-4.7	-4.0

四、中国国家财政收支总额、差额及增长速度[①]

年份(单位:亿元)	财政收入	财政支出	收支差额	增长速度(%)	
				财政收入	财政支出
1970*	662.9	649.41	13.49	25.8	23.5
1971*	744.73	732.17	12.56	12.3	12.7
1972*	766.56	765.86	0.7	2.9	4.6
1973*	809.67	808.78	0.89	5.6	5.6
1974	783.14	790.25	-7.11	-3.3	-2.3
1975	815.61	820.88	-5.27	4.1	3.8
1976	776.58	806.20	-29.62	-4.8	-1.8
1977*	874.46	843.53	30.93	12.6	4.6
1978*	1132.26	1122.09	10.17	29.5	33.0
1979	1146.38	1281.79	-135.41	1.2	14.2
1980	1159.93	1228.83	-68.9	1.2	-4.1
1981*	1175.79	1138.41	37.81	1.4	-7.5
1982	1212.33	1229.98	-17.65	3.1	8.0
1983	1366.95	1409.52	-42.57	12.8	14.6
1984	1642.86	1701.02	-58.16	20.2	20.7
1985*	2004.82	2004.25	0.57	22.0	17.8
1986	2122.01	2204.91	-82.90	5.8	10.0
1987	2199.35	2262.18	-62.83	3.6	2.6
1988	2357.24	2491.21	-133.97	7.2	10.1
1989	2664.90	2823.78	-158.88	13.1	13.3

[①] 数据来源:国家统计局《中国统计年鉴(2012)》和《中国统计年鉴(1996)》的电子版,http://www.stats.gov.cn/ndsj/information/zh1/g031a,http://www.stats.gov.cn/tjsj/ndsj/2012/indexch.htm,2013年3月1日最新访问。标注"*"号的是财政盈余年份,仅有1970—1973年、1977年、1978年、1981年、1985年和2007年。

（续表）

年份(单位:亿元)	财政收入	财政支出	收支差额	增长速度(%)	
				财政收入	财政支出
1990	2937.10	3083.59	-146.49	10.2	9.2
1991	3149.48	3386.62	-237.14	7.2	9.8
1992	3483.37	3742.20	-258.83	10.6	10.5
1993	4348.95	4642.3	-293.35	24.8	24.1
1994	5218.10	5792.62	-574.52	20.0	24.8
1995	6242.20	6823.72	-581.52	19.6	17.8
1996	7407.99	7937.55	-529.56	18.7	16.3
1997	8651.14	9233.56	-582.42	16.8	16.3
1998	9875.95	10798.18	-922.23	14.2	16.9
1999	11444.08	13187.67	-1743.59	15.9	22.1
2000	13395.23	15886.50	-2491.27	17.0	20.5
2001	16386.04	18902.58	-2516.54	22.3	19.0
2002	18903.64	22053.15	-3149.51	15.4	16.7
2003	21715.25	24649.95	-2934.70	14.9	11.8
2004	26396.47	28486.89	-2090.42	21.6	15.6
2005	31649.29	33930.28	-2280.99	19.9	19.1
2006	38760.20	40422.73	-1662.53	22.5	19.1
2007*	51321.78	49781.35	1540.43	32.4	23.2
2008	61330.35	62592.66	-1262.31	19.5	25.7
2009	68518.30	76299.93	-7781.63	11.7	21.9
2010	83101.51	89874.16	-6772.65	21.3	17.8
2011	103874.43	109247.79	-5373.36	25.0	21.6
2012	117253.52	125952.97	-8699.45	12.9	15.3

五、中国公共财政收支、盈余、赤字和公债余额[①]

财政年度 (单位:亿元)	中央财政收入			中央财政支出		中央赤字	地方赤字	公债限额/余额	
	税收收入	非税收入	中央本级支出	税收返还	转移支付	赤字率	赤字率		公债率
2008年预算	30182.15	1439.85	13205.20	4271.19	17355.33	-1800	0	限额	/
2008年GDP总额预计				287075		-0.63%			
2008年决算	30968.68	1711.88	13344.17	4282.16	18708.60	-1800	0	余额	53271.54
2008年GDP总额统计				314045		-0.57%			16.96%
2009年预算	33807	2053	14976	4934.19	23954.81	-7500	-2000	限额	62708.35
2009年GDP总额预计				339169		-2.80%			18.49%
2009年决算	33364.15	2551.56	15255.79	4886.70	23677.09	-7500	-2000	余额	60237.68
2009年GDP总额统计				340903		-2.79%			17.67%
2010年预算	35983	2077	16049	5004.36	25606.64	-8500	-2000	限额	71208.35
2010年GDP总额预计				368175		-2.85%			19.34%
2010年决算	40509.30	1979.17	15989.73	4993.37	27347.72	-8000	-2000	余额	67548.11
2010年GDP总额统计				401513		-2.49%			16.82%
2011年预算	43780	2080	17050	5067.99	32242.01	-7000	-2000	限额	77708.35
2011年GDP总额预计				433634		-2.08%			17.92%
2011年决算	51327.32	2695.67	16514.11	5039.88	34881.33	-6500	-2000	余额	72044.51
2011年GDP总额统计				471564		-1.80%			15.28%
2012年预算	53094	2826	18519	5188.55	39912.45	-5500	-2500	限额	82708.35
2012年GDP总额预计				506931		-1.58%			16.32%
2012年决算	53295.2	2880.03	18764.63	5128.04	40233.64	-5500	-2500	余额	77565.70
2012年GDP总额统计				519322		1.54%			14.94%
2013年预算	57305	2755	20203	5052.79	43804.21	8500	3500	限额	91208.35
2013年GDP总额预计				558271		2.15%			16.34%

---

① 数据来源:根据财政部公布的全国预算和中央决算、国家统计局公布的GDP数据计算而得;GDP总额预计根据经济增长率计算得出,http://www.mof.gov.cn/,http://www.stats.gov.cn/,2013年7月1日最新访问。需要特别指出的是,2013年预算和2012年预算执行结果参见《关于2012年国民经济和社会发展计划执行情况与2013年国民经济和社会发展计划草案的报告》(2013年3月5日)和《关于2012年中央和地方预算执行情况与2013年中央和地方预算草案的报告》(2013年3月5日)。

参考文献

一、中文原著

蔡茂寅著:《预算法之原理》,台湾元照出版有限公司2008年版。
陈共著:《积极财政政策及其财政风险》,中国人民大学出版社2003年版。
陈共、昌忠泽著:《美国财政政策的政治经济分析:从赤字预算到平衡预算及其对我国的启示》,中国财政经济出版社2002年版。
陈清秀著:《现代税法原理与国际税法》,台湾元照出版有限公司2010年版。
陈清秀著:《税法总论》,台湾元照出版有限公司2010年版。
陈新民著:《德国公法学基础理论(增订新版,上下卷)》,法律出版社2010年版。
陈樱琴著:《经济法理论与新趋势》,台湾翰芦图书出版有限公司2000年增订版。
董礼胜著:《欧盟成员国中央与地方关系比较研究》,中国政法大学出版社2000年版。
冯兴元著:《地方政府竞争:理论范式、分析框架与实证研究》,译林出版社2010年版。
郭庆旺、赵志耘著:《财政理论与政策(第二版)》,经济科学出版社2003年版。
何帆著:《为市场经济立宪:当代中国的财政问题》,今日中国出版社1998年版。
黄茂荣著:《法学方法与现代税法》,北京大学出版社2011年版。
李允杰著:《国会与预算》,台湾商鼎文化出版社1999年版。
刘剑文著:《走向财税法治——信念与追求》,法律出版社2009年版。
刘剑文著:《财税法专题研究》,北京大学出版社2007年版。
刘剑文、熊伟著:《税法基础理论》,北京大学出版社2004年版。
罗承宗著:《新世纪财税与预算法理论与课题》,台湾翰芦图书出版有限公司2011年版。
罗豪才、宋功德著:《软法亦法——公共治理呼唤软法之治》,法律出版社2009年版。
马蔡琛编著:《如何解读政府预算报告》,中国财政经济出版社2002年版。

马骏著:《治国与理财:公共预算与国家建设》,生活·读书·新知三联书店 2011 年版。

马寅初著:《财政学与中国财政——理论与现实》(上下册),商务印书馆 2001 年版(初版于 1948 年)。

钱颖一著:《现代经济学与中国经济改革》,中国人民大学出版社 2003 年版。

苏彩足著:《政府预算之研究》,台湾华泰书局 1996 年版。

童伟著:《俄罗斯的法律框架与预算制度》,中国财政经济出版社 2008 年版。

王传纶、高培勇著:《当代西方财政经济理论》,商务印书馆 1995 年版。

王世杰、钱端升著:《比较宪法》,商务印书馆 1999 年版(初版于 1936 年)。

王永礼著:《预算法律制度论》,中国民主法制出版社 2000 年版。

韦森著:《大转型:中国改革下一步》,中信出版社 2012 年版。

吴俊培著:《赤字引出的思考》,中国社会科学出版社 1992 年版。

吴越著:《经济宪法学导论——转型中国的经济权利与权力之博弈》,法律出版社 2007 年版。

徐仁辉著:《预算赤字与预算改革》,台湾智胜文化事业有限公司 2001 年版。

杨大春著:《中国近代财税法学史研究》,北京大学出版社 2010 年版。

杨仁寿著:《法学方法论》,中国政法大学出版社 1999 年版。

杨之刚等著:《财政分权理论与基层公共财政改革》,经济科学出版社 2006 年版。

袁曙宏等著:《现代公法制度的统一性》,北京大学出版社 2009 年版。

张军、周黎安编:《为增长而竞争:中国增长的政治经济学》,格致出版社、上海人民出版社 2008 年版。

张守文著:《经济法理论的重构》,人民出版社 2004 年版。

张守文著:《财税法疏议》,北京大学出版社 2005 年版。

张守文著:《经济法总论》,中国人民大学出版社 2009 年版。

张守文著:《经济法学》,中国人民大学出版社 2008 年版。

张守文著:《财税法学》,中国人民大学出版社 2007 年版。

张文显著:《法哲学范畴研究》,中国政法大学出版社 2001 年修订版。

张献勇著:《预算权研究》,中国民主法制出版社 2008 年版。

郑建军著:《货币联盟的财政与货币政策协调》,经济科学出版社 2009 年版。

钟晓敏著:《竞争还是协调:欧盟各国税收制度和政策的比较研究》,中国税务出版社

2002年版。

周刚志著:《论公共财政与宪政国家》,北京大学出版社2005年版。

周弘、沈雁南主编:《欧洲发展报告(2011—2012):欧债危机与欧洲经济治理》,社会科学文献出版社2012年版。

周念利著:《欧洲经济货币联盟中的财政约束研究》,武汉大学出版社2008年版。

邹继础著:《中国财政制度改革之探索》,社会科学文献出版社2003年版。

朱孔武著:《财政立宪主义研究》,法律出版社2006年版。

二、中文译著

〔美〕阿尔伯特·C.海迪等著:《公共预算经典(第2卷)——现代预算之路(第3版)》,苟燕楠、董静译,上海财经大学出版社2006年版。

〔美〕阿伦·威尔达夫斯基著:《预算:比较理论》,苟燕楠译,上海财经大学出版社2009年版。

〔美〕阿伦·威尔达夫斯基著、〔美〕布莱登·斯瓦德洛编:《预算与治理》,苟燕楠译,上海财经大学出版社2010年版。

〔美〕阿伦·威尔达夫斯基、内奥米·凯顿著:《预算过程中的新政治学(第4版)》,邓淑莲、魏陆译,上海财经大学出版社2006年版。

〔美〕阿曼·卡恩、W.巴特利·希尔德雷思编:《公共部门财政管理理论》,孙开等译,格致出版社、上海人民出版社2008年版。

〔美〕阿曼·卡恩、W.巴特利·希尔德雷思编:《公共部门预算理论》,韦曙林译,格致出版社、上海人民出版社2010年版。

〔美〕埃德加·博登海默著:《法理学:法律哲学与法律方法》,邓正来译,中国政法大学出版社1999年版。

〔美〕埃里克·M.佩塔斯尼克著:《美国预算中的信托基金:联邦信托基金和委托代理政治》,上海人民出版社2009年版。

〔美〕爱伦·鲁宾著:《公共预算中的政治:收入与支出,借贷与平衡(第4版)》,叶娟丽等译,中国人民大学出版社2001年版。

〔美〕爱伦·S.鲁宾著:《阶级、税收和权力——美国的城市预算》,林琳、郭韵译,格致出版社、上海人民出版社2011年版。

〔美〕艾伦·希克著:《联邦预算——政治、政策、过程(第3版)》,苟燕楠译,中国财政经济出版社2011年版。

〔美〕艾伦·希克著:《国会和钱:预算、支出、税收》,苟燕楠译,中国财政经济出版社2012年版。

〔美〕安德雷·马默主编:《法律与解释:法哲学论文集》,张卓明、徐宗立等译,法律出版社2006年版。

〔美〕B.盖伊·彼得斯著:《税收政治学:一种比较的视角》,郭为桂、黄宁莺译,凤凰出版传媒集团、江苏人民出版社2008年版。

〔美〕本杰明·M.弗里德曼著:《经济增长的道德意义》,李天有译,中国人民大学出版社2008年版。

〔美〕彼得·霍尔、许纪霖著:《驾驭经济:英国与法国国家干预的政治学》,刘骥、刘娟凤、叶静译,凤凰出版传媒集团、江苏人民出版社2008年版。

〔美〕伯纳德·萨拉尼著:《税收经济学》,陈新平等译,中国人民大学出版社2005年版。

〔英〕布莱恩·斯诺登、霍华德·R.文著:《现代宏观经济学:起源、发展和现状》,佘江涛等译,凤凰出版传媒集团、江苏人民出版社2009年版。

〔美〕查尔斯·沃尔夫著:《市场,还是政府——市场、政府失灵真相》,陆俊、谢旭译,重庆出版社2009年版。

〔美〕戴维·奥斯本、特德·盖布勒著:《改革政府:企业家精神如何改革着公共部门》,周敦仁等译,上海译文出版社2006年版。

〔美〕戴维·奥斯本、彼得·哈钦森著:《政府的价格:如何应对公共财政危机》,商红日、吕鹏译,上海译文出版社2011年版。

〔美〕丹尼尔·W.布罗姆利著:《经济利益与经济制度——公共政策的理论基础》,陈郁等译,上海三联书店、上海人民出版社2006年新版。

〔日〕丹宗昭信、伊从宽著:《经济法总论》,吉田庆子译,中国法制出版社2010年版。

〔英〕蒂莫西·A.O.恩迪科特著:《法律中的模糊性》,程朝阳译,北京大学出版社2010年版。

〔德〕E.U.彼德斯曼著:《国际经济法的宪法功能与宪法问题》,何志鹏等译,高等教育出版社2004年版。

〔美〕菲利普·凯甘主编:《赤字经济》,谭本源等译,中国经济出版社1988年版。

〔美〕菲利浦·T.霍夫曼、凯瑟琳·诺伯格编:《财政危机、自由和代议制政府(1450—

1789)》,储建国译,格致出版社、上海人民出版社2008年版。

〔美〕费雪著:《州和地方财政学(第2版)》,吴俊培译,中国人民大学出版社2000年版。

〔英〕弗里德利希·冯·哈耶克著:《法律、立法与自由》(第1、2、3卷),邓正来等译,中国大百科全书出版社2000年版。

〔德〕G.拉德布鲁赫著:《法哲学》,王朴译,法律出版社2006年版。

〔日〕亨利·J.阿伦,迈克尔·J.博斯金等合著:《租税经济论丛》,李金桐、吴家恩合译,台湾"财政部"财税人员训练所1984年版。

〔美〕哈维·S.罗森著:《财政学(第7版)》,郭庆旺等译,中国人民大学出版社2006年版。

〔美〕赫伯特·斯坦著:《美国的财政革命——应对现实的策略(第2版)》,荀燕楠译,上海财经大学出版社2010年版。

〔美〕亨瑞·J.艾伦、威廉姆·G.盖尔主编:《美国税制改革的经济影响》,郭庆旺、刘茜译,中国人民大学出版社2000年版。

〔美〕华莱士·E.奥茨著:《财政联邦主义》,陆符嘉译,译林出版社2012年版。

〔比〕吉恩·希瑞克斯、〔英〕加雷思·D.迈尔斯著:《中级公共经济学》,张晏等译,格致出版社、上海三联书店、上海人民出版社2011年版。

〔澳〕杰佛瑞·布伦南、〔美〕詹姆斯·M.布坎南著:《征税权——财政宪法的分析基础》《规则的理由——宪政的政治经济学》,载《宪政经济学》,冯克利等译,中国社会科学出版社2004年版。

〔日〕金泽良雄著:《经济法概论》,满达人译,中国法制出版社2005年版。

〔德〕K.茨威格特著:《比较法总论》,潘汉典等译,法律出版社2003年版。

〔德〕卡尔·施密特著:《论法学思维的三种模式》,苏慧婕译,中国法制出版社2012年版。

〔美〕约翰·M.凯恩斯著:《就业、利息和货币通论》(重译本),高鸿业译,商务印书馆1999年版。

〔美〕科尼利厄斯·M.克温著:《规则制定——政府部门如何制定法规与政策(第3版)》,刘璟等译,复旦大学出版社2007年版。

〔德〕柯武刚、史漫飞著:《制度经济学》,韩朝华译,法律出版社2001年版。

〔美〕拉斯·特维德著:《逃不开的经济周期》,董裕平译,中信出版社2008年版。

〔美〕劳伦斯·M.弗里德曼著:《法律制度——从社会科学角度观察》,李琼英、林欣译,中国政法大学出版社 2004 年版。

〔美〕罗斯科·庞德著:《法理学》(第 3 卷),廖德宇译,法律出版社 2008 年版。

〔美〕理查德·A.马斯格雷夫著:《比较财政分析》,董勤发译,上海三联书店、上海人民出版社 1996 年版。

〔美〕理查德·A.马斯格雷夫、佩吉·B.马斯格雷夫著:《财政理论与实践(第 5 版)》,邓子基、邓力平译校,中国财政经济出版社 2003 年版。

〔法〕理查德·阿伦、丹尼尔·托马西著:《公共开支管理——供转型经济国家参考的资料》,章彤译校,中国财政经济出版社 2009 年版。

〔美〕理查德·波斯纳著:《法律的经济分析(第 7 版)》,蒋兆康译,法律出版社 2012 年版。

〔美〕理查德·雷恩著:《政府与企业——比较视角下的美国政治经济体制》,何俊志译,复旦大学出版社 2007 年版。

〔美〕林德尔·G.霍尔库姆著:《公共经济学——政府在国家经济中的作用》,顾建光译,中国人民大学出版社 2012 年版。

〔美〕罗宾·鲍德威、沙安文主编:《政府间财政转移支付:理论与实践》,庞鑫等译,中国财政经济出版社 2011 年版。

〔美〕罗伯特·D.李、罗纳德·W.约翰逊、菲利普·G.乔伊斯著:《公共预算体系(第 8 版)》,苟燕楠译,中国财政经济出版社 2011 年版。

〔美〕罗伯特·E.霍尔、阿尔文·拉布什卡著:《单一税》,史耀斌等译,中国财政经济出版社 2003 年版。

〔美〕罗伯特·E.霍尔、戴维·H.帕佩尔著:《宏观经济学:经济增长、波动和政策(第 6 版)》,沈志彦译,中国人民大学出版社 2008 年版。

〔美〕罗伯特·S.萨默斯著:《美国实用工具主义法学》,柯华庆译,中国法制出版社 2010 年版。

〔德〕罗尔夫·施托贝尔著:《经济宪法与经济行政法》,谢立斌译,商务印书馆 2008 年版。

〔德〕罗尔夫·斯特博著:《德国经济行政法》,苏颖霞、陈少康译,中国政法大学出版社 1999 年版。

〔美〕罗伊·T.梅耶斯等著:《公共预算经典(第 1 卷)——面向绩效的新发展》,苟燕楠、董静译,上海财经大学出版社2005年版。

〔德〕马克斯·韦伯著:《论经济与社会中的法律》,张乃根译,中国大百科全书出版社1998年版。

〔日〕美浓部达吉著:《议会制度论》,邹敬芳译,中国政法大学出版社2005年版。

〔日〕美浓部达吉著:《公法与私法》,黄冯明译,中国政法大学出版社2003年版。

〔美〕美维托·坦齐、德卢德格尔·舒克内希特著:《20世纪的公共支出》,胡家勇译,商务印书馆2005年版。

〔美〕尼尔·布鲁斯著:《公共财政与美国经济(第2版)》,隋晓译,中国财政经济出版社2005年版。

〔美〕尼古拉斯·拉迪著:《中国经济增长,靠什么》,熊祥译,中信出版社2012年版。

〔英〕诺尔曼·吉麦尔编:《公共部门增长理论与国际经验比较》,杨冠琼、贺军译,经济管理出版社2004年版。

〔美〕P.诺内特、P.塞尔兹尼克著:《转变中的法律与社会:迈向回应型法》,张志铭译,中国政法大学出版社2004年版。

〔澳〕皮特·凯恩著:《法律与道德中的责任》,罗李华译,商务印书馆2008年版。

〔美〕乔纳森·卡恩著:《预算民主:美国的国家建设和公民权(1890—1928)》,叶娟丽等译,格致出版社、上海人民出版社2008年版。

〔日〕泉美之松著:《租税之基本知识》,蔡宗义译,台湾"财政部"财税人员训练所1984年版。

〔荷兰〕塞尔维斯特尔·C.W.艾芬格、雅各布·德·汉著:《欧洲货币与财政政策》,向宇译,中国人民大学出版社2003年版。

〔美〕史蒂芬·霍尔姆斯、凯斯·R.桑斯坦著:《权利的成本:为什么自由依赖于税》,毕竞悦译,北京大学出版社2004年版。

〔美〕托马斯·D.林奇著:《美国公共预算》,苟燕楠、董静译,中国财政经济出版社2002年版。

〔美〕V.图若尼(IMF)主编:《税法的起草与设计》(第1、2卷),国家税务总局政策法规司译,中国税务出版社2004年版。

〔德〕沃尔夫冈·费肯杰著:《经济法》(第1、2卷),张世明、袁剑、梁君译,中国民主法制出版社2010年版。

〔德〕乌茨·施利斯基著:《经济公法(2003年第2版)》,喻文光译,法律出版社2006

年版。

〔美〕小罗伯特·D.李、罗纳德·W.约翰逊、菲利普·G.乔伊斯著:《公共预算制度（第7版）》,扶松茂译,上海财经大学出版社2010年版。

〔美〕雪莉·琳内·汤姆金著:《透视美国管理与预算局——总统预算局内的政治与过程》,苟燕楠译,上海财经大学出版社2009年版。

〔日〕岩井茂树著:《中国近代财政史研究》,付勇译,社会科学文献出版社2011年版。

〔美〕约翰·L.米克塞尔著:《公共财政管理:分析与应用》,白彦锋、马蔡琛译,中国人民大学出版社2006年版。

〔美〕约翰·罗尔斯著:《正义论》,何怀宏等译,中国社会科学出版社1988年版。

〔英〕约翰·梅纳德·凯恩斯著:《就业利息和货币通论》,高鸿业译,商务印书馆1999年版。

〔美〕约瑟夫·阿洛伊斯·熊彼特著:《经济发展理论:对利润、资本、信贷、利息和经济周期的探究（一）、（二）》,叶华译,九州出版社2007年版。

〔美〕约瑟夫·E.斯蒂格利茨著:《稳定与增长:宏观经济学、自由化与发展》,刘卫译,中信出版社2008年版。

〔美〕约瑟夫·E.斯蒂格利茨著:《政府为什么干预经济——政府在市场经济中的角色》,郑秉文译,中国物资出版社1998年版。

〔美〕约瑟夫·E.斯蒂格利茨著:《公共财政》,纪沫等译,中国金融出版社2009年版。

〔美〕约瑟夫·E.斯蒂格里茨著:《公共部门经济学（第3版）》,郭庆旺译,中国人民大学出版社2005年版。

〔美〕约瑟夫·拉兹著:《实践理性与规范》,朱学平译,中国法制出版社2011年版。

〔美〕詹姆斯·加尔布雷斯著:《掠夺型政府》,苏琦译,中信出版社2009年版。

〔美〕詹姆斯·M.布坎南著:《民主财政论》,穆怀鹏译,商务印书馆1993年版。

〔美〕詹姆斯·M.布坎南著:《成本与选择》,刘志铭、李芳译,浙江大学出版社2009年版。

〔美〕詹姆斯·M.布坎南著:《宪法秩序的经济学与伦理学》,朱泱等译,商务印书馆2008年版。

〔美〕詹姆斯·威拉德·赫斯特著:《美国史上的市场与法律——各利益间的不同交易方式》,郑达轩等译,法律出版社2006年版。

〔美〕珍妮特·M.凯丽、威廉姆·C.瑞文巴克著:《地方政府绩效预算》,苟燕楠译,上海财经大学出版社 2007 年版。

里斯本小组著:《竞争的极限——经济全球化与人类的未来》,张世鹏译,中央编译出版社 2000 年版。

三、中文论文

[美]阿夫纳·格雷夫:《行政权力对政治和经济发展的影响:执行的政治经济学》,高彦彦译,载吴敬琏主编:《比较》(总第 50 辑),中信出版社 2010 年版。

[美]阿瑟·侯赛因、尼古拉斯·斯特恩:《中国的公共财政、政府职能与经济转型》,王桂娟译,载吴敬琏主编:《比较》(总第 26 辑),中信出版社 2006 年版。

[美]埃里克·马斯金:《问责制与宪政设计》,张文良译,载吴敬琏主编:《比较》(总第 56 辑),中信出版社 2011 年版。

[美]奥利维耶·布兰查德、乔瓦尼·德拉里恰、保罗·毛罗:《反思宏观经济政策》,张晓朴、黄薇译,载吴敬琏主编:《比较》(总第 46 辑),中信出版社 2010 年版。

[日]鹤光太郎:《用"内生性法律理论"研究法律制度和经济体系》,綦明译,载吴敬琏主编:《比较》(总第 8 辑),中信出版社 2003 年版。

[美]卡斯腾·海尔斯特尔:《情事变更原则研究》,许德峰译,载《中外法学》2004 年第 4 期。

[美]罗伯特·索洛:《反思财政政策》,孙磊译,载吴敬琏主编:《比较》(总第 31 辑),中信出版社 2007 年版。

[美]罗依·伯尔:《关于中国财政分权问题的七点意见》,张通、滕霞光整理,载吴敬琏主编:《比较》(总第 5 辑),中信出版社 2003 年版。

[美]列昂纳德·波里什丘克:《转轨经济中的制度需求演进》,姜世明译,载吴敬琏主编:《比较》(总第 3 辑),中信出版社 2003 年版。

[美]乔治·施蒂格勒:《经济生活中的政府管制》,李淑萍译,载吴敬琏主编:《比较》(总第 20 辑),中信出版社 2005 年版。

[美]特蕾莎·特尔—米纳西安、安娜丽莎·费代利诺:《中国的财政税收政策与改革:构建和谐社会》,孟凡玲译,载吴敬琏主编:《比较》(总第 26 辑),中信出版社 2006 年版。

[美]W. Max Corden:《救护车经济学——关于财政刺激的赞成与反对意见》,孔立强译,载《经济资料译丛》2011 年第 1 期。

〔美〕詹姆斯·L.陈:《论美国重大的联邦预算法》,白彦锋译,载《经济社会体制比较》2008年第1期。

白重恩、汪德华、钱震杰:《公共财政促进结构转变的若干问题》,载吴敬琏主编:《比较》(总第48辑),中信出版社2010年版。

昌忠泽:《作为传统需求管理工具的美国财政政策》,载《美国研究》2004年第3期。

陈慈阳:《预算案之性质暨预算审查权行使之范围之限制——评"司法院大法官会议"第391号解释文》,载台湾《月旦法学杂志》1996年第9期。

陈樱琴:《从法律经济学观点论财政收支划分法之修订》,载台湾《植根杂志》1995年第11、12期。

法中公共财政监督研讨会中方代表团:《法国财政预算改革与监督管理新情况考察及借鉴》,载《财政监督》2007年第1期。

冯俏彬:《量入为出与量出为入:论政府理财观》,载《财政研究》2003年第7期。

甘士杰:《论预算平衡与币制改革》,载《财政评论月刊》1947年第4期。

高培勇:《"量入为出"与"以支定收"——关于当前财政收入增长态势的讨论》,载《财贸经济》2001年第1期。

高叔康:《论平衡预算》,载《经济评论》1947年第7期。

关晓丽:《国外中央与地方财政关系的支配性力量及启示》,载《社会科学战线》2008年第1期。

洪淑芬:《由美国预算决议案看赤字预算的裁减》,载台湾《美国月刊》1993年第11期。

侯一麟:《预算平衡规范的兴衰——探究美国联邦赤字背后的预算逻辑》,张光、刁大明译,载《公共行政评论》2008年第2期。

侯一麟:《政府职能、事权事责与财权财力:1978年以来我国财政体制改革中财权事权划分的理论分析》,载《公共行政评论》2009年第2期。

侯一麟:《逆周期财政政策与预算的多年度视角》,武玉坤译,载马骏、侯一麟主编:《公共管理研究(第5卷)》,格致出版社、上海人民出版社2008年版。

黄锦堂:《"立法院"之预算审议权——评"司法院"391号解释》,载台湾《台大法学论丛》1998年第3期。

贾康、余小平、马晓玲:《财政平衡与财政赤字》,载《财经科学》2001年第1期。

李建英、于科鹏:《地方政府财政危机国际的经验综述》,载《国际经贸探索》2007年第

10 期。

李泓、侯一麟:《我国地方财政预算权及其决策过程分析》,载《中国行政管理》2008 年第 7 期。

刘春航、李文泓:《关于建立宏观审慎监管框架与逆周期政策机制的思考》,载吴敬琏主编:《比较》(总第 43 辑),中信出版社 2009 年版。

楼继伟:《中国需要继续深化改革的六项制度》,载吴敬琏主编:《比较》(总第 57 辑),中信出版社 2011 年版。

似彭:《经济平衡与预算平衡(书评)》,载《新经济》1942 年第 10 期。

苏彩足:《"平衡预算修宪案"能消弭美国联邦预算赤字吗?》,载台湾《财税研究》1996 年第 1 期。

孙克难:《财政失衡、财政改革与财政纪律》,载台湾《经济前瞻》2002 年第 79 期。

孙笑侠:《公、私法责任分析——论功利性补偿与道义性惩罚》,载《法学研究》1994 年第 6 期。

童伟:《抵御经济危机的国家安全气囊——俄罗斯财政预算稳定机制分析》,载《俄罗斯中亚东欧研究》2010 年第 4 期。

王金秀:《政府预算收支平衡原则的辩证法》,载《财贸经济》2000 年第 1 期。

王强、叶姗:《政府理财观的抉择——量入为出与以支定收》,载《法学杂志》2006 年第 2 期。

王绍光:《从税收国家到预算国家》,载《读书》2007 年第 10 期。

王绍光、马骏:《走向"预算国家"——财政转型与国家建设》,载《公共行政评论》2008 年第 1 期。

王世涛、安体富:《预算的法律控制》,载《财贸经济》2005 年第 6 期。

王源扩:《财政法预算平衡原则再探讨——兼论我国〈预算法〉之修改》,载王先林主编:《安徽大学法律评论》,安徽大学出版社 2003 年第 3 卷第 1 期。

吴伟:《经济增长与财政减赤的平衡——简析美国联邦政府 2013 财年预算提案》,载《中国财政》2012 年第 7 期。

邢会强:《程序视角下的预算法——兼论〈中华人民共和国预算法〉之修订》,载《法商研究》2004 年第 5 期。

许成钢:《政治集权下的地方经济分权与中国改革》,载吴敬琏主编:《比较》(总第 36 辑),中信出版社 2008 年版。

徐孟洲:《论公共财政框架下的〈预算法〉修订问题》,载《法学家》2004 年第 5 期。

徐涛、侯一麟:《预算稳定基金:应对经济衰退的工具》,载《国际经济评论》2009 年第 2 期。

徐仁辉:《预算改革、财政平衡与政府再造》,载台湾《主计月报》1998 年总第 516 期。

徐仁辉:《财政赤字与公共债务法》,载台湾《主计月报》2000 年总第 537 期。

徐仁辉:《地方政府支出预算决策的研究》,载台湾《国立政治大学公共行政学报》2001 年第 5 期。

徐仁辉:《预算赤字控制问题研究》,载台湾《财税研究》2002 年第 2 期。

熊伟:《宪政视野下的预算:预算法律说批驳》,载《江苏行政学院学报》2007 年第 4 期。

熊伟:《财政法基本原则论纲》,载《中国法学》2004 年第 4 期。

张秉民、陈明祥:《论我国公法责任制度的缺陷与完善》,载《法学》2006 年第 2 期。

张健:《美国经济学的新垦地——评公共选择理论》,载《美国研究》1990 年第 1 期。

张盛和:《美国预算赤字与财政收支》,载台湾《美国月刊》1989 年第 1 期。

张四明:《美日政府预算改革的省思:以平衡预算赤字为观察中心》,载台湾《法商学报》1999 年第 35 期。

张四明:《财政压力下地方政府的预算决策与调适行为之研究》,载台湾《行政暨政策学报》2003 年第 36 期。

张守文:《贯通中国经济法学发展的经脉——以分配为视角》,载《政法论坛》2009 年第 6 期。

张守文:《金融危机的经济法解析》,载《法学论坛》2009 年第 3 期。

张守文:《论促进型经济法》,载《重庆大学学报(社科版)》2008 年第 5 期。

张守文:《宏观调控权的法律解析》,载《北京大学学报(哲社版)》2001 年第 3 期。

张守文:《"发展法学"与法学的发展——兼论经济法理论中的发展观》,载《法学杂志》2005 年第 3 期。

张守文:《论经济法的现代性》,载《中国法学》2000 年第 5 期。

张守文:《宏观调控法的周期变易》,载《中外法学》2002 年第 6 期。

张献勇:《论人大的预算修正权》,载《学术研究》2009 年第 7 期。

张原:《各国赤字财政之膨胀》,载《申报月刊(中)》1935 年第 7 号。

张哲琛:《自美国府会预算之争,论"我国"政府财政赤字问题》,载台湾《保险专刊》

1996 年总第 44 辑。

周刚志：《财政预算违法责任初探》，载《审计研究》2009 年第 2 期。

周汉华：《地方政府总负责制度分析及其改革建议》，载吴敬琏主编：《比较》（总第 41 辑），中信出版社 2009 年版。

周仁庆：《赤字财政下之各国公债政策》，载《东方杂志》1936 年第 5 号。

朱大旗：《从国家预算的特质论我国〈预算法〉的修订目的和原则》，载《中国法学》2005 年第 1 期。

朱大旗：《论修订预算法的若干具体问题》，载王先林主编：《安徽大学法律评论》，安徽大学出版社 2005 年第 5 卷第 1 期。

朱泽民：《府际间财政收支划分基本原则之探析》，载台湾《植根杂志》1996 年第 1、2 期。

左原：《美国预算制度与赤字平衡争议》，载台湾《美欧月刊》1996 年第 6 期。

陈新民：《论法定预算的性质——由释字第 520 号解释检视"我国宪法"的预算法制》，载台湾《国政电子通讯》宪政（研）090—015 号报告，2001 年 3 月。

〔美〕沙安文、乔宝云主编：《政府间财政关系：国际经验评述》（论文集），人民出版社 2006 年版。

〔美〕沙安文、乔宝云主编：《地方财政与地方政府治理：国际经验评述》（论文集），人民出版社 2006 年版。

〔美〕沙安文、沈春丽主编：《地方政府与地方财政建设》（论文集），中信出版社 2005 年版。

〔法〕伊夫·辛多默、〔德〕鲁道夫·特劳普—梅茨、张俊华主编：《亚欧参与式预算：民主参与的核心挑战》（论文集），郑春荣译，上海人民出版社 2012 年版。

四、英文原著

Aaron Wildavsky, *the Politics of the Budgetary Process*, Boston: Little Brown, 1964.

Aaron Wildavsky, *How to Limit Government Spending*, Berkeley: University of California Press, 1980.

Aaron Wildavsky, *Budgeting: A Comparative Theory of Budgetary Process*, 2nd ed., New Brunswick, New Jersey: Transantion Books, 1987.

Aaron Wildavsky & Naomi Caiden, *the New Politics of the Budgetary Process*, 5th ed.,

New Jersey: Pearson Education, Inc., 2004.

Albert C. Hyde, *Government Budgeting: Theory, Process, and Politics*, 3rd ed., Connecticut: Wadsworth Publishing, a division of Thomson Learning, 2002.

Alice M. Rivlin & Isabel Sawhill, *Restoring Fiscal Sanity: How to Balance the Budget*, Washington D.C.: Brookings Institution Press, 2004.

Allen Schick, *Budget Innovation in the States*, Washington D.C.: the Brookings Institution, 1971.

Allen Schick, *Congress and Money: Budgeting, Spending and Taxing*, Washington D.C.: Urban Institute, 1980.

Allen Schick, *the Capacity to Budget*, Washington D.C.: the Brookings Institution Press, 1990.

Allen Schick, *the Federal Budget-Politics, Policy and Process*, Washington D.C.: the Brookings Institution Press, 2000.

Daniel Shaviro, *Do Deficits Matter?* Chicago: University of Chicago Press, 1997.

Douglass North, Daron Acemoglu, Francis Fukuyama & Dani Rodrik, *Governance, Growth, and Development Decision-making*, the World Bank, Apr. 2008.

Geoffrey Brennan & James M. Buchanan, *the Power to Tax: Analytical Foundation of a Fiscal Constitution*, Cambridge: Cambridge University Press, 1980.

Gregory B. Mills & John L. Palmer, *the Deficit Dilemma: Budget Policy in the Reagan Era*, Washington D.C.: the Urban Institute Press, 1983.

Hugh J. Ault, Brian J. Arnold, *Comparative Income Taxation: A Structural Analysis*, 3rd ed., New York: Wolters Kluwer Law & Business, Aspen Publishers, 2010.

Irene S. Rubin, *Balancing the Federal Budget: Trimming the Herds or Eating the Seed Corn?* New York: Chatham House Publishers of Seven Bridges Press, 2003.

Irene S. Rubin, *the Politics of Public Budgeting: Getting and Spending, Borrowing and Balancing*, 4th Ed., New York: Chatham House Publishers of Seven Bridges Press, 2000.

Iwan W. Morgan, *Deficit Government: Taxing and Spending in Modern America*, Chicago: Ivan R., Dee, Inc., 1995.

James D. Savage, *Balanced Budgets and American Politics*, Ithaca: Cornell University

Press, 1988.

James K. Galbraith, *the Predator State*, Free Press, a Division of Simon & Schuster, Inc., 2008.

James M. Buchanan, *the Economics and the Ethics of Constitutional Order*, Michigan: University of Michigan Press, 1991.

James M. Buchanan, Charles K. Rowley & Robert D. Tollison eds, *Deficits*, New York: Basil Blackwell, 1986.

James M. Buchanan & Richard E. Wagner, *Democracy in Deficit: The Political Legacy of Lord Keynes*, New York: Academic Press, 1977.

Jonathan Khan, *Budgeting Democracy: State Building and Citizenship in America: 1890—1928*, New York: Cornell University Press, 1997.

Joseph White & Aaron Wildavsky, the *Deficit and the Public Interest-the Search for Responsible Budgeting in the 1980's*, New York: University of California Press, 1989.

Khan Aman & W. Bartley Hildreth eds, *Budget Theory in the Public Sector*, Westport, CT: Quorum Books, 2001.

Lance T. LeLoup, *Budgetary Politics*, Ohio: Brunswick, King's Court Communications INC, 3rd ed., 1986.

OECD, *Managing Structural Deficit Reduction*, Public Management Occasional Papers, No.11, OECD Publishing, 1996.

Robert D. Lee, Ronald W. Johnson, Philip G. Joyce, *Public Budget Systems*, 8th ed., Massachusetts: Jones and Bartlett Publishers, Inc., 2008.

Robert T. Golembiewski & Jack Rabin etc. *Public Budgeting and Finance: Theory and Practice*, New York: Marcel Dekker, 1997.

Robert W. McGee, *the Philosophy of Taxation and Public Finance*, the Hague: Kluwer Academic Publishers, 2004.

Shelley Lynne Tomkin, *Inside OMB: politics and process in the President's Budget Office*, Armonk, New York: M. E. Sharpe, 1998.

Thomas D. Lynch, Thomas Lynch, *Public budgeting in America*, Englewood Cliffs, New Jersey: Prentice-Hall, 1990.

William F. Willoughby, *the Movement for Budgetary Reform in the States*, New York: D.

Appleton, 1918.

五、英文论文

Aaron Wildavsky, "Political Implications of Budgetary Reform", *Public Administration Review*, Vol. 21, No. 4, 1961.

Allen Schick, "the Road to PPB: The Stages of Budget Reform", *Public Administration Review*, Vol. 26, No. 4, 1996.

Allen Schick, "An Inquiry into the Possibility of Budgetary Theory", *New Directions in Budget Theory*, edited by Irene S. Rubin, New York: State University of New York Press, 1988.

Charles A. Bowsher, "Governmental Financial Management at the Crossroads: The Choice Is Between Reactive and Proactive Financial Management", *Public Budgeting & Finance*, Vol. 5, No. 2, 2003.

Charles H. Levine, "Organizational Decline and Cutback Management", *Public Administration Review*, Jul. /Aug., 1978.

Frederick A. Cleveland, "Evolution of the Budget Idea in the United States", *the Annals of the American Academy of Political and Social Science*, No. 62, 1915.

Fred Thompson, "Mission-Driven, Results-Oriented Budgeting: Fiscal Administration and the New Public Management", *Public Budgeting & Finance*, Vol. 14, No. 3, 2003.

Greece A. Vamvoukas, "Budget Deficits and Economic Activity", *International Advance in Economic Research*, Springer Netherlands, Vol. 5, No. 1, 1999.

Irene S. Rubin, "Budget Theory and Budget Practice: How Good the Fit?" *Public Administration Review*, Mar. /Apr., 1990.

James L. Chan, "Major Federal Budget Laws of the United States", *Budget Deficits and Debt: A Global Perspective*, edited by Siamack Shojai, Westport, Connecticut: Praeger Publishers, 1999.

Jennifer E. Bethel, Allen Ferrell & Gang Hu, "Legal and Economic Issues in Litigation Arising from the 2007—2008 Credit Crisis", *Harvard Law School Program on Risk Regulation Research Paper* No. 08—5, Nov. 17, 2008.

Jerry McCaffery & John H. Bowman, "Participatory Democracy and Budgeting: The Effects of Proposition 13", *Public Administration Review*, Vol. 38, No. 6, 1978.

Kenneth Rogoff, "Equilibrium Political Budget Cycles", *American Economic Review*, Vol. 80, No. 1, 1990.

Lance T. LeLoup, Barbara Luck Graham, & Stacey Barwick, "Deficit Politics and Constitutional Government: The Impact of Gramm-Rudman-Hollings", *Public Budgeting and Finance*, Vol. 7, No. 1, 2003.

Naomi Caiden, "Public Budgeting Amidst Uncertainty and Instability", *Public Budgeting and Finance*, Vol. 1, No. 1, 1981.

Naomi Caiden, "the Rhetoric and Reality of Balancing Budgets", Part Ⅲ, *Taxation in Budgeting*, 1999.

Philip G. Joyce, Robert D. Reischauer, *the Federal line-Item Veto: What Is It and What Will It Do? Public Administration Review*, Vol. 57, No. 2, 1997.

Robert M. Solow, "Rethinking Fiscal Policy", *Oxford Review of Economic Policy*, Vol. 21, No. 4, 2005.

Stony Brook, "A Balanced Budget, 1972—1978: What would have Happened?" A. R. Sanderson ed., D. R. I. *Readings in Macroeconomics*, New York: McGraw-Hill, 1981.

Yiling Hou, "Budgeting for Fiscal Stability over the Business Cycle", *Public Administration Review*, Vol. 66, No. 5, 2006.

六、其他文献

（一）法律法规

美国：

《财政赤字削减综合协调法》(Deficit Reduction Omnibus Reconciliation Act of 2005)

《经济增长与税收减免协调法》(Economic Growth and Tax Relief Reconciliation Act of 2001)

《预算责任和效率法》(Budget Responsibility and Efficiency Act of 2001)

《综合预算程序改进法》(Comprehensive Budget Process Reform Act of 1999)

《预算平衡法》(Balance Budget Act of 1997)

《未安排资金委托事权法》(Unfunded Mandates Reform Act of 1995)

《政府绩效和结果法》(Government Performance and Results Act of 1993)

《联邦综合预算调节法》(Federal Omnibus Budget Reconciliation Act of 1993)

《首席财务官法》(Chief Financial Officer Act of 1991)

《综合预算调节法》(Omnibus Budget Reconciliation Act of 1990)

《平衡预算再加强法》(Balanced Budget Reaffirmation Act of 1990)

《预算执行法》(Budget Enforcement Act of 1990)

《平衡预算与紧急赤字控制重申法》(Balanced Budget and Emergency Deficit Control Reaffirmation Act of 1987)

《平衡预算与紧急赤字控制法》(Balanced Budget and Emergency Deficit Control Act of 1985,又称 Gramm-Rudman-Hollings Act)

《充分就业和平衡增长法》(Full Employment and Balanced Growth Act of 1978)

《国会预算和扣押控制法》(Congressional Budget and Impoundment Control Act of 1974)

《国会预算改革法》(Congressional Budget Reform Act of 1974)

《预算和会计法》(Budget and Accounting Act of 1921)

《反赤字法》(Anti-Deficiency Act of 1906)

《反追加法》(Anti-Supplementary Act of 1870)

俄罗斯《联邦预算法典》(1998 年制定,2004 年修正)、法国《预算组织法》(2001)、日本《财政法》(1947 年制定,2002 年修正),载财政部预算司编:《部分国家预算法汇编》,外文出版社 2005 年版。

德国《经济稳定与增长促进法》(1967)

法国《财政组织法》(Constitutional Bylaw on Financial Acts of 1959,2005)

英国《财政稳定法》(Code for Fiscal Stability of 1998)

林纪东等编纂:《新编六法(参照法令判解)全书》,台湾五南图书出版公司 2008 年版。

(二)国际公约

经济货币联盟《稳定、协调与治理条约》(Treaty on Stability, Coordination and Governance in the Economic and Monetary Union of 2012)

经济货币联盟《欧元附加公约》(Euro Plus Pact of 2011)

经济货币联盟《稳定与增长公约》(Stability and Growth Pact of 1997, 2005 and 2011)

欧盟理事会《建立欧洲稳定机制的条约》(Treaty Establishing the European Stability

Mechanism of 2012)

欧盟理事会第 EC-1466/97 号条例《关于加强对预算情况的监管以及加强经济政策监管和协调》(Council Regulation on the Strengthening of the Surveillance of Budgetary Positions and the Surveillance and Coordination of Budgetary Policies of 1997)

欧盟理事会第 EC-1466/97 号条例《关于加速和阐明过度赤字程序的落实》(Council Regulation on Speeding up and Clarifying the Implementation of the Excessive Deficit Procedure of 1997)

欧盟理事会第 EC-3605/93 号条例《关于欧盟条约附件有关严重赤字议定书的适用性》(Council Regulation on the Application of the Protocol on the excessive deficit procedure annexed to the Treaty establishing the European Community of 1993)

欧盟《里斯本条约》(Treaty of Lisbon of 2007):包括《欧洲联盟运行条约》(Treaty on the Functioning of European Union)和《欧洲联盟条约》(Treaty on European Union)

国际货币基金组织《财政透明度良好做法守则》(Code of Good Practices on Fiscal Transparency of 1999, 2001 and 2007)

(三)预算案

美国 2012 年财政预算案,http://www.state.gov/s/d/rm/c6113.htm.

英国 2012 年财政预算案,http://www.hm-treasury.gov.uk/budget2012_documents.htm.

加拿大 2012 年财政预算案,http://www.budget.gc.ca/2012/plan/pdf/Plan2012-eng.pdf.

日本 2012 年财政预算案,http://www.mof.go.jp/budget/budger_workflow/budget/fy2012/seifuan24/yosan001.pdf.

新加坡 2012 年财政预算案,http://www.singaporebudget.gov.sg/budget_2012/downloads.html.

香港特别行政区 2012—2013 年政府财政预算案,http://www.budget.gov.hk/2012/chi/index.html.

中国中央财政预决算文件及表格:《关于(n-1)年中央和地方预算执行情况与 n 年中央和地方预算草案的报告》、《(n-1)年全国预算执行情况 n 年全国预算(草案)》、《n 年中央决算报告》、《n 年中央决算草案》、中央预算公开表格和中央决算公开表格。

(四)官方网站

美国白宫预算管理局:http://www.whitehouse.gov/omb/

美国财政部:http://www.ustreas.gov/

英国财政部:http://www.hm-treasury.gov.uk/

日本财务省:http://www.mof.go.jp/

加拿大财政部:http://www.fin.gc.ca/fin-eng.asp

法国经济财政与工业部:http://www.minefi.gouv.fr/

德国联邦财政部:http://www.bundesfinanzministerium.de

新加坡财政部:http://app.mof.gov.sg/index.aspx

中国财政部:http://www.mof.gov.cn/

香港特别行政区财政司司长办公室:http://www.fso.gov.hk/sim/index.htm

台湾地区"财政部":http://www.mof.gov.tw/

后 记

　　研究财政赤字的法律控制问题缘于笔者对 2008 年全球金融危机引发的财政赤字和公债规模失控现象的思考。本书的核心观点、框架结构、论据材料和行文表述，历经数年的研究和多次的修改而成，虽然不可能做到字字珠玑，但是，已确实煞费了笔者几番思量。

　　本书贯彻从制度剖析到理论提炼、再指导制度改进、推动理论发展的研究思路，在经济法与社会法理论指导下研究具体的财税法问题。笔者发现，继而论证"研究财政赤字的法律控制不仅具有推动财税法理论创新的重要价值，而且具有引导预算法规范改进、财税法制度完善的突出意义"，这从来都是、未来也一定会继续是财税法领域的重要研究主题。

　　控制财政赤字、削减公债规模是为了促进预算平衡，对于财政赤字频繁再现、预算平衡难以复见这一全球性的实践难题，笔者始终认为，除了法律是否应当控制财政赤字的价值判断问题外，更重要的是应当如何设计预算平衡规范的技术细节。财政赤字可以基于成因不同细分为周期性赤字、结构性赤字和管理性赤字三种类型，在此之上构建的差异性的法律控制机制，包括传统的"预算控制"的预算法进路和现代的"控制预算"的财税法进路。

　　值本书付梓之际，衷心感谢张守文教授、徐孟洲教授、程信和教授、李挚萍教授诸位授业恩师这些年来的悉心栽培和关怀备至，笔者一辈子都会牢记恩师们言传身教的为人和为学之道；感谢经济法学界指点笔者进步的前辈们一直以来的厚爱和提携，感谢北京大学法学院各位前辈和同事的扶持和帮助,感谢家人和朋友的理解和包容,感谢聪颖拔萃的同学们的启发;感谢法学院和北大出版社的领导策划出版"北大法学文库"的创意,特别感谢沈岿教授精心组织和白丽丽编辑居中协调的用心和努力。

本书的部分内容曾以论文的形式公开发表过,其中的观点和论述经过不断的精研细磨、拓宽掘深,终至眼前这部书稿之初成。尽管见解尚有许多稚嫩之处、论证还有不少改进空间,然而,能够与更多的读者分享,终是一桩乐事,当然需要感谢北京市社会科学理论著作出版资助的支持!

最后,衷心感谢北大出版社的冯益娜编辑为本书的出版付出的辛勤劳动!

叶　姗

2013 年 7 月

于北大法学院科研楼